Luthers Wappen.

Luther erklärt sein Wappen als »Merkzeichen meiner Theologie«: »Das erste soll ein Kreuz sein. Schwarz in einem Herzen von natürlicher Farbe. So soll ich mich selbst erinnern, daß der Glaube an den Gekreuzigten uns selig macht. Denn wenn man von Herzen glaubt, dann hat man das Leben vollkommen. Auch wenn es ein schwarzes Kreuz ist, das den Tod bringt und wehtut, so läßt es doch das Herz in seiner Farbe: es verdirbt die Natur nicht! Das heißt: es tötet nicht, sondern erhält am Leben. Dieses Herz aber soll mitten in einer weißen Rose stehen. Das soll darauf hinweisen, daß der Glaube Freude, Trost und Friede gibt. Er versetzt uns direkt in eine weiße, fröhliche Rose. Er gibt nicht Friede und Freude nach Maßgabe des Sichtbaren und Greifbaren. Darum soll die Rose weiß und nicht rot sein. Denn weiß ist die Farbe des Geistes und der Engel. Diese Rose steht in einem himmelblauen Feld. Das zeigt an, daß die Freude im Geist und Glauben ein Anfang der himmlischen Freude ist, die kommt. Durch die Hoffnung ist diese Freude schon da, aber noch ungreifbar. Um alles herum soll ein goldener Ring sein: weil die Seligkeit im Himmel ewig dauert, kein Ende hat, über alle Freude und Kostbarkeiten hinausgeht – wie das Gold das edelste Metall ist.«

Hans Mayer

MARTIN LUTHER

Leben und Glaube

Gütersloher Verlagshaus Gerd Mohn

CIP-Kurztitelaufnahme der Deutschen Bibliothek

Mayer, Hans:
Martin Luther: Leben und Glaube/Hans Mayer.–
Gütersloh: Gütersloher Verlagshaus Mohn, 1982
    ISBN 3-579-02126-5

ISBN 3-579-02126-5
© Gütersloher Verlagshaus Gerd Mohn, Gütersloh 1982
Schutzumschlag unter Verwendung eines Fotos von Bildarchiv Jürgens, Köln
(Lucas Cranach, Stadtkirche Wittenberg, Predella, Ausschnitt) und (Rückseite)
eines Fotos des German. Nationalmuseums Nürnberg (Lucas Cranach, Holzschnitt).
Gesamtherstellung: Mohndruck Graphische Betriebe GmbH, Gütersloh
Printed in Germany

Inhalt

Vorwort

Das Bild auf dem Schutzumschlag dieses Buches ist nur Ausschnitt aus einem größeren Gemälde. Es fehlt nicht nur die unter Luthers Kanzel versammelte Gemeinde. Es fehlt vor allem das Zentrum des Bildes: Christus am Kreuz. Aber man sieht den Prediger Martin Luther, der von sich wegweist. Und damit ist eine wichtige Aussage gemacht: So interessant und fesselnd, so kritikwürdig und abstoßend die Lebensgeschichte Luthers auch sein mag – sie beansprucht keinen Eigenwert. Und wenn der gekreuzigte Christus, auf den Luther hinweist, und die hörende Gemeinde, der dieser Hinweis gilt, durch die Bildverkürzung weggefallen sind, dann läßt sich daran ein gewichtiges Problem markieren: Luthers zentraler Christushinweis hat seine unmittelbare Anschaulichkeit verloren, und damit ist auch die davon überzeugte Kirche aus dem Blickfeld geraten. Das Lutherbild, das dem modernen Zeitgenossen bleibt, erschöpft sich offensichtlich in der Reduktion auf die bloße Gestalt Martin Luthers.

Dieses Buch will auch die in die Unanschaulichkeit entschwundenen Teile des Lutherbildes zu Wort bringen. Die Darstellung der Lebensgeschichte Martin Luthers wurde von dem verlorengegangenen Zentrum aus in Angriff genommen. So ist den hier vorgelegten zwanzig Ausschnitten aus Luthers Lebensgeschichte jeweils ein Thema zugeordnet, das die Rückbindung der einzelnen Lebensausschnitte an das Lebenszentrum aufzeigen soll. Ziel dieses Unternehmens ist es, entschwundene Teile des Lutherbildes so zu ersetzen, daß der Leser von heute mit Martin Luther in ein Gespräch kommt, das über die bloße Gestalt des Reformators in ihrer unzulänglichen Bedingtheit hinausreicht, dabei Raum zu unverstellter Kritik bietet und vielleicht Umrisse eines Gesamtbildes erahnen läßt, in das der vom Hinweis auf das ungreifbare Christuszentrum ergriffene, von sich wegblickende Mensch als Teil der Lebensgemeinschaft der Kirche einzuzeichnen ist.

Dieser offenen Absicht entsprechend und im Blick auf ein breiteres Publikum wurden die üblichen Formen historisch- und theolo-

gisch-wissenschaftlicher Abhandlung aufgegeben: als Zitate aufge-
nommene Luthertexte und andere Quellen des 16. Jahrhunderts
wurden modernisiert; auf Zitatnachweis wurde ebenso verzichtet
wie auf die explizite Auseinandersetzung mit der einschlägigen Se-
kundärliteratur. Die Bildauswahl erfolgte in enger Anlehnung an
die Textgestaltung unter der Zielsetzung von Information, Illustra-
tion und meditativer Anregung.

Dieses Buch ist hervorgegangen aus meiner Beschäftigung am In-
stitut für Spätmittelalter und Reformation an der Universität Tübingen. Der Evangelischen Landeskirche in Württemberg gebührt
Dank für die Unterstützung dieses Projektes; mein Dank gilt auch
dem Direktor des Instituts für Spätmittelalter und Reformation,
Herrn Prof. Dr. Heiko A. Oberman, der die Entstehung des Buches
mit in die Wege geleitet hat, der Universitätsbibliothek Tübingen
und ihrer Fotostelle sowie dem Gütersloher Verlagshaus für die ver-
legerische Betreuung.

Tübingen, am Sonntag Trinitatis 1982   *Hans Mayer*

Unverhoffte Zukunft

Luthers Kindheit und Jugend

». . . daß dann ich und der Papst einander in die Haare gerieten, daß ich eine aus dem Kloster entflohene Nonne heiratete! Wer hätte mir das je prophezeit!«

So schreibt einer, der auf sein Leben zurückblickt, das so ganz anders verlaufen ist, als Eltern und Freunde es erwarteten und als er selbst ahnen konnte: Martin Luther. Und die beiden Begebenheiten, die er in diesem Rückblick nennt, sind nicht von privater Bedeutung. Die Auseinandersetzung mit dem Papst und der von ihm beherrschten Kirche rückt Luther in einen Brennpunkt geschichtlichen Interesses. Und seine Heirat mit einer entflohenen Nonne ist Zeichen für die Erschütterung und den weitreichenden Zusammenbruch einer jahrhundertealten religiösen Lebensordnung. Zu dieser Erschütterung hat Luther gerade durch seine Auseinandersetzung mit der Papstkirche entscheidend beigetragen. So steht er mitten im Umbruch des Lebens. Wer seinen Lebenslauf ins Auge faßt, wird vor die umfassende Frage nach dem Leben gestellt – nach seinem Grund und Ziel, nach seiner Wahrheit in Zeit und Geschichte und nach seiner Gestalt und Gestaltung. Luther hat sich dieser Frage radikal gestellt. Er hat Antwort gesucht, gefunden und gegeben. Darüber geriet er ins Kreuzfeuer der Kritik. Schon zu Lebzeiten wurde seine Person deshalb auf unterschiedlichste Weise beurteilt.

»Nicht auf natürliche Weise kam Luthers Mutter zu ihrem Sohn! Schon vor Fastnacht kam ein schöner Jüngling in roten Kleidern bei verschlossener Tür nachts oft zu ihr. In flammenden Worten versprach er ihr geheimnisvolle Dinge und verhieß, sie werde nach Ostern einen reichen Kaufmann heiraten. So geschah es. Aber Martin Luther ist noch vor dem 11. November zur Welt gekommen!«

Martin Luther als Teufelskind – Ausgeburt der lebenzerstörenden Mächte! Sein entscheidender Beitrag zur Erschütterung der alten religiösen Lebensordnung hat ihm diese Verdammung eingebracht. Aber Luthers radikale Antwort auf die Lebensfrage gab auch Anlaß zur entgegengesetzten Beurteilung. Man lobte ihn als den rettenden Gottesboten:

»Johannes tut uns schreiben
von einem Engel klar,
der Gottes Wort soll treiben
ganz lauter, offenbar. –
Der Engel heißt Martin Luther – und es soll dich nicht stören, daß er aus Fleisch und Blut ist. So findest du es in der Heiligen Schrift: auserwählte Menschen, die den Weg Gottes aufzeigen, heißen Engel.«

Im Leben Martin Luthers liegt offensichtlich eine Herausforderung. Sie sprengt den Rahmen, in den sich der äußere Gang seines Lebens einzeichnen läßt, und ist doch durch und durch mit dieser »Sache aus Fleisch und Blut« verquickt. Der äußere Verlauf von Luthers Leben läßt sich nach den Regeln der Geschichtswissenschaft untersuchen und einordnen; seine innere Entwicklung läßt sich nach den Denkmustern der Psychologie analysieren und klassifizieren. Doch die Herausforderung seines Lebens wird dadurch nicht wahrgenommen. Daß Martin Luther einerseits verteufelt, andererseits als Gottesbote umjubelt wurde, bleibt so lange uneinsichtig, wie das Leben nach allgemeingültigen Regeln erforscht und durchschaut, erkannt und bewältigt werden soll. Die Herausforderung, die sich im Leben Martin Luthers so widersprüchlich zu Wort meldet, ist das Wort, das er in seinem Leben zum Leben zu sagen hat. Es läßt sich nicht in allgemeingültigen Regeln auseinandernehmen. Es erschließt völlig unverhofft das undurchdringbare Geheimnis des Lebens, in das es untrennbar hineinverwickelt ist. Es will in sich bestehen. Und es will gehört werden – mitten im Umbruch des Lebens.

Das läßt allerdings nach Luthers Lebenslauf fragen.

Eindrückliche Erinnerungen

»Ich bekenne, daß ich Sohn eines Bauern von Möhra bei Eisenach bin.« Luther selbst gibt nüchtern und offen über seine Person Auskunft. Am 10. November 1483 wurde dem Ehepaar Johannes und Margarete Luther, vor kurzem von Möhra nach Eisleben umgezo-

gen, ein Sohn geboren. Wie damals üblich, ließen die Eltern das Kind am folgenden Tag taufen. Es erhielt den Namen des Heiligen des Tages: Martin. Schon im nächsten Jahr verließ die Familie Eisleben und zog nach Mansfeld. Hier arbeitete der Vater Johannes Luther im Kupferbergbau. Martin Luther ist in einfachen, kärglichen Verhältnissen aufgewachsen. Aber seine Erziehung hat der Vater nicht vernachlässigt.

Er schickte ihn auf die städtische Lateinschule. Hier lernte Martin Lesen und Schreiben, wahrscheinlich auch etwas Rechnen. Die Vermittlung von christlich-religiösem Grundwissen und kirchlich-frommer Praxis, wie Beten und Singen, hatte ihren festen Ort in der Schule. Zu den Aufgaben der Schüler gehörte auch das Singen bei verschiedensten gottesdienstlichen Anlässen. Im Mittelpunkt des Schulunterrichts stand von Anfang an Latein. Alle Gebildeten sprachen und schrieben lateinisch. Auf dem Weg zu Bildung und höheren Stellungen war der Lateinunterricht unerläßlich. Auswendiglernen und hartnäckiges Einüben waren die ersten mühsamen Schritte. Eindrückliche Erinnerungen an diese Zeit sind Luther noch vierzig Jahre später geblieben:

»Manche Lehrer sind so grausam wie Henker. An einem Vormittag wurden mir einmal fünfzehn Stockhiebe verabreicht. Aber ohne Grund! Ich sollte deklinieren und konjugieren und hatte es noch gar nicht gelernt.«

Johannes Luther, Gemälde von Lucas Cranach d. Ä. (1527).
Der Vater Martin Luthers, Johannes Luther, stammte aus einer Bauernfamilie, die ihren Sitz in Möhra, einem kleinen Dorf in Thüringen, hatte. Als nicht erbberechtigter Sohn verließ er Möhra, um sich im aufblühenden Kupferbergbau der Grafschaft Mansfeld eine Existenz zu gründen. Er starb 1530. Als der Sohn Martin die Todesnachricht erhielt, schrieb er einem Freund: »Der Tod des Vaters hat mich in Trauer gestürzt. Wenn ich seiner gedenke, erkenne ich die grenzenlose Liebe. Denn durch ihn hat mir Gott alles geschenkt, was ich bin und habe.«

Im Frühjahr 1497 verließ Martin Luther Mansfeld und das Elternhaus. Von der Erziehung durch Vater und Mutter hat sich ihm eine
gutgemeinte Strenge eingeprägt. Auch wenn der erwachsene Luther
die Schläge, die er zu Hause erhalten hat, und die mangelnde Ausge-
wogenheit der Eltern im Umgang mit »*Apfel und Rute*«, mit Beloh-
nung und Strafe, kritisierte, so betonte er doch gleichzeitig, daß dieser Erziehungsstil die Liebe der Eltern zu den Kindern keineswegs
ausschloß. Im Gegenteil: sie wollten ihnen damit nützen! Was Martin Luther an religiösen Einflüssen von Hause mitbekam, läßt sich
nicht genau umreißen. Die Verpflichtung zum Gehorsam gegen
Gott, das Mühen um ein gottgefälliges Leben und die Einübung in
die kirchlichen Frömmigkeitsformen gehörten sicher dazu; aber
auch manche gläubig-abergläubischen Vorstellungen von bedrohlichen Kräften und geisterhaften Lebensmächten.

Nach seinem Abschied von Mansfeld erwartete den kaum vier-
zehnjährigen Martin die bekannte Domschule in Magdeburg. Dorthin wurde er vom Vater, der dem Sohn eine gute Ausbildung verschaffen wollte, zusammen mit Hans Reineck, dem befreundeten
Sohn eines Mansfelder Hüttenmeisters, geschickt.

Vom Elternhaus getrennt, in einer fremden Stadt, trugen die fahrenden Schüler jener Zeit zu ihrem Lebensunterhalt dadurch bei,
daß sie in Chören von Haus zu Haus zogen. Sie verschafften damit

Margarete Luther, Gemälde von Lu-
cas Cranach d.Ä. (1527).
In der Erinnerung an seine Mutter,
Margarete Luther, geborene Linde-
mann, hat sich für Martin Luther besonders die schwere Arbeit der Frau
eines anfangs armen Bergmannes
eingeprägt. Margarete Luther hat
mindestens acht Kinder zur Welt gebracht. Martin war wohl schon das
zweite Kind des jungen Ehepaares
Luther. Als ihm 1531 sein Bruder Jakob mitteilte, daß die Mutter schwer-
krank daniederlag, schrieb er der
Sterbenden einen Trostbrief. »In der
Welt habt ihr Angst, aber seid getrost, ich habe die Welt überwunden« (Joh.), mit diesem Wort sprach
er ihr Glaubensmut und Hoffnung
im Angesicht des Todes zu.

den gläubigen Almosenspendern Gelegenheit zu einer gottgefälligen, sündensühnenden Gabe an die singenden Schüler. Zu diesen »Partekenhengsten« gehörte auch der Schüler Martin Luther. In Magdeburg blieb er allerdings nur ein Jahr. Anschließend kam er auf die Schule nach Eisenach. Hier wohnten viele seiner Verwandten.

In den vier Jahren seines Aufenthalts in Eisenach vertiefte Martin in der obersten Klasse der dortigen Lateinschule vor allem seine Sprachkenntnisse. Der starken Prägung der Eisenacher Jahre fühlte er sich noch später verpflichtet. Er behielt seine »Wirtin zu Eisenach« in Erinnerung. 1526 setzte er sich für einen seiner Eisenacher Lehrer, Wiegand Güldennapf, beim sächsischen Kurfürsten ein. Den Kontakt zu Johann Braun, dem Vikar an der Eisenacher Marienkirche, hat er noch nach Jahren gepflegt. In Eisenach fand Luther auch Zugang zu den Patrizierfamilien Cotta und Schalbe, die den fahrenden Schüler nicht nur materiell unterstützten. Durch die Verbindung mit diesen Familien kam er in lebendige Berührung mit der vornehmen Bildungsschicht. Das enge Verhältnis, das die Familie Schalbe zum Eisenacher Franziskanerkloster pflegte, vermittelte dem jungen Martin Luther viele religiöse Eindrücke.

Auf dem besten Weg, etwas zu werden

Im Jahr 1501 konnte Johannes Luther, der inzwischen als kleiner Hüttenpächter durch Beteiligung an einer Bergwerksgenossenschaft in Mansfeld die materiellen Verhältnisse seiner Familie verbessert hatte, seinem Sohn Martin das Studium ermöglichen. Im April begann der Achtzehnjährige an der Universität Erfurt mit dem üblichen Grundstudium. Die erste Etappe dieses Bildungsgangs hat er eineinhalb Jahre später beendet. Jetzt konnte er sich »Baccalaureus der Philosophie« nennen. Aber das allgemeinbildende Grundstudium war mit der Baccalaureatsprüfung noch nicht beendet.

Der Student Martin Luther wohnte, den Studiengepflogenheiten entsprechend, in einer der Erfurter Bursen: Die Bursen gaben den Studenten nicht nur ein Dach über den Kopf. In einer strengen Ordnung mit religiösem Rahmen fanden sie hier eine Lebens- und Lerngemeinschaft, die in ihrem verpflichtenden Charakter die geistige und persönliche Entwicklung der jungen Menschen zielgerichtet prägen sollte.

Der Unterricht im Grundstudium an der Universität war genau geregelt. In der ersten Phase mußte der Student seine sprachlichen und denkerischen Fähigkeiten ausbauen und üben. In der zweiten Phase standen Arithmetik, Geometrie, Musik und Astronomie auf dem Unterrichtsplan. Der umfassende Bildungsgang des Grundstudiums baute auf den Hauptschriften des griechischen Philosophen Aristoteles auf. In Erfurt wurden sie, aufgrund offizieller Festlegung, nach der Lehre des 1349 verstorbenen Gelehrten Wilhelm von Ockham benutzt und ausgelegt. Luther lernte hier ein Weltbild kennen, das um einen einsichtigen Ausgleich zwischen menschlicher Erkenntnis und Gottes Handeln bemüht war, auch wenn die »Ockhamisten« eine klare Grenze zwischen Glaube und Vernunft zogen. Er lernte die Einsicht in die Regeln und die Möglichkeit des guten Handelns und hörte von der Mithilfe der göttlichen Gnade. Mit den beiden Erfurter Professoren Jodokus Trutfetter und Bartholomäus Arnoldi sollte er sich etliche Jahre später gerade über diese Fragen hart auseinandersetzen! Aber von dieser Auseinandersetzung zeigte sich in der Zeit des Grundstudiums, über die ohnehin nur wenig bekannt ist, noch nichts.

Im Januar 1505 beendete Martin Luther auch die zweite Etappe des Grundstudiums mit der Magisterprüfung. Daß er nicht zu den Faulsten und Dümmsten gehörte, kann man daran erkennen, daß er in der Prüfung zum Magister der Philosophie zweiter unter siebzehn Prüflingen wurde. Nun standen dem erfolgreichen Studenten die höheren Studien – Medizin, Jura, Theologie – offen.

Auf Wunsch und mit Rat des Vaters begann Martin Luther im Mai das Jurastudium. Die Weichen für eine beachtliche Karriere des begabten Bauernsohnes waren gestellt. Der Vater, selbst im Aufwind des Mansfelder Kupferbergbaus auf dem Weg nach oben, konnte mit seinem Sohn zufrieden sein. Daß so plötzlich alles ganz anders kommen würde, war nicht abzusehen.

»Aus mir hätte eine Persönlichkeit in verantwortlicher Stellung, Bürgermeister oder etwas ähnliches werden sollen. Daß ich dann, schon Baccalaureus und Magister, die Juristerei an den Nagel hängte und zum großen Ärger meines Vaters Mönch wurde; daß dann gar ich und der Papst einander in die Haare gerieten; daß ich eine aus dem Kloster entflohene Nonne heiratete – – wer hätte mir das je prophezeit!«

Taufe

Im Lebenslauf des jungen Martin Luther deutet nichts auf die einschneidende Wende hin, die er erleben sollte. Und die gewaltigen Konsequenzen, die sich aus dieser Wende ergaben, blieben noch völlig ungeahnt und verborgen. Ebenso verborgen und unscheinbar blieb auf Jahre hinaus das, was am Tag nach seiner Geburt mit Martin Luther geschah: seine Taufe. Als er 1520 ein kritisches Urteil über die erschütternde Bedeutungslosigkeit der Taufe sprach, klagte er eine Kirche an, die den Menschen anstatt auf die Taufe auf andere bedeutende, scheinbar lebensentscheidende Dinge hinwies, und beklagte er Menschen, die deshalb auf dem Weg ins Leben an der unscheinbaren Taufe vorbeieilen mußten.

»So gut wie niemand ist sich seiner Taufe bewußt. Ganz davon zu schweigen, daß man in ihr eine einzigartige Auszeichnung erkennen würde. Ursache dafür ist: Man hat tausend Wege aufgespürt, auf denen man die Kluft zwischen Gott und Mensch überbrücken und damit zum vollkommenen Leben vordringen will.«

Der spätere Theologe Luther sieht den Menschen als ein Wesen, das von Geburt an der vorfindlichen Unvollkommenheit des Lebens ausgesetzt ist. Das Leben, in das der Mensch durch die Geburt hineingestellt ist, ist keine sichere Gabe, sondern ein ungewisser Kampf. Durch die Ausbildung der Selbstbehauptung muß der Mensch Wege beschreiten, auf denen er es beherrschend in den Griff bekommt. Aber es wird ihm immer wieder entgleiten und zerbrechen. Und am Ende gleitet der Mensch selbst zerbrechend aus dem Leben. Eine traurige Bilanz! Luther hat erkannt, daß es *einen* Weg gibt, auf dem sich diese Bilanz grundlegend zum Besseren wandelt. Dort, wo man die »tausend Wege« verläßt, die ins Leben führen sollen, aber letztlich im Abgrund enden. Dort, wo man die unscheinbare Taufe hell aufleuchten läßt. Was gibt es da zu sehen?

In der Taufe beschenkt Gott den Menschen mit der vollkommenen Lebensgewißheit des Glaubens. Was von Geburt an zerbrechlich und ungewiß vor ihm liegt, wird dem »natürlichen Menschen« durch die Taufe allererst gewiß und unverbrüchlich vermacht. Wer sich in den harten Kampf des Lebensgewinns durch Selbstbehauptung hineingezwungen wußte, erkennt sich als befreites Gotteskind.

Wie kann Luther der Taufe einen so hohen Wert zuerkennen? Wie kommt er dazu, in dieser kirchlichen Zeremonie Gott selbst lebenswendend am Werk zu sehen? Das menschliche Auge nimmt bei der Taufe doch nur ganz gewöhnliche Dinge, einfaches Wasser, wahr. Und der menschliche Verstand fragt sich, was das mit dem Geschenk der Lebensgewißheit zu tun haben soll. Woher hat dieses zeremonielle Geschehen die Autorität, dem unvollkommenen Menschen das vollkommen gewisse Leben eines Gotteskindes mitzuteilen?

Gotteswasser

Die Antworten auf solche Fragen liegen darin, daß die Taufe im Namen Gottes vollzogen wird. Sie ist von Christus, dem auferstandenen Herrn des Lebens, eingesetzt. Gott ist hier am Werk, freilich nicht im Wasser oder einem spektakulären Element der Taufhandlung. Dadurch, daß die Taufe unter Berufung auf den Namen Gottes geschieht, wie es der Taufbefehl Christi will, wird diese Handlung zu einer göttlichen Sache. Sie ist nicht einfach aus den zerbrechlichen und kämpferischen Zusammenhängen des menschlichen Lebens herausgewachsen. Im Taufbefehl bindet sich Gott so an die Taufe, daß das Wasser der Taufe nicht einfach Wasser ist. Es wird »*in Gottes Wort und Gebot gefaßtes Wasser*«. Das macht den besonderen Wert der Taufe. Sie ist nichts anderes als »*Gotteswasser*«.

Die enge, unauflösliche Verbindung, die Gott durch sein Wort mit dem Wasser der Taufe eingeht, vergleicht Luther einmal mit der Verbindung, die Eisen und Feuer eingehen, wenn das Eisen zum Glühen gebracht wird. Wie im Glühen Eisen und Feuer nicht voneinander zu trennen sind, so gilt: Wer im Taufbefehl Christi das Wort Gottes vernimmt, der sieht in der Taufe Gott selbst am Werk.

Getauft werden heißt: die Lebenszuwendung Gottes erfahren; ohne daß von der Einzigartigkeit dieses Geschehens äußerlich etwas zu erkennen ist; vermittelt allein durch das mit dem Wasser verbundene Gotteswort. Doch was bringt das mit sich? Neben dem Taufbefehl hebt Luther für das Verständnis der Taufe ein zweites Wort Christi grundlegend hervor: »Wer glaubt und getauft wird, der wird selig.« (Markus 16, 16) Die Glaubenszuwendung Gottes in der Taufe bringt dem Menschen »Seligkeit«.

In dem Wort »Seligkeit« ist für Luther das Leben mitgesetzt. Selig

Die Taufe, mit Philipp Melanchthon als Täufer, Altargemälde von Lucas Cranach d.Ä., Stadtkirche Wittenberg.

Grund und Ziel der Taufe hat Luther in einem Lied zusammengefaßt:
»Seine Jünger heißt der Herre Christ:
Geht hin, alle Welt zu lehren,
daß sie in Sünde verloren ist,
sich soll zur Buße kehren.
Wer glaubet und sich taufen läßt,
soll dadurch selig werden.
Ein neugeborener Mensch er heißt,
der nicht mehr könne sterben.
Das Himmelreich soll er erben.«

Selbstverwirklichung!

werden heißt: vom Zwang zum Lebensgewinn durch kämpferische Selbstbehauptung, vom Auslauf des Lebenskampfes im vernichtenden Dunkel des Todes und von der geistigen Macht, die den Menschen auf dem Lebensweg durch trügerische Verlockungen endgültig dem Verderben ausliefert, befreit zu werden. Wer selig ist, der hat das Leben gewiß. Luther hat – spät, aber nicht zu spät – den Ursprung dieser Gewißheit in der zu lange verborgen gebliebenen Taufe entdeckt.

»Wer glaubt und getauft wird ...« – dem Getauften ist unverbrüchlich die Seligkeit gegeben: das Leben, das er mit seiner irdischen Existenz allein nicht hat. Wie? Im Glauben! Durch den Glauben wird das Lebensgeschenk dem Menschen zugeeignet. Der »Schatz« der Taufe will den Getauften bereichern. Er kann es aber nur, wenn von ihm Gebrauch gemacht wird. So gewiß die unverbrüchliche Geltung der Taufe an ihren einmaligen Vollzug im Namen Gottes gebunden bleibt, so sehr ist die Taufe der Ort, an den ein Christ jeden Tag zurückkehren kann, soll und darf. *»Jeder Christ hat sein Leben lang genug zu lernen und zu üben an der Taufe. Seine Aufgabe besteht ja darin, daß er sich voll und ganz auf das verläßt, was ihm in ihr zugesagt und geschenkt ist.«*

Gewinnt der Getaufte den Reichtum der Taufe nur durch den Glauben, das uneingeschränkte Vertrauen auf die Gewißheit des Lebens, so gibt es andererseits viele Möglichkeiten, die Taufe zu verlieren. Wer sich mitten im Kampf des Lebens ein unvoreingenommenes, kritisches Urteil bildet, wird wenig finden, was für die Wahrheit der Taufe spricht. Wer sich mit den Realitäten seiner irdischen Existenz abfindet und sich im Lebenskampf dem Gesetz der gottlosen Welt unterstellt – Egoismus und grenzenlose Lustbefriedigung, Selbstzufriedenheit und Lieblosigkeit, Verirrung und Tod –, der verstellt sich den Zugang zur Taufe: wie einer, der vor dem lebenschaffenden Licht der Sonne in die dunkelsten Winkel flieht. Aber auch wo die Überzeugung herrscht, daß das Christsein sich im strahlenden Glanz guter Taten und eines religiös unanstößigen Lebenswandels erweisen müsse, und wo nicht einfach geglaubt wird, daß das Christenleben in der steten Rückkehr zu einer scheinbar bedeutungslosen kirchlichen Zeremonie begründet ist, auch dort geht die Taufe verloren.

Luther beklagt diesen Verlust der Taufe. Für ihn bleibt der Wert der in Gottes Wort begründeten Taufe bestehen, unabhängig davon, ob oder wie sich ihre Wirkung dem Getauften erschließt. Auch die Sonne hört ja nicht auf zu scheinen, wenn sich die, die ihr Licht nicht haben wollen, ins Dunkel zurückziehen.

Kein Vorrecht für Erwachsene

Am Zusammenhang von Taufe und Glaube bricht ein Problem auf, das auch im 16. Jahrhundert nicht nur hart diskutiert wurde, sondern unerbittliche Grenzziehungen mit sich brachte: die Kinder- bzw. Säuglingstaufe. Ist die Wirkung der Taufe an den Glauben gebunden so stellt sich die Frage nach Sinn und Zweck der Kindertaufe, sofern man den Säuglingen keinen Glauben zuerkennen kann. Das aber hat Luther bestritten und jede Verwerfung und Mißachtung der Kindertaufe abgelehnt. Warum?

Das Gefälle von Taufe und Glaube steht für Luther eindeutig und unumkehrbar fest: *»Mein Glaube macht nicht die Taufe, sondern empfängt sie.«* Nicht im Glauben des Menschen, sondern in Gottes Wort ist die Taufe begründet. Die Lebensgewißheit des Glaubens, die die Taufe vermittelt, ist mehr als das gläubige Verstehen des Menschen. Der Mensch trägt gar nichts dazu bei, daß Gott sich ihm in der Taufe zuwendet. Er kann es nicht einmal verstehen. Auch als Erwachsener kann er sich zu diesem Ereignis nur so verhalten wie ein hilfsbedürftiger Säugling, der sich von der Mutter umsorgen lassen muß. Er kann es nur glauben.

Luthers hartnäckiger Widerstand gegen die Verleugnung des Wertes der Kindertaufe richtet sich dagegen, daß man »einen Glauben« zur Vorbedingung für die Taufe machen will. Das widerspricht nicht

Die Taufe Christi, Holzschnitt von Hans Brosamer (1500–1554).
In der Geschichte von der Taufe Christi durch Johannes den Täufer erkennt Luther, »was wir von der Taufe halten sollen, nämlich: daß das Wasser der Taufe durch Christus geheiligt ist, weil er es mit seinem eigenen Leib berührt hat. Darin wird uns der Himmel aufgetan und die ganze göttliche Majestät wird persönlich gegenwärtig. Sie gibt sich uns, ganz und gar. Hier wird bezeugt, daß Gott uns segnen und helfen will. Für die Sünde will er göttliche Gerechtigkeit, für den Tod ewiges Leben geben. Weil das alles im Vollzug der Taufe Christi geschieht, ist uns klar angezeigt, daß es uns in und durch die Taufe gegeben wird. Denn das alles ist nicht um Christi willen, sondern um unseretwillen an den Tag gebracht worden.«

nur der Taufe als Gottes vorbehaltlosem Geschenk an den Menschen. Eine solche Auffassung verfälscht auch den Glauben zu einer nachprüfbaren Bewußtseinsleistung des Menschen. Weil der Glaube Gottes Werk im Menschen ist, gesteht ihn Luther auch den kleinen Kindern zu, auch wenn sie davon keine Rechenschaft ablegen können. Die Säuglinge und Kinder haben die vollkommene Glaubensgewißheit des Lebens wohl mehr als mancher, der »seinen Glauben« perfekt in Worte fassen kann. »Sind etwa«, so fragt Luther kritisch, »Erwachsene keine Christen, wenn sie schlafen?« Die Auseinandersetzung um die Kindertaufe gibt sich als ein Streit zu erkennen, der in grundsätzliche Tiefen hinabreicht. Nämlich in die Frage, wie das lebensentscheidende Verhältnis von Gott und Mensch durch den Glauben bestimmt ist.

Für Luther gibt es keinen Grund, den Kindern das Geschenk der Taufe, das Leben in Seligkeit, zu verweigern. Er sieht vielmehr im Neuen Testament gute Gründe für die Kindertaufe. Dort wird erzählt, wie Menschen, und zwar Kinder ebenso wie Erwachsene, zu Jesus gebracht werden: in der Hoffnung, daß er ihnen Leben mitteilt und eröffnet. Der hoffnungsvolle Glaube derer, die die Kinder zur Taufe bringen, und der Glaube der ganzen Kirche, der sich in der Bitte für den Glauben der Kinder äußert, und auch die Tatsache, daß Gott in den vorangegangenen Jahrhunderten, in denen die Kindertaufe praktiziert wurde, den Getauften immer neu Glauben geschenkt hat, sind für Luther darüber hinaus tragfähige Stützen für die Kindertaufe.

Mit seiner Existenz ist dem Menschen der vernichtende Lebenskampf auf den Leib geschrieben. Mit der Taufe eröffnet Gott ihm allererst den Zugang zum Leben ganz neu. Und indem er diesen Zugang schon den Kindern gewährt, wird deutlich, daß er dem Menschen von Kindesbeinen an eine Perspektive eröffnet, die über den selbstzerstörerischen Lebenskampf hinausreicht. Doch dem Menschen haftet die gottlose, selbstbehauptende Grundeinstellung gegenüber dem Leben an. Deshalb muß »der alte Adam« immer neu in der Taufe »ersäuft« werden. So einmalig die Taufe ist, so beharrlich oft muß sie in der Existenz des Menschen durch Glauben wirklich werden.

»Ach liebe Christen! Laßt uns nicht so nachlässig mit diesem Geschenk umgehen, das nicht in Worte zu fassen ist. Die Taufe ist unser einziger Trost. Sie ist der Zugang zu allem, was Gott gibt. Sie bringt uns die Lebensgemeinschaft der Gotteskinder.«

Vergebliches Mühen

Luther im Kloster

Erfolgversprechend stand Luther im Jahre 1505 am Anfang seines Jurastudiums. Die Lebensfrage »Was wird aus mir?« schien hinreichend geklärt. Aber die Frage nach der Zukunft des Lebens umschloß für ihn mehr als die Ausrichtung auf den beruflichen Werdegang und eine zufriedenstellende Existenz. In dieser Frage lag der tiefe Wunsch beschlossen, sich seines Lebens gewiß zu sein – für Zeit und Ewigkeit. Leben umfaßte für Luther nicht nur die Zeitspanne zwischen Geburt und Tod. Er wußte, daß er das Leben nicht aus sich selbst hatte, sondern daß es ihm gegeben war und seine irdische Existenz überstieg. Es war deshalb eine verpflichtende Frage, was er aus dem Leben machte und wie er seiner gewiß werden konnte. Er mußte sich in seiner Existenz so vollkommen bewähren, daß er vor dem bestehen konnte, der ihm das Leben gab: Gott. Deshalb hieß die Frage: »Was wird aus mir?« für Martin Luther letztendlich: »Wie bekomme ich einen gnädigen Gott?« Die Frage nach dem Leben und die Frage nach Gott waren untrennbar verbunden. Vor diese Frage gestellt, ergab sich für den jungen Luther plötzlich eine unverhoffte, lebensentscheidende Wende.

»Heute seht ihr mich noch einmal, dann nie wieder!« Mit diesen Worten nahm Luther von seinen Studienfreunden in Erfurt Abschied. Über seine Absicht hatten sie hart mit ihm diskutiert und ihn zurückzuhalten versucht. Aber es gab für ihn kein Zurück. Am 17. Juli 1505 betrat Martin Luther das Augustiner-Eremiten-Kloster in Erfurt. Er wollte Mönch werden. Was hat ihn dazu getrieben?

Zwei Wochen vorher war er in der Nähe von Erfurt, beim Dorf Stotternheim, in ein Gewitter geraten. Ein Blitz versetzte ihm einen solchen Schreck, daß er ausrief: *»Hilf du, Heilige Anna! Ich will ein*

Mönch werden.« Dieses Gelöbnis wollte er nicht brechen. Es gehörte hinein in die Frage nach der Zukunft seines Lebens, nach Bewährung und Gewißheit. Der Weg ins Kloster, auf den sich Luther gedrängt sah, war nicht einfach einer unter vielen. Das Mönchsleben war die von der Kirche hochgepriesene einzigartige Möglichkeit, um die von Gott geforderte Vollkommenheit des Lebens möglichst vollkommen zu erreichen. Luther wußte, daß er als Mönch den besten Weg einschlug, um einen gnädigen Gott zu bekommen. Im Kloster war er herausgenommen aus den Verführungen der Welt. Hier konnte er sich dem Gehorsam gegen Gott uneingeschränkt hingeben. Nach dem *»himmlischen Schrecken«,* den er erlebt hatte, war es für ihn nicht mehr zweifelhaft, was aus ihm werden sollte. Auch wenn ein schwerer Weg vor ihm lag, so konnte er doch gewiß sein, daß er ihn nicht in die quälende Verirrung, ins Fegefeuer, führen würde, sondern zum hohen Lebensziel des Friedens mit Gott.

Das Erfurter Augustiner-Eremiten-Kloster.
1266 wurde das Augustiner-Eremiten-Kloster in Erfurt gegründet. 1256 hatte Papst Alexander IV. den Orden urkundlich bestätigt. Die Erfurter Augustinermönche bezogen zunächst das spätere Gästehaus ihres Klosters, vorn rechts im Bild. Der Bau der Kirche und der Klosteranlage mit Kreuzgang und Versammlungsräumen, Schlafzellen und Wirtschaftsgebäuden zog sich über viele Jahrzehnte hin. Als im 14. Jahrhundert auch in den Klöstern des Augustiner-Eremiten-Ordens das strenge Mönchsleben verfiel, bildete sich eine »Reformpartei«, die dem Verfall entgegenarbeitete. Das Erfurter Kloster schloß sich dieser strengen Richtung an.

Verzwickte und verquickte Konflikte

Wenn Luther in der Gewitterangst jenes folgenreiche Gelöbnis ausstieß und es auch hielt, dann traten darin religiöse Einflüsse hervor, von denen er entscheidend geprägt war. Gott war für ihn nicht eine bloße Vorstellung oder ein Gedanke des menschlichen Geistes; er war lebenschaffende und lebensentscheidende Wirklichkeit. Von Gottes Zorn und Gnade hing alles ab. Der von Gott abhängige Mensch hatte deshalb die Lebensaufgabe, durch alles, was er tat, Gottes Gnade zu verdienen. Das sollte sein Leben sichern. Bei dieser Aufgabe half ihm die Kirche. Sie vermittelte zwischen Gott und Mensch. Aufgrund ihrer einzigartigen göttlichen Autorität sah sie sich in der Lage, das Leben der Menschen zu regulieren und mit ihren Gesetzen den einzelnen zum gottgefälligen Leben zu befähigen. Das Mönchsleben war dabei das herausragende Mittel. Luther bekannte später: »*Ich bin nicht gerne Mönch geworden.*« Mit dem Weg ins Kloster erfüllte er sich keinen Lebenstraum, sondern stellte sich gehorsam dem rettenden Zugriff Gottes.

Um Gott in der Lebenshingabe eines Mönches lieben und dienen zu können, mußte Martin Luther allerdings einen anderen zutiefst enttäuschen und verärgern: seinen Vater. Johannes Luther hatte jetzt für seinen Sohn, den er noch vor kurzem nach seiner Magisterprüfung ehrerbietig mit »Ihr« angeredet hatte, nur noch das gewöhnliche »Du« übrig. Mit dem Schritt ins Kloster hat sich für Martin Luther eine Kluft aufgetan: zwischen Gott und Vater. Und Johannes Luther hat diese Kluft noch vertieft.

1521 erinnerte sich der Sohn an ein Gespräch, das er 1507 mit dem Vater über seinen Weg ins Kloster geführt hatte. »*Kein Wort eines anderen Menschen hat jemals so stark auf mich gewirkt wie das, was du mir damals sagtest.*« Der Sohn hatte damals im Gespräch den zwingenden Ruf von Blitz und Donner geltend gemacht. Aber der Vater hielt ihm entgegen: »Wenn du dich da nur nicht einer trügerischen Einbildung hingibst.« Und er stellte sogar das Klosterleben selbst als herausragendes Heilsmittel durch das vierte Gebot in Frage: »Hast du nicht auch gehört, daß man seinen Eltern gehorchen soll?«

Prägende religiöse Einflüsse hatten den jungen Martin Luther ins Kloster und zugleich in den Konflikt mit dem Vater geführt. Der Lebenskonflikt mit Gott sollte, ganz im Sinn der Kirche, im Kloster zur Lösung kommen. Wie stand es um den Konflikt mit dem Vater? Tatsächlich sollten sich beide Konflikte erst dann lösen, als Martin Luther die Wahrheit der Heiligen Schrift erkannte: als ihm die Augen dafür aufgingen, wo der wirklich von Gott gewiesene Weg zur Gewißheit des vollkommenen Lebens verlief. Doch zunächst suchte Luther ihn mit leidenschaftlicher Hingabe im Kloster.

Im Sommer 1505 verbrachte Luther zur Beobachtung und Selbstprüfung seines Entschlusses zunächst einige Wochen im Gästehaus des Erfurter Augustinerklosters. Danach erst konnte die Aufnahme beginnen. Im September wurde er zu einem Probejahr als Novize zugelassen. Was man in den vorangegangenen Wochen seines Aufenthaltes in den Klostermauern beobachtet hatte, das mußte er jetzt in der Versammlung der Mönche gegenüber dem Prior bekräftigen: daß er innerlich und äußerlich frei und gewillt war, das strenge Mönchsleben auf sich zu nehmen.

Er erhielt die äußeren Zeichen des gottgeweihten Daseins: die Mönchskutte und den Haarschnitt, die Tonsur. Martin Luther hat sich im Probejahr bewährt. Im September 1506 erfolgte die vollgültige Aufnahme in den Orden. In stolzer Bewußtheit erlebte er das Geschehen, das als »zweite Taufe« bewertet wurde: Die Kutte, die er im Probejahr getragen hatte, wurde gegen eine geweihte Kutte ausgetauscht; feierlich zog Luther den von Gott geschaffenen neuen Menschen an; von nun an mußte er sich angestrengt bemühen, dieser Würde zu entsprechen. Er legte das unbedingt bindende Gelübde ab: in Gehorsam, Armut und Keuschheit bestand das Lebensgesetz des neuen Menschen. Wie im Jahr zuvor lag Luther beim Abschluß der Feier unter Gesang und Gebet der Mönchsbrüder kreuzförmig ausgestreckt vor dem Altar im Chor der Erfurter Augustinerkirche. Über die Geltung und Wirklichkeit dieser »zweiten Taufe«, die den Lebenskonflikt endgültig lösen sollte, hat Luther später gesagt: »*Als ich mein Gelübde abgelegt hatte, haben mich Prior, Mönchsgemeinschaft und Beichtvater beglückwünscht. Ich wäre nun wie ein unschuldiges Kind, das frisch getauft die gottgewollte Vollkommenheit hat. Ja: ich hätte mich gern an diesem großartigen Geschehen gefreut, daß ich ein so toller Mensch sein sollte, der sich ganz allein, ohne Christi Kreuz und Blut, ins strahlende Licht der Lebensvollkommenheit stellen könnte. Natürlich hörte ich die süßen Loblieder und Schmeichelworte über meine großartige Leistung gern – allein: das konnte den Konflikt nicht lösen.*«

Wie hat Luther als Mönch gelebt? »*Wenn überhaupt je ein Mönch mit seiner Möncherei das himmlische Lebensziel erreicht hat, dann wäre es mir ganz gewiß auch gelungen. Das werden mir alle bezeugen, die mit mir zusammen im Kloster waren.*« Luther konnte von sich sa-

Martin Luther als Mönch, nach einem Cranach-Kupferstich von 1520.
»Martinus ist mittelgroß. Er hat eine hagere, von Sorgen und Studieren gezeichnete Gestalt. Fast nur Haut und Knochen«, so beschrieb ein Zeitgenosse das Aussehen des Mönches Luther.

gen, daß er die harten Lebensregeln des Mönchsdaseins ernsthaft erfüllt hat. Noch vor Tagesanbruch, gegen drei Uhr, fand die erste Zusammenkunft zum gottesdienstlichen Lobgebet statt; weitere Gebetszeiten folgten im Laufe des Tages. Darüber hinaus galt es als besonders gottgefälliges Werk, wenn die Mönche Nächte im Gebet durchwachten. Die Verführung des gottgeweihten Menschen durch seinen Körper, durch Triebe und Bedürfnisse, mußte der Mönch durch kontrollierende Beherrschung abwehren; demütiger Gang mit gesenktem Blick, Unterdrückung der Sexualität und hartes Fasten waren einzuüben. Die armseligen Lebensverhältnisse im Kloster sollten das Ihre dazu beitragen, daß die Mönche sich ganz dem Gottesdienst hingeben konnten. Karge Zellen, einfaches Essen, Pflicht zu Bettelgängen – all das machte deutlich, daß die erstrebte Lebensvollkommenheit nicht in äußerem Wohlstand bestehen konnte. Die Regeln des Mönchsdaseins waren schwer und hart. Immer wieder waren sie im Lauf der Jahrhunderte in Verfall geraten. Oft hatten sich unter dem bleibend hohen Anspruch des gottgeweihten Lebens die Verhältnisse in den Klöstern geradezu ins Gegenteil verkehrt. Im Erfurter Augustinerkloster war das nicht der Fall. Luther konnte deshalb sagen: »*Ich habe das Mönchsgelübde nicht um des Bauches, sondern um meiner Seligkeit willen abgelegt. Unsere Regeln habe ich immer streng gehalten.*«

Vor Ehrfurcht fast davongelaufen

Neben dem strengen gottgeweihten Lebenswandel fand der einzelne im Kloster nach seinen Gaben und Fähigkeiten auch Beschäftigung. Als Martin Luther ins Kloster kam, hatte er schon die Magisterprüfung hinter sich. Mit Eifer und Hingabe widmete er sich dem Mönchsleben. Es ist nicht verwunderlich, daß der gebildete und begabte junge Mönch schon kurz nach seiner Aufnahme in den Orden dazu bestimmt wurde, Priester zu werden. Das war eine hohe Auszeichnung. Denn die Stellung des Priesters in der römischen Kirche hat einen ganz besonderen Rang: dadurch, daß er im Meßgottesdienst geheimnisumwoben das Opfer Christi auf dem Altar darbringt, vermittelt er zwischen Gott und Mensch und bewirkt Gottes Gnade.

Für Martin Luther mußte es das höchste und tiefste Gefühl sein, in priesterlicher Würde das Versöhnungsopfer darzubringen. Intensiv bereitete er sich auf das hohe Amt vor. Er studierte das Buch des Tübinger Theologen Gabriel Biel über die Messe und den Gottes-

dienstablauf mit seinen heiligen Handlungen. Im Frühjahr 1507
wurde er von Weihbischof Johann Bonemilch von Laasphe zum
Priester geweiht. Zur Feier seiner ersten Messe, der Primiz, am 2.
Mai 1507 lud er Freunde und Verwandte ein. Sein Vater hat aus Anlaß des Festtages eine Feier im Kloster finanziert. Aber er ließ es
sich nicht nehmen, bei dieser Gelegenheit dem Sohn, der nun mit
dem Segen der Kirche auf dem allerbesten Wege war, seine tiefgrei-
fenden Bedenken vorzuhalten. Martin Luther aber war, so nachhaltig die Worte des Vaters wirkten, von der Richtigkeit des eingeschlagenen Weges tief ergriffen. *»Als ich in Erfurt meine erste Messe zelebrierte und die Worte sprach: ›Dir, du lebendiger und ewiger Gott,
opfere ich‹, da hat mich das Schaudern gepackt, und ich wäre am lieb-
sten vom Altar davongelaufen. Ich dachte: ›Was bist du, und wer ist
der, zu dem du redest?‹ Von da an habe ich mit schaudervoller Ehr-
furcht Messe gelesen.«*

Der gebildete, ganz seinem Mönchsleben hingegebene junge Priester sollte nun auch Theologie studieren. In Erfurt gab es neben der
Universität auch im Augustinerkloster selbst die Möglichkeit zum
Theologiestudium. Ebenso war es in Wittenberg, wohin Martin Luther im Herbst 1508 beordert wurde. Er mußte hier philosophische
Grundvorlesungen halten und führte daneben sein Theologiestudium zum ersten Abschluß, dem Rang eines »Baccalaureus bibli-
cus«. Bevor er ab 1511 endgültig in Wittenberg bleiben sollte, wurde
er im Herbst 1509 wieder nach Erfurt zurückgerufen.

Das Ersehnte nie erreicht

Im Laufe der Jahre erhielt Luther noch andere Aufgaben in seinem
Orden: im Winter 1510/11 wurde er zur Regelung von Ordensange-
legenheiten nach Rom gesandt; 1512 wurde er Subprior, also stell-
vertretender Leiter, im Wittenberger Augustinerkloster. Das Amt
des Klosterpredigers war ihm hier auch übertragen worden, und die
Aufgabe des Predigers an der Stadtkirche kam noch dazu. Im Mai
1515 wurde er bei einer Ordensversammlung in Gotha Distriktsvikar
für die Augustinerklöster im Bereich Sachsen. Durch vielfältige Tätigkeiten sah er sich in Schach gehalten: *»Ich könnte ohne weiteres
zwei Sekretäre beschäftigen! Heute habe ich fast den ganzen Tag nur
Briefe geschrieben. Ich predige in der Klosterkirche und wenn wir
Mönche zum Essen zusammenkommen. Täglich soll ich zur Predigt in
die Stadtkirche. Ich leite das Theologiestudium im Kloster, bin Or-
densvikar über elf Klöster, verwalte unsere Fischerei in Leitzkau, bin*

*Anwalt im Streit der Herzberger Mönche mit dem Torgauer Stadtrat,
halte Vorlesung über Paulus und bereite eine Vorlesung über die Psalmen vor.«*

Auch als Mönch ist aus Martin Luther etwas geworden. Aber vor
den vielen verantwortungsvollen Tätigkeiten, die ihm im Lauf der
Jahre übertragen wurden, sah er seine Hauptaufgabe auf einer anderen Ebene: mit ganzer Hingabe widmete er sich dem Mönchsdasein.
Er wollte das wahrhaft vollkommene Leben sicher haben. Dabei
ließ er kein Mittel aus. Der Weg der inneren Versenkung in Gott,
den Ursprung und das Ziel allen Seins, war gerade in der klösterlich-mönchischen Tradition hoch geschätzt. Luther beschritt ihn.
Aber er wurde *fast verrückt«* dabei, weil er statt der beglückenden
»Vereinigung der Seele mit Gott« nur um so deutlicher den tiefen
Abstand zwischen sich und Gott empfand. Er konnte die Kluft zwischen sich als dem suchend-unvollkommenen Menschen und dem
ewig-allmächtigen Gott in diesen Übungen nicht überspringen. Die
Lebensungewißheit steigerte sich nur.

Als Mönch war Luther in besonderer Weise zum vollkommenen
Leben berufen und befähigt. Aber auch im Kloster lauerten die Gefahren, dem unbedingten Anspruch Gottes nicht genügen zu können. Und vor allem lauerten sie in Luther selbst. Wenn er seine
Pflichten im Fasten oder Stundengebet nicht einhielt, wenn er beim
Messelesen einen Fehler machte, wenn er sich selbst in der quälenden Gottesferne wußte, so waren das unverbrüchliche Zeichen seiner Unvollkommenheit: Sünde. Luther strapazierte das Mittel, das
ihm ganz persönlich gegen diese Verfehlungen Abhilfe schaffen
sollte: die Beichte. Im Erfurter Kloster hatte er einen alten Mönch
als Beichtvater, der ihn in seiner verwirrenden Ungewißheit ein wenig trösten konnte. Wenn Luther ihm immer wieder und allzu oft all
das aufzählte, was ihm vor dem Angesicht des heiligen Gottes zu
schaffen machte, dann hielt er ihm entgegen: »Nicht Gott zürnt dir,
sondern du zürnst Gott.«

Aber die Art, wie er durch die Beichte zur rettenden Lebensgewißheit kommen sollte, machte ihm dieses Mittel erst recht fraglich. In
der Beichte sah er sich letztlich nur immer wieder in die Not hineingetrieben, die ihm zu schaffen machte: die Unvollkommenheit seines Lebens. Er bekannte in der Beichte seine Sünden, ließ sich entlasten und Aufgaben stellen, die ihn zur Besserung führen sollten.
Doch gerade damit war er wieder auf sich selbst und seine Unvollkommenheit zurückgeworfen. Er blieb an den zermürbenden Grund
seiner Lebensungewißheit gekettet. *»Als Mönch gab es für mich
nichts anderes, als unserer Regel gemäß zu leben. Oft genug habe ich*

gebeichtet und alles, was mir an Sünden einfiel, aufgezählt. Das Schuldbekenntnis habe ich immer wieder abgelegt und die Strafe, die ich zur Buße tun mußte, willig ausgeführt. Aber dennoch: ich habe nie die gewünschte Gewißheit erlangt. Immer wurde der Zweifel in mir laut: das hast du nicht richtig gemacht, du hast dir die Sünde nicht genügend zu Herzen genommen und manches in der Beichte weggelassen.«

Austeilung des päpstlichen Segens auf dem Petersplatz in Rom, Kupferstich aus »Speculum Romanae Magnificentiae«.

Als Luther mit einem Ordensbruder nach Rom wanderte, war er auf dem Weg zum Mittelpunkt der »christlichen Welt«. In der Heiligen Stadt residierte der Papst. Er behauptete als Nachfolger des »Apostelfürsten Petrus« die letzte Entscheidungsgewalt über alle Lebensbereiche der Christenheit. So war Rom einzigartiges Wallfahrtsziel, der päpstliche Segen Inbegriff der Zuwendung Gottes zum Menschen. Die Herrschaftsstellung des Papstes war nicht unbestritten. Vor allem die gewaltigen Geldmittel, die der päpstliche Hof benötigte, waren schon oft und lange Grund für harte Klagen. Der Finanzbedarf für den 1506 begonnenen Neubau der Peterskirche sollte 1517 in Luthers scharfe Kritik an der Papstkirche hineingeflochten sein. Im späteren, kritischen Rückblick erlebte Luther seine Reise nach Rom als »Höllenfahrt«: in der Heiligen Stadt war der ernsthafte Mönch der gestaltgewordenen Gottlosigkeit begegnet! »Ich würde es nicht glauben, wenn ich es nicht selbst gesehen hätte.«

Die quälende Ungewißheit, die für den jungen Mann Martin Luther in der Frage nach der Zukunft seines Lebens steckte, war durch den Schritt ins Kloster nicht beseitigt. Das Mönchsdasein, das Luther zwar nicht freudig, aber mit angestrengter Hoffnung auf Erfüllung ergriffen hatte, konnte den lebensentscheidenden Gotteskonflikt nicht lösen.

Sünde

Auf der Suche nach vollkommener Lebensgewißheit geriet Luther immer tiefer in die Verzweiflung. Er empfand sich als zutiefst unvollkommen. Er hatte gelernt, daß all das Sünde war, was ihn vom vollkommenen Leben trennte. Wenn er mit seiner Sünde fertig würde, dann würde er gewiß auch das Ziel des vollkommenen Lebens erreichen. Programmatisch hat er das versucht. Aber es blieb vergeblich. Erst als ihm die Lösung seines abgründigen Lebenskonfliktes geschenkt wurde, erkannte er den eingeschlagenen Weg als Irrweg. Erst dann wurde ihm klar, was es mit der Sünde wirklich auf sich hatte. Solange er sich dazu verpflichtet wußte, die Sünde an sich zu überwinden und damit zum Leben zu kommen, so lange blieb ihm verschlossen, was es heißt: Sünder sein.

Der Mensch ist Sünder. Das klingt wie eine allgemeingültige Feststellung. Aber es ist bekenntnishafte Lebenseinsicht. Sie will gehört, erlebt und erfahren sein. Alle Versuche, ihr zu widersprechen, sie zu verleugnen oder zu überwinden, sind zum Scheitern verurteilt. Man wird ihr nur gerecht, indem man sie gelten läßt.

Es gehört zum Lebensvollzug des Menschen unweigerlich mit dazu, daß er das Leben für sich behauptet. Er muß die Oberhand gewinnen in dem Konflikt, in den er mit seinem Leben hineingestellt ist. Er erfährt zwar, daß das Leben mehr ist als er selbst, aber gerade deshalb muß er des Lebens Herr werden. Die Suche nach vollkommener Lebensgewißheit ist ihm auf den Leib geschrieben. In Auseinandersetzung mit dem größeren Anspruch des Lebens muß er um seines Lebens willen vollkommene Gewißheit erkämpfen.

Daß die Sünde nicht einfach an der Oberfläche des menschlichen Handelns anzusiedeln und durch angestrengtes Mühen zu überwinden ist, sondern in der Tiefe des Lebenskonfliktes ihren Ort hat, das ist für Luther zur Grundeinsicht geworden. *»Wir müssen mit dem*

Apostel Paulus bekennen, daß die Sünde eine Ur-Sache des Menschen ist. Alle Menschen sind Sünder, weil der Mensch, Adam, den Anspruch des Lebens nicht gelten läßt. Und durch die Sünde stehen die Menschen im Teufelskreis der Lebensvernichtung. Das ist Erbsünde.«

In dem mißachteten, mißbrauchten und mißverstandenen Wort »Erbsünde« sieht Luther das menschliche Dasein grundlegend gekennzeichnet. Es umschreibt das Sich-Selbst-Suchen und Sich-Selbst-Wollen, um das der Mensch im Kampf um vollkommene Lebensgewißheit nicht herumkommt. Dazu gehört nicht zuletzt der vielgestaltige Kampf gegen die »Erbsünde«, bis hin zu ihrer Leugnung. Aber gerade dieser Kampf ist Ausdruck der Selbstbehauptung des Ich-Menschen. Er kann gar nicht anders. Die »Erbsünde« zu erkennen und anzuerkennen ist ihm unmöglich. Denn diese Erkennt-

Der Sündenfall, Holzschnitt aus der Luther-Bibel von 1535.
Die biblische Geschichte vom Sündenfall bringt für Luther grundlegend zum Ausdruck, daß der Mensch Sünder ist. Hinter das Geschick von Adam und Eva kann niemand zurück. Aber sich selbst von den Aussagen dieser Geschichte umgriffen sehen, das kann nur der, der den Lebens- und Gotteskonflikt von Adam und Eva in Erfahrung bringt: »Die Verführung kommt nicht mit dem, was man als Sünde sehen kann. Sie kommt im Unglauben. Der Mensch muß das Wort Gottes und im Glauben daran Lebensgewißheit haben. Wo er sich darin verunsichern läßt, ist er hilflos verloren.«

nis muß ihm den Lebensgrund entziehen. Wo der Mensch sich als Sünder erkennt, ist er selbst nichts mehr. Wo er seine Anerkennung darin findet, ein Erbstück der Sünde zu sein, hat sein vergöttertes und zugleich gottloses Ich keinen Platz mehr. Sowenig der Ich-Mensch von sich aus »Erbsünde« erkennen kann, so sehr wird er allerdings von ihren Auswirkungen heimgesucht. Die Erbsünde ist ein fruchtbares Gewächs.

Spüren, wo der Schuh drückt

An der Grenze, die dem Ich-Menschen durch den Mitmenschen gesetzt ist, kann ihm seine »Sündenfruchtbarkeit« greifbar werden. Schon von Kindesbeinen an, aber später um nichts weniger! Sosehr Kinder darauf aus sind, sich über die Stellung der Eltern hinwegzusetzen, so sehr stehen auch Eltern und Erzieher in der Gefahr, die Kinder zum Gegenstand ihrer eigensten Wünsche und ihres Ich-Willens zu machen. Der Teufelskreis des Bösen, der unablässig Böses hervorbringt, ist dort schon in Bewegung, wo Kinder ihre Eltern und Erzieher als eigenmächtige Unterdrücker empfinden. Und dieser Teufelskreis wird in Gang gehalten, wo Erziehung als Sache menschlicher Selbstdarstellung verstanden und praktiziert wird. Daß diese teuflischen Verflechtungen im Bereich des Arbeitslebens ebenso herrschen wie in Staat und Politik, ist für Luther vollkommen zweifelsfrei. Es läuft unentwegt auf das eine hinaus: *»Wir spüren deutlich, wo uns der Schuh drückt. Wir jammern und klagen über Verantwortungslosigkeit, Machtgier und Ungerechtigkeit. Aber wir wollen nicht sehen, daß wir selbst die Schuldigen sind. Hier müßte die Besserung anfangen.«*

Von unten ebenso wie von oben setzt sich der Ich-Mensch gegen die ganz konkrete Lebensvorgabe zur Wehr. Und er widerspricht dem Wort Gottes, das ihn in die Anerkenntnis der Lebensvorgabe hineinnehmen will. Aber indem er sich behaupten und das Recht seiner Existenz verfechten will und muß, bringt er das Leben insgesamt in Gefahr. Wo sich der Ich-Mensch in seinen elementaren Lebensinteressen beeinträchtigt sieht, wird der Mitmensch zur Bedrohung, die es abzuwehren gilt. Nicht nur gegenüber dem als Feind auftretenden Mitmenschen setzt sich der Ich-Mensch lebensvernichtend durch. Auch zur Befriedigung seiner grenzenlosen, vielfältigen Lust mißachtet er lebensschützende Grenzen, die ihm selbst und anderen gesetzt sein sollen. Der unbegrenzte Lebensgenuß des Ich-Menschen verschlingt außer Menschen auch die Mittel, die zum

Erhalt des Lebens bestimmt sind. Durch das, was andere haben und brauchen, läßt sich der Ich-Mensch in seiner Habgier nicht beschränken. Er weiß sich ja auch zu rechtfertigen! *»Die Zunge, das kleinste und schwächste Glied«* seines Körpers wird ihm zum hervorragenden Machtmittel. Wo er beschuldigt wird, weist er die Anklage von sich, indem er andere beschuldigt. So stellt sich der Ich-Mensch ins beste Licht.

Trifft dieses grob gezeichnete Bild des Ich-Menschen wirklich zu? Kaum jemand wird sich darin wiederfinden wollen. So durchweg verdorben kann doch nur das Erbstück der Sünde selbst sein: ein Mensch, an dem wirklich gar nichts Gutes ist. Aber wo gibt es den schon! Es gehört zu den Lebensüberzeugungen des Ich-Menschen, daß in jedem Menschen etwas Gutes ist. Es muß nur entdeckt und gefördert werden. Der Mensch, der an das Gute glaubt und sich bemüht, es bei sich selbst und bei anderen zu entwickeln, der leistet doch einen großen Beitrag zur Vollkommenheit des Lebens. Durch das Tun des Guten kann der Mensch das Leben sichern. Deshalb werden Maßstäbe für Gut und Böse festgelegt. Und an diesen Maßstäben kann sich jeder seines Lebens vergewissern. Wer wollte nicht zu den Guten gehören!

Die Sünde großziehen

Mit seiner Einsicht in Gut und Böse sieht sich der Mensch durchaus in der Lage, die Lebensvernichtung in Grenzen zu halten, die von einem gottlosen Egoismus ausgeht. Aber diese Einsicht wird in der Hand und vor allem im Geist des Ich-Menschen zum Mittel, um die Wirklichkeit der »Erbsünde« zu verstellen und zu verfinstern. Wer die »Erbsünde« kennt und anerkennt, der sieht, welche Rolle die Unterscheidung von Gut und Böse in der Tiefe des Lebenskonfliktes einnimmt. Sie ist nichts anderes als eine lebensregulierende Macht, mit der sich der Ich-Mensch vom Vorwurf der lebensvernichtenden Selbstbehauptung durch den Nachweis seiner Güte befreit. Wie könnte denn einer, der das Gute tut, Sünder sein!

Vor diesem steilen Abgrund hat Luther den spitzen Satz geprägt: *»Der Mensch, der sich mit ganzer Hingabe um das Gute bemüht, sündigt in allem Guten, das er tut. Auch das allerbeste Werk des Menschen ist Sünde«* – weil er selbst Sünder ist und solange er es bleibt.

Das Problem der Sünde ist keinesfalls mit der Frage nach Gut und Böse gleichzusetzen. Die »Erbsünde« ist durch das Tun des Guten nicht zu überwinden. Zu dieser Einsicht ist Luther gekommen, als er sein verzweifeltes Mühen um die Vollkommenheit des Lebens getrost hinter sich lassen konnte. Als Mönch wollte er das vollbringen, was nach den Maßstäben seiner Zeit als das Allerbeste galt. Mit aller Kraft wollte er das Gute tun und das Böse meiden. Aber je mehr er sich anstrengte, um so mehr geriet er in die Verzweiflung über sein Tun. Trotz der offenbaren Vollkommenheit und Güte seiner Leistungen blieb ihm das Leben ungewiß. Warum? Er sah sich einem Anspruch ausgesetzt, der den Maßstab von Gut und Böse überstieg und über den äußeren Wert der menschlichen Taten in die Tiefe des Lebens hinabreichte. Diesem Anspruch konnte er nicht entfliehen, denn er ließ sich nicht, wie alles, was er sonst mit seinem Leben tat und tun konnte, von ihm vereinnahmen.

»Ich bin der Herr, dein Gott« – nur an diesem Anspruch wird erkannt, was Sünde ist. Nur die Lebensforderung, die im Wort Gottes laut wird, kann das Sündersein des Menschen aufdecken: seine vollkommene Unfähigkeit, uneingeschränkt in den Anspruch des Lebens einzustimmen und ganz einfach außerhalb seines Ich das Leben als vollkommen und gewiß gelten zu lassen.

Nur wo der Ich-Mensch den Lebensanspruch Gottes nicht schon im Keim erstickt, wird Sünde erkannt. Dieser Anspruch »Ich bin der Herr, dein Gott« ist so geheimnisvoll, wie das Leben unergründlich ist. Aber er ist da und will gehört und ernst genommen werden. Selbst wer diesen Anspruch hört, soll nicht meinen, ihm auf die Schliche kommen zu können. Wer das meint, entzieht sich ihm bereits. Darin zeigt sich erneut die tiefe Wirklichkeit der Sünde, die gerade vor dem Anspruch Gottes nicht haltmacht.

Wo der Mensch das Leben zu sich sprechen hört, wo er das Wort Gottes wirklich vernimmt, da muß er schuldbewußt verstummen. Aber das kann er nicht! Er wälzt die Schuld von sich ab, findet eine einleuchtende Ausrede oder nimmt das Wort Gottes eigenmächtig in Anspruch: als Bekräftigung des Guten. Gott selbst entzieht sich zwar diesem Zugriff, und der Mensch kann das spüren. Wo Gott sich entzieht, da dreht sich der Teufelskreis der Gottlosigkeit und der vergötterten Güte des Ich immer schneller. Der Ich-Mensch, der sich voll Überzeugung dem Guten hingibt, mißachtet, daß er auf diese Weise das Leben schon immer zerstört hat und immer weiter zerstört. Gibt es überhaupt einen Ausweg aus diesem Teufelskreis? Läßt sich die Fruchtbarkeit der Erbsünde eindämmen?

»Es muß alle Schläue und alle Rechthaberei des Menschen niedergerissen und ausgerissen werden, mag sie noch so aufrichtig und ehrlich gemeint sein. Statt dessen muß die Sünde eingepflanzt und großgezogen werden, mag sie sich auch nicht zeigen oder in ihrem Dasein

bezweifelt werden.« Das hat Martin Luther gefordert: nachdem er
die befreiende Einsicht gewonnen hatte, wie völlig aussichtslos sein
eigenmächtiges Mühen um die Überwindung der Sünde war.

Der Ausweg aus dem Teufelskreis der lebensvernichtenden Sünde
wird gerade nicht dadurch angebahnt, daß der Mensch mit aller
Kraft die Sünde überwinden will. Sie ist ihm auf den Leib geschrieben, bis ins Grab. Es ist ein frommer Wunschtraum, diesem Teufelskreis entfliehen zu können. Aber er läßt sich anhalten. Und wo er
sich nicht mehr dreht, da verliert auch die Erbsünde die Energie,

Mose empfängt die Zehn Gebote, Holzschnitt aus der Luther-Bibel von 1540.
»Ich bin der Herr, dein Gott – diese Worte allein müssen wir aus den Zehn Geboten herausheben. Wir müssen sie sorgfältig beachten, denn sie betreffen uns alle:
die Welt insgesamt ebenso wie den einzelnen Menschen. Nicht weil sie Mose aufgeschrieben hat. Sondern weil Gott allen Menschen das Leben gibt und es erhält.« Der Anspruch des lebendigen Gottes ergeht an jeden. Dadurch ist der
Mensch dem Herrn des Lebens verpflichtet. »Die Zehn Gebote sind ein Spiegel
unseres Lebens. Wenn wir hineinsehen, gehen uns die Augen dafür auf, woran es
uns fehlt.«

ihre Blüten und Früchte zu treiben. Der Teufelskreis der lebensvernichtenden Sünde wird angehalten, wo der Ich-Mensch den Lebensanspruch des Wortes Gottes beantwortet: »Ich bejammernswertes Wesen. Wer befreit mich aus dem Gefängnis, das ich mir selbst bin!«

Die Predigt Johannes des Täufers, Holzschnitt von Lucas Cranach d.Ä.
»Johannes der Täufer hatte die Aufgabe, alle zu strafen und als Sünder hinzustellen. Auf daß sie wüßten, was sie vor Gott sind, und sich als verlorene Menschen erkennen könnten. So würden sie auf Christus vorbereitet, um von ihm das Leben neu zu bekommen, die Vergebung der Sünden zu erwarten und anzunehmen.«

Die rettende Lösung

Luthers theologischer Werdegang

Im Spätsommer 1511 kam Martin Luther ins Augustinerkloster nach Wittenberg. Hier sollte er wegweisende Erfahrungen sammeln und bahnbrechende Erkenntnisse gewinnen. Der junge Mönch brachte schon ein gründliches theologisches Wissen nach Wittenberg mit. Vom Beginn seiner Erfurter Klosterzeit an hatte er sich in die Bibel vertieft. Im Theologiestudium mußte er sich mit den traditionellen Auslegungen biblischer Texte beschäftigen. Er hörte Vorlesungen und las die damals üblichen Schriften: die Bibelerklärung des Nikolaus von Lyra († 1349) und das Standardwerk zu Fragen der Glaubenslehre, das Petrus Lombardus († 1160) verfaßt hatte. Auch Schriften des großen Kirchenlehrers Augustinus († 430) hat er studiert, dessen Namen sein Orden trug. Bei Johann Nathin, Theologieprofessor und Leiter des Erfurter Klosterstudiums, hat Luther die theologische Position des bekannten Tübinger Theologen Gabriel Biel († 1495) kennengelernt. Jodokus Trutfetter und Bartholomäus Arnoldi vermittelten ihm prägende philosophisch-theologische Grundeinsichten, die aus der Lehre des Wilhelm von Ockham († 1349) entwickelt waren.

Das Theologiestudium aber war für Luther keine rein geistig-wissenschaftliche Beschäftigung in dem Sinn, daß sie neben den Fragen und Problemen seines Lebens beziehungslos einherlief. Für ihn war beides aufs engste miteinander verzahnt. Gerade in seiner theologischen Arbeit stand Luther unter der Last des lebensentscheidenden Gotteskonfliktes. Und was er im Studium der Theologie lernte, mußte ihn nur tiefer in diesen Konflikt hineinführen. *»Die großen Theologen des Mittelalters haben die Lehre aufgestellt, daß der Mensch zwar nicht vollkommen ist, aber aus sich selbst zur Vollkom-*

menheit und Gewißheit des Lebens gelangen kann; wenn Gott dabei mithilft, kann der Mensch um so leichter den Anspruch Gottes erfüllen.« Aber gerade in dieser Lehre wurzelte die Verzweiflung Luthers. Das hochgepriesene »Können« des Menschen wurde ihm zutiefst fraglich. Mit seinem theologischen Wissen brachte Luther zugleich seine Verzweiflung nach Wittenberg mit.

In Wittenberg begegnete ihm ein Mann, mit dem er schon während seines ersten Aufenthaltes im Winter 1508/09 zu tun hatte: der Theologieprofessor und Augustiner-Generalvikar Johann von Staupitz. Er nahm sich Luthers an. Er beriet und tröstete ihn in seiner Verzweiflung und förderte den begabten Mönch in seiner theologischen Arbeit. Unter einem Birnbaum im Klostergarten forderte ihn Staupitz auf: »Herr Magister! Ihr solltet die Prüfung zum Doktor der Theologie anstreben! Dann hättet Ihr eine Aufgabe.« Luther sträubte sich, aber erzeigte dem Ordensoberen doch den schuldigen Gehorsam. Im Oktober 1512 wurde Luther zum Doktor der Theologie promoviert. Später hat er immer wieder darauf verwiesen, daß er nicht von sich aus den Doktortitel angestrebt hat, sondern aus »Gehorsam« zu der damit verbundenen Aufgabe gekommen ist: die Wahrheit der Heiligen Schrift zu erforschen, zu lehren und zu verteidigen. Staupitz hatte Luthers Promotion in die Wege geleitet, um ihn zum Leiter des Wittenberger Klosterstudiums und zu seinem Nachfolger als Theologieprofessor an der jungen Wittenberger Universität zu machen. Nach seiner Promotion wurde Luther als Professor in die theologische Fakultät der Wittenberger Universität aufgenommen. Dieses Amt als Ausleger der Heiligen Schrift sollte Martin Luther zur Lebensaufgabe werden.

In seiner theologischen Arbeit an der Bibel stieß Luther zur Lösung des bedrängenden Gotteskonfliktes durch. In intensiver Beschäftigung mit der Heiligen Schrift fand er die klärende Antwort auf die Frage nach der Vollkommenheit und Gewißheit des Lebens. Die Bibel eröffnete ihm die Antwort auf die Frage nach dem gnädigen Gott. Johannes von Staupitz hat ihm dabei wegweisenden Rat gegeben. Der erfahrene Seelsorger suchte den von tiefer Lebensnot umgetriebenen Luther von der ruinösen Nabelschau nicht nur dadurch wegzubringen, daß er ihm Beschäftigung verschaffte. Er gab ihm noch mehr: den entscheidenden Hinweis, der Luther nicht oberflächlich über seine Verzweiflung hinwegtäuschen sollte, sondern ihn aus ihr herausführen mußte. »Du mußt den Mann ins Auge fassen, der Christus heißt! Wenn du darüber grübelst, was aus dir werden soll, dann betrachte die Wunden Christi – das Grübeln wird schnell aufhören!«

Der theologische und seelsorgerliche Rat, den Luther von Staupitz erhielt, war in einer ausgeprägten Christusfrömmigkeit beheimatet. Luther sollte sich nicht in erschütternd-direktem Gegenüber durch den ungeheuren Anspruch Gottes verunsichern lassen. Im Hinblick auf Christus müsse er mit der Liebe und Barmherzigkeit Gottes anfangen. So werde der Weg zur rettenden Lebensgewißheit eingeschlagen.

Luther fand durch diese Ratschläge Trost. In andächtigen Betrachtungen hat er erfahren: Christus steht zwischen meinem unvollkommenen Ich und dem vollkommenen Gott! Der Hinweis auf Christus war der entscheidende Schritt zur Lösung von Luthers Gottes- und Lebenskonflikt. Es mußten zwar noch manche Schritte bis zum Durchbruch der Lösung getan werden. Aber der Anfang war gemacht. Noch ein Jahr vor seinem Tod hat Luther betont: »*Den Doktor Staupitz muß ich rühmen, daß er zuallererst mein Vater in der Lehre des Evangeliums war. Er hat mich in Christus geboren.*«

Trotz aller andächtigen Glaubenshinwendung zu Christus war aber der bedrohliche Ernst nicht auszuschalten, der dem Anspruch des lebendigen Gottes zukommt. Die Hinwendung zu Christus mußte fast wie eine wirklichkeitsfremde Flucht davor erscheinen. Noch klaffte Luthers theologisches Wissen um Gott, die Sünde und die volle Bedeutung der Person Christi auseinander. Aber auf dem Weg der theologischen Arbeit erschlossen sich ihm die klärenden

Johann von Staupitz, Gemälde in der Äbtegalerie des Stifts St. Peter in Salzburg.
Johann von Staupitz (1468–1524) war schon seit 1502 in Wittenberg. Er wirkte im Auftrag von Kurfürst Friedrich dem Weisen beim Aufbau der neugegründeten Wittenberger Universität mit. Die Gründung des Augustiner-Eremitenklosters in Wittenberg und die Einrichtung eines Klosterstudiums standen dazu in unmittelbarer Beziehung. Als Generalvikar der deutschen Augustiner, als Theologe und Prediger genoß Staupitz weit über Wittenberg hinaus hohes Ansehen.

Zusammenhänge. *»Durch Schreiben, Lesen und Lernen habe ich zunehmend meine Erkenntnisse gewonnen.«* In den Dokumenten, die von Luthers frühen Vorlesungen und von seinen theologischen Arbeiten erhalten sind, in seinen Briefen und Predigten kann man diesen Erkenntnisweg nachvollziehen.

Im Wintersemester 1513/14 begann Luther eine Vorlesung, in der er die Psalmen auslegte. Er war damit fast zwei Jahre beschäftigt. Es folgten Vorlesungen über Schriften aus dem Neuen Testament: die Briefe des Paulus an die Römer und Galater und den Hebräerbrief. 1518 begann er zum zweitenmal eine Psalmenvorlesung. Als er diese Vorlesung im Frühjahr 1521 abbrechen mußte, hatte sich die Lage für den grübelnden Mönch und suchenden Theologen grundlegend gewandelt. Der tiefe Gotteskonflikt hatte sich auf der Ebene der theologischen Erkenntnis gelöst, und diese Erkenntnis hatte ihn in neue, aber ganz andere Konflikte hineingeführt. Dabei ging es nicht mehr um die persönliche Frage nach der vollkommenen Lebensgewißheit, sondern um die Behauptung der Lebenswahrheit aus dem Christusglauben für Kirche und Welt. *»Alle Menschen suchen das Glück. Keiner will, daß es ihm schlecht geht. Jeder haßt das Unglück. Aber ausnahmslos alle laufen vor der Erkenntnis des wahren Glücks davon, besonders aber diejenigen, die sich um seine Erkenntnis bemühen.«* Mit diesen Worten einer unerschütterlichen Kritik ließ Luther in der gedruckten Fassung der zweiten Psalmenvorlesung die Auslegung des ersten Psalms beginnen. Er sah selbst ganz deutlich, welchen Weg er bisher zurückgelegt hatte: *»Diese Vorlesung hat sich von der ersten weit, weit entfernt.«*

Die Tür zum Paradies

Schon in der Art, in der Luther jetzt die Bibeltexte bearbeitete, zeigte sich die tiefgreifende Veränderung. In seiner ersten Psalmenvorlesung arbeitete er noch weitgehend mit der überlieferten Auslegungsmethode. Davon löste er sich in den folgenden Jahren zunehmend. Die darin vorgegebenen theologischen Fragestellungen an den Bibeltext verloren für ihn an Bedeutung. Schon 1513 hat er allerdings hervorgehoben, daß er allem voran das Bibelwort selbst in seinem Zusammenhang zur Sprache bringen wollte. *»Die Bibel will sich nicht in die Auslegung dessen, der sie studiert, verwandeln lassen. Sie will umgekehrt dem, der sie schätzt, ihren Inhalt und Willen beibringen.«* Wenn in der Bibel Gott zu Worte kam, dann mußten die Texte nach dem Anspruch des Lebens und nach Christus als dem Retter

FOLIVM

erit tępus eoȝ in fęcula. Et cibauit illos ex adipe fru/
menti : & de petra melle faturauit eos.

DE DEO INCARNATO STANTE IN
medio prelatoȝ Synagogæ, & eos arguente Pſal/
mus LXXXI. Iſr.   Pſalmus Aſaph.

Eus ſtetit in ſynagoga deoȝ: in medio autē deos
diiudicat. Vſq̃quo iudicatis iniquitatē: & facies
pctōrū ſumitis. Sela. Iudicate egeno & pupillo : hu/
milē & pauperē iuſtificate. Eripite pauperē : & egenū
de manu pctōris liberate. Neſcierūt neq̃ intellexerūt :
in tenebris ambulant mouebunt oīa fundamēta terræ:
Ego dixi dii eſtis : & ſilii excelſi oēs. Vos autē ſicut ho/
mines moriemini : & ſicut unus de principibꝰ cadetis.
Surge deus iudica terra : q̃m tu hæreditabis l oibꝰ gētibꝰ.

DE BELLIS VETERIS TESTAMENTI
ſanctis inflictis, vbi myſtice eccleſiæ pſecutio . a
toto mūdo ꝑphetatur Pſalmꝰ. LXXXII. Iſr.
Canticū Aſaph pſalmus.

Eus quis ſimilis erit tibi : ne taceas neq̃ cōpeſcaris
deꝰ Q̃ m ecce inimici tui ſonuerūt : & q̃ oderūt
ȝe extulerūt caput. Super populū tuū malignauerunt
cōſiliū. & cogitauerūt aduerſus ſanctos tuos. Dixerūt

Seite aus Luthers erster Psalmenvorlesung (1513–15).
Für seine erste Psalmenvorlesung ließ Martin Luther bei dem Wittenberger Buchdrucker Johann Grunenberg die Psalmen in einer lateinischen Textfassung druk-
ken. Es sollte eine Ausgabe für Studienzwecke sein. Luthers Exemplar mit seinen
handschriftlichen Eintragungen ist noch erhalten.

abgehört werden. Bei seinen biblischen Studien zog Luther Augustin zu Rate. Er beschäftigte sich auch mit der Tradition jener Christusfrömmigkeit, die ihm in Staupitz so nachhaltig begegnet war. Er stieß auf Predigten des Johannes Tauler († 1361) und gab eine alte Frömmigkeitsschrift neu heraus: »Eine deutsche Theologie«. In diesem *»edlen geistlichen Büchlein«* fand er grundlegende Aussagen zur Lösung des Gotteskonfliktes durch den Christusglauben: der Mensch, der sich aus eigenen Kräften verzweifelt und vergeblich um die Lebensvollkommenheit müht, braucht einen anderen Retter als sich selbst – Adam muß sterben, Christus muß groß werden!

Wenn Luther später auf die Entwicklung in diesen Anfangsjahren zurückblickte, dann wies er auf ein allesentscheidendes Durchbruchserlebnis hin: es war die Erkenntnis, die er in der intensiven Beschäftigung mit den Schriften des Apostels Paulus gewann. Im tiefen Nachdenken und der harten Arbeit an einem Wort aus dem Römerbrief ist ihm *»die Tür zum Paradies aufgegangen«*. Vor dieser Eröffnung lag ein harter geistiger Kampf, in dem er selbst mit seinem Leben auf dem Spiel stand. Im verzweifelten Mühen um die Vollkommenheit und Gewißheit des Lebens hatte Luther in Christus den Retter gefunden. Der erdrückende Anspruch des Lebens wurde dadurch zum Schweigen gebracht. Aber Luther wußte, daß dieser Anspruch galt und Bestand hatte. Er kannte den allmächtigen Gott als Herrn des Lebens, der über ihn urteilt und mit ihm ins Gericht geht. Die »Gerechtigkeit Gottes« war ihm nicht unbekannt, aber er »haßte« dieses Wort mitsamt dem Gott, »der gerecht ist und Sünder und Ungerechte bestraft«. Vor ihm konnte er ja nie zur vollkommenen Lebensgewißheit gelangen. Wie ganz anders war es da bei Christus: in ihm zeigte sich die Liebe Gottes. In seinen Wunden, seinem Opfertod am Kreuz konnte der Sünder Trost finden. Weg vom »gerechten« Gott und hin zu Christus – diesen Rat des Johann von Staupitz hatte Luther beherzigt.

Aber da begegnete ihm beim Apostel Paulus das Wort, das ihn wieder verunsicherte, ja, das die gewonnene Rettung zu entreißen schien. Gleich am Anfang des Römerbriefs heißt es: »Im Evangelium wird die Gerechtigkeit Gottes offenbar.« (Römer 1, 17) Das war ein harter Schlag! Im Evangelium, der rettenden Christusbotschaft, sollte ihm der strafende Richtergott begegnen! Entweder war der Christusglaube nur ein trügerischer Schein, oder Luther hatte dieses Wort und die ganzen Zusammenhänge noch nicht recht begriffen. *»Das brachte mich fast zur Raserei. Im Gewissen war ich völlig verunsichert. Obwohl es mir alles andere als Freude bereitete, schlug ich mich wieder und wieder mit diesem Wort herum. Ich wollte auf je-*

den Fall herausbekommen, was Paulus meint. Da endlich: Gott er-
barmte sich! Nach tage- und nächtelangem Nachsinnen kam es mir:
ich entdeckte, wie die Worte miteinander zusammenhingen und wie sie
deshalb verstanden werden mußten. ›Die Gerechtigkeit Gottes wird im
Evangelium offenbar, wie geschrieben steht: ›Wer gerecht ist, der lebt
aus dem Glauben‹. Jetzt verstand ich, was ›Gerechtigkeit Gottes‹
heißt: sie ist das Geschenk, das den Menschen gerecht macht, deshalb
kann er im Glauben an Gott leben. Und genau dieser verborgene Zu-
sammenhang wird im Evangelium offenbar.«

Das war die Lösung! Die bisher unüberbrückbare Kluft zwischen
dem allmächtig-unbarmherzigen Gott und dem leidend-liebevollen
Christus war geschlossen. Wenn Luther sich zu Christus wandte,
dann war das keine Flucht vor dem wahrhaft gerechten Gott. Im Gegenteil: in Christus begegnete er allererst dem gerechten Gott, der
darin gerecht ist, daß er den Menschen gerecht macht – durch den
Glauben an Christus. In Christus betrachtet verliert die Gerechtigkeit Gottes nichts von ihrem Schrecken. Das zeigt das Kreuz. Aber
sie verliert ihre erschreckende Wirkung – für den, der glaubt. »Indem Gott tötet, macht er lebendig« – das erkannte Luther, indem er

Der Apostel Paulus, Holzschnitt von
Hans Baldung-Grien (1484–1545).
Beim Apostel Paulus, der »unan-
sehnlichen Gestalt«, entdeckte Luther die Lösung in seinem Konflikt
zwischen dem urmenschlichen Seh-
nen nach Lebensvollkommenheit
und der göttlichen Forderung einerseits sowie der erschütternden Wahrnehmung seiner Unvollkommenheit
andrerseits. Mit der Schärfe des
Wortes Gottes – »schärfer als ein
zweischneidiges Schwert« – bringt
Paulus die Lösung des Konfliktes in
Christus zur Sprache. Luther hat das
gleich kritisch umgesetzt: »Was der
Apostel Paulus, der tiefsinnigste
Theologe, abhandelt, das haben unsere heutigen Theologen vielleicht
auch im Kopf. Aber sie leben nicht
danach.«

Martin Luther mit Doktorhut, Kupferstich von Daniel Hopfer (1470-1536).
»Ich, Doktor Martinus, bin dazu aufgefordert und gezwungen worden, Doktor
der Heiligen Schrift zu werden. Ich mußte meiner allerliebsten Heiligen Schrift
schwören und geloben, sie treu und unverfälscht zu predigen und zu lehren.«

sich in die Aussagen des Apostels Paulus vertiefte. Diese verborgene
Wahrheit wird im Kreuz Christi offenbar. Was sich dort ereignete,
geschah zur Rettung des Menschen, der in seiner sündhaften Lebensvernichtung verloren ist, wenn er mit Gott und dem Leben allein gelassen bleibt. Aber in Christus sucht Gott diesen verlorenen
Menschen. Wer dem Wort der Christusbotschaft glaubt, steht mit
Gott auf gutem Fuß. Er ist »gerecht« und hat deshalb die Vollkommenheit des Lebens gewiß.

Martin Luther hat die Entdeckung seines Lebens gemacht. Noch
mehr: das Leben selbst hat sich ihm geöffnet. Das konnte er nicht
für sich behalten. Vor allem mußte er jener Glaubenslehre widersprechen, die in der Kirche weithin Geltung besaß. Sie verdunkelte
die Aussage der Bibel. Sie war schuld daran, daß Luther lange genug
die »Gerechtigkeit Gottes« völlig falsch verstand. Sie täuscht den
Menschen über die völlige Verlorenheit hinweg, die ihm vor dem
Anspruch des Lebens schuldhaft deutlich werden muß. Sie läßt ihn
im Wahn, sich das Leben sichern zu können. Was sie von Gottes
Rettung zu sagen weiß, wird aufgespalten in die vielfältige Mithilfe
der Kirche beim scheinbar lebensrettenden Tun des Menschen.

Den Schauspielern die Maske abreißen

In seinen Vorlesungen hat Luther diese Glaubenslehre immer schärfer kritisiert. Er setzte sich mit seinen theologischen Lehrern und
den von ihnen verehrten Meistern auseinander. Den Grund für die
Verfälschung der Theologie erkannte er darin, daß die Lehren des
griechischen Philosophen Aristoteles zur Grundlage der Theologie
genommen wurden. Auf diesem Fundament wurde unter Heranzie-
hung der Bibel jene irrige Glaubenslehre errichtet. Kein Wunder,
wenn er im Februar 1517 an den Klosterbruder Johann Lang in Erfurt schrieb: »Zu nichts drängt es mich mehr als dazu, diesen Schau-
spieler bloßzustellen, der mit seiner griechischen Maske die Kirche völlig hinters Licht geführt hat.«

In seiner Kritik an der herrschenden Theologie und seinem Drängen auf Erneuerung fand Luther Bundesgenossen in der reformerischen Bildungsrichtung, auf die er schon als junger Student während seines Grundstudiums in Erfurt gestoßen war. Auch hier kritisierte man die großartige Gelehrsamkeit, die sich an Aristoteles
orientierte und ausgetüftelte Lehrgebäude errichtete. Man suchte
geistige Befreiung. Man wollte direkt auf Kunst und Bildungsgüter
der Römer und Griechen zurückgreifen. Dieser Rückgriff auf das

Ursprüngliche entsprach durchaus Luthers Umgang mit der Schrift. Die Kenntnis von Latein, Griechisch und auch Hebräisch war bei den »Humanisten« geschätzt. Auch Luther schätzte sie, weil sie dem besseren Verständnis des Bibelwortes nur nützen konnte. Es herrschte scheinbar eine echte Interessenverbindung.

Luther trat in Briefkontakt mit Desiderius Erasmus, der als führender Kopf der Bildungsreformbewegung verehrt wurde und 1516 das Neue Testament in griechischer Sprache herausgab. Er schrieb auch an den bekannten Juristen Johann Reuchlin, der die hebräische Sprache erforschte und von bedeutenden Vertretern der herrschenden Glaubenslehre scharf angegriffen wurde. Aber so rasch diese Verbindung aufgeblüht war, so schnell sollte sie bald wieder zerbrechen. Als sich kirchliche und politische Konsequenzen abzeichneten, die aus Luthers »Entdeckung« hervorgingen, traten die tiefen Unterschiede zutage. Für Luther kam das nicht völlig überraschend, denn er bemerkte schon früh, wo die Grenzen dieser Verbindung lagen. Seine Meinung über Erasmus hat er 1517 allerdings noch nicht öffentlich kundgetan: *»Ich habe den Eindruck, daß Erasmus nicht so uneingeschränkt, wie es nötig ist, hervorhebt, wer Christus ist, und daß der Mensch ganz allein von Gott gerettet wird. Ich bin mir sicher, daß man nicht automatisch ein gelehrter Christ ist, wenn man gut Griechisch und Hebräisch kann. Es kommt doch etwas anderes dabei heraus, wenn man in der Frage nach der Lebensvollkommenheit dem Menschen selbständige Möglichkeiten zuerkennt, oder ganz allein Gottes Gnade betont.«* Luther sah, daß Erasmus und viele Vertreter des »Humanismus« zwar auf dem Weg »zurück zu den Quellen« mit ihm verbunden waren, aber in der Tiefe doch in den Grundzügen der traditionell-kirchlichen Glaubenslehre befangen blieben.

Auch an der Wittenberger Universität fand Luther Mitstreiter. Die Universität war 1502 von Kurfürst Friedrich dem Weisen gegründet worden. Der Kurfürst war gegenüber der Bildungsreform und ebenso der Christusfrömmigkeit, die Johann von Staupitz in Wittenberg vertrat, aufgeschlossen. Luthers Universitätskollege Andreas Bodenstein von Karlstadt, zunächst Vertreter der traditionellen Glaubenslehre, hatte sich durch Beschäftigung mit Schriften Augustins davon überzeugt, daß Luthers Kritik nicht unberechtigt war. Auch der Theologieprofessor Nikolaus von Amsdorf schloß sich Luthers Richtung an. Im Mai 1517 konnte Luther feststellen: *»Unsere Theologie und Augustin kommen gut voran. Nach Gottes Willen geben sie an unsrer Universität den Ton an.«* Im August 1518 kam Philipp Melanchthon als Professor für Griechisch nach Wittenberg. Außerdem hatte der Kurfürst noch eine Professorenstelle für Hebrä-

isch eingerichtet. Melanchthon drängte als »Humanist« auf Erneuerung der Universitätsausbildung. Zwischen ihm und Luther entwik-
kelte sich ein enges Verhältnis. Dadurch wurde Melanchthons Auf-
geschlossenheit für Luthers Lehre gefördert und vertieft.

Im September 1517 faßte Luther seine Kritik an der traditionellen
Glaubenslehre in 100 knappen, scharf formulierten Sätzen gebündelt zusammen. Diese »Thesen gegen die scholastische Theologie«
dienten als Diskussionsgrundlage im Rahmen eines offiziellen
Streitgespräches an der Universität; in diesem Fall mußte ein Student die Thesen anläßlich seiner Prüfung verteidigen. Luther ging
darin mit den großen Theologen und mit der *allgemeinen Meinung*
in Kirche und Theologie ins Gericht. Er verteidigte sein Verständnis
von Augustin und vor allem seinen grundlegenden Widerspruch gegen jene Glaubenslehre, die das wahre Verhältnis von Gott und
Mensch verkannte. Ihr hielt er entgegen: *»Von sich aus kann der
Mensch nicht einmal wollen, daß Gott Gott ist. Das aber will er: der
Mensch ist Gott, und Gott ist nicht Gott.«*

Luther schickte seine Thesen auch nach Erfurt. Zu gerne hätte er
sich mit seinen Lehrern Bartholomäus Arnoldi und Jodocus Trutfetter verständigt. Im nächsten Frühjahr konnte er seine Position in
größerem Rahmen vortragen: Im April 1518 fand in Heidelberg eine
Tagung des Augustinerordens statt, und Luther lieferte die Thesen
für das Streitgespräch, das dabei üblicherweise abgehalten wurde.
Hatte er im vorangegangenen Herbst mehr auf Angriff gegen die
»falsche« Glaubenslehre gesetzt, so entfaltete er jetzt stärker seine
eigene Position. Luthers Auftreten in Heidelberg hat mit dazu beigetragen, daß auch außerhalb Wittenbergs immer mehr auf das gehört
wurde, was der Theologe Martin Luther als Antwort auf die Frage
nach der Vollkommenheit und Gewißheit des Lebens gefunden
hatte: *»Das steht fest: der Mensch muß an sich selbst vollkommen verzweifeln. Nur so bekommt er die Rettung durch Christus.«*

Christus

Luther ist Christus in der bedrängenden Situation der Lebensverunsicherung begegnet. Das ist kein Zufall. Denn die Begegnung mit
Christus liegt außerhalb der selbstherrlichen Lebensbeherrschung
des Menschen. *»Hüte dich, dem nachzujagen, daß du von dir sagen*

*kannst: Mit mir und meinem Leben ist alles in Ordnung! –, daß du
kein Sünder mehr sein willst. Denn Christus wohnt nur unter Sündern.«*
Jesus Christus ist geheimnisvoll eindeutig. Sein Geheimnis erschließt sich nur dem, der ihm als Sünder begegnet. Darin aber zeigt sich zugleich die Eindeutigkeit des geheimnisvollen Christus: er sucht und findet den Weg zum Menschen als Sünder. Nicht um jeden Preis, aber um einen eindeutigen Preis. Um den Preis der Sünde. Christus hat diesen Preis bezahlt. Wo er dem Menschen begegnet, wird deshalb ein völlig zwangloses Geschäft gemacht. Der Ich-Mensch kann seinen völlig aussichtslosen Handel mit dem Leben aufgeben und sich in Christus alles schenken lassen. Zu diesem Geschäft ist der Mensch aber nicht ohne weiteres in der Lage. Erst wo sich seine Lebenssituation zuspitzt, wird er zu diesem Geschäft bereit. In einer solchen Situation wird er sensibel für die Begegnung mit Christus.

Luther hat die Christusbegegnung in solcher Bereitschaft erfahren. Und er hat alles darangesetzt, diese Begegnung auch zu verstehen. Er wollte Christus erkennen. Dabei erkannte er, daß der Preis, den Christus mit dem Leben bezahlte, doch von ihm hätte bezahlt werden müssen: dem Ich-Menschen Martin Luther, dem frommen Mönch, der kein Sünder sein wollte. Im Hören auf die Christusbotschaft verstand Luther den Wert des Todes Jesu Christi: ohne Christus mußte er mit der unerledigten Last seiner Lebensunvollkommenheit in den Tod gehen, aber mit ihm konnte er nur leben. Luther hat diesen geheimnisvollen Lebensaustausch nicht mehr aufkündigen können.

Wer ist dieser geheimnisvolle Christus? *»Bevor du ihn dir zum Vorbild und Lebensbeispiel machst, mußt du ihn annehmen und erkennen als eine Gabe und ein Geschenk. Er wird dir von Gott gegeben und soll dir gehören.«* Das ist die *»Hauptsache, der Grund des Evangeliums«*: dem Menschen wird in Christus das Leben geschenkt! Der Tod Christi ist der Tod des Ich-Menschen, den das beanspruchte Leben unbedingt fordert. Deshalb ist durch Christus Raum für neues Leben. Wenn man aus Christus einen *»Gesetzgeber, Ankläger und Richter«* machen will, bleibt dieser Raum verschlossen. Er öffnet sich nur, wo der Ich-Mensch in den seltenen Lebenstausch mit Christus eintritt. Dabei gibt er alles auf, was er ohnehin verliert: sein gefährdetes und gefährliches, dem Tod verfallenes Dasein als Ich-Mensch. Und er bekommt alles in Christus: das Leben des neuen Menschen. Das ist beispiellos. Deshalb wird dort, wo dieser Lebensaustausch eingegangen wird, auch eine beispiellose Aussage getroffen: *»Der*

Glaube sagt von Christus nicht nur: ›Gott ist in ihm.‹ Sondern: ›Christus ist Gott selbst‹.«

Das Bekenntnis des Glaubens ergreift das, was der Mensch Jesus von Nazareth ist. Und zwar ganz. Alle anderen Beurteilungen sind bestenfalls halbe Wahrheiten. Und die haben keinen Bestand. Erst wo ein Mensch an Christus glaubt, kommt er mit dem Leben ganz gewiß davon. Diese Erfahrung steht dahinter, wenn Luther sagt:

»Ich glaube, daß Jesus Christus,
wahrhaftiger Gott vom Vater in Ewigkeit geboren
und auch wahrhaftiger Mensch von der Jungfrau Maria geboren,
sei mein Herr,
der mich verlorenen und verdammten Menschen
erlöst hat, erworben und gewonnen
von allen Sünden, vom Tod und von der Gewalt des Teufels.«

Das Bekenntnis des Glaubens zu Jesus Christus, dem Gott-Menschen, markiert die Grenze zum Ich-Menschen. Der kann es allenfalls als eine nichtssagende Lehrformel oder eine allessagende Leerformel gelten lassen. Denn das Bekenntnis läßt ihn nicht mehr gelten. Dieses Bekenntnis ist nicht unvernünftig. Aber es sprengt die Grenzen, die sich der Mensch für seine selbstherrliche Vernunfterkenntnis setzt. Es widerspricht dem, der im ausschließlichen Vertrauen auf die Fähigkeit der Vernunft das Leben meistern will. Es ist einsichtig nur für den, der die einzigartige Bedeutung Jesu Christi erkennt. Die Erkenntnis, daß Jesus Christus Gott und Mensch ist, ist nicht das Ergebnis einer kritischen Untersuchung. Es ist eine tiefbegründete Glaubensaussage. Sie hat ihren Ort, wo einem in der Situation der Lebensbedrängnis Christus begegnet. Wenn man sich überhaupt ohne persönliche Betroffenheit an diese Aussage annähern kann, dann nur, indem man sich stets diesen Grundzusammenhang vor die Augen der Vernunft hält.

Luther hat es oft betont, daß er sich im Christusbekenntnis dem traditionellen Glaubensbekenntnis anschließen konnte. Dessen Gewißheit und Entsprechung zur Christusbotschaft der Heiligen Schrift war ihm Glaubensgrundlage und Verstehenshilfe. Er hat aber auch betont, daß es ihm nicht auf ausgetüftelte theologische Formeln ankam. Eine solche Formel fallenzulassen, wenn sie gar die Klarheit und Überzeugungskraft der Sache verdunkelte, war für ihn kaum problematisch. Solange die »Sache« feststand: Jesus Christus ist Gott und Mensch.

»Wahrhaftiger Gott vom Vater in Ewigkeit geboren« – dieser erste Teil von Luthers Bekenntnisaussage stellt allerdings vor Rätsel. Er will besagen, daß Jesus Christus der alleinige Zugang zum vollkom-

menen Leben schon immer war, ist und bleiben wird. Findet schon
diese Aussage den harten Widerspruch des vernünftigen Ich-Menschen, der doch selbst das Leben zu erforschen, zu erkennen und zu
beherrschen meint, so stößt der zweite Teil von Luthers Christusbekenntnis erst recht auf widerspruchsvollen Spott: *»Wahrhaftiger
Mensch von der Jungfrau Maria geboren«*. Ist denn Luther mit diesem Bekenntnis denen zuzurechnen, die ihren Gottesglauben aus
aufsehenerregenden »Wundern« speisen?

*»Wenn eine Jungfrau einen Knaben zur Welt gebracht hätte, könnte
mir das nichts bedeuten!«* Es geht Luther offensichtlich nicht im geringsten um die Möglichkeit einer Jungfrauengeburt. Der Akzent
seines Bekenntnisses liegt nicht auf dem »Wunder«. Er bringt die
Verwunderung über Jesus Christus zur Sprache. *»Daß Gottes Sohn
im Schoß eines Weibes zu finden ist, das ist das allergrößte. Deshalb
muß auch die Mutter etwas besonderes sein.«* Sowenig Luther die
Jungfrauengeburt an sich hervorhebt, so wenig bestreitet er sie. Das
Wunder ist nicht die rätselhafte Schwangerschaft und ihre Möglichkeit, sondern das Kind und seine Wirklichkeit: Jesus – Gott und
Mensch. Jesus ist nicht Gottes Sohn, weil er von einer Jungfrau geboren wurde. Die Aussagenfolge verläuft für Luther gerade umgekehrt: weil Jesus Gottes Sohn ist, bekommt er eine Jungfrau zur
Mutter.

*Die Geburt Christi, Holzschnitt von
Hans Baldung-Grien.*
»Ein Kind ist uns geboren, ein Sohn
ist uns gegeben! Uns, uns, uns geboren und uns gegeben. Darum paß
auf, daß du im Evangelium nicht nur
Freude an der Geschichte an sich gewinnst. Die vergeht schnell. Hol dir
auch nicht nur gute Vorbilder daraus. Die zerbrechen ohne Glauben.
Gibt es für einen Menschen größere
Freude, als zu hören, daß Christus
ihm geschenkt wird?«

Luthers Christusbekenntnis ist Antwort auf das Geschenk Gottes in Jesus Christus. Das verschlägt dem Ich-Menschen die Sprache. Er kann das Geschenk des Lebens nicht annehmen. Er will selbst Gott sein. Er kann es nicht gelten lassen, daß es Gott braucht, um den wahren Menschen in die Welt zu setzen. Luthers Christusbekenntnis durchbricht die theoretische Frage nach »Wunder und Naturgesetz«. Es dringt durch zu der viel tieferen Frage nach Gott: nach Leben und Tod. Und da sind für Luther durch Christus die Verhältnisse klar. *»Die Sünde, den Tod und den Teufelskreis der Lebensvernichtung aufheben und überwinden; den Menschen in Ordnung bringen und ihm Leben und Glück schenken, diese große Aufgabe kann weder ein Mensch noch ein Halbgott lösen. Das schafft nur die einzigartige, ewige Macht des Lebens selbst: Gott, der Schöpfer. Deshalb muß der Mensch Jesus der rechte, wahre, ewige Gott sein, dem ewigen Vater völlig gleich.«* Wer mit Luther über Jesus Christus reden will, der wird von der Frage, wer dieser Jesus ist, weitergeführt zur Frage: Was hat er denn Einzigartiges getan?

Die Antwort auf diese Frage findet Luther nicht darin, daß man Worte und Taten Jesu als imposantes Vorbild betrachtet. Darin ist Jesus einer unter vielen. Was Jesus Christus ausmacht, ist die Aufgabe, die er mit seinem Leben und Sterben insgesamt erfüllt. Diese Aufgabe führt er nicht für sich aus, sondern für mich – an meiner

Christus am Kreuz, Holzschnitt von Hans Baldung-Grien.
Das Kreuz Christi ist von einem Geheimnis umgeben, das Ärger oder verständnisloses Fragen herausfordert. »Glaubst du, daß es Gottes Wille war, daß sein Sohn gekreuzigt wurde? Er hat ja nichts lieber als ihn! Trotzdem läßt er ihn ans Kreuz schlagen. Nach dem Urteil der Vernunft hat Gott Kaiphas und Pilatus, den Richtern Christi, viel mehr väterliche Liebe erwiesen als Christus selbst, den er so brutal und schrecklich hat hinrichten lassen.« Es ist allein der Glaube, der durch die Verstehensgrenzen der Vernunft ins Geheimnis des Kreuzes hindurchbricht.

Stelle und mir zugute! Jesus Christus löst den lebensentscheidenden Gotteskonflikt. Er sprengt den Teufelskreis, in dem der Mensch sich von der Geburt bis zum Grab befindet: das Leben für sich zu behaupten und zufriedenstellend zu bewältigen und es darin gerade zu zerstören und in den Tod zu führen. Weil sich aber auch das Leben gegen den Menschen zur Wehr setzt, versucht der Mensch, den Anspruch des Lebens zu bewältigen und ihm gerecht zu werden. Doch gerade wo er das am besten zu erfüllen meint, tut er es nur im ureigensten Interesse: nicht um des Lebens willen, sondern um seinetwillen. Unter dem Anspruch, das Leben zur Vollkommenheit zu bringen, vergewaltigt er es. So drängt das Leben selbst in letzter Konsequenz gegen den Ich-Menschen auf dessen Tod und fordert eine neue, lebendige Schöpfung. Das ist der Gotteskonflikt, in dem der Mensch sich im Leben vorfindet. Dieser Konflikt ist ein Teufelskreis, weil der Ich-Mensch heillos darin befangen ist. Selbst wo er den Anspruch des Lebens gelten lassen will, kann er Gott nicht Gott sein lassen, weil er selber Gott sein muß.

Luther hat erfahren und erkannt, daß dieser Konflikt durch Jesus Christus gelöst ist. Er hat diese Einsicht am Kreuz Christi gewonnen. Dort stirbt Christus im Namen des Gesetzes. Weil er sich nach dem Urteil der lebensbeherrschenden Ich-Menschen am geheiligten Lebensanspruch vergangen hat. Das scheint eine klare Angelegenheit zu sein. Aber sie ist so tiefgründig, daß sie nur der im Glauben geschärfte Blick erfassen kann.

Sichtbare Niederlage, verborgener Sieg

Was Christus gegen das Gesetz, den festgeschriebenen und vom Menschen verwalteten Lebensanspruch, gelebt hat, brachte gerade den ungebrochenen Anspruch des Lebens zur Geltung. Das Leben und sein festgeschriebener Anspruch sind nicht deckungsgleich. Der Anspruch des Lebens ist größer als jedes Lebensrecht, das der Mensch verwaltet. Christus hat kein festgeschriebenes Lebensprogramm verwirklicht. Er hat dem Leben in Liebe Raum und Geltung verschafft. Das provoziert, weil es jedes Lebensprogramm untergräbt. In der Welt des Ich-Menschen muß aber das programmatische Gesetz gegen den provozierenden Anspruch des Lebens behauptet werden. So wird Christus ans Kreuz geschlagen. Im Namen des Gesetzes. Im vermeintlichen Interesse Gottes und des Menschen. *»Hier bleibt Christus allein, den keiner begreifen kann, außer durch den Glauben. Hier finden sich allein das Gesetz und Christus,* *der dem Gesetz unterworfen wird und die Tyrannei des Gesetzes erduldet. Weil das Gesetz zum Mörder des Gottessohnes wird, zum Gottesschänder, verliert es sein Recht.«* Diese letzte Konsequenz ist im Kreuz verborgen. Sie erschließ sich dem, der über seinen Ich-Menschen und die gesetzliche Berechtigung des Kreuzes hinweg an Christus festhält. Das ist der, der glaubt, daß der gekreuzigte Christus lebt. Für das Auge des Glaubens wird das Kreuz zum Triumph der Liebe über sas Gesetz und zur heilsamen Katastrophe des Ich-Menschen. Luther hat dieses geheimnisvolle Geschehen freudig besungen:

»Es war ein wunderlicher Krieg, als Tod und Leben rungen; das Leben behielt den Sieg, es hat den Tod verschlungen. Die Schrift hat verkündet das, wie ein Tod den andern fraß; ein Spott aus dem Tod ist worden.

So feiern wir das hohe Fest mit Herzensfreud und Wonne, das uns der Herr scheinen läßt. Er ist selber die Sonne, der durch seiner Gnaden Glanz, erleuchtet unsere Herzen ganz; der Sünden Nacht ist vergangen.«

Christuserkenntnis ist keine Sache der Vernunft. Sowenig die vernünftigen Fähigkeiten des Menschen dabei ausgeschaltet werden. In der Christuserkenntnis geht es um Leben und Tod. Um Gotteser-

Das Jüngste Gericht, Holzschnitt von Hans Baldung-Grien.
Sowenig das Auge der Vernunft im Stall von Bethlehem und auf Golgatha wahrnimmt, so sehr bleibt ihm die letzte Aussage über Christus verschlossen. »Man muß glauben und bekennen: Christus, der Mensch, sitzt zur rechten Hand Gottes. Nichts kann sich seiner Herrschaft entziehen.« Luther nennt es ein »seltsames Reich«, in dem der Inhaber der höchsten Machtposition unsichtbar bleibt, »zur Rechten Gottes«. Sein Volk aber ist »hier auf der Erde, in diesem elenden, auf den Tod zueilenden Dasein«. Was es auszeichnet, ist allein die Glaubenshoffnung auf die Herrschaft Christi und ihren Durchbruch.

kenntnis. Wer in souveräner Vernunft das Nadelöhr des Kreuzes
Christi bei der lebensentscheidenden Frage nach Gott umgeht, kann
sich nur selbst zum Gott haben. Er wird zwar das Leben berechnen,
planen und kalkulieren können, aber er wird ihm bis in den Tod vergeblich nachjagen. Und erst recht angesichts des Todes wird es ihm
vollkommen ungewiß.

Christus stirbt nicht noch einmal

Wer dazu begnadet ist, sich mühselig durch das Nadelöhr der Christuserkenntnis hindurchzuquälen, der wird Gott finden. Gerade
dort, wo der Ich-Mensch Gott am allerwenigsten vermutet. Mitten in
der Todeswelt, die der Ich-Mensch anrichtet, will das Leben da sein.
Dafür steht das Kreuz. *»Christus ist ein für allemal für die Sünde gestorben. Dafür daß der Mensch im Frieden mit Gott und in der Wahrheit lebt, wird er nicht sterben. Er lebt und regiert.«*
    Luther ist sich gewiß, daß mit dem Kreuz Christi das Entschei-
dende für das Leben des Menschen getan ist: der Gott-Mensch stirbt
für den Ich-Menschen. Dieses Geschehen, so einmalig und einzigartig es in der Geschichte dasteht, ist nicht vergangen. Es hat sich von
Anfang an durch die Sprache des Glaubens zu Wort gemeldet. Wo
das Christusbekenntnis Gehör findet, wird das lebenschenkende Ereignis des Kreuzes Christi gegenwärtig. Hier muß der Ich-Mensch,
der sich selbst nicht retten kann, sterben. Und die vollkommene Lebensgewißheit des Gott-Menschen kann sich behaupten. Die Taufe
legt den Grund zu dieser Behauptung.
    Ohne Glaube bleibt Christus stumm. Das muß dem Leben scha-
den. Das Kreuz Christi bleibt dann die rechtmäßige Hinrichtung eines Verbrechers, wie viele andere auch. Zweifelhaft und umstritten
in ihrer Berechtigung, aber nicht lebensentscheidend. Ohne Christusglauben bleibt der Mensch in seiner Sünde gefangen. Als Ich-
Mensch wirkt er im teuflischen Lebenskampf willentlich und auch
unabsichtlich an der Zerstörung des Lebens mit. Befreiung gibt es
nur, wo dem Wort des Christusbekenntnisses geglaubt wird. Dort
ist, mitten im entmachteten Teufelskreis der Lebenszerstörung,
Friede mit Gott und Leben in der Wahrheit.

Probe aufs Exempel

Luthers 95 Thesen

Keine zwei Monate nach den 100 Thesen, die Luther Anfang September 1517 gegen die herrschende Glaubenslehre zusammengestellt hatte, folgte eine weitere Thesenreihe, die noch ganz anderes Aufsehen erregen sollte. Es waren 95 Thesen, und es ging in ihnen nicht um akademisch-theologische Fragen, sondern um ein Problem des kirchlichen Alltags. Als *»Klosterprediger und junger Doktor, in dem noch die Glut steckte, in der er geschmiedet worden war«*, konnte und wollte Luther auch hier nicht schweigen. Worum ging es?

Die Last der Frage »Was wird aus mir?« hat nicht nur Luther bedrückt und ins Kloster getrieben. Tief verwurzelt in einem religiösen Lebenssystem, das von der Kirche reguliert und beherrscht wurde, lag sie auf jedem. Keiner konnte sie abschütteln ohne die geregelte Vermittlung der Kirche, die vom Papst über die Bischöfe bis zu den Priestern ein geordnetes Machtgefälle hatte. Nur wer ewiges Verderben auf sich ziehen wollte, konnte das beiseite schieben. Die Papstkirche verwaltete sowohl den Anspruch des Lebens als auch die Mittel, die der einzelne zu dessen Erfüllung und seiner Rettung brauchte. Unter diesen Gnadenmitteln ragte vor allem das »Sakrament der Buße« heraus. Es war genau festgelegt: Der einzelne mußte seine sündhaften Vergehen wahrnehmen und bereuen und in der Beichte dem Priester bekennen; hier wurde er von der Schuld freigesprochen, die er sich Gott gegenüber zugezogen hatte; aber er hatte auch Sündenstrafe auf sich geladen, die er abbüßen mußte. Dazu legte ihm der Priester »Genugtuungswerke« auf: eine Anzahl von Gebeten, Fastenzeiten, Almosen, Wallfahrten usw., je nach Größe der sündigen Tat. So bekam der einzelne ein Bußkonto, das im Lauf des Lebens so belastet wurde, daß er noch das Fegefeuer dazu brauchte, um es auszugleichen. Dadurch gewann die Frage »Was wird aus mir?« erst ihre volle Bedrohlichkeit. Jeder sah sich unablässig vor die Aufgabe gestellt, durch die Vermittlung der Papstkirche so viel wie möglich zur Sicherung seines Lebens beizutragen.

Eine ungeheure Erleichterung brachte dabei der »Ablaß«: die vom Papst erteilte Aufhebung von Bußstrafen. Der Ablaß kam im 11. Jahrhundert auf und nahm eine folgenreiche Entwicklung, deren Auswüchsen der »junge, feurige Doktor Luther« entgegentrat. Der Ablaß war zunächst nur für außergewöhnliche religiöse Leistungen gespendet worden, z. B. die Teilnahme an einem Kreuzzug. Aber schließlich wurde aus diesem Geschäft mit der Sünde der »heilige Handel«: der Ablaß konnte auch gegen Bezahlung erworben werden. *»Aber je mehr Geld der Papst verschlang, um so weiter sperrte er das Maul auf.«* Das Ablaßgeschäft weitete sich aus. Besorgte Angehörige konnten endlich auch für die im Fegefeuer schmachtenden Verstorbenen Ablaß erwerben. Im Jahr 1476 hat Papst Sixtus IV. das für rechtmäßig erklärt. Der Problembereich des Ablasses war zwar in der Papstkirche theologisch nicht offiziell und endgültig geklärt, aber in das kirchliche Leben hatte er zu Beginn des 16. Jahrhunderts schon lange breiten Eingang gefunden.

Als Prediger und Seelsorger wollte Luther die gewonnene Christuserkenntnis auch in das Leben der Kirche und der Gläubigen einbringen. In Christus hatte Luther die gültige Antwort auf die entscheidende Lebensfrage gefunden. Diese Antwort mußte deshalb auch für das Leben Konsequenzen haben.

Gleich in seinem ersten kleinen Buch, einer deutschsprachigen Auslegung der »Sieben Bußpsalmen« aus dem Frühjahr 1517, war es Luthers Hauptanliegen, den Leser auf den Weg des Christusglaubens zu führen. *»Unser Leben soll nichts anderes sein als ein Haß auf sich als Sünder und ein Suchen und Verlangen nach dem Leben als neuer Mensch.«* Luther bekämpfte die falsche Hoffnung, durch angestrengte religiöse Leistungen und gute Werke dem Anspruch des Lebens genügen zu können. Vom Ablaß ganz zu schweigen. Er wollte den Leser in das Geheimnis des Kreuzes Christi hineinnehmen. Er hob das Kreuz als den Weg ins Leben hervor, der alle anderen ausschloß. Luther kritisierte das veräußerlichte Sakrament der Buße, weil hier der Mensch in ein System kirchlicher Regelungen verstrickt wurde, hinter denen der Anspruch des Lebens und die Rettung durch Christus völlig verschwanden. Im Ablaß erkannte Luther die abschreckende Spitze dieses Systems. Um der erkannten Christuswahrheit willen mußte er sie abbrechen. Mit programmatischen Worten hat Luther seine 95 Thesen eingeleitet, in denen er sich mit dem Ablaß und dem Bußsakrament auseinandersetzte: *»Aus innerem Drang und der mühevollen Verpflichtung, die Wahrheit ans Licht zu bringen!«* Aber die 95 Thesen haben eine Vorgeschichte.

»Den Ablaß hatte ich zunächst keineswegs durchschaut. Keiner durchschaute ihn. Aber ich hob doch in Predigten nachdrücklich hervor, daß man Besseres tun könnte, als Ablaßzettel zu kaufen. Auch hier in der Schloßkirche habe ich gegen den Ablaß gepredigt und bin damit bei Kurfürst Friedrich in Ungnade gefallen.«

Auch im kirchlichen Leben Wittenbergs spielte der Ablaß eine bedeutende Rolle. Kurfürst Friedrich der Weise sammelte in der Schloßkirche einen reichen Schatz von »Reliquien«. Die anbetende Betrachtung dieser »heiligen Gegenstände« – z. B. Reste von der Muttermilch der Jungfrau Maria oder Teilchen von den Windeln Jesu – war ein wertvolles Genugtuungswerk. Mit päpstlicher Bestätigung war genau festgelegt, wieviel Ablaß jede einzelne Reliquie vermittelte. Eine Wallfahrt in die kostbare Kirche lohnte sich also für jeden, der sein Leben retten und sichern wollte. Der damit fließende Strom von Opfern und Einnahmen lohnte sich natürlich auch für die

Die Schloßkirche in Wittenberg.
Die Wittenberger Schloßkirche, an der Wende vom 15. zum 16. Jahrhundert erbaut, war ein bedeutendes Frömmigkeitszentrum. Hier wurden unzählige heilvermittelnde Meßgottesdienste gelesen. 1519 waren es knapp 9000 pro Jahr. Die Messen wurden vom Fürstenhof und vielen Gläubigen gestiftet. Die Geistlichen, die sie lasen, gehörten zum Allerheiligenstift. Dieses Stift war schon um 1340 eingerichtet worden, als das sächsische Fürstenhaus in Wittenberg eine Kapelle, die Vorgängerin der Schloßkirche, errichten ließ. Damals wurde auch schon der Grundstein zur Reliquiensammlung gelegt: mit einem Dorn aus der Dornenkrone Christi.

fürstliche Kasse. Andererseits hatte der Kurfürst die nicht geringen Kosten für die Beschaffung der Reliquien und den Unterhalt der Kirche zu tragen. Als gläubiger Fürst wollte er damit seinen Untertanen eine religiöse Hilfestellung bei der Bewältigung und Sicherung ihres Lebens geben.

Am 31. Oktober 1516 hat Luther das Ablaßproblem in einer Predigt aufgegriffen. *» Wer wirklich Buße tut, der haßt die Sünde, weil er die Gerechtigkeit und die Notwendigkeit der Strafe anerkennt. In der wirklichen Buße muß die Verletzung der Gerechtigkeit wiedergutgemacht werden. Sie verbietet deshalb den Ablaß und sucht das Kreuz.«* Luther legte seinen Wittenberger Predigthörern nahe, den Ablaß völlig zu meiden und auch das kirchliche Bußsakrament von der wirklichen Buße zu unterscheiden. Sie sollten sich nicht durch scheinheilige Genugtuungswerke oder gar durch Ablaß am Kreuz vorbeimogeln.

Provokative Geschäfte eines Seelenhirten

Zur scharfen Auseinandersetzung mit dem Ablaß in den 95 Thesen wurde Luther aber nicht durch den Wittenberger Reliquienschatz veranlaßt. Im Lauf des Jahres 1517 hatte er immer mehr Nachrichten über ein Ablaßgeschäft erhalten, das jenseits der sächsischen Grenze blühte. Auch aus Wittenberg nahmen viele Leute eine 30 bis 40 km weite Reise ins Herrschaftsgebiet von Erzbischof Albrecht von Brandenburg in Kauf, um sich eine Ablaßbescheinigung zu kaufen, die das Wittenberger Angebot weit übertraf. Der Erzbischof hatte mit päpstlicher Genehmigung den Prediger Johannes Tetzel, der dem Dominikanerorden angehörte, beauftragt, das Ablaßgeschäft zu betreiben. Was Luther von den Predigten Tetzels zu hören bekam, mußte ihn nicht nur erregen. Es forderte seinen harten Widerspruch heraus:
– das rote Kreuz, das auf einer Fahne mit dem päpstlichen Wappen in den Kirchen zu sehen war, in denen das Ablaßgeschäft betrieben wurde, sei soviel wert wie das Kreuz Christi!
– der Freispruch durch den Ablaß sei genau das Gnadenmittel, das dem Menschen den Frieden mit Gott, die zuverlässige Rettung seines Lebens, ermögliche!
»Solch unmögliche Behauptungen verbreitete der Tetzel. Es ging ja allein um die Einnahme. Ich aber wußte noch nicht, wofür das Geld bestimmt war.« Bald sollte Luther die entscheidende Hintergrundinformation erhalten.

Er bekam die Anweisung des Erzbischofs Albrecht für die von ihm beschäftigten Ablaßprediger in die Hände. Sie sprach eine deutliche Sprache. Damit endlich war für Luther das Signal zum Handeln gesetzt. Er stellte die 95 Thesen zusammen. Die Frage nach der wirklichen Buße und der Macht des Papstes zur Sündenvergebung, das heikle Problem des Fegefeuers und der Fegefeuerstrafen und den Wert und Unwert des Ablasses handelte er darin ab. Aber Luther bot nicht nur scharfe Kritik. Er ließ die Thesenreihe im positiven Hinweis auf die Christuserkenntnis gipfeln: *»Darauf soll man die Christen hinweisen: daß sie alles daransetzen, Christus, ihrem Haupt, durch Leiden, Tod und unendliche Qual nachzufolgen. Sie sollen sich darauf verlassen, daß sie durch Anfechtung und Bedrängnis zum Leben kommen, nicht dadurch, daß sie es in friedvoller Sorglosigkeit zu besitzen meinen.«*

Was hat Luther mit diesen Thesen angefangen? Das Ablaßgeschäft des mächtigen Erzbischofs hatte Luther zur Kritik herausgefordert. Deshalb sollte der »Seelenhirte« auch die Meinung des Theologen Luther kennenlernen. Am 31. Oktober 1517 schickte der Wittenberger Professor seine 95 Thesen an den Erzbischof. In einem

Erzbischof Albrecht von Brandenburg, Holzschnitt von Erhard Schoen.

Albrecht von Brandenburg (1490-1545) wurde 1513 Erzbischof von Magdeburg und erwarb sich noch die Bischofswürde von Halberstadt und Mainz. Solche Ämterhäufung widersprach zwar dem römischen Kirchenrecht, konnte aber durch die Entrichtung stattlicher Gebühren an die Kurie in Rom geregelt werden. Albrecht hatte sich dafür beim Augsburger Bankhaus der Fugger hoch verschuldet. Papst Leo X. gab ihm 1515 die Erlaubnis, acht Jahre lang das Ablaßgeschäft in den ihm zugefallenen kirchlichen Herrschaftsgebieten durchzuführen. Die Hälfte des Erlöses sollte der Papst für den Neubau der Peterskirche erhalten.

Albertus von Gottes gnaden/der heyligen Römischen Kirchen/Des Tittel S. Crisogoni Priester/Cardinal/zu Meintz vnd Magdeburg Ertzbischoff/Churfürst der heyligen Reich/Primas in Germania/Verweser des Stiffts zu Halberstat/Marggraff zu Brandenburg rc.

Gedruckt durch Hans Guldenmundt.

beigefügten Brief erklärte er sein Vorgehen und sprach den Bischof auf seine kirchliche Verantwortung an. *»Ich bin zutiefst betroffen von den irreführenden Glaubensansichten, die bei der breiten Masse aus diesem Ablaßhandel entstehen. Die verführten Leute glauben, wenn sie für den Ablaßfreispruch bezahlen und sich noch einen Ablaßzettel kaufen, auf immer und ewig ihr Leben gerettet zu haben. Schuld und Sünde soll ihnen dann nichts mehr anhaben können. Verehrter Bischof! Ihr ladet da eine ständig wachsende Schuld auf Euch, weil Ihr die geistliche Verantwortung für diese Menschen habt.«* Und er bat ihn schließlich, doch sein *»väterlich-verantwortungsvolles Augenmerk auf diese Sache zu richten«*. Noch an einen anderen kirchlichen Würdenträger schickte Luther einen Brief mit den 95 Thesen: an Hieronymus Schulz, der als Bischof des Kirchenbezirks Brandenburg für Wittenberg zuständig war.

Schließlich gab Luther die in lateinischer Sprache abgefaßten Thesen auch den Gebildeten in Wittenberg, den Universitätskreisen, bekannt. Er schlug dazu am 31. Oktober 1517 ein Plakat mit den Thesen an das Nordportal der Wittenberger Schloßkirche an. Die Thesen waren ja zur Diskussion abgefaßt und sollten auch im Rahmen der an der theologischen Fakultät üblichen Diskussionsveranstaltungen behandelt werden. Wie zuvor seine »100 Thesen gegen die scholastische Theologie« schickte er auch die Ablaßthesen an seinen Freund Johann Lang in Erfurt. Luther hat seine 95 Thesen als theologischen Diskussionsbeitrag und als kritischen Hinweis an die verantwortlichen Bischöfe aufgefaßt und eingesetzt. Aber bald sollte er von einer ungeahnten Wirkung dieser Thesen überrascht werden.

Wie ein Pferd mit Scheuklappen

Die 95 Thesen wurden unter der Hand weitergegeben, nachgedruckt, ins Deutsche übersetzt. Aus Nürnberg schickte man Luther einen Nachdruck und den Druck einer Übersetzung, nicht ohne verwunderte Klage, warum Luther die Nürnberger Freunde von diesem bedeutenden Schritt nicht selbst unterrichtet habe. Anfang März 1518 schrieb Luther daraufhin an Christoph Scheurl, der bis 1512 Juraprofessor an der Wittenberger Universität gewesen und mit dem Luther über Staupitz in persönlichen Kontakt gekommen war: *»Du wunderst dich, daß ich meine Thesen nicht selbst an Euch geschickt habe. Dazu laß Dir sagen: es war weder mein Plan noch meine Absicht, sie großartig zu veröffentlichen. Im Gegenteil – ich wollte mich zu-*

nächst nur mit ein paar wenigen hier und in der näheren Umgebung darüber austauschen. Nach Beurteilung durch andere sollten sie dann entweder verschwinden oder richtig veröffentlicht werden. Jetzt aber sind sie völlig unverhofft sehr häufig nachgedruckt und übersetzt worden.«

Ohne Luthers erklärte Absicht haben die 95 Thesen einen Stein ins Rollen gebracht, der einen geschichtlichen Erdrutsch auslöste. Durch die 95 Thesen geriet Luther in eine Auseinandersetzung mit der Papstkirche, die das lebenprägende und weltbeherrschende religiöse System auf breiter Front erschütterte und einerseits zu seinem Zusammenbruch, andrerseits zu seiner konsequenten Selbstbestärkung führte. Aber das war 1517 nicht abzusehen. Luther wollte »nur« die Christuserkenntnis aus der Heiligen Schrift für das Leben in Kirche und Welt zur Geltung bringen. Später bekannte er, er sei in den weltbewegenden Kampf hineingeraten *»wie ein Pferd, dem man Scheuklappen angelegt hat«.*

Was spielte bei der raschen Verbreitung der 95 Thesen mit? War Luthers Aufruf, das Leben im Kreuz zu finden, so mitreißend? Die 95 Thesen bekamen ihre Durchschlagskraft gewiß weniger davon, daß die Aufforderung zur Christusnachfolge durch Leiden und Kreuz besonders attraktiv gewesen war. Ihre Schwungkraft lag vielmehr in dem Stoß gegen die Papstkirche, zu dem Luther hier angesetzt hatte. Der Angriff auf den Papst und die von ihm beherrschte

Die »Thesentür« an der Wittenberger Schloßkirche.
Im geschichtlichen Rückblick erkannte man schon bald in Luthers Anschlag der 95 Thesen an das Nordportal der Wittenberger Schloßkirche die »Geburtsstunde der Reformation«. Luther selbst beging am 1. November 1527 das zehnjährige Jubiläum des einschneidenden Ereignisses: »Heute ist der Allerheiligentag. Im Gedenken daran, daß vor zehn Jahren der Ablaß niedergerissen wurde, erheben wir in dieser Stunde das Glas!« Im Jahre 1858 wurde die »Thesentür« eingeweiht: auf den beiden Flügeln der Bronzetür sind Luthers 95 Thesen eingegossen.

Kirche war zwar keineswegs Luthers erklärte Absicht. Aber er war keimhaft in den 95 Thesen angelegt: darin, daß der Christusglaube als das alleingültige Mittel zur Rettung des Lebens hervorgehoben wurde. Daß das mit der Papstkirche und ihrer heilsvermittelnden Rolle unvereinbar war, hat Luther erst Schritt für Schritt erkannt. 1517 sah er es noch nicht in umfassender Deutlichkeit. *»Ich war damals ein besserer Papist als Erzbischof Albrecht und seinesgleichen!«* Noch lebte Luther ernsthaft als Mönch. Noch zelebrierte er ohne Vorbehalte, ja mit ganzer Hingabe den Meßgottesdienst mit dem Christusopfer im Zentrum. Was ihm allerdings am Herzen lag, war eine innere Erneuerung des kirchlichen Lebens. Aus der Wahrheit der Heiligen Schrift sollten Lehre und Predigt der Kirche die Gläubigen zu ernsthaftem Christusglauben und gottgefälligem Lebenswandel hinführen. Daß dieses bescheidene Programm so gewaltig war, daß es zum »lutherischen Krachschlagen« führte, das den guten Ton der in Jahrhunderten ausgebauten Struktur der römischen Kirche als schrecklichen Mißklang entlarvte, stand als geschichtliche Entwicklung erst bevor. Wer im Winter 1517/18 Luthers 95 Thesen zu lesen oder zu hören bekam, dem konnte Luthers scharfe Kritik an den Zuständen in der Kirche aber nicht verborgen bleiben:

These 65: *»Was das Evangelium so kostbar macht, ist dies, daß dadurch früher die Leute aus der Wollust ihres Reichtums gefischt wurden.«*

These 66: *»Was den Ablaß so kostbar macht, ist dies, daß dadurch heute der Reichtum aus dem Geldbeutel der Leute gefischt wird.«*

These 86: *»Warum läßt denn der Papst die monumentale Peterskirche nicht auf seine, anstatt auf Kosten der armen Gläubigen bauen? Sein Vermögen ist ja viel größer als das der dicksten Pfeffersäcke im alten Rom!«*

Das ging ein. Klagen über die finanzielle Ausbeutung durch die Papstkirche waren auch nicht neu. Schon seit der Mitte des 15. Jahrhunderts waren selbst auf offiziellen Kanälen die »Klagen der Deutschen Nation« über die unmäßige finanzielle Belastung durch Abgaben und Zahlungsverpflichtungen an die Kurie, die kirchliche Zentrale in Rom, oft genug vorgebracht worden. Daß Luther diesen Klageton in die 95 Thesen aufnahm, hat dazu beigetragen, daß sie ein so starkes Echo fanden. Aber auch Luthers seelsorgerliche Absicht und sein Bemühen um Klarstellung der Glaubenswahrheit stieß auf großen Widerhall. Der Unmut über die Zustände in der Papstkirche und ihr religiöses Herrschaftssystem war weit verbreitet und förderte die Sehnsucht nach dem »wahren Glauben«.

Frühgeburt mit Folgen

Nach der unverhofften Ausbreitung der 95 Thesen hatte Luther selbst sie als »*unzeitige Geburt*« gekennzeichnet. Deshalb wollte er für die breite Masse ein speziell dafür bestimmtes Schriftchen herausbringen. Gegen Ende März 1518 erschien der »Sermon von Ablaß und Gnade«. Darin forderte Luther auf, die Leute sollten ihr Geld anstatt für Ablaß für wohltätige Zwecke ausgeben. Der Hauptakzent dieser Schrift lag auf der theologischen Belehrung und seelsorgerlichen Betreuung der Leser. »*Laß die faulen und nachlässigen Christen Ablaß kaufen. Du aber schreite unbeirrt auf dem Weg des Christusglaubens voran.*« Wenn man von den noch erhaltenen Exem-

Holzschnitt von Jörg Breu (1475–1537) auf dem Flugblatt »Ein Frag an eynen Müntzer.«

Mit seiner Ablaßkritik geriet Luther in eine breitere Strömung. Die Klagen über die finanzielle Ausbeutung Deutschlands durch die Papstkirche verbanden sich mit grundlegender Gesellschaftskritik. Die »Frage an einen Münzer, wohin doch das viele Geld fließt, das jeden Tag geschlagen wird« fand auf diesem Flugblatt eine dreifache Antwort:
– die religiöse Zwangsherrschaft der Papstkirche,
– der immer größere Nachfrage weckende betrügerische Handel mit unnötigen Luxusgütern
– und das zerstörerische, grenzenlose Gepränge im Lebenswandel müssen letztlich das Leben ruinieren!
Diese Verbindung von religiöser, wirtschaftlicher und gesellschaftspolitischer Kritik hat die Stimmung in den Jahren nach 1517 nachhaltig geprägt.

plaren zurückschließen will, dann hat diese Schrift eine sehr viel größere Verbreitung gefunden als die Ablaßthesen. Wer die Aufgabe der Lebensbewältigung ernst nahm, dem Anspruch des Lebens genügen und in Verantwortung vor Gott zur rettenden Lebensgewißheit finden wollte, der wird über solche theologische Belehrung nicht undankbar gewesen sein.

Gerade dieser Aufgabe der theologischen Belehrung der »Laien« widmete sich Luther in den Jahren bis 1520 weiterhin in kleinen Schriften. Er behandelte darin die praktischen Fragen des kirchlichen Alltags und des Glaubenslebens auf dem Fundament des Christusglaubens: Taufe, Messe und Abendmahl, Beichte und Buße, Passionsandacht und geistliche Sterbehilfe. Auch das Problem des »Kirchenbanns« griff er auf. Dieses alte Mittel zur Bestrafung der Sünder in der Gemeinde war zu einem juristischen und kirchenpolitischen Machtmittel und damit nicht zuletzt zu einer Geldquelle für die Papstkirche geworden. Im Anschluß an die Aussagen des Neuen Testamentes führte Luther den Kirchenbann zur brüderlichen Zurechtweisung zurück.

In seinem »Sermon von den guten Werken« (1520) stellte er sich der Frage, wie man denn nun als Christ leben solle, nachdem der religiöse Zwang zur Scheinheiligkeit und die unbedingte Verpflichtung, sich mit allen Kräften um ein vollkommenes Leben zu mühen, als Irrweg aufgedeckt waren. Die Antwort, die Luther gab, ist ebenso im Hinweis auf Christus zugespitzt, wie es seine packende Kritik am Ablaß gewesen war: *»Das erste und höchste, das allerbeste gute Werk ist der Glaube an Christus. Nur in diesem Werk können alle anderen bestehen und gut sein.«*

Buße

Das Wort »Buße« erzeugt eine beengende Atmosphäre. Wer zahlt schon gern die Strafe für einen angerichteten Schaden! Wo Buße im Namen Gottes gefordert wird, sieht sich der Mensch gar mit seinem ganzen Leben in Frage gestellt. Eine ungeheuer bedrückende Sache!

»Die Buße ist die rettende Planke für den Schiffbrüchigen.« Dieser jahrhundertealten Weisheit sah sich Luther ausgesetzt. Zu allen Zeiten haben es Bußprediger darauf abgesehen, den Menschen ihre rettungslose Situation vor Augen zu führen. Wer darin einstimmen kann, daß er mit seinem Leben Schiffbruch erlitten hat, der sieht sich vom Ende bedroht. Da greift man gern zur rettenden Planke. Bußprediger halten sie bereit. Sie sagen dem Schiffbrüchigen, was er tun, reden und denken muß, um sein Leben zu retten. Der Griff zur Planke besteht darin, voll Reue in sich zu gehen. Der erste Schritt zur Besserung ist das vollständige Erkennen der eigenen Fehler. Das führt zu dem Punkt, an dem der Bußfertige aufrichtig bekennt: Ich muß mich ändern! Wenn der Schiffbrüchige die Planke ergriffen hat, hält er sie auch fest. Er will die guten Vorsätze ausführen, die er gefaßt hat. Die Schuld verschwindet durch Nichtstun nicht. Schließlich muß man das neue, gottgefällige Leben zeigen können – sich selbst und anderen. Wo etwas geschieht, sind die bedrohlichen Wellen für den Schiffbrüchigen zwar nicht verschwunden, aber er klammert sich in verbissener Zuversicht an die rettende Planke.

Eines ist auch für Luther nicht im geringsten zweifelhaft: Nur wer sich in einer Lage vorfindet, in der die Wellen über ihm zusammenzuschlagen drohen, wird sich vom Ruf zur Buße angesprochen fühlen. Was ist Buße? Luther hat sich mit dem Bild von der Rettung des Schiffbrüchigen auseinandergesetzt. Dabei zeigte sich ihm ein völlig anderes Bild: sehr viel bedrohlicher und doch zugleich grundlegend hoffnungsvoller. Das Bild vom Schiffbruch und der rettenden Planke mußte die Wirklichkeit der Buße heillos verfälschen.

Wie sieht Luther die Lage? Der Mensch, der in seinem Leben auf bedrohliche Grenzen stößt und dem das tiefe Erkennen eigener Schuld das Leben entschwinden läßt, ist kein Schiffbrüchiger, der auf eine Planke hoffen darf. Er treibt vollkommen ungeschützt in den Wellen, ohne Hoffnung darauf, sich an einem Reststück des zerbrochenen Lebensschiffes festhalten zu können. Warum? Das Schiff schwimmt noch unbeschädigt auf dem Meer. Es ist *»stabil und unzerbrechlich«.* Nur: *»Der Mensch hat sich, übermütig wie er ist, ins Meer gestürzt.«* Wo er das Leben suchte, schlagen ihm schließlich die Wellen über dem Kopf zusammen. Hoffnung auf eine rettende Planke kann es nicht geben, nur die Frage: Wie komme ich wieder zurück ins Schiff?

Buße beginnt, wo der Mensch das Leben bedroht sieht. Luther ist von der durchgreifenden Rettung überzeugt. Aber es kommt ihm alles darauf an, daß die Notlage richtig gezeichnet wird. Wer von Schiffbruch redet, der empfiehlt die nächstbesten Planken als Rettung. So kann man bei dem, was auf einen zukommt, vielleicht den Kopf über Wasser halten. Aus der Not herauskommen wird man nicht. Wer sich dagegen der Erkenntnis stellt, daß er aus dem schützenden Schiff herausgesprungen ist, für den sieht es anders aus. Sein Problem besteht nicht darin, sich angesichts der bedrohlichen Zukunft an einen rettenden Strohhalm zu klammern. Er muß den Rückweg ins Schiff finden. Diese Umkehr in der Orientierung ist für Luther das Entscheidende. Die Leitfrage der Buße darf nicht heißen: Was wird aus mir? Sie kann nur heißen: Was ist aus mir geworden?

Erneuerung statt Änderung

»Tut Buße! Damit wollte Jesus Christus sagen: Das Leben der Gläubigen soll eine einzige Buße sein.« Das ist die erste von Luthers 95 Thesen. Er hat dabei auf den Bußruf Jesu zurückgegriffen und ihn der Bußpredigt und Bußpraxis der römischen Kirche entgegengestellt. Die Buße, zu der Jesus ruft, ist etwas anderes als ein festgelegtes religiöses Programm, das der Mensch von sich aus vollbringen kann. Buße ist keine menschliche Aktivität neben anderen.

Luther nimmt den Protest Jesu auf. Die Buße, zu der er ruft, ist vollkommene Lebenserneuerung. Sie läßt sich nicht auf Veränderungen an der sichtbaren Oberfläche menschlicher Lebensgestaltung beschränken.

Es ist ein Irrtum, Änderungen im Leben für die notwendige Lebenserneuerung zu halten. *»Dieser Irrtum ist so alt wie die Welt und er wird so modern bleiben wie die Welt.«* Der Bußruf Jesu, wie Luther ihn aufnimmt, will keinesfalls den Ich-Menschen zu lebensveränderndem Handeln auffordern. Er will gehört werden. Nur das! Jesu Ruf »Tut Buße!« erklingt aus dem unverwüstlichen Schiff des wahren Lebens. Er will den Menschen erreichen, der auf seiner eigenmächtig-abenteuerlichen Suche nach dem Leben weit abgetrieben ist. Wer den Ruf Jesu hört, wird gewiß, daß das Leben noch vollkommen da ist. So wird er in seinem Sprung aus dem Schiff alle Schuld erkennen. In der Buße ergeht der Ruf, der den lebensgefährdeten Menschen seiner Schuld überführt und des Lebens gewiß macht. Der Schuldige wird sich an diesen Ruf halten. Denn er gibt ihm die Hoffnung, ins Schiff zurückzukommen. Solange er den Ruf hört, verliert seine Lage alle Bedrohlichkeit.

»Gott wendet sich dir nicht zu, weil du in dich gegangen bist und gute Vorsätze gefaßt hast. Er tut das nur, weil du seinem verheißungsvoll-lockenden Wort geglaubt hast.« Die Buße besteht nicht in zwingenden Handlungsanweisungen, sie besteht *»aus dem Wort Gottes und unserem Glauben«.* Mit dieser Aussage wird alles hinfällig, was der

Mensch von sich aus über die Buße zu wissen meint. Sie treibt nicht in die Enge, sondern führt den in die Enge getriebenen Menschen in die hoffnungsvolle Weite des Lebens. Sie erzeugt keine bedrückende Atmosphäre zwingender Lebensregeln, sondern bringt die erfrischende Luft der Freiheit mit sich, in der allein das Leben lebendig bleibt. Vollends stellt sie dem Menschen nicht jene Aufgabe, die ihn in die Verzweiflung treiben muß: die Schuld zerstörten Lebens abzugelten. Im Gegenteil: in der Buße gilt das Wort: »Dir sind deine Sünden vergeben.«

Die Anfrage an diese Aussagen liegt natürlich auf der Hand: Das klingt sehr attraktiv. Aber ist es nicht eine wirklichkeitsfremde Täuschung? – Das genau ist die Frage, mit der der Mensch unablässig aus dem unverwüstlichen Lebensschiff hinausspringt ins »wirkliche Leben«. Das läßt sich nicht verhindern. Nicht einmal Gott verhindert es. *»Wo der Glaube nicht ist, da hilft gar nichts. Gott kann nie-*

Christus und die Ehebrecherin, Gemälde von Lucas Cranach d.Ä.
Man brachte eine Frau zu Jesus, die auf frischer Tat beim Ehebruch ergriffen worden war. Jesus mahnt die Ankläger: »Wer unter euch ohne Sünde ist, der werfe den ersten Stein auf sie.« Da verstummt die Anklage und die Ankläger verschwinden. Jesus fragt die Frau: »Hat dich niemand verdammt?« Sie antwortet: »Nein.« Darauf sagt Jesus: »Dann verdamme ich dich auch nicht. Gehe hin und sündige nicht mehr.« (vgl. Johannes 8, 1-11)

mandem etwas geben, der nichts haben will.« Die Buße besteht nicht
auf Zwang. Sie besteht *»aus dem Wort Gottes und dem Glauben«*.
Selbst dort, wo der Mensch durch die Bedrohung des Lebens, durch
Not und Verzweiflung tatsächlich rettungslos in die Enge getrieben
ist, kommt es nur zur Buße, wenn das Wort Gottes so erklingt, daß es
den Menschen zum Leben befreit.

Wo die Buße wirklich wird

Der zwanglose Charakter der Buße bringt es mit sich, daß sie nicht
in ein geregeltes Programm eingefangen werden kann. Aber es ist
Luther wichtig, daß das, was über die Buße, die Lebenserneuerung
durch Wort Gottes und Glaube, zu sagen ist, nicht als allgemeingültiges und damit unverbindliches Gerede stehen bleibt. Buße ist kon-
kret. Sie hat ihren Ort und ihre Zeit; freilich nicht immer und überall. Weil sie keine Sache der menschlichen Aktivität ist, kann sie nur
dort sein, wo Wort Gottes und Glaube ist. Das geschieht, wo die Kirche ihrer Aufgabe gemäß wirkt. Da verbreitet sie nicht das trügerische Bild vom Schiffbruch und bietet keine Regeln und Programme
für das richtige, vermeintlich lebensrettende Handeln an. Sie deckt
die aussichtslose Gefährdung des Lebens auf: dadurch daß sie das
Wort hören läßt, das den Ich-Menschen seiner Schuld überführt.
Und damit ermöglicht sie zugleich die rettende Rückkehr zum unverwüstlichen Leben – durch Glauben. Der rettende Bußruf kann
nur gehört werden, wo er tatsächlich gesprochen wird. *»Gott schenkt
niemand das Leben, ohne daß er es zuvor hörbar versprochen hat.«*
Buße ist Lebenssache. Es geht in ihr ums Überleben. Deshalb
kommt alles darauf an, daß der Mensch hört und glaubt. Buße ist
der Zugang zum Leben für jeden einzelnen Menschen. Sie ist persönliche Zuwendung Gottes. Aus diesem Grund hat Luther die
Beichte besonders geschätzt und hervorgehoben. *»Auf gar keinen
Fall soll man in der Kirche die Beichte verkommen lassen.«* Hier ist
der Ort, wo der Mensch die Last seiner Lebensbedrohung abladen
kann. Hier ist Zeit, den Ruf aus dem rettenden Schiff zu hören, bevor die Wellen über einem zusammenschlagen. Luther lehnt das offene Schuldbekenntnis und die allgemeine Zusage der Sündenvergebung im Gottesdienst nicht ab. Aber er denkt bei Beichte vor allem
an das direkte persönliche Gegenüber. In der Beichte wird Buße
wirklich.
Die Zwangsbeichte der römischen Kirche hat Luther rundweg abgelehnt. Hier sah er die Buße verfälscht zu einer erzwungenen Ange-

legenheit menschlicher Aktivität. Man darf zur Beichte nicht zwingen, aber es muß zur Buße gerufen werden. Im Namen Jesu zur Buße rufen heißt: den Ich-Menschen aus seinem eigenmächtig-verlorenen Dasein heraus zum vollkommenen Leben einladen. Daß der Mensch das Leben nicht hat, ist für Luther gewiß. Aber es ist ihm ebenso gewiß, daß das Leben im Christusglauben geschenkt wird. *»Wenn ich zur Beichte rufe, rufe ich einzig und allein dazu auf, ein Christ zu sein. Wenn ich dich dahin bringe, habe ich dich bestimmt auch zur Beichte gebracht.«* Weil das Christsein im Christusglauben besteht, ist es ohne Beichte in gefährlicher Weise der Eigenmächtigkeit des Ich-Menschen ausgesetzt.

Die Rückkehr zum vollkommenen Leben geschieht in der Buße durch den Glauben an das Wort der Sündenvergebung. Das ist ein

Altes und Neues Testament, Holzschnitt von Lucas Cranach d.Ä.
»Sünder und Gerechter in einem« – auf diese Formel bringt Luther die Existenz des Menschen, der im Glauben an Christus das Leben findet. In der Buße wird das wirklich, was sich auf beiden Seiten des »Lebensbaumes« abspielt. Der Mensch, der durch seine eigenmächtige Erkenntnis das Leben sucht, wird vom fordernden Lebensanspruch Gottes in den Tod getrieben. Der bedrohte Mensch aber findet zum Leben, wo er am Kreuz Christi den Anspruch Gottes für sich erfüllt sieht. Das neue Leben im Glauben und das alte Leben in der Schuld schließen sich aus. In der Existenz des Christen sind sie aber »zugleich« da.

einmaliges Geschehen. Aber es geschieht nicht nur einmal. *»Die Buße dauert bei den Christen bis in den Tod. Sie beißt sich ein Leben lang mit der beharrlichen Eigenmächtigkeit, die dem Menschen angeboren ist.«* Die lebenslange Buße ist jedoch kein Lernprozeß. Sie bleibt immer einmalig. Man kommt nicht Schritt für Schritt dem Himmelreich näher. Man ist immer ganz draußen und ganz drinnen. Bedrohung und Rettung des Lebens haben stets denselben Ernst und dieselbe Gültigkeit; auch wenn der Christ im Laufe seines Daseins einen Schatz von Wissen, Erkenntnis und Erfahrung sammelt.

Der rettende Rückschritt

Luther spricht von der Buße nicht als von einem Fortschritt, sondern einem Rückschritt. Er hat dabei die Taufe im Auge. *»Wenn wir uns in der Buße von der Sünde abwenden, dann tun wir nichts anderes, als daß wir zur Taufe zurückkehren – zu Leben und Glauben.«* In der Taufe wird dem todgeweihten Menschen das Leben geschenkt. Der Zugang zu Gott wird ihm durch den Glauben eröffnet. Die Buße bringt nichts Neues. Aber sie bringt den verirrten Menschen erneut zum Alten zurück.

So gesehen gibt es nichts Erfreulicheres als die Buße. Erfreulich für das Leben, aber unerfreulich für den Ich-Menschen. Er kann nicht einmal zur Buße gezwungen werden. *»Du siehst: es gibt eine Kirche, die voll ist von Sündenvergebung. Aber es gibt nur wenige, die sie haben wollen. Die meisten können nicht glauben. Sie wollen sich mit eigenen Werken des Lebens gewiß machen.«* Die Buße ist für die Kirche und den einzelnen der Prüfstein des Christusglaubens. Hier entscheidet sich, ob er sich als Schiffbrüchiger mit trügerischen Rettungsplanken abgibt oder ob er sich als hoffnungslos Abgetriebener ganz an das verheißungsvolle Wort Gottes klammert.

Unaufhaltsamer Durchbruch

Luthers Ketzerprozess

Mit seinen 95 Thesen wollte Luther einen kritischen Diskussionsbeitrag zum Problem des Ablaßgeschäftes geben. Sie wurden als Angriff auf die römische Kirche aufgefaßt. Erzbischof Albrecht von Brandenburg gab die heikle Angelegenheit nach Rom weiter. Die Kurie sollte auf höchster kirchlicher Ebene die Sache klären. Auch Johann Tetzel ließ den Angriff nicht einfach hingehen. Unterstützt vom Dominikanerorden und mit Hilfe des Theologieprofessors Konrad Koch-Wimpina in Frankfurt/Oder trat er mit 106 Gegenthesen an die Öffentlichkeit. Die Dominikaner fuhren ein schweres Geschütz gegen Luther auf: sie beschuldigten ihn der Ketzerei. Wenn diese Anklage in Rom durchkam, würden sich für Luther ungeheure Konsequenzen ergeben. Noch war die Erinnerung an Johann Hus lebendig, der 1415 als Ketzer verbrannt worden war! *»Ich weiß nicht, was kommen wird. Aber ich ahne, daß sich die Lage für mich zuspitzt«*, gab Luther Ende März 1518 dem Freund Johann Lang zu verstehen.

Luther ließ die Beschuldigungen nicht auf sich beruhen. Er wandte sich selbst an den Papst. Als Mittelsmann wählte er seinen geistlichen Vater und Förderer Johann von Staupitz. Ihm übersandte er am 30. Mai 1518 eine Schrift, in der er seine 95 Thesen begründete und ausführlich erläuterte. Staupitz sollte diese Schrift nach Rom weiterleiten. In einem begleitenden Brief an Papst Leo X. erklärte Luther, in welcher Situation die 95 Thesen entstanden waren. Er hob hervor, daß sie als Diskussionsbeitrag gedacht waren. *»Wenn ich vorhergesehen hätte, was daraus werden soll, hätte ich mich um Formulierungen bemüht, die meine Absicht besser hätten erkennen lassen.«* An höchster Stelle wollte Luther seine Absicht unmißverständlich bekunden: nicht Kampf gegen die Kirche, sondern Einsatz für die Geltung des Christusglaubens.

In Rom war man allerdings Luther gegenüber längst nicht mehr unvoreingenommen. Seine deutschen Gegner hatten ihn ja bereits verklagt. Erste Schritte wurden unternommen. Den Theologen in Rom ging es weniger um den Ablaß und die Geltung des Christusglaubens. Sie erkannten in den 95 Thesen eine andere Herausforderung. Sylvester Mazzolini-Prierias, ein Dominikanertheologe an der Kurie, gab das gleich im Titel seiner Schrift zu erkennen, mit der er Luther entgegentrat: »Gegen die anmaßenden Behauptungen des Martin Luther über die Autorität des Papstes.« Jetzt zeichnete sich klar ab, worauf sich der Streit zuspitzen sollte. Im August 1518 erhielt Luther die Schrift des Prierias und unterzog sie einer vernichtenden Kritik. Doch schon Anfang des Monats hatte er ein gewichtigeres Dokument aus Rom erhalten.

Reif für den Scheiterhaufen

Am 7. August 1518 traf in Wittenberg eine Vorladung ein: Luther sollte innerhalb von 60 Tagen in Rom erscheinen, um sich der Anklage auf Ketzerei und Ungehorsam gegen den Papst zu stellen! Luther war sich bewußt, welche Gefahr in Rom auf ihn lauerte. Er wollte sich nicht waghalsig in sie hineinstürzen. Gleich am 8. August schrieb er an seinen Freund Georg Spalatin, der als Sekretär und Berater von Kurfürst Friedrich dem Weisen von Sachsen mit diesem in Augsburg war. Dort fand ein Reichstag statt, bei dem Kaiser Maximilian I. zusammen mit den Fürsten und politisch tragenden Kräften des Reiches die anstehenden Probleme verhandelte. Luther bat Spalatin: »Du solltest beim Fürsten und seinem Kanzler vorstellig werden und ermitteln, inwieweit unser Fürst und Seine Kaiserliche Majestät beim Papst darauf hinwirken könnten, daß mein Fall zur Verhandlung nach Deutschland übergeben wird.« Aber der Kaiser war keineswegs für Luther zu gewinnen. Dagegen verwandte sich Kurfürst Friedrich für sein Landeskind. Er erreichte, daß Luther zu einem Verhör vor Kardinal Thomas de Vio-Cajetan, der als päpstlicher Gesandter am Reichstag teilnahm, nach Augsburg bestellt wurde. Die Vorladung nach Rom war damit aufgeschoben.

Am 7. Oktober kam Luther in Augsburg an. Während ihn der Gedanke an den Scheiterhaufen umtrieb, stellte er fest: »Überall in der Stadt spricht man von mir. Jeder ist darauf versessen, den Helden zu sehen, der es fertigbrachte, einen so unglaublichen Brand zu legen.«

Am 12. Oktober stand Luther dann vor Kardinal Cajetan, einem bedeutenden Theologen des Dominikanerordens. Er forderte von Luther die Erkenntnis und den Widerruf seines Irrtums sowie künftiges Schweigen. Darauf konnte Luther nicht eingehen, wenn er die in der Heiligen Schrift erkannte Wahrheit nicht verleugnen wollte. Es kam zu einem Streitgespräch zwischen Luther und Cajetan.

Cajetan hielt Luther vor, daß er in seinen Aussagen über Ablaß und Buße den Rechtsbestimmungen der Papstkirche widerspreche. Luther war »*bestürzt*«, daß der offizielle Vertreter des Papstes sich zugunsten des Kirchenrechts gegen den Christusglauben aussprach. *»Ich bin erschüttert über die Gesandten des Apostolischen Stuhles. Nie hätte ich es für möglich gehalten, daß sie ihre eigene Autorität dadurch hervorheben, daß sie die Geltung Christi untergraben.«* Das Streitgespräch spitzte sich in der Frage nach der Macht und Herrschaftsstellung des Papstes zu. Hier mußte Luther konsequent bekennen: *»Auch der Papst steht nicht über, sondern unter dem Wort Gottes.«* Damit war der Wittenberger Mönch und Professor reif für den Scheiterhaufen.

Es kam allerdings noch zu zwei weiteren Begegnungen zwischen Luther und Cajetan. Während der Kardinal den Wittenberger Theo-

Die Hl. Maria und Kurfürst Friedrich der Weise, Holzschnitt von Lucas Cranach d.Ä.
Mit gottgefälliger Ernsthaftigkeit erfüllte Kurfürst Friedrich der Weise (1463-1525) sowohl seine politischen Aufgaben wie seine religiösen Pflichten. Fest an die Formen traditioneller Frömmigkeit gebunden war er doch auch der Kirchenreform nicht abgeneigt. Dem evangelischen Glauben hat er sich nur langsam geöffnet. 1516 hat Luther über ihn geurteilt: »Dem Fürsten gefällt so vieles, was Gott mißfällt und verabscheut. In der Wahrnehmung der politischen Aufgaben gehört er sicherlich zu den Besten. Aber was das wahre Gottesverhältnis anbetrifft, so ist er offensichtlich mit siebenfacher Blindheit geschlagen.«

logen durch Ermahnungen zu bereden suchte, bemühte sich dieser um rechtliche Absicherung seiner Lage. Auch Staupitz war in Augsburg. Er beriet Luther und befreite ihn vom Gehorsamsgelübde, das er bei seiner Aufnahme in den Augustinerorden abgelegt hatte. Cajetan beharrte schließlich auf Widerruf, den Luther weder leisten konnte noch wollte. Am 16. Oktober legte Luther mit juristischer Beglaubigung Protest gegen das Verhör ein und forderte vom Papst eine grundlegende Verhandlung seiner Sache. Cajetan unternahm Luther gegenüber nichts mehr. Im Kreis um Luther wuchs angesichts der verdächtigen Ruhe die Sorge. In der Nacht zum 21. Oktober verließ Luther unauffällig Augsburg und kehrte nach Wittenberg zurück. *»Wie lange ich jetzt hierbleiben werde, weiß ich nicht. Die ganze Sache treibt mich zwischen Furcht und Hoffnung hin und her.«*

Cajetan forderte schließlich von Kurfürst Friedrich die Auslieferung des »Bruder Martin«. Auf welche Seite würde sich Luthers Landesherr schlagen? Luther wollte ihm die Entscheidung abnehmen, indem er sich zur Auswanderung aus dem Kurfürstentum Sachsen bereit erklärte. In seinem schwebenden Ketzerprozeß unternahm er am 28. November einen weiteren bedeutsamen Schritt: Vor Notar und Zeugen erklärte er jetzt, daß Papst und Kurie nicht dazu berechtigt seien, über ihn zu urteilen. Er forderte die Verhandlung seiner Sache auf einem Konzil, der offiziellen Versammlung von Bischöfen und kirchlichen Amtsträgern. *»Bis heute dränge ich nur auf das eine, daß man mir meinen Irrtum nachweist.«* Als Luther sich schon auf die Abreise aus Wittenberg einstellte, erhielt er die Nachricht, daß Kurfürst Friedrich ihn in Wittenberg und an der Universität behalten wolle.

Papst Leo X., Kupferstich nach einem Gemälde von Raffael.
Giovanni de Medici war als Leo X. von 1513 bis 1521 Papst. Neben seinen machtpolitischen Interessen zur Stärkung, Sicherung und Ausweitung des Kirchenstaates hatte Leo X. die Aufgabe, das 1512 begonnene 5. Laterankonzil zu Ende zu führen. Das erfolgte im März 1517. Die im 15. Jahrhundert aufgebrochene Bewegung einer Kirchenreform durch Konzile erwies sich hier vollends als machtlos gegen den Papst.

Seitdem Luther im August 1518 den Kurfürsten um Schutz vor dem Zugriff der Papstkirche gebeten hatte, war sein kirchlich-theologisches Anliegen in die Verwicklungen des politischen Kräftespiels hineingeraten. Und Kurfürst Friedrich war eine politische Kraft, die man in Rom für die eigenen Machtinteressen ausnützen wollte. Herrschaft über die Kirche und politischer Machtkampf, vor allem mit dem Kaiser, hatten in der Papstkirche seit Jahrhunderten Tradition. Papst Leo X. fiel nicht aus diesem Rahmen, wenn er aus politischer Rücksicht und Begünstigung des sächsischen Kurfürsten im Ketzerprozeß gegen Luther mit Nachsicht vorging. So blieb Cajetans Auslieferungsforderung an den Kurfürsten ohne Konsequenzen. Am 12. Januar 1519 starb Kaiser Maximilian. Sollte sein Enkel Karl von Spanien als Nachfolger gewählt werden? Auch König Franz I. von Frankreich hielt sich als Kandidat bereit. Doch beide Kandidaten bedeuteten für den Papst eine gewaltige politische Bedrohung des Kirchenstaates. Er umwarb deshalb den im deutschen Reich angesehenen Kurfürsten von Sachsen.

In diese Phase der Verzögerung und Aufschiebung von Luthers Ketzerprozeß fallen auch die Bemühungen des Karl von Miltitz. Der Adlige, der in päpstlichen Diensten stand, mühte sich um eine großangelegte Vermittlungsaktion. Er verhandelte mit allen Parteien – dem kursächsischen Hof und Kardinal Cajetan, mit Tetzel und Luther. Bis zum Herbst 1520 sind Luther und Miltitz dreimal zusammengekommen. Luther konnte Miltitz immer bestätigen, daß es ihm nicht um Kampf gegen die Kirche und Angriff auf den Papst ging. Noch nach der letzten Zusammenkunft im Oktober 1520 schrieb Luther: »*Ich werde einen offenen Brief an den Papst verfassen. Darin will ich die ganze Geschichte darlegen und hervorheben, daß es mir nie um Kampf gegen die Person des Papstes ging. Ich kann die ganze Schuld auf Herrn Eck schieben.*« In der Auseinandersetzung mit »Herrn Eck« war Luther vollends zu ernüchternden Aussagen über die Herrschaftsstellung des Papstes gekommen.

Johann Eck, vielbeachteter Theologieprofessor an der Universität Ingolstadt, gehörte zu den ersten, die sich mit Luthers 95 Thesen auseinandersetzten. Im März 1518 erhielt Luther auf privaten Kanälen – über seinen Wittenberger Klosterbruder Wenzeslaus Linck, der seit 1517 in Nürnberg war – ein von Eck verfaßtes Schriftstück: »Obelisci«, das heißt »Spitze Randbemerkungen«. Darin war Eck mit Luther ins Gericht gegangen. Luther verfaßte dagegen seine »Asterisci«, das heißt »Kritische Fußnoten«. Eck nahm sie zur Kenntnis, ohne die Auseinandersetzung mit Luther weiter voranzutreiben. Aber Andreas Bodenstein-Karlstadt, Luthers Wittenberger

Kollege, sah durch Eck die »neue Theologie« an der Universität Wittenberg angegriffen. Er ging zur Offensive gegen Eck über. Dieser forderte schließlich im Sommer 1518 eine Klärung durch ein Streitgespräch zwischen ihm und Karlstadt. Aber Eck hatte es dabei mehr auf Luther denn auf Karlstadt abgesehen. Im Sommer 1519 fand das Streitgespräch in Leipzig statt.

Nur Christus kann nicht irren

Begleitet von Wittenberger Gelehrten und Studenten trafen Karlstadt und Luther am 24. Juni 1519 in Leipzig ein. Für das Zustandekommen der »Disputation« hatte sich auch Herzog Georg von Sachsen eingesetzt. Der Vetter von Friedrich dem Weisen regierte den »albertinischen« Landesteil von Sachsen, zu dem Leipzig gehörte. Auf Wunsch Ecks erteilte er auch Luther die Erlaubnis, sich am Streitgespräch zu beteiligen. Die »Leipziger Disputation« sollte zur Klärung im Streit zwischen der herrschenden Glaubenslehre und der »neuen Lehre« aus Wittenberg beitragen. Anhand eines Protokolls sollten anerkannte Universitäten den theologischen Streit entscheiden. Luther stand dem argwöhnisch gegenüber: *»Ich bin sicher, daß die Universitäten ihr Urteil, wenn sie es überhaupt abgeben, gegen uns fällen werden.«* Das Urteil über »seine Sache« wollte er deshalb nach wie vor einem Konzil vorbehalten sehen.

Nachdem zuvor Eck und Karlstadt miteinander disputiert hatten, standen sich am 4. Juli Eck und Luther gegenüber. Sie disputierten in den folgenden zehn Tagen. Auf Buße, Ablaß und die damit verbundenen Fragen kamen sie gegen Ende zu sprechen. Der Höhepunkt wurde gleich am Anfang gesetzt. Luther hatte schon vorher dreizehn Thesen veröffentlicht, die in der Aussage gipfelten: *»Daß die römische Kirche über allen anderen steht, läßt sich aus den eigenmächtigen Gesetzen der römischen Bischöfe der vergangenen 400 Jahre beweisen. Dem widerspricht aber der Verlauf der Geschichte in den davorliegenden 1100 Jahren, die Aussage der Heiligen Schrift und der Beschluß des hochheiligen Konzils von Nicäa«* (325 n. Chr.).

Eck griff in Leipzig diesen Angriff Luthers gegen die römische Kirche auf. Und Luther sah sich nicht zum Rückzug veranlaßt. Er tat noch einen weiteren Schritt. In der Auseinandersetzung über das Todesurteil, das 1415 beim Konstanzer Konzil über Johann Hus aus Böhmen wegen dessen Lehre verhängt wurde, kam Luther zu der Folgerung: Auch Konzile können irren! Das Haupt der Kirche ist allein Christus, nur in der Bindung an ihn, nicht in der Unterwerfung unter Papstherrschaft und Konzilsbeschlüsse zeigt sich die wahre Kirche.

Luther hatte sich nicht gescheut, diese entlarvende Erkenntnis auszusprechen. Eck ließ sich schon in Leipzig als Sieger über den »Ketzer« feiern. Das lange mit Spannung erwartete Urteil der Theologen an der angesehenen Universität Paris erging im April 1521, als die von Luther angestoßene Auseinandersetzung schon sehr viel weitere Kreise gezogen hatte. Es fiel so aus, wie Luther es erwartet hatte. Während die ebenfalls zur Beurteilung aufgeforderte Erfurter Universität schwieg, war schon im Herbst 1519 das Verdammungsurteil der Kölner und Löwener Universität über Luthers Lehre bekanntgeworden. Gleich nach der »Leipziger Disputation« hatte sich Eck auch an den Kölner Theologen Jakob Hochstraten gewandt, der sich als »Ketzermeister« schon lange einen Namen gemacht hatte. Die »Leipziger Disputation« hat sowohl den Kampf gegen Luther als auch Luthers Kampf für den Christusglauben in der Kirche vorangetrieben.

Durch seine Auseinandersetzung mit der herrschenden Glaubenslehre und den Angriff auf den Ablaß war Luther in die Frage nach der Stellung des Papsttums hineingeraten. Dabei entdeckte er zusehends, wer sich in Rom auf dem »Stuhle Petri« befand. Zwei Monate nach dem Augsburger Verhör war es noch eine Ahnung, im März 1519 ein noch nicht endgültiges Wissen, was er dann im Februar 1520 zum eigenen Entsetzen *»fast ohne Zweifel«* feststellen

Holzschnitt aus Lucas Cranach d.Ä. »Passional Christi und Antichristi« (1521).
Das Papsttum hat im Lauf der Jahrhunderte, vor allem seit dem 12./13. Jahrhundert, sowohl den unbedingten Machtanspruch über die Kirche als auch politische Autorität durch das Recht zur Kaiserkrönung verfochten. Als Zeichen seiner weltlichen Macht trug der Papst eine dreifache Krone, die Tiara. Den doppelten Machtanspruch des Papstes sollte die »Konstantinische Schenkung« bekräftigen: Kaiser Konstantin (323-337 n. Chr.) habe dem Papst diese Herrschaft erteilt.

mußte: im Papsttum ist der Christusfeind schlechthin zur Stelle – der Antichrist! Von ihm sagte der Apostel Paulus, daß er die Glaubenswahrheit verdrehen und unter Berufung auf Gott seine Herrschaft über die Kirche ausbauen werde (2. Thessalonicher 2,4). Hinter diese Erkenntnis konnte Luther nicht mehr zurück.

Im Sommer 1520 hat Luther seine grundlegenden Erkenntnisse über das Wesen der Kirche und die unrechtmäßige Papstherrschaft in einer Schrift veröffentlicht: »Vom Papsttum zu Rom, wider den hochberühmten Romanisten zu Leipzig.« Veranlaßt war diese Schrift durch den Leipziger Franziskanermönch Augustin Alfeld, der gegen Luther die Rechtmäßigkeit der Papstherrschaft verteidigt hatte.

Aber Luther wollte mit seiner Schrift vor allem auch den *»Laien erläutern, was die Christenheit ist«*: kein religiöses Herrschaftssystem, sondern die Gemeinschaft der Menschen, die an Christus glauben. Luther ließ die Schrift gipfeln in der Bitte: *»Gott helfe uns, daß wir doch einmal die Augen aufmachen.«*

Noch eine weitere bedeutende Schrift Luthers erschien im Spätsommer 1520: »Von der babylonischen Gefangenschaft der Kirche«. Mit diesem Titel griff er in die Geschichte des Gottesvolkes Israel zurück: diesem war die Möglichkeit zum vollkommenen Gottesdienst genommen, als es von den Babyloniern besiegt und zu großen Teilen in die Gefangenschaft geführt worden war; ebenso erkannte Luther die Kirche durch die heiligen Handlungen, die sieben Sakramente, der römischen Kirche gefangengenommen und vom wahren Gottesdienst getrennt. Mit seiner Schrift wollte Luther zu dessen Wiederherstellung beitragen. Im christlichen Gottesdienst geht es nicht um Weihehandlungen und religiöse Leistungen. Hier will sich ganz allein Gott dem Menschen schenken: durch sein Wort, in Taufe, Abendmahl und Buße. Mit diesen Darlegungen hat Luther den Grund gelegt für eine äußere Umgestaltung der Kirche: für die Kirchenreform.

Schlag und Gegenschlag

Nachdem Luther vor Jahren aufgebrochen war, die Geltung des Christusglaubens in der Kirche zu verfechten, konnte er im Jahr 1520 in aller Deutlichkeit den grundlegenden Zusammenhang zwischen Christusglaube und Kirche herstellen. Der theologische Erkenntniskreis war geschlossen. Aber mit Beginn des Jahres 1520 zog auch die römische Kirche den Bannkreis um den angeklagten Ket-

zer zu. Im Januar machte man sich in Rom daran, den Ketzerprozeß
zu Ende zu bringen. In Deutschland erließ bereits Bischof Johann
von Meißen in Zusammenarbeit mit Herzog Georg von Sachsen eine
Verordnung gegen Luther wegen dessen schädlichen, ketzerischen
Einflusses auf das gläubige Volk.

Im Sommer 1520 kam Johann Eck aus Rom und brachte das Dokument mit, das einen Schlußstrich unter den »Fall Luther« ziehen
sollte: Die Bannandrohungsbulle des Papstes vom 15. Juni 1520.

Die heiligen Sakramente, Holzschnitt von Wolf Traut (1480–1520).
Neben dem Papsttum hat die römische Kirche eine zweite tragende Säule: sie
übermittelt dem Menschen die göttliche Gnade in den sieben Sakramenten –
Taufe, Firmung, Eucharistie, Buße, Ehe, Krankensalbung bzw. letzte Ölung,
Priesterweihe. Ohne diese Sakramente kann es kein gottgefälliges Leben und
keine Lebensrettung für Zeit und Ewigkeit geben. In der Mitte steht das eucha-
ristische Opfer im Meßgottesdienst: der geweihte Priester setzt in der Darbringung
Christi die Versöhnung zwischen Gott und Mensch ins Werk. Luther hob deutlich hervor, wogegen und wofür er sich einsetzte: »Es ist eine harte und sehr
wahrscheinlich unausrottbare Sache, die ich bekämpfe. Sie steht fest durch jahr-
hundertelange Tradition und breite Zustimmung. Die Struktur der Kirche muß
von Grund auf geändert, eine völlig andere Art von Gottesdienst wiederherge-
stellt werden. Aber mein Christus lebt – nicht die Erfindungen von Menschen
und Halbgöttern, sondern das Wort Gottes muß befolgt werden.«

Darin wurden Luthers Lehre und Person verurteilt. Wer sich dieser Verurteilung nicht anschloß, sollte ebenso wie Luther aus der allein rettenden Gemeinschaft der römischen Kirche ausgeschlossen sein. Luther erhielt noch das Angebot, innerhalb von 60 Tagen zu widerrufen und sich dem Papst zu unterwerfen. Aber konnte er dem »Antichrist« Gehorsam leisten?

Im Oktober sandte Eck ein Druckexemplar der Bulle an die Wittenberger Universität. Kaum hatte Luther den Inhalt zur Kenntnis genommen, da erschien umgehend seine Gegenschrift: »Der verfluchten Bulle des Antichrist zum Trotz«. Widerspruch und Widerstand gegen die römische Kirche und die Bulle mußte Eck vielerorts erfahren, als er durch die Lande reiste, um sie bekanntzumachen und für ihre Durchführung zu sorgen. Mehr Erfolg hatte der päpstliche Gesandte Hieronymus Aleander, der die Bulle im Westen des Reiches und den niederländischen Herrschaftsgebieten des jungen Kaisers Karl V. verbreitete. In Löwen, Köln und Mainz wurden Schriften Luthers öffentlich verbrannt. Nachdem Karl von Spanien am 28. Juli 1519 zum Kaiser gewählt worden war, suchte und fand die Papstkirche beim Inhaber des Kaiseramtes Unterstützung. Kurfürst Friedrich hatte nach der Kaiserwahl für Rom an Bedeutung verloren.

Aber er war nicht bereit, Luther zu opfern. Zwar lag ihm eine machtpolitische Begünstigung und Durchsetzung der um sich greifenden »Sache Luthers« fern. Doch als Landesherr gewährte er Luther in seinem Verlangen nach Behandlung des Streites auf einem Konzil juristisch-politischen Schutz. Luther hat diese Linie des Kurfürsten nur befürwortet: »*Ich bin sehr zufrieden, daß unser Fürst nach wie vor meinen Streit nicht als seine Sache betrachtet.*«

Am 17. November 1520 hat Luther seinen Ruf nach einem Konzil erneut vorgetragen. Und schon im Oktober hatte er, im Anschluß an die Verhandlungen mit Miltitz, einen offenen Brief an Papst Leo X. geschrieben. Er bekräftigte noch einmal, daß er nicht gegen den Papst persönlich, sondern gegen die Verirrung der Kirche im Papsttum kämpfte. In aller Offenheit teilte er dem »heiligen Vater Leo« mit: »*Es gibt keine kirchliche Oberherrschaft in Rom. Das Papsttum wird den Zorn Gottes nicht mehr los. Es haßt nämlich ein allgemeines Konzil, will sich selbst nicht über seinen Irrtum belehren noch reformieren lassen. Es kann aus eigener Kraft seine eigenmächtige, unchristliche Art nicht loswerden.*«

. Nachdem die Papstkirche in der Bannandrohungsbulle ihr Urteil gesprochen hatte, gab auch Luther deutlich zu verstehen, daß für ihn die Papstkirche erledigt war. Am 10. Dezember 1520 hat Philipp

Melanchthon durch ein Plakat ein Ereignis vor dem Elstertor in Wittenberg angekündigt: Im Beisein von Freunden und Studenten warf Luther die Schriften des römischen Kirchenrechts, Bücher der herrschenden Glaubenslehre und die Bannandrohungsbulle in die Flammen eines Scheiterhaufens. *»Ich hätte das nicht fertiggebracht, wenn ich nicht erfahren und erlebt hätte, daß der Papst und die papistischen Verführer nicht nur selbst in die Irre gehen, sondern auch andere mitreißen. Noch mehr: nach vielen Versuchen, ihnen ihren Irrtum aufzuzeigen, sind sie so befangen, daß sie blindlings die evangelische Lehre verdammen und verbrennen. So bestätigen sie ihre antichristliche, teuflische Lehre.«*

In Rom unterzeichnete der Papst am 3. Januar 1521 die Bulle, die über Luther den Bann aussprach. Sie beginnt mit den Worten: »Es steht dem römischen Bischof wohl an ...!«

Christliche Freiheit

»Was ist ein Christ?« – Diese Frage steht in Luthers Auseinandersetzung mit der Papstkirche zur Debatte. Luther tritt der organisierten religiösen Macht gegenüber, die die Regeln des Christseins zu beherrschen meint. Wenn Luther gegen solche unchristliche Machtanmaßung angeht, dann hat das durchaus den Charakter eines Befreiungskampfes. Aber es geht Luther dabei keineswegs darum, die Herrschenden vom Thron zu stoßen. Er setzt auf viel tieferer Ebene an. Er will ihnen zeigen, daß sie über das Christ-Sein eines Menschen überhaupt keine Macht haben. Ein Christ lebt in der Glaubensbeziehung zu Christus, die sich von niemandem sonst beherrschen läßt. In der Bindung an Christus ist das Christ-Sein eine Sache der Freiheit. Luther hält diese Herausforderung denen entgegen, die das Christ-Sein in Regeln und Gesetze einfangen wollen. *»Ich kann es nicht zulassen, daß ein Christ gefangen wird durch Lebensregeln und Gesetze, die eigenmächtig von Menschen aufgestellt werden.«*

Die Freiheit des Christen muß nicht erst erkämpft werden. Sie ist mit dem Christsein mitgegeben: als das Lebensrecht eines Christen. Wo dieses Lebensrecht mißachtet wird und durch menschliche Machtanmaßung außer Kraft gesetzt werden soll, muß es allerdings behauptet werden. Das geschieht nur mit dem Wort Gottes. Die Behauptung der christlichen Freiheit will diejenigen, die auf ihre Macht pochen, auf die Grenze hinweisen, die ihnen durch die Bindung eines Menschen im Christusglauben gezogen ist. *»Kein Papst, kein Bischof, ja überhaupt kein Mensch hat das Recht, einem Christen auch nur ein einziges Wörtchen vorzuschreiben.«* Damit spricht Luther dem Christen die gottgewollte Freiheit zu. Man wird genau beachten müssen, worin diese Freiheit besteht und wie sie Bestand haben kann. Sie ist eine Blüte, die das zarte Pflänzchen des Christusglaubens treibt. Dieses Pflänzchen aber wird vom eigenmächtigen Ich-Menschen, der selbst so unbändig nach Freiheit strebt, rücksichtslos zertrampelt.

Der himmelhohe Unterschied

Der Mensch ist ein freiheitshungriges Wesen. Die Freiheit, nach der er sich sehnt, ist die Möglichkeit, das Leben selbst zu bestimmen. Er will über Gut und Böse entscheiden und die Maßstäbe des Lebens selbst setzen. Der kämpferische Weg des Menschen zur Freiheit dauert so lange wie das Leben. Man scheut keine Mühe und geht ihn nicht ohne Genuß. Aber es ist nicht zu verkennen, daß mit jedem gesicherten Schritt auf diesem Weg zur Freiheit die Angst vor dem Verlust des erreichten Freiraums wächst. Deshalb wird erreichte Freiheit abgesichert. Es werden immer neue Steine auf die Mauer gelegt, die die erkämpften Freiräume bewahren soll. Damit aber verliert der Mensch auf seinem kämpferischen Weg zur Freiheit die Freiheit zum Leben, das über das Gefängnis seiner eng umgrenzten Freiräume hinausreicht. Der Grund: Trotz aller erreichten Freiheiten, ja gerade in ihnen, bleibt der Mensch bei sich selbst gefangen. Hier bricht die Frage auf: Kann es dann überhaupt Freiheit geben?

Die Freiheit, von der Luther spricht, ist unterschieden von den begrenzten Freiheiten, die der Mensch sich erkämpft. Sie gilt auch nicht dem Menschen an sich. Sie gilt dem Christ-Menschen. Das ist der Unterschied. *»Die Freiheit des Christ-Menschen übertrifft alle anderen Freiheiten himmelweit.«* Dieser himmelhohe Unterschied tritt dann heraus, wenn man den Grund der christlichen Freiheit in den Blick nimmt. Während die Not des freiheitshungrigen Menschen darin besteht, daß er an sich selbst wie in ein Gefängnis gebunden bleibt, ist der Christ-Mensch aus diesem Gefängnis befreit. Die Freiheit, die er hat, gründet nicht in dem, was er selbst zur Verwirklichung seiner Freiheitssehnsucht tut. Sie gründet in einer vorgängigen Befreiungstat, die den Ich-Menschen zum Christ-Menschen be-

freit. Diese Befreiungstat liegt jenseits der menschlichen Machtmittel.

*»Was nicht Gottes Sohn heißt, das wird mich nicht frei machen. Das
muß man immer wieder predigen, vielleicht geht's durch Gottes Gnade
einmal ein.«* Die Botschaft vom Sein und Tun Christi bringt das Geschenk der Freiheit ins Leben. Sie proklamiert die Freiheit als Lebensrecht des Christ-Menschen. Während der Freiheitshunger des
Ich-Menschen ihn mitsamt dem Leben todbringend gefangen-
nimmt, tut sich für den befreiten Christ-Menschen das Leben auf.
Wenn von der einzigartigen Freiheit des Christ-Seins gesprochen
wird, darf nicht übersehen werden, daß sie allein in Christus
gründet.

*Holzschnitt des Monogrammisten H vom Flugblatt »Luther führt die Christgläubi-
gen aus der Finsternis«.*
In weiten Kreisen wurde die befreiende Wirkung von Luthers Lehre erkannt.
Während die führenden Vertreter der Papstkirche um den Zusammenbruch ihres
religiösen Systems bangen, nehmen die »Christgläubigen« dankbar die »Heraus-
führung aus der Finsternis der menschlichen Lehre in das gnadenreiche Licht des
Evangeliums« auf. In der Christuserkenntnis des Glaubens wird der Schritt in
die Freiheit vollzogen.

Der Unterschied zwischen der begrenzten Freiheit des Ich-Menschen und der vollen Freiheit des Christ-Menschen ist der Unterschied in der Bindung. Während der Ich-Mensch Freiheit als Bindungslosigkeit anstrebt und dabei doch an sich gebunden bleibt, weiß der Christ-Mensch, daß er an Christus gebunden ist. Gerade darin erkennt er seine Freiheit: den rettenden Zugang zur Gewißheit des Lebens. Während das erste traurige Wirklichkeit ist, ist das zweite beglückendes Geschehen: *»Wenn das kein selten fröhlicher Handel ist! Der reiche, einzigartige, aufrichtige Bräutigam Christus heiratet die arme, verachtete, verirrte Hure. Er befreit sie damit aus ihrem Elend und eröffnet ihr neues Leben.«*

»Glaubst du, so hast du«

Wo Christus sich an den Menschen bindet, überwindet er den Ich-Menschen zum Christ-Menschen. Hier geschieht das Einmalige, daß der mit seiner Freiheitssehnsucht bis ins Elend irregehende Ich-Mensch gut aufgehoben ist. Von sich als Sünder befreit, wird ihm in der Bindung an Christus die göttliche Freiheit geschenkt. Die befreiende Bindung an Christus aber bleibt durchweg gebunden an den Glauben. *»Glaubst du, so hast du. Glaubst du nicht, so hast du nicht.«* Ohne Christusglauben gibt es nur die mächtige Freiheitssehnsucht des Ich-Menschen, der sich über alles hinwegsetzt. Nur nicht über seine Sünde. Weil er das nicht kann. Im Christusglauben dagegen ist der Ich-Mensch aus seinem Gefängnis befreit. Wie wirkt sich das aus?

Die christliche Freiheit erscheint in der Welt des Ich-Menschen als eine zwiespältige, widersprüchliche Angelegenheit. Das ist nicht verwunderlich, denn sie bleibt dem Ich-Menschen fremd. Wo Macht und Herrschaft, Freiheitssehnsucht und Selbstbestimmung den Ton angeben, da wirkt christliche Freiheit wie ein rätselhafter Fremdkörper. Schon von ihr zu sprechen, muß dem Ich-Menschen als eine Sache lebensgefährlicher Wirklichkeitsfremde erscheinen. Was weiß Luther über das göttliche Geschenk der Freiheit zu sagen?

Die Freiheit versetzt den Menschen, der das Leben im Christusglauben findet, ins »Paradies«. Mitten in der höllischen Welt mit ihren verteufelten Zwängen lebt der Christ-Mensch in der Freiheit, der ihn Gott geschaffen hat. Er deckt die zwanghaften Verteufelungen auf und lernt, die Welt – einschließlich seiner selbst – mit den Augen Gottes zu sehen. Die lebensbeherrschenden Maßstäbe von Gut und Böse haben für ihn nicht den Rang eines Mittels, mit dem er das Leben herrschaftlich meistern könnte. Er behauptet das Leben nicht in strengen Regeln und unerbittlichen Gesetzen. Aber auch nicht in wohl abgegrenzten Freiräumen. Er steht durch den Glauben in liebevoller Einheit mit dem Leben, das ihm durch Christus eröffnet ist. Sicherung des Daseins und zufriedenstellende Lebensgestaltung sind für ihn nicht die Hauptsorgen, die ihn ständig verunsichern. Er weiß, daß sein Leben in Gottes Treue und Fürsorge seine letzte Sicherheit hat. Der Christ-Mensch muß sich nicht erst entwikkeln, denn er hat schon alles: Freiheit.

Der Christ-Mensch lebt jedoch in der Welt von Ich-Menschen. Und es wäre die schlimmste Selbsttäuschung und der größte Gottesbetrug, wenn er sich davon ausnehmen wollte. Der Christ-Mensch existiert in Personalunion mit dem Ich-Menschen. Dadurch ist die christliche Freiheit gefährdet. Der Ich-Mensch kennt keinen Glauben, er lebt im Schauen und Begreifen. Durch ihn verliert der Christ-Mensch die völlige Freiheit im Glauben: *»wie ein Hund, der ein Stück Fleisch im Maul hat und noch nach seinem Spiegelbild im Wasser schnappt. Das Fleisch ist weg, und das Spiegelbild auch!«*

Luther nennt die *eine* Möglichkeit, um die Freiheit des Christ-Menschen in der Welt des Ich-Menschen zu bewahren: Bereitschaft zum Dienen. Gerade indem der Christ-Mensch in der Welt des Schauens und Begreifens, des Herrschens und Beherrschens nicht dem Zwang verfällt, sich in einem selbstbehaupteten Freiraum zur

Titelblatt der Schrift Luthers »Von der Freiheit eines Christenmenschen« (1520).
»Wenn man von der Seitenzahl ausgeht, ist es zwar nur ein dünnes Heftchen. Aber es enthält die ganze Summe eines christlichen Lebens, wenn man den Inhalt versteht.« So kennzeichnet Luther diese Schrift, die er im Herbst 1520 verfaßt hat. Sie enthält das ›christliche Grundgesetz‹. Luther faßt es in den beiden Artikeln zusammen: »1. Ein Christenmensch ist ein freier Herr über alle Dinge und niemand untertan. 2. Ein Christenmensch ist ein dienstbarer Knecht aller Dinge und jedermann untertan.«

Von der freyheyt eynes Christen menschen.

Martinus Luther.

Czu Wittenberg: Im XX. iar.

Schau zu stellen, kann er die völlige Freiheit behaupten. Der Christ-Mensch ist frei zum Dienst am Mitmenschen. Er muß dabei nicht von einer Gesetzesforderung getrieben werden, und er verfolgt mit seiner Nächstenliebe kein Programm der Weltverbesserung. Er wird zum Handeln nicht von einer Idee der Nächstenliebe gezwungen. Er kann auf die Not des Mitmenschen völlig frei-willig eingehen.

Wo ein Christ-Mensch in der Freiheit des Glaubens lebt, sind die heiligen Sperrzäune durchbrochen, die der Ich-Mensch zur vermeintlichen Sicherung des Lebens aufbaut. Aber es werden ebenso die eng abgesteckten Freiräume gesprengt, die der Ich-Mensch auf seinem Weg der Freiheitssehnsucht errichtet. Die christliche Freiheit hält das Leben im Fluß. *»Was Gott dem einen gegeben hat, fließt in den anderen. Gottes Gaben werden Allgemeingut. Jeder nimmt sich seines Nächsten so an, als wäre er es selbst. Aus Christus fließt das Leben in uns. Er hat sich in seinem Leben so um uns gekümmert, als wäre er das, was wir sind. Was wir von ihm haben, soll weiterfließen in die, die es brauchen.«*

In dieser zweifachen Beziehung hat Luther die Existenz des Christ-Menschen erfaßt: frei von Sünde, frei zum Leben – durch Christus. Diese Wahrheit des Christusglaubens hat Luther gegenüber der Papstkirche verteidigt. Er will sie gegenüber jedem verteidigt wissen, der das Christsein in einen programmatischen Rahmen einsperrt und dieses Programm machtvoll durchsetzen will. Damit ergreift er Partei für die Freiheit, die der Christusglaube mit sich bringt, und ruiniert den Zwang jedes religiösen Lebenssicherungsprogramms. Ein Christ lebt nicht davon, daß er religiöse Gesetze und Vorschriften einhält. Er muß sich das Leben weder erarbeiten noch erkämpfen. Er bekommt es im Glauben an Christus und behauptet es, indem er frei-willig dient. Das ist christliche Freiheit – das Lebensrecht des Christ-Menschen.

»Das erkennt man jetzt: wenn man nach dem Leben fragt, muß das christliche Leben obenan stehen. Aber leider – es ist nicht nur überall total verkommen, es ist auch schon gar nicht mehr bekannt. Es wird ja nicht gepredigt!« In dieser Feststellung aus dem Jahr 1520 hat Luther zu verstehen gegeben: christliche Freiheit bricht nur dann im Leben durch, wenn die Botschaft von Christus überzeugend erklingt.

Zwischen Gott und Welt

Luther in Worms

Für die Papstkirche schien der »Fall Luther« erledigt. Innerhalb von 60 Tagen nach Erhalt der Bannandrohungsbulle hätte der »Ketzer« widerrufen sollen. Das hat er nicht getan. Aber auch für Luther war die Papstkirche erledigt. Der Scheiterhaufen vor dem Elstertor in Wittenberg hat sein Verhältnis zur »Kirche des Antichrist« geläutert. Zwischen Luther und der Papstkirche konnte es keine faulen Kompromisse geben. In dem Maß, in dem Luther mit der Papstkirche in Konflikt geriet, fand er auch Mitstreiter und Anhänger, die an den kirchlich-religiösen Zuständen scharfe Kritik übten. Durch diese Kräfte und Strömungen geriet der »Fall Luther« in weitausgreifende politische und gesellschaftliche Zusammenhänge. Er konnte nicht mehr nur in Rom und Wittenberg entschieden werden.

Luther selbst hat diese Entwicklung beeinflußt und gefördert. Die Schriften, die er drucken ließ, fanden viele Leser. In großer Zahl wurden sie immer wieder nachgedruckt. Regen Zuspruch fand Luther in den Kreisen, die der überlieferten Glaubenslehre abgeneigt waren und sich mit Erbitterung über die Mißstände in der Kirche für Erneuerung der Bildung und des Glaubenslebens einsetzten. Hier wurde er als »Verteidiger der echten Frömmigkeit« gefeiert. Was er schrieb, wurde als »lebensrettende Wahrheit« aufgenommen, im Gegensatz zu dem irreführenden, nur auf Profit bedachten Treiben der »Pfaffen«. Vor allem seine fundamentale theologische Kritik am religiösen Herrschaftssystem der Papstkirche stieß auf breite Zustimmung. Sie gab den Klagen, die schon lange über die finanzielle Ausbeutung Deutschlands durch die Papstkirche nachdrücklich, aber ergebnislos erhoben wurden, allererst ihre zupackende Schärfe. Luther wußte um die Bedeutung, die solche Zustimmung für ihn besaß: *»Rom schnaubt mit Drohen und Morden wider mich. Aber ich schenke dem keine Beachtung. Deutschland kommt nämlich langsam zur Einsicht und durchschaut das scheinheilige Treiben der Papisten.«* Der »Fall Luther« hatte sich mit der Frage einer antipäpstlichen, nationalen Kirchenreform verquickt.

Luther ließ sich allerdings nicht vereinnahmen. Vor allem dann nicht, wenn er erkannte, daß andersgeartete politische Interessen in den Vordergrund rückten. Das stellte er bei den Reichsrittern fest, die sich für »seine Sache« stark machten. Franz von Sickingen und Sylvester von Schaumburg boten ihm seit Frühjahr 1520 Schutz und Unterstützung an. Hartmut von Kronberg setzte sich beim Kaiser für ihn ein. Und Ulrich von Hutten, der gebildete ritterliche Schriftsteller, sah in der Verbindung mit Luther die Möglichkeit zum breitangelegten Kampf gegen die Papstkirche, den er seinerseits mit bissigen Schriften schon länger aufgenommen hatte. Die Begeisterung für das von Luther aufgedeckte Evangelium verband sich bei den Rittern, die politisch, rechtlich und wirtschaftlich schon seit langem in starke Bedrängnis geraten waren, mit der Hoffnung auf eine machtpolitische Umwälzung. Hier lag für Luther eine Grenze. *»Es ist klar, was Hutten will. Ich aber will nicht, daß man für das Evangelium zum Schwert greift. Der Sieg über die Welt geschieht durchs Wort. Durchs Wort ist die Kirche bisher erhalten worden und durchs Wort wird sie erneuert werden.«*

Luther hat die Grenze deutlich gezogen. Aber er hat die Klagen über die Mißstände in der Kirche sowie die Sehnsüchte und Hoffnungen auf kirchliche und gesellschaftliche Erneuerung nicht einfach abgewiesen. Er nahm die Zustimmung für seine Auseinandersetzung mit der Papstkirche ernst und machte sich zum Fürsprecher einer umfassenden Reform. »An den christlichen Adel deutscher Nation, von des christlichen Standes Besserung« – so betitelte er seine große Reformschrift vom Sommer 1520. Die 4000 Exemplare der ersten Auflage waren im Nu verkauft. Aus demselben Jahr sind uns noch dreizehn weitere deutsche Auflagen bekannt. Die Schrift ist ein Dokument dafür, wie Luther mit der Gewalt des Wortes, das die Welt besiegt und die Kirche erhält, die Probleme anging.

»Ich weiß, daß ich einen scharfen und hohen Ton angeschlagen habe. Ich habe vieles vorgeschlagen, was man für unmöglich halten wird. Aber ich bin verpflichtet, das alles zu sagen. Wenn ich es könnte, wollte ich es auch durchführen. Lieber ziehe ich mir den Haß der Welt als den Zorn Gottes zu.« Einen ganzen Katalog von Reformmaßnahmen hat Luther in dieser Schrift zusammengestellt. Er beginnt mit der Aufhebung der Herrschaftsstellung des Papsttums und reicht

über Vorschläge zur Erneuerung des religiös-kirchlichen Lebens bis
hin zur Forderung, die ruinösen Zinsgeschäfte ebenso zu verbieten
wie die Bordelle. Luther war fest davon überzeugt: Wo die Kirche
dem Wort Gottes Raum gibt, kann weder über Mißstände in den eigenen Reihen noch zu den verheerenden Zuständen im gesellschaftlichen Alltag geschwiegen werden. Unmißverständlich hat er den
Weg zur radikalen Erneuerung gewiesen: *»Auf eines muß hier vor allem geachtet werden! Wir müssen uns ganz ernsthaft davor hüten, im
Vertrauen auf Macht und Vernunft die Sache anzupacken, selbst wenn
wir Herren über die Welt wären. Gott kann und wird's nicht leiden, daß
eine gute Sache im Vertrauen auf das eigene Können und die Fähigkeit der Vernunft allein angefangen wird. Er läßt so etwas auflaufen.«*
Luthers große Reformschrift fand ein starkes Echo. Aber sein radi-
kaler Reformvorschlag verhallte.

Was wird der Kaiser tun?

Luther hatte gezielt den deutschen Adel und allen voran den *»jungen, edlen«* Kaiser Karl auf die Verantwortung für die *»Besserung
des christlichen Standes«,* das heißt: Reform des gesamten öffentlichen Lebens, angesprochen. Er hat das in vernichtendem Widerspruch zum religiösen Herrschaftsanspruch der Papstkirche begründet:
1. Es gibt unter den Christen keine Abstufungen in Herrschaftsstellung und Würde. Durch die Taufe haben alle Christen dieselbe
Würde. Aber es gibt verschiedene Aufgaben, die verantwortungsvoll
wahrgenommen und geachtet werden wollen. Wo ein einzelner sein
»Amt« mißbraucht, muß er bestraft werden.
2. Über Wahrheit für Glauben und Kirche entscheidet nicht an ober-
ster Stelle der Papst. Das Urteil darüber kommt jedem Christen zu:
nach dem *»im Glauben gegründeten Verständnis der Heiligen
Schrift«.*
3. Auch wenn die Papstkirche ein freies Konzil fürchtet, verhindert
und verbietet, muß es um der christlichen Wahrheit willen von anderen Kräften einberufen werden.
   Um gerade diesen letzten Punkt weiter zu verfolgen, hat sich Luther am 30. August 1520 in einem offenen Brief an Kaiser Karl V. gewandt. Er blickte zurück auf die Auseinandersetzungen der vorangegangenen drei Jahre. Sein Ketzerprozeß und das Problem einer umfassenden Reform der Christenheit im Deutschen Reich waren inzwischen miteinander verschmolzen. *»Weil all mein Bemühen um*

Klärung und Verständigung völlig ergebnislos blieb, habe ich mich endlich dazu entschlossen, Eure Kaiserliche Majestät anzurufen. Sollte Gott sich denn nicht durch Euch um seine Sache kümmern können?«

Nicht nur Luther hoffte auf den Kaiser, dessen Verhältnis zum Papsttum ohnehin nicht unbelastet war. Der jahrhundertealte Machtkampf zwischen Kaiser und Papst stand im Hintergrund. Und Leo X. hatte schließlich lange genug versucht, die Wahl des jungen Habsburgers zu verhindern. Die »Deutsche Nation« erwartete von Karl V. Unterstützung in ihren Klagen gegen die Papstkirche, als er im Herbst 1520 zur Königskrönung nach Aachen kam und anschließend nach Worms reiste, wo er auf seinem ersten Reichstag mit den politischen Führungskräften des Reiches zusammentreffen sollte.

Kurfürst Friedrich der Weise hatte schon 1518 erreicht, daß Luther in Augsburg verhört wurde. Auch jetzt setzte er sich für sein Landeskind ein. Die Vermittlungsbemühungen begannen schon im Herbst 1520 und zogen sich noch Wochen nach der Eröffnung des Reichstages, am 28. Januar 1521, hin. Karl V. schwankte lange in sei-

Georg Spalatin, aus »Cranachs Stammbuch«.
Georg Burckhardt-Spalatin (1484–1545) war Luthers vertrauter Verbindungsmann zu Kurfürst Friedrich dem Weisen. Vielleicht sind sich beide schon während Luthers Erfurter Studienzeit begegnet. Spalatin, vom Gedankengut der Bildungserneuerung geprägt, wurde 1509 Erzieher am Hof des Kurfürsten. Er rückte später in die Stellung eines Hoftheologen und Sekretärs auf und wurde engster Berater des Kurfürsten. Schon 1518 beim Augsburger Reichstag hat er sich für Luther eingesetzt. Ein Jahr vor seinem Tod ließ Luther ihn wissen: »Du bist der Veteran unter meinen besten Freunden. Die Freundschaft mit dir möchte ich zu allerletzt vernachlässigen, gerade jetzt im hohen Alter und im Angesicht des Todes.«

nem Entschluß. Er mußte die Einflüsse von den verschiedensten Seiten beachten. Der päpstliche Gesandte Hieronymus Aleander bedrängte den Kaiser, aber auch den vom Reichstag gebildeten Ausschuß: Luther solle als erklärter Ketzer behandelt werden. Da gab es keine Möglichkeit für Verhör und Verhandlung, nur Widerruf oder Tod. In Worms bekam Aleander allerdings einen Eindruck von der Stimmung in Deutschland. Bestürzt meldete er nach Rom: »Neun Zehntel Deutschlands schreien ›Luther‹, der Rest ›Nieder mit dem römischen Hof‹.« Es war gewiß nicht einfach, gegen Luther Partei zu ergreifen, aber notwendig, wenn die Machtstellung der Papstkirche und die herrschende religiöse Lebensordnung erhalten bleiben sollten.

»Ich werde nichts widerrufen«

Wie sich die mächtige Traditon der Papstkirche nach wie vor auswirkte, mußte Luther in diesen Wintermonaten gerade an Johann von Staupitz, seinem geistlichen Vater, erkennen. Der von der Christusfrömmigkeit geprägte Theologe hatte sich im Streit zwischen seinem verheißungsvollen Schüler und der Papstkirche schließlich von der »Sache Luthers« losgesagt. Luther verbarg seine Enttäuschung darüber nicht: »*Mein Vater! Du erinnerst Dich wohl an das, was Du mir in Augsburg sagtest: ›Bruder, denke daran, daß Du das im Namen des Herrn Jesus angefangen hast!‹ Ich habe es nicht vergessen. Aber ich sage es jetzt Dir.*« Luther war entschlossen, für Jesus Christus, den »*Heiland, der für uns gestorben ist, aber jetzt nur verspottet wird*«, einzutreten und damit bis zum letzten gegen den Abgott in Rom, den »*wahrhaftigen Antichrist*«, aufzutreten.

In Worms verschaffte man ihm schließlich Gelegenheit dazu. Am 26. März 1521 überbrachte ihm der Reichsherold Kaspar Sturm ein kaiserliches Vorladungsschreiben. Schon eine Woche vorher hatte Luther an Spalatin nach Worms geschrieben: »*Du kannst gewiß sein, daß ich nichts widerrufen werde. Ich denke ja nicht daran, so Christus will, das Wort Gottes in diesem Kampf durch feige Flucht zu verlassen.*« Aber im Vorladungsschreiben war dann gar nicht von Widerruf die Rede. Luther sollte zur »Erkundigung« über seine Lehre vor dem Reichstag erscheinen.

Am 2. April machte er sich mit dem befreundeten Wittenberger Theologieprofessor Nikolaus von Amsdorf auf die Reise. Daß Aleander, unterstützt vom kaiserlichen Großkanzler Gattinara, weiter alles gegen ihn aufzubringen suchte, konnte ihn ebensowenig abschrecken wie eine zwielichtige Aktion, mit der der Dominikaner Glapio, der Beichtvater des Kaisers, über Franz von Sickingen und Ulrich von Hutten Luthers Ankunft in Worms verhindern wollte. Am 16. April kam Luther in Worms an. Die Ereignisse der kommenden Tage fanden allgemeines Interesse. In der Person Luthers stand ja die »Sache Gottes«, das Verhältnis von Christus und Antichrist, zur Entscheidung. Und es ging damit um den religiösen und politischen Weg von Kaiser und Papst, von Reich und Kirche. Schon bald konnte man viele Berichte über das Geschehen auf dem Wormser Reichstag lesen. Luther erinnerte sich noch neunzehn Jahre später an die denkwürdigen Ereignisse:

»Ich fuhr damals auf einem offenen Wagen in der Kutte in Worms ein. Alles rannte auf die Straße. Jeder wollte den Mönch Martin Luther sehen. Ich fuhr zur Herberge von Kurfürst Friedrich. Aber dem Kurfürsten war es gar nicht wohl in seiner Haut, daß ich nun doch nach Worms gekommen war. Die papsttreuen Kräfte bemühten sich, daß man die offizielle Zusage zurücknehme, die mir für eine sichere An- und Abreise gegeben war. Dagegen setzten sich aber Pfalzgraf Ludwig von Rhein und Kurfürst Friedrich energisch zur Wehr.

Am nächsten Tag mußte ich um sechs Uhr abends auf dem Reichstag erscheinen. Der Kanzler des Bischofs von Trier, Doktor Ecken, eröffnete die Verhandlung: ›Martinus, kannst du bestätigen, daß diese Bücher von dir geschrieben sind?‹ Da lagen alle meine Schriften auf einer Bank. Ich wollte gerade ›Ja‹ sagen, als der Wittenberger Jurist Hieronymus Schurf laut in die Reichsversammlung hineinrief: ›Die Titel sollen verlesen werden!‹ Das geschah. Und tatsächlich – die Bücher waren alle von mir. Dann redete ich: ›Allergnädigster Kaiser, gnädige Fürsten und Herren! Es geht um eine überaus wichtige Sache. Jetzt gleich kann ich mich meiner Schriften wegen nicht verantworten. Ich bitte um Bedenkzeit.‹ Das wurde mir bewilligt. Als ich am nächsten Tag wieder vor den Reichstag gerufen wurde, war der Saal prall voll. Jeder wollte hören, wie ich mich verantwortete. Ich wurde aufgefordert und begann: ›Allergnädigster Kaiser, gnädige Kurfürsten, Fürsten und Herren! Die Bücher, die man mir gestern vorgelegt hat, sind von mir. Darunter befinden sich theologische Schriften, die die Botschaft der Heiligen Schrift entfalten. Dazu bekenne ich mich ohne Einschränkung. Es steht nichts Unrechtes darin. Eine zweite Gruppe sind Streitschriften. Darin habe ich mich mit dem Papst und meinen Gegnern auseinandergesetzt. Ich bin bereit, davon zu ändern, was als unrecht erwiesen wird. Die dritte Gruppe meiner Bücher sind Schriften, in denen ich die christliche Lehre erörtere, und zwar in der akademisch üblichen Form. Ich will dazu stehen. Geschehe, was der liebe Gott will.‹

*Nach meiner Rede wurde ich von zwei Geleitspersonen hinausge-
führt. Sofort wurde es unruhig im Saal. Ob man mich gefangennehme,
riefen einige Adlige. Aber ich beruhigte sie: ›Man geleitet mich nur.‹ So
kam ich wieder in meine Herberge. Vor den Reichstag wurde ich nicht
mehr gerufen.«*

Im Rückblick hat Luther darauf hingewiesen: Er stand in Worms
als einer, der unbeirrt für den Christusglauben als die allein rettende
Lebenswahrheit eingetreten war und weiterhin dafür eintreten
wollte. Was geschah weiter? Über den entschlossenen Theologen
fand nun auch der Kaiser schnell zu einem Entschluß. Er berief sich

*Luther vor dem Reichstag zu Worms, Stahlstich von Carl. A. Schwerdgeburth
(1857).*

Neben dem Anschlag der 95 Thesen hat die Lutherverehrung in seinem Auftritt
vor dem Wormser Reichstag eine zweite Sternstunde in Luthers Leben und in der
Geschichte des Protestantismus erkannt. Luthers Auftritt wurde zum Inbegriff
dafür, wie ein einzelner die gewissensgebundene Wahrheit gegenüber religiöser
und politischer Macht behauptet. Ein zeitgenössischer Bericht vom Wormser
Reichstag 1521 hat als Schlußwort in Luthers Rede am 18. April festgehalten:
»Wenn ich nicht durch Aussagen der Heiligen Schrift oder vernünftige Einsich-
ten widerlegt werde, dann betrachte ich mich an die Heilige Schrift gebunden,
auf die ich mich eingelassen habe. Mein Gewissen ist im Wort Gottes gefangen.
Deshalb kann und will ich nichts widerrufen. Denn es ist unzuverlässig und un-
redlich, gegen das Gewissen zu handeln. Ich kann nicht anders. Hier stehe ich.
Gott helfe mir. Amen.«

auf seine Verantwortung als »Christlicher Kaiser« und »Beschützer der römischen Kirche«. Ein einzelner Mönch konnte nicht gegen die jahrhundertealte Wahrheit dieser Kirche recht haben. »Nachdem ich seine unnachgiebige Verteidigungsrede gehört habe, tut es mir leid, daß ich so lange nichts gegen ihn und seine Irrlehre unternommen habe.«

Trotz seines klaren Urteils ließ der Kaiser dann noch einen Vermittlungsversuch zu. In einem Sonderausschuß unter Leitung des Erzbischofs von Trier, Richard von Greiffenklau, drängte man Luther zum Einlenken. Man wollte das Problem der Kirchenreform auf einer taktischen Mittellinie vorantreiben. Aber Luther ging es ja nicht um einzelne oberflächliche Reformmaßnahmen. Er mußte der Glaubenswahrheit in Kirche und Welt zum Durchbruch verhelfen. Gegen den Papst, aber jetzt auch gegen den Kaiser und vermittlungsbereite Fürsten. So konnte es in den Ausschußsitzungen nicht zu dem angestrebten Ergebnis kommen.

Am 25. April erhielt Luther Nachricht vom Kaiser. Er sollte Worms wieder verlassen. Für die Rückreise stünde er 21 Tage unter kaiserlichem Schutz. Am nächsten Tag verließ Luther Worms. Auf der Rückreise hat er in Friedberg einen offenen Brief an den Kaiser und den Reichstag verfaßt. »Gott ist mein Zeuge, daß ich zum Gehorsam gegen den Kaiser in allem bereit bin. Nur nicht, was das Wort Gottes anbetrifft. Darin besteht ja das Leben überhaupt. Deshalb muß es über allem völlig frei bleiben.«

Anfang Mai verließen auch Kurfürst Friedrich und weitere politische Führungskräfte den Reichstag. Von der Restversammlung ließ der Kaiser am 26. Mai ein Gesetz gegen Luther verabschieden: das »Wormser Edikt«. Es war schon länger von Aleander ausgearbeitet und dem Kaiser übergeben worden. Darin wurde Luther auch reichsrechtlich als Ketzer verurteilt. Er durfte von niemandem beschützt, er mußte von jedem ausgeliefert werden. Seine Lehre und ihre Verbreitung wurde aufs strengste verboten. Man hatte es hier »nicht mit einem Menschen, sondern mit dem Teufel, in einer Mönchskutte verkleidet, zu tun; der wollte im guten Schein der Glaubenspredigt die bestehende Ordnung und die glanzvolle Christenheit vernichten«.

Mit dem Wormser Edikt hat der Kaiser den Kampf der Papstkirche gegen Luther bekräftigt. Die Rechtslage war für Luther aussichtslos. Konnten die machtpolitischen Verwicklungen noch einen Ausweg bringen? Luther war sich gewiß, daß es im Streit um seine Person zugleich um die Entscheidung ging, welche Rolle man Gott und seinem Wort zuerkennen wollte. Über alle Bedrohung hinaus vertraute er deshalb in der Sache auf Gottes Durchsetzungskraft. *»In Gottes Namen habe ich die Sache angefangen. Ich hoffe, die Zeit ist reif, daß sie in seinem Namen ohne mich sich selbst durchsetzt.«*

Im Kreis derer, die für Luthers Botschaft und Kampf aufgeschlossen waren, wollte man jedoch die einzigartige Rolle nicht verkennen, die er in der »Sache Gottes« spielte. Der geschätzte und be-

Reichsadler mit Wappen der Kurfürsten und Quaternionen, Holzschnitt von Hans Burgkmair (1473–1531).

Das »Heilige Römische Reich« wurde als gottgesetzte Machtform in der Welt begriffen. An seiner Spitze stand der Kaiser. Der Papst beanspruchte das Recht der Kaiserkrönung. Seit 962 war der Kaisertitel mit dem deutschen Königstitel verbunden. Zu Beginn des 16. Jahrhunderts war das Reich eher ein vielschichtiges »Staatengebilde« als ein einheitliches Herrschaftsgebiet. Es umfaßte den deutschen Raum und die Länder, die dem Kaiser als Erbbesitz unterstanden. Unter Karl V. war es ein Weltreich. Deutschland wurde politisch von der Spannung zwischen der kaiserlichen Zentralgewalt und den Machtbestrebungen der einzelnen Fürsten und Städte geprägt. Zentrales politisches Organ war der Reichstag. Hier kam der Kaiser mit den Reichsständen, den Vertretern der einzelnen Herrschaftsgebiete, zu Beratung und Gesetzgebung zusammen. An der Spitze der Reichsstände standen die sieben Kurfürsten, denen die »Goldene Bulle« von 1356 das Recht zur Königswahl zuschrieb. Der deutsche König und römische Kaiser hatte die Aufgabe, die »heilige römische Kirche« zu beschützen.

rühmte Künstler Albrecht Dürer schrieb am 17. Mai 1521 bemerkenswerte Worte in sein Tagebuch. Er hatte eben gehört, daß man Luther auf der Rückreise von Worms überfallen hatte. Niemand wußte, was mit ihm geschehen war. »Ach Gott! Ist Luther tot, wer wird uns dann das Evangelium so unverfälscht darlegen!«

Wahrheit

Luther hat seine Christuserkenntnis als unumschränkte Wahrheit vertreten. Das hat viele fasziniert und manchen überzeugt. Aber von entscheidender Stelle mußte er sich fragen lassen, was er für die Geltung der Christus-Wahrheit vorbringen konnte. Stand er nicht im Widerspruch zur allgemein geltenden Wahrheit, die das Leben sicherte und den Bestand der Welt gewährleistete? Mußten die Instanzen, denen die lebensbeherrschende Welt-Wahrheit anvertraut war, den vereinzelten Theologen, der seine Glaubenswahrheit behauptete, nicht zwangsläufig verurteilen? Der Konflikt war unvermeidlich! Für Luther nicht überraschend. Denn er wußte um dessen prinzipielle Tragweite.

»Die Welt und ihr Gott können und wollen das Wort des wahren Gottes nicht ertragen. Der wahre Gott aber kann und will nicht schweigen. Wo diese beiden Götter miteinander in Streit geraten, muß die Welt unruhig werden.« Die lebensbeherrschende Welt-Wahrheit und die fragwürdige Christus-Wahrheit vertragen sich nicht. Wo zwischen beiden scheinbar ein friedlicher Kompromiß zustande kommt, hat tatsächlich sie eine die andere zum Schweigen gebracht. Das geht auch nicht anders, wenn die Wahrheit unteilbar ist. Worin besteht der Streit?

»Die Macht, die in der Welt den Ton angibt, hat nichts dagegen, wenn du dich mühst, das Gute zu tun und ein ordentliches Leben zu führen. Wenn du aber ein Christ sein und die Wahrheit bekennen willst – das kann nicht zugelassen werden.« Die Welt hat ihre letztgültigen Maßstäbe, die sie sich nicht in Frage stellen läßt. Sie besagen im Grunde, daß das Leben durch das Tun des Menschen gesichert und erhalten wird. Auch und gerade dann, wenn das unter Berufung auf Gott in religiöser Einkleidung geschieht. Zu diesem lebensentscheidenden Tun gehört das lebensbeherrschende Denken nicht zuletzt. Diese sichere Welt-Wahrheit hat sich für Luther als Irrtum ent-

puppt, als er die Wahrheit erkannte: in Christus. Deshalb kann er sagen, daß »*Christ-Sein und die Wahrheit bekennen*« eine unerträgliche Herausforderung an die Welt und den von ihr geprägten Menschen darstellt. Es durchbricht den fest in sich geschlossenen Kreis der vom Menschen betriebenen lebensbeherrschenden Weltgestaltung. Gibt es für diese Provokation einen einsichtigen Grund?

Die Wahrheit, die Luther vertritt, ist keine Geheimlehre. Luther deckt den Erkenntnisweg der Christus-Wahrheit auf, und er will mit sich darüber diskutieren lassen. Vor dem Kaiser in Worms hat er zwei Maßstäbe genannt, an denen sich die von ihm vertretene Christus-Wahrheit messen lassen kann: der Inhalt der Heiligen Schrift oder die Einsicht der Vernunft.

Die Vernunft ist zwar das Mittel zur Ausgestaltung und Selbstbehauptung der Welt-Wahrheit. Aber wo sie nicht allein vordergründig den lebensbeherrschenden Interessen des Menschen dienen soll, kann der Mensch mit ihrer Hilfe erkennen, wie irrig und brüchig gerade der Wahrheitsanspruch der Welt-Wahrheit ist. Doch mit dieser Erkenntnis gerät der Mensch an einen lebensgefährlichen Abgrund, in dem die letztgültigen Maßstäbe der Welt-Wahrheit verschwinden müssen. Das kann der Ich-Mensch nicht wollen. Denn er kann nicht aus dem Nichts leben. Die Vernunft kann ihm die fragwürdige Begrenztheit der Welt-Wahrheit aufzeigen. Sie kann ihn auf die Lebensnotwendigkeit der Christus-Wahrheit hinweisen und sogar deren Aussagen verständnisvoll darlegen. Aber sie wird ihn nicht davon überzeugen, daß die Welt-Wahrheit lebensvernichtender Irrtum und die Christus-Wahrheit lebensrettende Erkenntnis ist; weil sie selbst nicht davon überzeugt ist. Die Vernunft kann die Christus-Wahrheit erfassen. Doch daß der Mensch von ihr erfaßt wird, das liegt jenseits ihrer Fähigkeit.

Die Wahrheit will sich finden lassen

Luther nennt vor der Vernunft die Heilige Schrift als Maßstab der Christus-Wahrheit. Das hat seinen guten Grund. In der Heiligen Schrift kommt die gesuchte und notwendige, umstrittene und abgelehnte Wahrheit selbst zu Wort: Christus. Hier begegnet dem Menschen, der in seiner selbstherrlichen Lebensgestaltung befangen ist, der Anspruch des Lebens. Nicht nur in seiner unbedingten Forderung, sondern gerade auch als beglückendes Geschenk. Was Luther als Christus-Wahrheit vertritt, ist die gebündelte Aussage der Heiligen Schrift. Sie kann und will erkannt werden.

Luther fordert geradezu auf, die vorhandene Welt-Wahrheit in einen vernünftigen Streit mit der Christus-Wahrheit der Heiligen Schrift geraten zu lassen. Denn anders wird sie in der Welt nicht zu Wort kommen. Der erkennende Mensch steht dabei zwangsläufig zwischen beiden. Er kann den Wahrheitsanspruch beider Seiten nachvollziehen. Aber er kann immer nur einen gelten lassen. Während sich die Geltung der Welt-Wahrheit von vornherein für ihn behauptet, muß ihn die Christus-Wahrheit allererst überzeugen. Sosehr Luther betont, daß die Christus-Wahrheit mit der Vernunft in der Heiligen Schrift erfaßt werden kann, so deutlich hebt er zugleich hervor, daß es noch eines Dritten bedarf, damit sie zur lebensentscheidenden Wahrheit wird.

»Ich bin durch die Heilige Schrift besiegt. Mein Gewissen ist gefangen in Gottes Wort.« Der Streit um die Wahrheit kommt letztlich im Gewissen zum Austrag. Hier entscheidet sich, ob der Anspruch des Lebens den Menschen bindet oder ob der Mensch mit seiner blendenden Welt-Wahrheit das Leben beherrscht.In diese Entscheidung ist jeder hineingestellt. *»Jeder muß sich selbst darum kümmern, daß er der lebensrettenden Wahrheit gewiß und sicher ist. Er darf sich nicht auf die Aussagen und einleuchtenden Gedanken anderer Leute verlassen. Wo er das tut, wird ihn die Wahrheit schon eine Schlappe erleiden lassen.«*

Das Gewissen ist der Kampfplatz der Wahrheit im Menschen. Luther hat erfahren, daß der Mensch zum Leben Ruhe auf diesem Kampfplatz braucht. Die Wahrheitsentscheidung im Gewissen soll das leisten. Deshalb markieren Gewissensentscheidung und Gewissensbindung eines Menschen für Luther eine Grenze, die niemand, nicht einmal man selbst, überschreiten darf. Aber damit wird die Frage nur um so dringlicher: Woran entscheidet sich die Wahrheit im Gewissen? Woran kann das Gewissen wahrhaft gebunden sein? Die Wahrheit wird ja dadurch nicht beliebig, daß sie sich für den Menschen im Gewissen entscheidet. Die Dringlichkeit der Gewissensentscheidung drängt auf die Frage nach der einen Wahrheit.

Der Wahrheitskampf, der im Gewissen des Menschen entschieden wird, erwächst aus der Frage: Ist mein Leben wahr? In seinen Wünschen und Sehnsüchten, seinem Denken und Tun sieht sich der Mensch nach Wahrheit gefragt. *»Was es nur geben kann, bietet das Gewissen stark bewaffnet gegen uns auf.«* Der Mensch findet gegen diese Gewissensbedrohung zu einem anerkannten Mittel, von der Flucht einmal abgesehen. Er behauptet sich, indem er beweist, daß sein Wollen unumgänglich, sein Denken wahr und sein Tun richtig ist. Die Wahrheitsverunsicherung wird dadurch überwunden, daß

der Mensch dem unruhigen Gewissen nachweist, wie wahr er lebt.
So soll das Leben mit dem Anspruch der Wahrheit sicher beherrscht
werden. Das ist der Weg, wie der von der Welt geprägte Mensch zur
Wahrheit zu kommen meint. So schließt er sich mit der Welt in einem Kreis zusammen: Welt-Wahrheit.

Für Luther wurde dieser Kreis gesprengt und als irreführender
Teufelskreis entlarvt. *»Wenn die Ruhe des Gewissens im guten Tun
des Menschen begründet werden soll, dann sitzt sie auf losem Sand.
Der rutscht und rieselt fort.«* Nachdem Luther den Felsgrund der
Wahrheit erkannt hat, kann er nicht mitansehen, wie der Mensch in
der rücksichtslosen Hoffnungstat eines Verzweifelten das Leben mit
seiner Welt-Wahrheit immer wieder auf Sand baut. Dadurch muß
die Wahrheit unweigerlich ins Wanken geraten und das Leben un-
tergehen. Die Wahrheit verlangt um des Lebens willen eine Gewißheit, die alle menschlichen Bemühungen zur Gewissensberuhigung
auf dem Weg der Welt-Wahrheit nicht bieten können. Luther hat sie
in der Bindung an das Wort Gottes gefunden.

*»Aus einem einzigen Grund ist unsere Theologie gewiß: sie reißt uns
von uns selber los und stellt uns aus uns selbst heraus. Wir brauchen
uns nicht auf unsre Fähigkeiten und die Beschwichtigung unseres Gewissens, nicht auf unser Gefühl und unsere Erscheinung und auch nicht*

*Christus vor Pilatus, Holzschnitt von
Lucas Cranach d.Ä.*
Der Evangelist Johannes erzählt in
der Leidensgeschichte Jesu vom Verhör vor Pilatus. Als Christus bekennt: »Ich bin dazu geboren und in
die Welt gekommen, daß ich die
Wahrheit bezeugen soll. Wer aus der
Wahrheit ist, der hört meine
Stimme«, fragt Pilatus: »Was ist
Wahrheit?« (Johannes 18, 37f.) Luther bemerkt dazu: »Pilatus hat viele
Kinder in der Welt, die das Evangelium belächeln und verspotten und
mit ihrem Vater Pilatus sprechen.
›Was ist Wahrheit?‹ Hüte dich vor
dieser abergläubischen Klugheit.«

auf unsere gewaltigen Leistungen verlassen. Wir verlassen uns auf das, was außerhalb von uns ist: das ist Gottes Verheißung und Wahrheit. Die kann nicht irren.«

Wo sich in der Auseinandersetzung um die Wahrheit die Christus-Wahrheit behauptet, findet der Mensch die lebensnotwendige Gewißheit, die er für seine Welt-Wahrheit irrtümlich in Anspruch nimmt. Die Christus-Wahrheit kann sich aber nur behaupten, wo von Christus gesprochen und dieses Wort gehört wird; wo sich das Wort Gottes durchsetzt. Das ist nicht selbstverständlich. Aber auch nicht außergewöhnlich. *»Gott redet durch Menschen. Wir würden es nicht aushalten, wenn er selbst reden würde.«* Das menschliche Wort von Christus, das als fragwürdige Glaubenswahrheit der selbstherrlichen Welt-Wahrheit entgegentritt, ist das gewisse und vergewissernde Wort Gottes. Wo es sich behauptet, reißt es den Menschen von sich selber los und stellt ihn sicher in den Anspruch des Lebens hinein.

Von allem, was der Mensch in der Welt von sich aus über Wahrheit zu sagen weiß, unterscheidet sich das Wort Gottes nur in dem einen, aber Entscheidenden: es verheißt das Leben in Christus und will geglaubt werden. Darin liegt der Streit zwischen Welt-Wahrheit und Christus-Wahrheit begründet. Der Mensch ist skeptisch gegenüber der Christus-Wahrheit. Er muß sie ablehnen. Ihr Wahrheitsanspruch läßt sich ja nicht vereinnahmen, auch wenn sie sich in der Heiligen Schrift so zu Wort meldet, daß sie mit der Vernunft eingesehen werden kann. Obwohl sie Lebensgewißheit verspricht, verunsichert sie den Menschen: sie läßt seine lebensbeherrschende Welt-Wahrheit nicht gelten. Luther hat sich für die Anerkennung der Christus-Wahrheit eingesetzt. So aussichtslos das erscheinen muß, so notwendig ist es. Solange sich der Mensch mit seiner Welt-Wahrheit um das Leben sorgt, muß ihm entgegengehalten werden: *»Die Rettung und Bewahrung des Lebens beginnt mit dem Glauben, der sich an das Wort des verheißenden Gottes hängt.«*

Gewisse Trennungen

Luther auf der Wartburg

Nicht ohne Grund geriet Albrecht Dürer durch die Nachricht vom Überfall auf Luther in Sorge um dessen Leben. Die papsttreuen Kräfte drängten darauf, daß das »Wormser Edikt« ausgeführt wurde. Wo sie Rückhalt und politische Unterstützung fanden, wurde die Ketzerjagd durchgeführt. Im Sommer 1523 wurden in Brüssel zwei Augustinermönche, Johann van Esschen und Hendrik Vos, als Anhänger der »lutherischen Ketzerei« verbrannt. Sie waren die ersten »Märtyrer der Reformation«. Dürers Sorge um Luthers Leben im Mai 1521 blieb dennoch gegenstandslos.

Allerdings wurde Luther auf der Rückreise von Worms am 4. Mai in der Nähe der Burg Altenstein überfallen. Aber das war nur eine vorgetäuschte Aktion aus den eigenen Reihen. Damit sollte Luther heimlich in Sicherheit gebracht und Kurfürst Friedrich politisch-juristisch entlastet werden. Das ganze geschah selbstverständlich unter größter Geheimhaltung. Spätabends am 4. Mai kam Luther mit den Reitern, die ihn »überfallen« hatten, auf der Wartburg bei Eisenach an. Er war nicht ganz glücklich über diesen Vorgang, aber sah seine Notwendigkeit, wenn auch zweifelnd, ein. *»Nur widerwillig bin ich vom öffentlichen Schauplatz abgetreten. Und ich bin ungewiß, ob Gott mit diesem Schritt zufrieden ist.«*

Als Luther dies dem befreundeten Juristen Nikolaus Gerbel in Straßburg schrieb, hatte er schon fast ein halbes Jahr Burgleben hinter sich. Die Zeit der Umstellung war lang und hart. Erst als aus dem »Ketzer Martin Luther« der bärtige »Junker Jörg« geworden war, durfte er sich in der Burg zeigen und ausgehen. Kein Wunder, daß sich Luther *»wie ein Einsiedler in der Wüste«* vorkam. Die plötzliche Ruhe und Abgeschiedenheit machten ihm sehr zu schaffen. Dazu kamen körperliche Qualen durch Verstopfung. Im Juli war er drauf und dran, wegen ärztlicher Hilfe nach Erfurt zu reiten. Und er trug sich auch mit dem Gedanken, dann gar nicht auf die Wartburg zurückzukehren. Aber in Erfurt war die Pest ausgebrochen, und sein Leiden wurde etwas gelindert dank der Arznei, die ihm Spalatin schickte. So blieb er auf der Wartburg – bedrängt, verunsichert und aus dem Kampf herausgerissen. Aber doch nicht ohne Zukunftsperspektive für sich und die anderen. *»Wie oft haben wir vom Glauben und der Hoffnung auf das Unsichtbare gesprochen! Jetzt sind wir in einer Lage, die wir uns nicht selbst gesucht haben, sondern in die uns Gott hineingebracht hat. So wollen wir doch einmal mit der Theologie zu leben wagen.«* Und es war für ihn ein immer neues Wagnis. Denn er hatte in diesen Wochen mit der verteufelten Glaubensverunsicherung besonders hart zu kämpfen.

Sorgen des gefangenen Seelsorgers

Ab Mitte Mai gab es eine sichere Briefverbindung zu den Freunden. Mit Spalatin am Hof des Kurfürsten und vor allem mit Philipp Melanchthon in Wittenberg hat sich Luther rege ausgetauscht. Ganz persönliche Dinge kamen dabei ebenso zur Sprache wie anstehende theologische Probleme. Luther war ja aus seinen Aufgaben und Tätigkeiten mitten herausgerissen worden. Er fehlte an der Universität und auf der Kanzel. Und es war ihm nicht gleichgültig, was in Wittenberg geschah. *»Ich möchte wissen, wer an meiner Stelle auf der Kanzel steht. Und ich wünsche, daß Gott es fördert, wenn Du schreibst, an der Universität ginge alles gut voran.«*

Die Glaubenserneuerung, zu der die Wittenberger Gemeinde durch die Predigt des Evangeliums angeleitet worden war, und der Umbruch an der Universität durch die »neue Lehre« kamen durch Luthers Verschwinden nicht zum Erliegen. Doch Melanchthon ließ Luther wissen, sie seien wie Schafe ohne einen Hirten. Luther wollte das nicht ohne weiteres gelten lassen, nahm aber doch den Hinweis auf. Er verfaßte eine Auslegung des 37. Psalms, die im August in Wittenberg gedruckt wurde. Luther widmete sie *»dem armen Häuflein Christi zu Wittenberg«*. Zum Vorbild nahm er sich dabei den Apostel Paulus, der auch aus der Gefangenschaft um des Evangeliums willen sich in Briefen um seine Gemeinden gekümmert hatte. Luther sorgte sich, *»daß nicht Wölfe kommen, wenn ich weg bin, und in den Schafstall einbrechen«*.

Schon bald sollte er in dieser Sorge bestärkt werden. Und die

Frage, wie es weitergehen soll, würde ihn schließlich auch wieder nach Wittenberg zurücktreiben. Noch war es nicht soweit, aber er ermahnte die Gemeinde: »*Laßt Euch niemals von der Heiligen Schrift und ihrer Botschaft abbringen. Wie sehr man sich auch darum müht! Denn wenn Ihr die Heilige Schrift verlaßt, dann seid Ihr verlassen.*« Luther hat die Wittenberger Gemeinde seelsorgerlich getröstet und geistlich gestärkt. Aber er selbst war, fern auf der Wartburg, für Trost, Aufmunterung und Zuspruch empfänglich. Und er hat das Melanchthon auch wissen lassen. »*Du sollst Dich um das eine kümmern, das ich nötig habe. Denn alles andere habe ich im Überfluß. Bete für mich!*« Im Fürbittegebet der Freunde wußte Luther eine Kraftquelle: verborgen, aber nicht unzugänglich.

Auch hinter der Maske des »Junker Jörg« blieb Martin Luther Theologe. Seine Aufgabe als Doktor der Heiligen Schrift hat er auf die Wartburg mitgenommen. Schon in den ersten Tagen entwarf er Arbeitspläne. Eine Schrift über die Beichte sollte entstehen. Und was er in Wittenberg angefangen hatte, wollte er hier in Ruhe zu Ende bringen. Bis ihm seine Arbeitsunterlagen aus Wittenberg zugeschickt wurden, beschäftigte er sich ganz mit der Bibel. Beim »Überfall« hatte er ein hebräisches Altes Testament und ein griechisches

Die Wartburg
In der Ruhe und Abgeschiedenheit ging Luther seinen theologischen Arbeiten nach. Hier übersetzte er auch das Neue Testament. Aber es war ihm in seiner Burgstube nicht immer ganz heimlich zu Mute. Im Knacken der Balken und anderen rätselhaften Dingen wollte ihm die Macht der Glaubensverunsicherung bis unter die Haut gehen. »Aber ich bin ihr entgegengetreten. Ich hielt mich an jenes Psalmwort: ›Der Gott, der den Menschen schuf, ist auf meiner Seite. Er hat den Menschen alles zu Füßen gelegt.‹ (Psalm 8,7) Was willst du also!«

Neues Testament mitnehmen können. Er studierte intensiv die Bibel in ihren Originalsprachen. Die Auslegung von Texten beschäftigte ihn aber weit über die Anfangszeit hinaus. Zu den Bibeltexten, die in der Advents- und Weihnachtszeit im Gottesdienst verlesen wurden, verfaßte er im Lauf der Monate eine Auslegung. Dieses umfangreiche Werk, die »Wartburgpostille«, hat er später einmal als *»mein allerbestes Buch, das ich je gemacht habe«*, bezeichnet. Als er es schrieb, hat er seine eigene Rolle und Aufgabe so umrissen: *»Aus Gottes Gnade bin ich vom Papst in Bann und allerhöchste Ungnade gesetzt. Seine lieben Jünger vermaledeien und hassen mich. So darf ich hoffen, daß es mir gerade zusteht, das verachtete, kleine, geringe Buch des Evangeliums von dem unscheinbarsten und verachtetsten Kind Gottes zu behandeln. Die hochtrabenden, großen, dicken Bücher des dreifach gekrönten Königs zu Rom will ich links liegenlassen.«*

Aber auch die Auseinandersetzung mit den theologischen Gegnern und den Vertretern der Papstkirche war mit Luthers Verschwinden auf der Wartburg nicht einfach beendet. Mit Schriften gegen den Theologieprofessor Jakob Latomus in Löwen und den Hoftheologen des Herzogs Georg von Sachsen, Hieronymus Emser, trat Luther an die Öffentlichkeit. Und auch Erzbischof Albrecht von Brandenburg bekam die schrille Stimme des Untergetauchten zu hören. Vor vier Jahren hatte er ihn durch seinen Ablaßhandel veranlaßt, die 95 Thesen aufzustellen. Im Herbst 1521 hörte Luther, daß der Erzbischof das Volk zum Besuch seiner reichen Reliquiensammlung in Halle einlud. Hier gab es wieder Ablaß zu kaufen! Diese Nachricht konnte Luther nicht schweigend hinnehmen. Er ließ den Erzbischof wissen: *»Euer Kurfürstliche Gnaden denke nur nicht, daß Luther tot sei. Er wird auf den Gott, der den Papst gedemütigt hat, so frei und fröhlich pochen und mit dem Kardinal von Mainz ein Spiel anfangen, das nur wenigen vergönnt ist.«* Luther hat dem Erzbischof den Kampf mit einer öffentlichen Schrift angedroht. Aber dazu sollte es nach der brieflichen Warnung Luthers nicht mehr kommen.

Der Kampf für die Wahrheit des Christusglaubens ging weiter. Gerade auch in Wittenberg ohne Luther. An der Universität und im Augustinerkloster stellte man sich der Frage nach den praktischen Konsequenzen aus der »neuen Lehre«. Vor allem auf zwei Probleme spitzte sich die Diskussion zu: Durfte man noch Mönch sein, sollte es noch Klöster geben, wenn Gott dem Menschen im Glauben an Christus das Leben schenkt? Und das zweite Problem: Wie stand es um die Messe, den heilsnotwendigen Gottesdienst? Das Christusopfer, das dabei geheimnisumwoben dargebracht wurde, war doch eine Verfälschung des Abendmahls, ja, eine »Gotteslästerung«. Die

Martin Luther als Junker Jörg, Holzschnitt von Lucas Cranach d.Ä.

Lehrer des Evangeliums mußten vor allem die unzähligen »Privatmessen« verurteilen. Hier wurde gegen Bezahlung, ohne daß eine Gottesdienstgemeinde versammelt sein mußte, das »Versöhnungsopfer« dargebracht. Die Privatmessen waren zumeist gestiftet, um für die Rettung Verstorbener zu sorgen. Aber damit wurde der Christusglaube vollkommen verspottet! Es mußte auch als untragbar gekennzeichnet werden, daß den Gläubigen der Abendmahlskelch vorenthalten blieb. Das war doch nur ein halbes Abendmahl!

Philipp Melanchthon, Andreas Bodenstein-Karlstadt und Gabriel Zwilling, Luthers Klosterbruder, standen im Sommer und Herbst 1521 an der Reformfront in Wittenberg. Den Diskussionen folgten vereinzelt Taten. Privatmessen wurden nicht mehr gehalten, Abendmahlsfeiern »unter beiderlei Gestalt« fanden statt, Mönche legten die Kutte ab und verließen das Kloster. Aber die Lage war unsicher und heikel. Wie sollte man vorgehen? Wer gab das Recht zum Handeln? Kurfürst Friedrich schaltete sich ein. Die Universität mußte ein Gutachten zum wichtigen Thema der Meßreform erstatten. Darin wurde zwar für Änderungen plädiert, aber Friedrich der Weise verfolgte doch eine Politik der kleinen Schritte.

Luther wurde über die Vorgänge in Wittenberg unterrichtet. Ohne selbst direkt im Geschehen zu stehen, griff er die beiden Problembereiche auf und erörterte sie in zwei grundlegenden Schriften, die im Oktober und November entstanden: »Von den Mönchsgelüb-

Philipp Melanchthon, Kupferstich von Albrecht Dürer (1471–1528).
Philipp Melanchthon (1497–1560), der 1518 als Professor für Griechisch nach Wittenberg kam, hat sich hier unter Luthers Einfluß in die Christusbotschaft vertieft. In seinem bahnbrechenden Werk »Loci communes theologici«, das heißt »Theologische Themen«, hat er schon bald die »neue Lehre« systematisch dargelegt. Luther erhielt die »Loci« im Sommer 1521 auf der Wartburg. Gleich schrieb er an Melanchthon: »Dein Lehrbuch hat mich mit dankbarem Glück erfüllt. Ich wünsche, daß du so weitermachst.«

den« und »Vom Mißbrauch der Messe«. In der ruhigen Arbeits-
atmosphäre auf der Wartburg legte er aus den Grundlinien des evangelischen Glaubens und der Botschaft der Heiligen Schrift heraus
dar, warum das erzwungene Mönchsleben und die Opfermesse abgelehnt werden müssen. Er schickte die Schriften an Spalatin, der
den Druck veranlassen sollte.

Von Spalatin hatte er in diesen Tagen auch einen Brief erhalten.
Allerdings: *»Er hat einen solchen Widerwillen in mir erregt wie noch
nie ein Brief.«* Der Freund hatte ihm die Sorgen mitgeteilt, die am
kurfürstlichen Hof umgingen: wegen Luthers Herausforderung an
Erzbischof Albrecht und vor allem wegen der Vorgänge in Wittenberg, die ja eine tiefgreifende Umwälzung bedeuteten und auch Tu-
multe mit sich brachten. Schon hatten Studenten demonstriert und
mit Steinen geworfen, als Bettelmönche, wie üblich, in Wittenberg
predigten und von Haus zu Haus zogen. Luther teilte die Sorge um
äußere Ruhe, Ordnung und Frieden. Aber er war verärgert, daß man
in der Umgebung des Kurfürsten die Christusbotschaft diesen politischen Werten unterordnete und sogar die Schuld für die Ausschrei-
tungen in Wittenberg dem Evangelium in die Schuhe schob. Sollte er
sich nicht doch selbst ein Bild von der Lage in Wittenberg machen?

Anfang Dezember war »Junker Jörg« in Wittenberg. Heimlich
hatte er die Wartburg verlassen und den über 200 Kilometer entfern-
ten Ort des Geschehens aufgesucht. Im Haus des Nikolaus von
Amsdorf, von dem er sich am 4. Mai beim »Überfall« hatte trennen
müssen, beriet er sich mit den Freunden und ließ sich informieren.
Nach knapp einer Woche verschwand er wieder. Aber zu Ostern
nächsten Jahres wollte Luther nun doch das Versteckspiel aufgeben.
Über den Fortgang der Dinge in Wittenberg machte er sich keine
Sorgen. Für den Rest der Wartburgzeit nahm er sich eine neue große
Aufgabe vor: die Übersetzung des Neuen Testamentes.

Aber es ging nicht alles nach Plan. Zwar hat Luther auf der Wartburg die gewaltige Übersetzungsaufgabe meisterhaft in einzigartiger
Weise bewältigt. Doch in Wittenberg überstürzten sich die Ereignisse. Obwohl Kurfürst Friedrich es verboten hatte, Reformen
durchzuführen, und das ganze noch auf einer offenen Diskussions-
ebene belassen wollte, kamen unter Führung des Andreas Bodenstein-Karlstadt die Reformen in Wittenberg in Gang. An Weihnachten 1521 begann er damit, in der Stadtkirche anstelle der Messe einen Abendmahlsgottesdienst zu halten. Am 24. Januar 1522 verab-
schiedete der Stadtrat die »Löbliche Ordnung der fürstlichen Stadt
Wittenberg«. Damit sollten die umfassenden Reformmaßnahmen
zur Neugestaltung des öffentlichen Lebens der Gemeinde einen juri-

stischen Ordnungsrahmen erhalten. Daß man schließlich die bisher verehrten Bilder in den Kirchen entfernte und verbrannte, war nicht verwunderlich, aber aufsehenerregend. Die grenzenlose Umbruchstimmung in Wittenberg steigerte sich. Mitte Januar mußte Luther den völlig verunsicherten Melanchthon beraten. Er schloß seinen Brief: *»Ausführlicher dann bald mündlich!«*

Kurfürst Friedrich hat im Februar 1522 nicht nur sein Reformverbot vom Dezember bekräftigt. Er geriet unter politischen Druck. Das Reichsregiment, dem während der Abwesenheit des Kaisers die Regierungsgewalt im Reich zustand, hatte ein Gesetz erlassen: Ganz auf der Linie des »Wormser Edikts« wurden »ketzerische Reformen« verboten. Herzog Georg von Sachsen war dabei die treibende Kraft. Während Friedrich sich noch gegen seinen Vetter Georg behauptete, hatte der verurteilte »Oberketzer« selbst schon sein Versteck verlassen. Luther konnte nicht länger verkennen, daß er in Wittenberg gebraucht wurde. Die Sache, die Gott durch ihn angefangen hatte, wurde auf eine Weise vorangetrieben, die ihrer Grundlage, dem Christusglauben, widersprach.

Das Versteckspiel geht zu Ende

Am 1. März 1522 verließ Luther die Wartburg. Von unterwegs teilte er seinem besorgten Landesherrn mit: *»Ich komme nach Wittenberg in einem unendlich größeren Schutz als dem des Kurfürsten. Und ich will mich von Euer Kurfürstlichen Gnaden auch gar nicht beschützen lassen. In dieser Sache kann politische Macht weder raten noch helfen. Hier muß Gott allein wirken – ohne alles menschliche Sorgen und Schaffen. Darum: Wer am meisten glaubt, der wird hier am meisten schützen.«*

Allen politischen Bedenken zum Trotz stellte sich Luther im Glauben der Aufgabe, zu der er sich berufen wußte. Würde der Kaiser einen Auslieferungsbefehl an den Kurfürsten richten, so sollte der Kurfürst den Willen Gottes auch dann nicht hindern.

Am 9. März 1522, dem Sonntag »Invocavit«, konnten die Wittenberger Luther von der Kanzel der Stadtkirche hören. Bis zum nächsten Sonntag hat er Tag für Tag in einer Predigt zum Problemkreis »Evangelium – Glaube – Kirchenreform« Stellung genommen. Was hatte Luther zu sagen? *»Wenn ich hier gewesen wäre, hätte ich es nicht so weit kommen lassen. Die Reformen sind an sich nicht im geringsten zu verurteilen. Aber das Tempo, in dem sie durchgeführt wurden, ist zu groß.«*

Luther setzte sich vor allem mit den Führern der Reformen auseinander. Er warf ihnen vor, daß sie aus ihrer richtigen theologischen Erkenntnis ein neues Kirchengesetz gemacht haben. Und das
hatten sie rücksichtslos, gegen die Anordnung des Kurfürsten,
durchgesetzt und unbarmherzig denen übergestülpt, die in ihrer
Glaubenseinsicht nicht so weit waren wie sie. Das aber widersprach
dem Evangelium und dem Glauben, der sich gerade nicht durch Gesetzlichkeit in Fragen der Gestaltung äußerer Lebensformen beweist, sondern: in der Liebe. *»Ihr müßt unterscheiden zwischen dem,
was unbedingt sein muß, und dem, was der Entscheidung des Menschen freigestellt ist. Das erste ist der Glaube. Den darf ich mir nicht
nehmen lassen. Ich muß ihn immer in meinem Herzen haben und vor
jedermann frei bekennen. Mit allem anderen aber, was mir freigestellt
ist, kann ich umgehen, wie ich will. Aber als Christ tue ich es so, daß es
meinem Nächsten, nicht mir nützt.«*
Luther hat sich mit Nachdruck dem reformerischen Schwung und
der Umbruchstimmung der vorangegangenen Monate entgegengestellt. Nicht überstürzte Reformmaßnahmen, sondern die Glaubenserneuerung sollte im Mittelpunkt stehen. Dazu aber mußte »nur«
die Christusbotschaft weiter gepredigt werden. Reformmaßnahmen
konnten dann später folgen. Die Wittenberger haben sich von Luther wieder einen Schritt zurückführen lassen, um dem Zentrum näherzukommen. Andreas Bodenstein-Karlstadt, der die Reformen
angeführt hatte, hat sich langfristig nicht damit zufriedengegeben,
auch wenn er das ihm verordnete Schweigen zunächst hinnahm.
Die Wittenberger haben Luthers Anspruch akzeptiert: *»Ich bin
doch der erste gewesen, den Gott hier zum Kampf für seine Sache gerufen hat. Ich war es, dem Gott zuerst die Einsicht geschenkt hat, Euch
sein Wort in aller Klarheit mitzuteilen. Wir kämpfen ja nicht nur äu
ßerlich gegen die Papstkirche. Unser Kampf richtet sich gegen den verlockenden Herrschaftsgeist, der den Menschen von Gott wegführt. Ich
kenne ihn zu gut. Aber, so Gott will, werde ich mit ihm fertig.«* Kaum
von der Wartburg zurückgekehrt, sah sich Luther wieder mitten hineingestellt in seine Lebensaufgabe: der Christusbotschaft der Heiligen Schrift gegen alle Bedrohung und Verfälschung zu ihrem Recht
zu verhelfen.

Die Heilige Schrift

Nichts anderes hat Martin Luther so geprägt und beschäftigt wie die Heilige Schrift. Sie wurde ihm zum Lebensbegleiter, von dem er sich weder trennen konnte noch wollte. Aber das hat seine Geschichte. Die Bibel war für Luther als Student von zwanzig Jahren noch ein Buch mit sieben Siegeln. Erst als Mönch machte er sich näher damit vertraut. Allerdings ohne gleich von ihrer zentralen Aussage überwältigt zu werden. Gewiß war sie für ihn die einmalige Urkunde der göttlichen Offenbarung: ein heiliges Buch. Aber auch nicht mehr. Erst als er mit diesem Buch in einen tiefen persönlichen Konflikt geriet, wurde es ihm zu dem, was es ist: Wort Gottes. Als er sich genötigt sah, die Aussage dieses Buches konsequent zu vernehmen, mußte er sich von seinen vorhandenen Vorstellungen über Gott, die er bisher durchaus von der Bibel bestätigt und abgesichert sah, trennen. Als die Heilige Schrift anfing, überzeugend zu ihm zu reden, wurde er von ihr gefangengenommen. Er empfand dieses »Gefängnis« nicht als Qual. Im Gegenteil. Was ihn an die Bibel fesselte, eröffnete ihm das Leben erst richtig. Hier sprach Gott selbst zu ihm.

»Wenn wir glauben könnten, daß Gott selbst in der Heiligen Schrift mit uns spricht, dann würden wir eifrig darin lesen. Wir wären sicher, daß hier unser Lebensglück geschmiedet wird.« Luther kennt das abgründige Problem, das sich im Umgang des Menschen mit der Heiligen Schrift stellt. Die einmalige Autorität, die diesem Buch zuerkannt wird, bleibt nichtssagend, solange die Heilige Schrift dem Menschen nichts sagt. Luther deutet an, wie sich dieses Schweigen durchbrechen läßt: glauben können, daß Gott selbst hier redet. Es geht dabei um eine ganz bestimmte Gabe, die der Mensch offensichtlich nicht ohne weiteres hat. Man muß wohl sogar sagen: Je mehr er selbstredend Herr des Lebens wird, desto mehr verliert er die Gabe, einfach glauben zu können. Aber auch wo er die Glaubensbereitschaft zum Hören mitbringt, wird er über armselige Anfänge nicht hinauskommen. Nachdem sich Luther fast vierzig Jahre intensiv bemüht hatte, die Heilige Schrift zu verstehen und Gott selbst in ihr reden zu hören, hat er eine ernüchternde Feststellung getroffen. In den letzten Sätzen, die er vor seinem Tod zu Papier brachte, beantwortete er die Frage, ob der Mensch die Heilige

Schrift verstehen kann: »*Wir sind Bettler, das ist wahr.*« Wer sich das im Umgang mit der Heiligen Schrift eingesteht, kann von ihr beschenkt werden.

Gott selbst redet in der Heiligen Schrift! Das heißt für Luther nicht, daß die Bibel vom Himmel gefallen ist. So wünscht es sich vielleicht die religiöse Phantasie. Aber Gott handelt anders. Luther geht mit der Bibel um wie mit einem Buch, das im Lauf vieler Jahrhunderte entstanden ist. Darin sind verschiedenste Schriften gesammelt. Luther schert nicht alle über einen Kamm. In der Schriftensammlung der Bibel gibt es wichtige und weniger wichtige, hilfreiche und sogar abwegige Teile. Luther kommt zu solchen Unterscheidungen, weil er einen Maßstab anlegt. Diesen Maßstab hat er in intensiver Beschäftigung mit den Texten der Heiligen Schrift aus ihr selbst gewonnen. Und er ist sich gewiß, daß Mißverständnis und Mißbrauch der Bibel letztlich immer daraus erwachsen, daß sie nicht aus sich selbst verstanden wird. Für Luther steht fest: *»Die Heilige Schrift ist durch sich selbst zuverlässig, zugänglich und verständlich. Sie ist ihr eigener Ausleger.«*

Der Schlüssel zum Verständnis

Wie jeder Mensch in dem, was er sagt, als er selbst verstanden werden will, so will auch die Heilige Schrift in dem ihr eigenen Geist gehört werden. Ein Wort Christi weist darauf hin: »Suchet in der Schrift, denn sie gibt von mir Zeugnis.« (Johannes 5,39) Wer Gott in der Heiligen Schrift hören will, muß Christus in ihr suchen. Christus ist der Schlüssel zur Heiligen Schrift. Der Maßstab, den Luther an die einzelnen Schriften der Bibel anlegt, ist die Frage: *»ob sie Christus treiben!«*

Von Christus her ist auch die Unterteilung der Heiligen Schrift in Altes und Neues Testament bestimmt. In beiden Testamenten geht es nur um das eine Thema: den rechten Zugang zum Leben, das wahre Verhältnis zu Gott. Deshalb reden Altes und Neues Testament von Christus. Aber nicht in gleicher Weise. Weil es auf den Unterschied ankommt, darf das Alte Testament nicht mißachtet werden. Wer die Lebenserschließung im Alten Testament nicht recht wahrnimmt, wird die Christusbotschaft des Neuen Testamentes nie verstehen.

Das Alte Testament enthält vielerlei: Geschichten, Gebote und Gebete, Drohungen und Verheißungen. In diesem Vielerlei aber geht es um das eine: der Mensch soll dem Gebot Gottes, dem Anspruch des Lebens, genügen – er soll Gott gehorsam dienen; dann wird er das Leben haben. Zu diesem verheißungsvollen Dienst wird das jüdische Volk auserwählt. Was das Alte Testament aus der Geschichte des jüdischen Volkes erzählt, ist für Luther allerdings ein durchgehender Beleg dafür, daß die Gehorsamsforderung Gottes entstellt, mißbraucht und mißachtet wurde. Das Alte Testament zeigt, daß der von Gott geforderte Gehorsam sich nicht in ein religiöses System einfangen läßt, das von Priestern und Königen beherrscht wird. Der notwendige Gehorsam geht nicht in Gesetzen auf, die der Mensch eigenmächtig erfüllen kann. So will das Alte Testament aufzeigen, daß der Mensch dem Anspruch des Lebens nicht genügen kann. Daß er Gott selbst braucht, um ihm gehorsam sein zu können. Es treibt den Menschen in die Frage: Wie kann ich Gott dienen und damit zum Leben kommen? Das ist die Frage nach Christus. Sie wird im Alten Testament verheißungsvoll gestellt. Deshalb kann Luther sagen: *»Man darf das Alte Testament nicht verachten. Man muß es sogar gründlich lesen. Hier wirst du die Windeln und die Krippe finden, in der Christus liegt. Genau dahin schickt ja auch der Engel die Hirten.«*

Was bringt das Neue Testament? Christus. Nur das, und das ist alles. Wenn das Kind in der Krippe liegt, dann beachtet keiner mehr die Krippe und die Windeln. Jeder freut sich am Kind. In Christus ist das Alte Testament am Ende. Die Forderung und die Verheißung Gottes ist erfüllt. Mit Christus ist das Leben da.

Gegen nichts hat sich Luther so energisch zur Wehr gesetzt wie dagegen, daß man das Kind aus der Krippe entfernt. Das hat einen doppelten Sinn: Der Mensch will einen Christus, der nicht in der Krippe liegt. Er drückt sich vor der bedrängenden Frage: Wie kann ich Gott gehorsam sein? Er meidet das Alte Testament, weil er das Leben abseits des Lebensanspruchs sucht, der ihm doch persönlich gilt. Ein Christus in der Krippe bringt ihm keine Freude zum Leben.

Aber auch das heißt »das Kind aus der Krippe entfernen«: Der Mensch will lieber die Krippe ohne das Kind. Er will an dem unvollkommenen Gestell erst herumbasteln und es nach seinen Vorstellungen herrichten. Er will lieber durch sein Tun das Leben erobern, als alles so vorfinden, daß er nur noch staunend betrachten kann. Luther warnt: *»Paß auf, daß du aus Christus keinen Moses machst. Aus dem Evangelium kein Gesetzbuch, wie es bis jetzt immer geschehen ist.«* Das Neue Testament, das als Buch auch viel Verschiedenes in sich birgt, beinhaltet für Luther das eine: Der Mensch darf sich in Christus vom Leben beglückend ansprechen lassen. Der unumgängliche Gehorsam gegen Gott heißt: Glaube an Christus.

Die Heilige Schrift ist buchgewordene Christusbotschaft. Im Alten und im Neuen Testament: unterschieden, aber nicht getrennt – ineinander, aber nicht gegeneinander. Aus dieser Botschaft lebt der Christ-Mensch, und in ihr ist die Kirche gegründet. Sollte deshalb die Heilige Schrift nicht gut aufgehoben sein bei denen, die für Lehre und Verkündigung der Kirche Verantwortung tragen? Das ist eine einleuchtende Ansicht und, recht verstanden, eine unerläßliche Aufgabe. Aber sie birgt Gefahren in sich. Wo die Heilige Schrift in der verantwortungsvollen Stellung von Kirchenfürsten und der geistreichen Tätigkeit von Theologen aufgehoben werden soll, besteht die Gefahr, daß die Christusbotschaft aufgehoben wird. Das Wort Gottes verstummt dann hinter kirchlichen Lebensanweisungen und tiefsinnigen Gedanken. An diesem Punkt hat Luthers Kampf gegen die Papstkirche angesetzt, und auf diesen Punkt muß immer wieder zurückgekommen werden. Die Heilige Schrift will sich nicht aufheben lassen. Sie will als Wort Gottes gelesen und gehört werden.

»Es ist ein grausames Verbrechen an der Heiligen Schrift und an allen Christen, wenn man behauptet, die Heilige Schrift sei finster. Sie sei so schwer verständlich, daß sie nicht jeder verstehen kann, um seinem Glauben das Wort zu geben.« Weil das Wort der Heiligen Schrift das gegebene Mittel ist, durch das Gott zum Menschen spricht, darf nichts und niemand über die Heilige Schrift gestellt werden. Weder

Titelblatt des »Septembertestaments« (1522).
Im September 1522 erschien Luthers Übersetzung des Neuen Testaments. Schon Ende 1520 trug sich Luther mit dem Gedanken der Bibelübersetzung. Aber erst der erzwungene Rückzug auf die Wartburg ermöglichte die Verwirklichung des Plans. Das Übersetzungsmanuskript, das Luther von der Wartburg nach Wittenberg mitbrachte, wurde vor allem mit Hilfe von Philipp Melanchthon noch einmal durchgearbeitet. Im Mai 1522 begann der Druck bei Melchior Lotther in Wittenberg. Luthers Übersetzung stieß auf große Nachfrage. Die Lektüre des Neuen Testaments war zu einer lebensentscheidenden Sache geworden.

Theologe, noch Bischof, noch Papst. Die Heilige Schrift darf um Gottes willen vom Menschen nicht aufgehoben werden. Er muß sie vielmehr sprechen lassen. Wo das nicht geschieht, verschwindet der Christusglaube und mit ihm der Zugang zum Leben. Luther sieht, daß Kirchenfürsten und Theologen nicht uneigennützig auf diesen Abweg geraten. *»Das tun sie nur, um uns von der Heiligen Schrift wegzuführen und sich selbst als Meister über uns zu setzen. Wir sollen ihren Traumpredigten glauben.«* Wenn Luther die Eigenständigkeit der Heiligen Schrift hervorhebt, dann will er aller theologischen Träumerei und kirchlichen Glaubenstyrannei ein Ende setzen und dafür sorgen, daß der Mensch im Hören auf das Wort Gottes zur Wirklichkeit eigenen Glaubens durchstößt.

Die Heilige Schrift ist keine Wachsnase

Wenn Luther die Heilige Schrift so unbedingt freisetzt, bricht aber doch die Frage auf: Wird damit nicht erst recht dem Aberglauben und Irrglauben Tür und Tor geöffnet? Wenn jeder seinen Glauben ohne Bevormundung aus der Heiligen Schrift erheben kann, dann muß die Glaubenswillkür grenzenlos werden! Luther widerspricht dieser kritischen Anfrage. Allerdings: wo der Mensch *seinen* Glauben durch die Heilige Schrift bestätigt wissen will, da wird sie zur *»Wachsnase, die man nach Belieben hin und herziehen kann«*. Das hält Luther den Theologen und Kirchenfürsten vor. Aber welcher Christ wollte nicht auch gern eigenständiger Glaubenslehrer

---

Titelblatt der Luther-Bibel 1534.
Im September/Oktober 1534 erschien die gesamte Bibel in der Übersetzung Martin Luthers. Noch vor Erscheinen des Septembertestamentes hatte Luther im Sommer 1522 mit der Übersetzung des Alten Testamentes begonnen. Die einzelnen Teile – Mose, Geschichtsbücher, Psalter, Propheten – erschienen je nach Fertigstellung ab 1523 im Druck. Eine Überarbeitung des gesamten Übersetzungswerkes im Mitarbeiterkreis Luthers ging dem Druck der vollständigen Bibelübersetzung voraus. Der Druck der Bibel von 1534 wurde in der Werkstatt des Hans Lufft in Wittenberg besorgt. »Jetzt, wo die Übersetzung fertig ist, kann sie jeder lesen und kritisieren. Damit man jetzt wie über ein gehobeltes Brett gleiten kann, mußten wir schwitzen und uns plagen«, so erklärte und verteidigte Luther die Übersetzungsarbeit. Außer Melanchthon standen ihm noch Johannes Bugenhagen, Caspar Cruciger, Justus Jonas, Georg Spalatin, Matthäus Aurogallus und Georg Rörer mit Rat und Tat zur Seite. Auch nach dem Erscheinen der gesamten Bibel 1534 ging die Übersetzungsarbeit durch Überprüfung und Verbesserung weiter.

Gottes wort bleibt ewig.

Biblia / das ist / die gantze Heilige Schrifft Deudsch.

Mart. Luth.

Wittemberg.

Begnadet mit Kürfurstlicher zu Sachsen freiheit.

Gedruckt durch Hans Lufft.

M. D. XXXIIII.

sein und in der Kirche den Ton angeben. Jeder steht in der Gefahr, mit der Heiligen Schrift wie mit einer »Wachsnase« umzugehen. Doch davor wird die Heilige Schrift nicht geschützt, wenn sie aufgehoben wird.

Die Gefahr der Glaubenswillkür ist allein dort gebannt, wo die Heilige Schrift mit ihrem eigenen Schlüssel aufgeschlossen wird. Wo der Mensch seinen *Glauben* in der Heiligen Schrift sucht, wird jeder auf Christus stoßen. Ohne Glaube gibt es kein Verstehen der Heiligen Schrift. Und ohne uneingeschränktes Hören auf das Wort der Heiligen Schrift gibt es keinen Glauben. Diese Wechselbeziehung darf nicht aufgelöst werden. Wo sie aufgelöst wird, gerät man in den verwirrenden Teufelskreis der Glaubenswillkür. Darin wird der Zugang zum Leben verstellt. Hier muß dann Christus sogar unter Berufung auf den Buchstaben der Heiligen Schrift verschwinden. Um die unauflösliche Wechselbeziehung von Glaube und Heiliger Schrift zu verdeutlichen, konnte Luther sogar den spitzen Satz formulieren: »*Wenn unsere Gegner mit der Schrift Christus vertreiben, dann treiben wir es mit Christus gegen die Schrift.*« Die Heilige Schrift ist kein religiöses Gesetzbuch, mit dem sich die lebensbeherrschende Stellung des Menschen in der Welt letztgültig begründen läßt. Sie ist überzeugendes Glaubenszeugnis: Wort Gottes.

Gott hat sich mit seinem Wort in das Wort der Heiligen Schrift gebunden. Hier will er gehört werden. Er erträgt es nicht, daß der Mensch mit seinen eigenmächtigen Worten den Ton angibt. Und er will es noch weniger leiden, daß mit dem Buchstaben der Heiligen Schrift die Welt regiert und das Leben geknechtet wird. In beiden Fällen wird das sprachlos gemachte Leben dem Menschen seine bedrohliche Seite zukehren.

Wer dagegen im Wort der Heiligen Schrift die lebenspendende Kraft des Wortes Gottes vernimmt, dem müssen Ohren und Augen dafür aufgehen, was die Bibel ist. »*Unser alltägliches Leben und die ganze Natur – alles ist voll Bibel. Da predigt Gott nicht nur durch seine Wunderwerke. Da klopft er uns an die Augen und rüttelt unsre Sinne wach. Er macht uns das Leben hell. Wenn wir's haben wollen.*«

Die Stimme des Lebens und das Wort der Heiligen Schrift widersprechen sich nicht. Wo der Mensch diesem glaubt, wird er jene hören. Er wird sich dabei von manchem trennen müssen. Nicht zuletzt von seinen heiligen Lebenserwartungen und seinen offensichtlichen und verleugneten Gottesverhältnissen. Gott selbst meldet sich zu Wort und will gehört werden. »*Wenn wir glauben könnten ...*«

Fragwürdige Positionen

Luther und der Bauernaufstand

Am Ende des Jahres 1525 hat Luther von Herzog Georg von Sachsen einen Brief erhalten. Er mußte darin eine massive Anklage über sich ergehen lassen. »Wann hat es jemals mehr Aufrührer gegen die von Gott eingesetzten Herrschaften gegeben, als seitdem du dein Evangelium in die Welt gesetzt hast? Wann sind jemals mehr Klöster und kirchliche Besitzungen ausgeraubt worden, wann mehr Diebstahl und Räuberei vorgefallen? Das hat alles dein Evangelium bewirkt, das du unter der Bank hervorgeholt hast. Es wäre viel besser, es läge noch darunter! Wenn du noch eines hervorholst, wird kein einziger Bauer am Leben bleiben.«

Herzog Georg, der erbitterte Gegner der »lutherischen Ketzerei«, klagte Luther als Hauptschuldigen an für den gewaltigen Bauernaufstand, den die Fürsten im Sommer 1525 schließlich brutal niedergeschlagen hatten. Die Umbruchstimmung der vorangegangenen Jahre, der Zerfall herrschender Ordnungen, die Auflösung von Recht und Glaube – all das wurzelte nach Georgs Urteil in dem von Luther verkündigten Evangelium. Gab es für diese Beschuldigung einen Anhalt? Wie haben sich nach Luthers Rückkehr von der Wartburg die Dinge entwickelt?

Gleich im Frühjahr 1522 hatte sich Luther den überstürzten Reformen in Wittenberg entgegengestellt. Nicht ohne Erfolg. Im selben Frühjahr konnte man auch eine kleine Schrift lesen, die Luther noch auf der Wartburg geschrieben hatte: »Eine gutgemeinte Ermahnung Martin Luthers an alle Christen: man soll sich vor Aufruhr und Unruhe hüten!« Luther hat darin nachdrücklich zur Ruhe aufgerufen. Aber er hat dennoch kein Programm des Kleinbeigebens entfaltet. Er hob den gewaltigen Umbruch hervor, den seine Botschaft eingeleitet hat.

»Habe ich nicht die Macht von Papst und Bischöfen, die Sonderstellung der Pfaffen und Mönche allein mit dem Mund, ohne einen einzigen Schwertstreich, mehr erschüttert als bisher alle Kaiser, Könige und Fürsten mit ihrer Gewalt?« Er wies auch darauf hin, daß sich dieser Durchbruch des Wortes Gottes mit dem weitverbreiteten Unmut gegenüber der Papstkirche verband. Und er erkannte, welch explosives Gemisch hier entstand. Aus zwei Gründen hat er davor gewarnt, die Sache des Evangeliums mit Gewalt voranzutreiben:

1. Wo das geschieht, muß das Wort Gottes verstummen. Der befreiende Umbruch, der im Gange ist, würde durch einen Aufstand nur erstickt. Deshalb: *»Christus selbst hat doch schon einen Aufruhr angefangen mit seinem Mund. Der wird dem Papst noch schwer zusetzen. Ihm laßt uns folgen und so weitermachen wie bisher. Was jetzt in der Welt geschieht, ist nicht unsere Tat.«*

2. Ein Aufstand gegen die Herrschenden ist das denkbar schlechteste Mittel, um eine gute Sache durchzusetzen. Aufruhr ist unzulässig. *»Kein Aufruhr folgt der Vernunft. Er trifft im allgemeinen mehr die Unschuldigen als die Schuldigen. Aufruhr ist nie berechtigt, wie recht auch die Sache sein mag, um deretwillen er geschieht. Ich halte es und will es immer halten mit denen, gegen die sich der Aufruhr richtet, wie sehr sie auch im Unrecht sein mögen. Und ich werde mich denen widersetzen, die den Aufruhr anzetteln, wie sehr sie auch im Recht sein mögen. Aufruhr ist nichts anderes, als daß man Richter in eigener Sache sein und die Strafe rachgierig selbst vollziehen will. Das aber kann Gott nicht leiden.«*

Luthers »Ermahnung« war überdeutlich. Sie fand weit über Wittenberg hinaus Verbreitung. In Wittenberg selbst konnte Luther dafür sorgen, daß keine falschen Akzente gesetzt wurden. Der Aufruhr Christi mit dem Wort mußte weitergehen. Schon hatte er weit um sich gegriffen. Nicht ohne Freude hat Luther im Sommer 1522 dem Freund Georg Spalatin mitgeteilt: *»Überall dürstet man nach dem Evangelium. Von allen Seiten fragt man uns nach Evangeliumspredigern.«* Doch diese Nachfrage war keineswegs eindeutig.

Während die Priester an den prächtigen Altären noch die »papistischen Messen« zelebrierten, setzte sich außerhalb der Kirche das Evangelium durch. Es höhlte das Frömmigkeitsleben der Papstkirche aus. Ablaß und Zwangsbeichte, Fastengebot und Anbetung des Meßopfers kamen in Verfall. Vielfach hatte die Evangeliumspredigt ihren Ort sogar in den Kirchen. Vor allem in den südwestdeutschen Reichsstädten gab es schon seit längerem neben den Meßpriestern auch Prediger, die vom Stadtrat und wohlhabenden Bürgern finanziert wurden. Viele Inhaber solcher »Prädikaturen« waren Anhän-

ger der »neuen Lehre«. Auch Priester und Mönche wurden vom
Evangelium gewonnen und sorgten für seine Ausbreitung. Im süddeutschen Raum ragten Johannes Brenz und Erhard Schnepf, Martin Butzer und Ambrosius Blarer, Johannes Ökolampad und Andreas Osiander heraus.

Im sächsischen Gebiet unternahm Luther Predigtreisen. Vielen
wachsenden evangelischen Gemeinden gab er in Briefen Rat und
Hilfe. Aber er nahm nicht jede Begeisterung kritiklos hin. Die Vorgänge in Wittenberg während seiner Wartburgzeit hatten ihm gezeigt, daß man sich von der oberflächlichen Ausbreitung des Evangeliums und den sichtbaren Erfolgen nicht täuschen lassen durfte.
Einem Grafen von Stolberg in Hessen schrieb er im April 1522: *»Unser Christsein besteht bisher nur im Niederreißen von Bildern in den
Kirchen, im Fleischessen an den Fastentagen und in anderen Äußerlichkeiten. Aber Glaube und Liebe, worauf es doch allein ankommt,
will nirgendwo gedeihen.«*

*Holzschnitt auf dem Titelblatt der Schrift »Ein schöner Dialogus und Strafred von
dem Schulthaysz von Gayszdorf«.*
*Holzschnitt »Der Buchdrucker« aus Jost Amman »Stände und Handwerker«
(1619).*

Die »neue Lehre« war Tagesgespräch. Auf Marktplätzen und in Gasthäusern
wurde sie erörtert. Die »Laien« setzten sich in lutherischer Argumentation mit
den papistischen Geistlichen auseinander. Für die Ausbreitung des Evangeliums
und der Kritik an der Papstkirche spielten kleinere Schriften eine bedeutende
Rolle. Der Buchdruck ermöglichte eine starke Verbreitung. In der enorm anstei-
genden Zahl von Druckerzeugnissen standen Luthers Schriften obenan. Aber
Luther stand dieser Entwicklung kritisch gegenüber: »Es wäre mir lieber, wenn
wir mehr lebendige Bücher – ich meine Prediger – hätten und sie das alles dem
Volk ungehindert vortragen könnten.«

Luther hat unablässig darauf hingewiesen, daß der Horizont der Evangeliumsverkündigung nicht in umwälzenden Veränderungen von Strukturen und Lebensordnungen besteht, sondern in Glaube und Liebe. Er wollte den Zugang zur christlichen Freiheit eröffnen. Das Wort des Evangeliums wurde als Befreiung von der Zwangsherrschaft der Papstkirche aufgenommen. Daß die Umbruchstimmung einen explosiven Charakter trug, ergab sich nach Luthers Urteil aber gerade nicht aus dem Evangelium. Den Grund dafür erkannte er darin, daß das Evangelium mißverstanden und unterdrückt wurde. Gleich nach der Rückkehr von der Wartburg im März 1522 hat er das festgehalten: *»Ich fürchte, daß es zu einem gewaltigen Aufstand in Deutschland kommen wird. Damit will Gott die deutsche Nation strafen. Der Grund: Das Evangelium wird vom einfachen Volk begeistert aufgenommen. Aber sie verstehen es als eine Theorie zur Durchsetzung ihrer Interessen. Sie sehen, daß es die Wahrheit ist, aber gehen doch nicht richtig damit um. Diese Entwicklung wird nun noch von denen gefördert, die eigentlich die Gefahr eines Aufstandes abwehren sollten. Sie fangen an, das Licht mit Gewalt wieder auszulöschen, und erkennen nicht, daß sie das Volk dadurch zutiefst erregen und zum Aufruhr zwingen.«* Die Freiheit der Evangeliumsverkündigung, wie sie Kurfürst Friedrich der Weise gewährte und wie sie sich in vielen Städten durchsetzte, bestand nicht überall. Das »Wormser Edikt« war geltendes Reichsrecht. Die Papstkirche setzte sich gegen die »lutherische Ketzerei« zur Wehr. Der Durchbruch des Wortes Gottes war doppelt gefährdet.

Kein politischer Maulkorb für das Evangelium

Auch auf reichspolitischer Ebene liefen die Dinge vieldeutig weiter. Ohne Kaiser Karl V., der auf Jahre hinaus mit der Verteidigung und dem Ausbau seiner Macht im Süden seines Reiches beschäftigt war, fand im Winter 1522/23 in Nürnberg ein Reichstag statt. Der neue Papst Hadrian VI. hatte Francesco Chieregati als Gesandten beordert. Chieregati legte dem Reichstag dar, daß der neue Papst zur Beseitigung der vielfach beklagten Mißstände in der Kirche gewillt sei, wenn man zur Ausrottung der »lutherischen Ketzerei«, die »die ganze Welt in Aufruhr versetzt«, schreite. Mit Interesse hörte man in Nürnberg von der Reformbereitschaft des Papstes. Aber aus Furcht vor Unruhe und Aufruhr wollte man sich der päpstlichen Aufforderung zum Ketzerkampf nicht anschließen. In widerspruchsvoller Spannung zum »Wormser Edikt« beschloß der Reichstag: Das Problem von Glaube und Kirchenreform sollte innerhalb eines Jahres auf einem Konzil geregelt werden. Die Prediger und Theologen sollten solange die Auseinandersetzung nicht vorantreiben.

»Glaub' ja nicht, daß ich mich noch einmal in eine stille Ecke abschieben lasse!« So protestierte Luther im Winter 1523 bei Spalatin, als er hörte, daß man am kursächsischen Hof wieder an eine »Sicherheitsverwahrung« für ihn dachte. Er wollte sich im Kampf für das Evangelium keinen Maulkorb umhängen lassen. Wenn er die von den Politikern gewünschte Ruhe um des Evangeliums willen stören mußte, dann ließ er doch zugleich wissen: *»Ich habe noch nie beabsichtigt, Ungehorsam, Uneinigkeit und Aufruhr im Deutschen Reich anzuzetteln. Oft und scharf genug habe ich dagegen gerade geschrieben und gepredigt. Ich will nur dies eine: durch mein Reden und Schreiben Gottes Wort und Ehre nützen und den Glauben und die Nächstenliebe fördern. Ich kann mich vor meinem Gott mit gutem Gewissen entschuldigen.«*

Das geforderte Konzil kam nicht zustande. Im Frühjahr 1524 wurde es bei einem zweiten Reichstag in Nürnberg erneut gefordert. Man beschloß, im Herbst eine Reichsversammlung in Speyer zur Behandlung der drängenden Kirchenproblematik abzuhalten. Aber daneben verfolgten die »papistischen« Kräfte schon eine andere Linie. Papst Hadrian VI. war im November 1523 überraschend gestorben. Der Gesandte des neuen Papstes Clemens VII. war Kardinal

Papst Hadrian VI., Radierung von Daniel Hopfer.
Der Niederländer Papst Hadrian VI. (1459–1523) war Erzieher von Karl V. Vor seiner Wahl zum Papst führte er die Regierungsgeschäfte in den spanischen Herrschaftsgebieten des Kaisers. Im Gegensatz zu seinen Vorgängern im Papstamt war er entschlossen, beklagenswerte Mißstände in der römischen Kirche abzustellen. Aber er hat sich ebenso klar dafür entschieden, die »lutherische Ketzerei« auszurotten.

Campeggio. Er setzte sich im Sommer 1524 in Regensburg mit Erzherzog Ferdinand von Österreich, dem Bruder des Kaisers, mit den bayrischen Herzögen und zwölf süddeutschen Bischöfen zusammen. Die Versammelten wollten künftig in ihren Herrschaftsgebieten das »Wormser Edikt« streng durchführen. Das haben sie auch weitgehend getan. Die Hoffnung auf eine reichspolitische Lösung der Kirchenfrage auf der geplanten Versammlung in Speyer verschwand jedoch schnell, als der Kaiser sich diesem Vorhaben widersetzte.

In dieser Entwicklung erkannte Luther rückblickend die Ursache für den Bauernaufstand, der 1524/25 in Deutschland ausbrach. Er sah sich in seiner Furcht bestätigt: Der Widerstand der Herrschenden gegen das Evangelium muß das Volk zum Aufruhr anstacheln. 1530 warf er den »papistischen Kräften« vor: *»Zweifellos wißt ihr noch, wie vor dem Aufstand die Speyrer Reichsversammlung mit großer Hoffnung angesetzt worden war. Alle Welt glaubte, da würde der Durchbruch zum Besseren erfolgen. Aber ihr habt einen weisen Ratschlag getroffen und erreicht, daß die Reichsversammlung abgesetzt wurde. Doch die Strafrute ließ nicht lange auf sich warten: nämlich Müntzer mit dem Aufruhr.«*

Die Ansätze zum großen Bauernaufstand zeigten sich seit Sommer 1524 in Südwestdeutschland. Es ging dabei nicht nur darum, daß eine bestimmte Gesellschaftsgruppe sich für ihre Interessen und Rechte stark machte. Weit über die Hälfte der Bevölkerung Deutschlands gehörte ja der ländlich-bäurischen Schicht an. Und diese zahlenmäßige Bedeutung fand ihre Entsprechung im Programm, das aus der Bauernbewegung hervorging. Unter Berufung auf das Evangelium sollte eine Gesellschaftsordnung errichtet werden, die der Landbevölkerung ihre alten Freiheiten gegenüber der Bevormundung und Ausbeutung durch die Herrschaften und Kirchenfürsten wieder zurückgab. »Göttliche Gerechtigkeit« und »Christliche Freiheit« waren die Schlagworte.

Die Bauern wollten sich bewußt in den Kampf des Evangeliums gegen die Papstkirche hineinstellen. Sie fanden auch Unterstützung in nichtbäurischen Kreisen. Prediger machten sich zu ihren Wortführern. »Die Zwölf Artikel der Bauernschaft in Schwaben« dokumentieren beispielhaft das Reformprogramm: Wahl des Pfarrers durch die Gemeinde, Aufhebung der Leibeigenschaft, Regelung der Abgaben und der Nutzungsrechte in Feld und Wald. In den »Zwölf Artikeln« erklärten die Bauern einerseits das unbedingte Recht ihrer Forderungen aufgrund der Heiligen Schrift, andrerseits die Bereitschaft, sich aus dem Wort Gottes belehren zu lassen.

Luther hat im April 1525 zu den »Zwölf Artikeln« Stellung genommen. Er schrieb eine »Ermahnung zum Frieden, was die Zwölf Artikel der Bauernschaft in Schwaben anbetrifft«. Gleich am Anfang hat er unterstrichen, daß ihm das Angebot der Bauern, sich aus dem Wort Gottes belehren zu lassen, am besten gefallen habe. Auf dieses Angebot hat er seine Schrift aufgebaut. Er setzte sich mit dem Anspruch der Bauern auseinander, eine »Christliche Vereinigung« zu sein. *»Ihr wollt es nicht leiden, daß man euch Schaden und Unrecht zufügt. Ihr wollt frei sein. Nur Gutes und euer volles Recht haben. Aber Christus spricht, man soll dem Übel und Unrecht keinen Widerstand leisten. Wollt ihr euch daran nicht halten, dann sollt ihr auch die Bezeichnung ›christlich‹ nicht für euch beanspruchen.«* Luther hat den fordernden Bauern ihre »Christlichkeit« abgesprochen. Er hat ihre Forderungen nicht abgelehnt, sondern ihnen ihren rechten Platz zugewiesen. *»Ihr seid Leute, die dafür kämpfen, daß ihnen weder Unrecht noch Schaden zugefügt wird. Das liegt ja in der Natur des Menschen.«* Die Forderungen der Bauern mußten als politische, juristische, wirtschaftliche Angelegenheit behandelt werden. Als solche waren sie berechtigt. Aber Aufruhr war kein rechtmäßiges Mittel, sie durchzusetzen. *»Wie wollt ihr denn vor Gott und der Welt bestehen, wenn ihr euch zu Richtern in eigener Sache aufwerft?«*

In seiner »Ermahnung zum Frieden« hat sich Luther auch an die Fürsten und Herren gewandt. Er hat ihnen deutlich die Schuld zugesprochen. In ihrer Unterdrückung des Evangeliums, ihrer grenzenlo-

Titelblatt der Schrift von Pamphilus Gengenbach »Der Bundschuh« (1514). Schon im 15. Jahrhundert hatten sich die Bauern im Oberrheingebiet unter dem Zeichen des »Bundschuh« zusammengeschlossen, um für ihre Freiheitsrechte zu kämpfen. 1513/17 war »Der Bundschuh« niedergeschlagen worden. Als Luther 1521 vor den Reichstag nach Worms geladen wurde, meldete sich »Der Bundschuh« in Anknüpfung an Luthers Auftreten gegen die Herrschenden auf einem Plakat. In den folgenden Jahren verband sich der Freiheitskampf der Bauern mit dem Kampf für die Freiheit des Wortes Gottes.

sen Machtpolitik und Ausbeutung lag die Ursache für den Unmut im Volk. *»Was nützt es denn, wenn der Acker eines Bauern so viele Goldstücke tragen würde wie Halme und Körner, aber die Herrschaft nur immer mehr abverlangt, um ihren Luxus zu vermehren! Der arme einfache Mann kann und will das nicht länger ertragen.«* Luther ermahnte beide Seiten: zum Frieden. Er war besorgt: *»daß Deutschland verwüstet wird. Wo das Blutvergießen einmal anfängt, da hört es so schnell nicht wieder auf. Es gibt dann nur ein Ende mit Schrecken.«* Zur Lösung der Streitfragen hat er Ausgleichsverhandlungen vorgeschlagen.

In den Wind geredet

Luther hat die Bauern beim Wort genommen und den Fürsten ins Gewissen geredet. Aber die Bauern waren schon zur Tat geschritten. Man verweigerte den Herrschaften den Gehorsam, leistete keine Abgaben mehr. Immer mehr Schlösser und Klöster wurden überfallen und geplündert. Luther hatte den Bauern auch eine Befürchtung mitgeteilt, die sich bestätigte. *»Es macht mir Sorge, daß etliche Mordpropheten in eure Reihen geraten sind. Die wollen mit eurer Hilfe gern die Herrschaft in der Welt übernehmen.«* Die Saat der »Mordpropheten«, vor denen Luther die Bauern gewarnt hatte, ging auf.

TOMAS MVNCER PREDIGER ZV ALSTET IN DVRINGEN.

Thomas Müntzer, Kupferstich von Christoph von Sichem.
Durch seine scharfe Kritik war Thomas Müntzer (1488/89–1525) als Prediger in Zwickau 1520/21 in Unruhen verwickelt. Er mußte fliehen. Nachdem er 1523 Pfarrer in Allstedt/Harz geworden war, führte er zügig Kirchenreformmaßnahmen durch. Durch begeisternde Predigten und flammende Schriften fand er weit über Allstedt hinaus Anhänger. Er gründete einen »Bund getreulichen und göttlichen Willens«. Luther hat sich schließlich dem »aufrührerischen Geist« entgegengestellt, der vor dem politischen Druck des sächsischen Fürstenhauses in die Reichsstadt Mühlhausen floh.

Ihr Zentrum lag jetzt keine 200 Kilometer von Wittenberg entfernt: in der thüringischen Reichsstadt Mühlhausen. Hierher war im
Februar 1525 Thomas Müntzer aus dem unruhigen Aufstandsgebiet
Südwestdeutschlands zurückgekehrt. Im vorangegangenen Herbst
hatte er die Stadt verlassen müssen. Zusammen mit dem ehemaligen
Mönch Heinrich Pfeiffer und getragen von einem großen Teil der
Stadtbevölkerung hatte er als »Evangeliumsprediger« auf einen religiös begründeten Herrschaftswechsel hingearbeitet. Als Müntzer
wieder zurückkam, waren in und um Mühlhausen Umbruchstimmung und Aufruhr im Winter 1524/25 schon aufgeflammt.

Er heizte das Feuer weiter an. »Dran! Dran! Solange das Feuer
brennt. Laßt euer Schwert nicht kalt werden. Werdet nicht träge.
Schmiedet pinke-panke auf den Ambossen der Mächtigen. Reißt ihnen die stolzen Burgen nieder.« Müntzers Ruf wurde von den mittel-
deutschen Bauern gehört. Klöster wurden geplündert, Schlösser gingen in Flammen auf, Städte wurden bedroht. Gegen Mitte Mai 1525
versammelte sich ein gewaltiges Bauernheer bei Frankenhausen.
Viele Grafen und Städte waren dem Druck gewichen und hatten mit
den Bauernscharen Verträge geschlossen. Vielfach schloß man sich
auch dem Kampf der Bauern an, der ja, als christliche Sache ausge-
geben, unter Berufung auf das Evangelium geführt wurde! Eine entscheidende Wende trat ein, als sich Landgraf Philipp von Hessen
und sein Schwiegervater Herzog Georg von Sachsen den Bauern
entgegenstellten. Am 15. Mai besiegten sie das Bauernheer bei Frankenhausen. Auch im Süden hatte um diese Zeit die Wende eingesetzt. Die Fürsten gingen nun, nachdem sie sich lange ängstlich zu-
rückgehalten hatten, rücksichtslos gegen die Bauern vor. Das Blutvergießen nahm seinen Lauf. Das Ende mit Schrecken zeichnete
sich ab.

*»Soll man den Bauern Barmherzigkeit wünschen? Wenn Unschul-
dige darunter sind, wird sie Gott schon erretten. Tut er es nicht, dann
sind sie bestimmt nicht unschuldig, sondern haben zumindest geschwiegen und in die Sache eingewilligt. Selbst wenn sie es aus Schwäche und
Furcht getan haben, ist es unrecht und vor Gott sträflich.«* Durch die
Grausamkeit der Fürsten ließ sich Luther in seiner Position so wenig
beirren wie durch die Unbelehrbarkeit der Bauern und »Mordpropheten«. Anfang Mai hatte er noch einmal seine Stimme erhoben:
»Gegen die räuberischen und mörderischen Rotten der Bauern«. Zu
diesem scharfen Wortgefecht sah er sich durch Eindrücke veranlaßt,
die er selbst während einer Reise durch Thüringen gewann. *»Unter
Lebensgefahr bin ich mitten unter den aufständischen Bauern gewesen.«* Luther erkannte, daß seine Friedensermahnung in den Wind

geredet war. Und er löste jetzt ein, was er im Dezember 1521 auf der Wartburg geschrieben hatte: er wolle sich immer gegen die stellen, die Aufruhr anzetteln, und es mit denen halten, gegen die sich der Aufruhr richtet – auch wenn sie noch so sehr im Unrecht sind. Daß er daneben die Möglichkeit des friedfertigen Ausgleichs für den besten Weg hielt, hatte er von Anfang an zu verstehen gegeben.

Angesichts des Aufstands aber sah es Luther als seine Pflicht, die verängstigten Fürsten an die Regierungsaufgabe zu erinnern, die ihnen von Gott gestellt ist. Auch wenn sie selbst ins Unrecht verstrickt waren, mußten sie für die Aufrechterhaltung des Rechts eintreten. Ohne Sorge um das eigene Leben sollten sie sich der Lawine von Rechtsbruch, Zwang und Grausamkeit, die der Aufruhr in Gang gesetzt hatte, entgegenstellen. *»Steche, schlage, würge hier, wer kann! Wohl dir, wenn du dabei stirbst. Einen seligeren Tod kannst du nicht erleben. Denn du stirbst im Gehorsam gegen Gottes Gebot.«*

Luthers theologische Aussagen im Bauernaufstand stehen in politischen Zusammenhängen. Auf der Ebene der machtvollen Durchsetzung von Interessen beurteilt, sind manche kritischen Fragen an Luther zu stellen.

– Wie konnte er das Strafgericht befürworten, das die Fürsten an den Aufständischen vollzogen? Hätte er als Theologe nicht zur Barmherzigkeit mahnen müssen?

– Hatte er denn nicht selbst die Ausbeutung der Bauern und die Unterdrückung des Evangeliums durch Fürsten und Bischöfe beklagt? Hatte er nicht mit seinem unbegrenzten Kampf für das Evangelium den Bauern den Rücken gestärkt?

Machtpolitisch geurteilt kann man Luther die Rolle eines »Fürstenknechts« zuschreiben, der die »gerechte Sache« der Bauern verraten hat. Luther selbst läßt sich dieses Urteil gefallen. Aber er weist zugleich darauf hin, daß die politische Beurteilung seiner Aussagen im Bauernkrieg ihm nicht gerecht wird. *»Daß die Leute mich einen Heuchler schimpfen, ist gut und ich höre es gern. Es ist genug, daß mein Gewissen vor Gott sicher ist. Der wird es schon richten, was ich rede und schreibe.«*

Luther sah die politischen, juristischen und sozialen Probleme im Vorfeld des Bauernaufstandes und erst recht die Auseinandersetzung selbst aus theologischer Tiefe. Maßgebend für ihn war dabei, daß die lebensvermittelnde Stellung des Wortes Gottes nicht außer Kraft gesetzt werden durfte. Weil das in der durch die Papstkirche religiös geprägten Welt der Fall war, hat er dagegen angekämpft. Aber im Zug der gesellschaftlichen Ausweitung dieses Kampfes drohte die Gefahr, daß der lebendige Anspruch Gottes ebenfalls

nicht laut werden konnte. Warum? Weil das Evangelium als unbedingt gültige Begründung für gesellschaftspolitische Umwälzungen
beansprucht wurde. Luthers ganze Sorge richtete sich dagegen, daß
die Situation eintritt, in der der lebendige Gott nicht mehr zu Gehör
kommt und die ungebändigte Lebensbeherrschung des Menschen
ihre katastrophalen Folgen zeitigt. Diese Situation erkannte Luther
als den Zustand des Zornes Gottes. Ihn abzuwenden betrachtete er
als seine – nicht einfache, weil schärfsten Widerspruch weckende –
Aufgabe. Bereits im März 1522 hat er das so umschrieben:

»Durch den Propheten Hesekiel hat Gott gefordert, man soll sich sei-
nem Zorn entgegenstellen: als eine Schutzmauer für das Volk. Selbst
wenn ich das vergeblich tue und meine Feinde darüber spotten und sich
daran ärgern, muß ich tun, was ich als notwendig erkannt habe.«

Gerechtigkeit

Zu den Problemen, die nie an Aktualität verlieren, gehört die Frage:
Wie kann das Leben gerecht gestaltet werden? Ein Gott, der im
Kampf des Menschen für gerechte Verhältnisse nicht uneingeschränkt auf der Seite des Kämpfenden steht, ist offensichtlich nutzlos. Man kann ihn nicht nur vergessen; man muß ihn zum Schweigen bringen. Luther stellt sich der willkürlichen Inanspruchnahme
oder rigorosen Verleugnung Gottes durch den Menschen hartnäckig
entgegen. Er tut das, gerade weil er weiß, daß Gott für Gerechtigkeit
sorgt. Allerdings nicht nach den willkürlich-eigennützigen Vorstellungen des Menschen, sondern im Interesse des Lebens insgesamt.
Gottes Gerechtigkeitssorge bewegt sich auf zwei Ebenen: Er beseitigt die abgründige Ungerechtigkeit im Leben jedes einzelnen –
durch den Glauben an Christus. Und er will die Gerechtigkeit im Leben der Welt eingehalten wissen – durch politische Herrschaft.

»Das Leben umfaßt zwei Herrschaftsbereiche: das eine ist das Reich
Gottes, das andere das Reich der Welt. Ich habe so oft davon geschrie-
ben, daß es mich wundert, wie man das noch nicht weiß oder bemerkt.
Wer diese zwei Reiche richtig voneinander zu unterscheiden weiß, der
wird sich auch an meinen Schriften zum Bauernaufstand nicht ärgern.
Das Reich Gottes ist ein Reich der Gnade und Barmherzigkeit. Aber
das Reich der Welt ist ein Reich der Strafe und Vergeltung. Darum
verwirklicht es sich auch durch Macht.«

Luther unterscheidet das Reich Gottes und das Reich der Welt. Er will damit nicht im geringsten Gott und Welt voneinander trennen. Wer könnte das? Aber er will deutlich machen, daß Gott zwei Wege einschlägt, um den Menschen zur lebensnotwendigen Gerechtigkeit kommen zu lassen. Gott hat Erfahrung im Umgang mit dem Menschen. Er weiß, wo er diesem eigenwilligen Geschöpf mit welchen Mitteln zur Gerechtigkeit verhelfen kann und muß. Der Gott, der für die Gerechtigkeit geradesteht, läßt sich seine Wege vom Menschen nicht vorschreiben. Wo der Mensch seine eigenen Wege gehen will, wird er an ein entsprechendes Ziel kommen. Gott will keinen seiner beiden Wege ohne den Menschen gehen. Aber: eins nach dem anderen.

Man beachte den Unterschied

Kein Mensch kann in Ungerechtigkeit leben. Am allerwenigsten mit der eigenen. Gerade wo er fremde Ungerechtigkeit beklagt, muß sich der Mensch nach der eigenen Gerechtigkeit fragen lassen. Er kann sie behaupten, sich selbst und anderen beweisen. Aber er wird sich selbst, und Gott, nichts vormachen können. Mit der unbedingten Gerechtigkeitsforderung ist es im Leben des Ich-Menschen nicht zum besten bestellt! Aber um leben zu können, braucht der Mensch die Gewißheit, daß es mit seinem Leben recht geht. Und so stellt er sich auf vielfältige Weise ins rechte Licht. Doch Gott haßt die scheinheilige Selbstgerechtigkeit des Menschen. Deshalb macht er ihr einen Strich durch die Rechnung: in Christus. An ihm scheitert alle scheinheilige Selbstgerechtigkeit, weil Gott durch ihn dem Menschen die Gerechtigkeit schenkt, die er zum Leben braucht. *»Es ist die Aufgabe Christi, mit der frohen Botschaft von Gottes Gerechtigkeit hausieren zu gehen. Wo er Abnehmer findet, befreit er den Menschen von der eigenmächtigen Selbstgerechtigkeit und der ewigen Verirrung. Ja, er will ihn aus der unendlich verunsichernden Ungerechtigkeit in der Welt zum unerschütterlichen Leben bringen.«*
In Christus schafft Gott einen Lebensbereich, in dem die Gerechtigkeit zu Hause ist. Wo der Mensch im Glauben an Christus gebunden ist, ist das ewige Problem der Gerechtigkeit in Ewigkeit für ihn gelöst. In Christus hat der Kampf des Menschen um Gerechtigkeit keinen Raum. Hier ist das Gnadenreich Gottes. In ihm herrscht Christus. *»An diesem Herrn haben wir genug. Er wird uns nicht verlassen. Das hat er zugesagt. Durch ihn heißt das Recht des Christen: Leiden, Leiden; Kreuz, Kreuz – nichts anderes.«* Wer im Glauben an

Christus Gerechtigkeit hat, der kann sich am scheinheiligen Kampf für Gerechtigkeit nicht beteiligen. Er wird zum radikalen Zeugen der Gerechtigkeit, indem er die trügerische Selbstgerechtigkeit des Ich-Menschen überwindet: im Glauben an Christus, durch Leiden und Kreuz.

Nur der Glaube eröffnet den Zugang zu dem Lebensbereich, in dem die Gerechtigkeit, frei vom Widerspruch des Ich-Menschen, den Ton angibt. Luther widerspricht dem Menschen im Unglauben, der die einzigartige Fülle und unerschütterliche Autorität dieser Herrschaft Christi für seinen eigenmächtigen Gerechtigkeitskampf in der Welt beanspruchen will. Christus ist dafür gestorben, daß der Mensch im Glauben an ihn Gerechtigkeit hat. Gegen die fortbestehende Ungerechtigkeit in der Welt des Unglaubens und die daraus erwachsenden Probleme hat Gott ein anderes Mittel: politische Herrschaft.

»Die Herrschaft in der Welt ist ein Schattenbild der Herrschaft Christi. Die Verkündigung des Evangeliums bringt und schenkt Gerechtigkeit, Frieden und Leben – unverbrüchlich und unerschütterlich. Die politische Macht erhält Frieden, Recht und Leben – zeitlich und vergänglich.« In beiden Herrschaftsbereichen, die Luther um Gottes willen so streng unterschieden wissen will, geht es offensichtlich um dasselbe. Aber in völlig verschiedenen Qualitäten und mit ganz anderen Mitteln. Das will beachtet sein.

Während Gott dem Menschen die lebensnotwendige Gerechtigkeit in seinem Reich unter der Herrschaft Christi schenkt, will er sie

Holzschnitt aus Lucas Cranach d.Ä. »Passional Christi und Antichristi«.
So unerschütterlich die Herrschaft Christi ist, so fern ist sie den Herrschaftswünschen des Menschen. An Christus findet das menschliche Machtstreben seine Grenze. Gerade deshalb aber kommt die Gerechtigkeit, die der Mensch im Reich der Welt bewahren soll, ins rechte Licht. »›Mein Reich ist nicht von dieser Welt‹ (Johannes 18, 36) – hier sagt Christus, worin seine Herrschaft besteht: darin bin ich Herrscher, daß ich von der Wahrheit Zeugnis gebe.«

im Reich der Welt unter der Herrschaft des Menschen bewahrt und geschützt wissen. Aber hier beginnt die schattige Grauzone! Die Lebensgerechtigkeit in der Welt muß ja nicht zuletzt vor dem Ich-Menschen geschützt werden. Luther weiß sie dadurch geschützt, daß Gott in der Welt Herrschaft setzt, die dem einzelnen vor- und übergeordnet ist. *»Die einzigartige Aufgabe der Herrschaft in der Welt besteht darin, daß sie aus wilden Tieren Menschen macht und die Menschen davor bewahrt, zu wilden Tieren zu werden.«* Luther erkennt in der Regierungsgewalt das Mittel, mit dem Gott im Reich der Welt für Gerechtigkeit sorgen will. Damit verliert die weltliche Herrschaft allen Reiz der Selbstherrlichkeit. Macht ist kein Selbstzweck, sondern göttliche Aufgabe: Dienst an der umfassenden, lebensschützenden Gerechtigkeit.

Luther hat sich keine Gedanken darüber gemacht, in welcher Form die Regierungsgewalt am besten bestehen und ausgeübt werden soll. Ihm kommt es allein darauf an, daß die göttliche Begründung und die bleibende Aufgabe der politischen Herrschaft gesehen wird, sowohl von denen, die sie wahrzunehmen haben, als auch von denen, die regiert werden. Luther hat die Regierungsformen seiner Zeit gelten lassen: die Herrschaft der Fürsten, der Stadträte und des Kaisers. Daß er die göttliche Begründung der Regierungsgewalt und ihre bleibende Aufgabe nicht an eine bestimmte Regierungsform gebunden sieht, zeigt sich in einer Aussage, die er einmal beiläufig macht: *»Wenn es keine Könige und Fürsten als Herrscher gäbe, wer wollte es verhindern, daß eine Gemeinschaft selbständig mehrere Leute mit gleicher Gewalt zur Herrschaftsausübung wählt?«*

Recht und Pflicht der Herrschaft

Die göttliche Aufgabe der Regierungsgewalt besteht im Dienst an der Gerechtigkeit für die Gemeinschaft. Dieser Dienst kann nur wahrgenommen werden, wo die Regierungsgewalt anerkannt ist. Deshalb ist für Luther im Tatbestand politischer Herrschaft ein Machtgefälle mitgesetzt. *»Das Reich der Welt hat keinen Bestand, wo es keine Ungleichheit im Ansehen der Menschen gibt. Die einen müssen regieren, die anderen regiert werden.«* Sowenig Luther auf die Regierungsform gibt, soviel liegt ihm am Herrschaftsgefälle. Selbst wenn er die Möglichkeit der Wahl der Regierenden durch die Regierten ins Auge fassen kann, wird das nicht aufgehoben. Politische Herrschaft ist das Mittel, mit dem Gott die Gerechtigkeit bewahren will, die das Leben in der Welt erhält. Mit dem zum Herrschen be-

auftragten Menschen gegen den Ich-Menschen. Für den Satz »Alle
Gewalt geht vom Volke aus« könnte Luther wohl kaum Verständnis
aufbringen.

Die politische Herrschaft hat zur Wahrnehmung ihrer Aufgabe
Macht. Was aber geschieht, wo diese Aufgabe verkannt und Macht
zum Selbstzweck wird? Aus Einsicht in die göttliche Begründung
politischer Herrschaft und im Wissen um die Unrechtmäßigkeit jeden Aufstandes hat Luther dem Christen den Weg des »leidenden
Gehorsams« gewiesen. Auf diesem Weg wird der Christ zwar nicht
stillschweigend über Unrecht und Machtmißbrauch hinweggehen.
Luther selbst ist ein beredter Zeuge der Anklage in Sachen Gerechtigkeit. Aber er wird sich nicht auf den politischen Machtkampf einlassen, der – ganz im Sinne des widergöttlichen Herrschaftsgeistes –
das Reich der Welt letztlich zugrunderichtet. Denn: *»Dann geht es*

Vom Wucher, Verkauf und Trügerei, Holzschnitt des 16. Jahrhunderts.
Zu den Problemen des Wirtschaftslebens hat sich Luther mehrmals geäußert. Er
nahm die Klagen über die ausufernden Geld- und Zinsgeschäfte und die wirt-
schaftlichen Belastungen, durch den gewinnorientierten Handel der Kaufleute
und Monopolgesellschaften auf: »Wenn es die Handelsgesellschaften geben soll,
müssen Recht und Redlichkeit verschwinden. Wenn es Recht und Redlichkeit geben soll, müssen die Handelsgesellschaften verschwinden.« Mit seinen Stellung-
nahmen zu Wirtschaftsproblemen wollte Luther die Inhaber der weltlichen Herrschaft auf ihre Verantwortung für das Allgemeinwohl und die Gerechtigkeit ansprechen. Seine Aufgabe als Theologe sah er nur darin, den »bösen, ärgerlichen
Eindruck anzuklagen, den diese Geschäfte hinterlassen«.

bestimmt zuletzt zu, wie bei den wilden Tieren. Wer es kann, der setzt sich rücksichtslos über den anderen hinweg. Beispiele gibt es genug.« Vor allem anderen, vor allem aber vor der Frage nach der Macht, muß für die Inhaber der Regierungsgewalt die Sorge für die Gerechtigkeit stehen. *»Nicht Faustrecht, sondern Kopfrecht; nicht Gewalt, sondern Weisheit oder Vernunft muß regieren.«* Politische Herrschaft ist keine einfache Aufgabe, die jeder ohne weiteres wahrnehmen kann. Sie will mit Sorgfalt, Umsicht und Sachkenntnis wahrgenommen werden, in allen Bereichen, in denen sie im Reich der Welt gilt: der Familie und den Bereichen des Arbeitslebens ebenso wie auf der Ebene staatlicher Regierungspraxis. Luther hebt daher den hohen Wert von Bildung und Erziehung besonders hervor. Weil Luther die gottgesetzte Aufgabe politischer Herrschaft darin sieht, weder sich selbst noch dem massenhaften Ich-Menschen, sondern der Gemeinschaft und der Gerechtigkeit zu dienen, kann er über die Wertmaßstäbe politischen Handelns eine klare Aussage machen: *»Der Wohlstand einer Gemeinschaft besteht nicht nur darin, daß man gewaltige Reichtümer anhäuft, schöne Häuser baut und viele Waffen schmiedet. Der unübertreffliche Wohlstand ist dort erreicht, wo es viele gebildete, vernünftige, aufrechte Leute gibt, die vom Tier zum Menschen erzogen worden sind. Die können dann schon Reichtümer sammeln, bewahren und recht damit umgehen.«* Wo dieser Maßstab beachtet wird, wird die aufbauende und bewahrende Rolle der politischen Herrschaft ausgefüllt. Die teuflische Verwirrung, die das Reich Gottes mißachtet und das Reich der Welt zugrunde richtet, macht sich nicht zuletzt dort breit, wo dieser Maßstab verkannt, verdreht und mißachtet wird.

Die Frage nach der gerechten Gestaltung der Lebensverhältnisse in der Welt bleibt immer aktuell. Weil das teuflische Verwirrspiel kein Ende nimmt und sich die Ungerechtigkeit nur zusammen mit dem Ich-Menschen ausrotten läßt. Luther hat das sehr ernst genommen. Er beantwortet diese Frage deshalb nicht mit begeisternden Parolen. Er bringt die Gerechtigkeit Gottes zur Sprache, die dem Menschen auf zwei Wegen begegnet. Und er bringt damit zum Ausdruck, daß die lebensnotwendige Gerechtigkeit nicht vom Menschen eigenmächtig erkämpft werden kann. Er darf sich damit beschenken lassen, und er kann und soll sie politisch bewahren. Doch dazu kommt es auf den Unterschied an. *»Verändern und Verbessern sind zweierlei. Das eine liegt in der Hand des Menschen und Gottes Entscheidung. Das andere liegt in der Hand Gottes und seiner Gnade.«*

Umstrittenes Glück

Luthers Heirat

Im Dezember 1525 schrieb Herzog Georg von Sachsen an Martin Luther. Er hielt ihm in diesem Brief vor, welche religiösen Verbrechen er durch seine ketzerische Lehre angeregt habe: »Durch dich sind unzählige Mönche und Nonnen zur Todsünde verleitet worden! Sie sind aus den Klöstern geflohen, haben ihr Gelübde gebrochen und geheiratet.« In der Tat: seit Herbst 1521 zog die Auflösung der geheiligten Ordnung des Klosterlebens immer weitere Kreise. Luther hatte schließlich von der Wartburg die stichhaltige theologische Begündung dafür geliefert. Mit der Verpflichtung zum Klosterleben sollte und wollte der Mensch in letzter Anspannung zur Vollkommenheit des Lebens gelangen. Das aber mußte als die letzte Selbstbehauptung des Ich-Menschen gegen das Lebensgeschenk Gottes in Christus entlarvt werden. Nicht der Bruch des Gelübdes, sondern das religiös-erzwungene Gelübde selbst war Sünde.

Luther hat diese grundlegenden Gedanken in seiner Schrift »Über die Mönchsgelübde« entfaltet, die im Herbst 1521 entstand. Sie hat mit dazu beigetragen, daß immer mehr Mönche und Nonnen einen Schlußstrich unter ihr scheinbar gottgeweihtes Dasein zogen. Doch das war oft nicht einfach. Wo die Klöster in Treue zur Papstkirche streng geführt wurden, mußten regelrechte Fluchtaktionen unternommen werden. Für viele Geflohene wurde Wittenberg zur nächsten Zuflucht. Luther kümmerte sich um sie. Er verschaffte den Mönchen Ausbildungs- und Beschäftigungsmöglichkeit und half mit, Nonnen zu verheiraten. Aber er tat das nicht ganz ohne Kritik. *»Es ist mir überaus lästig, daß so viele entlaufene Mönche hierherkommen. Aber was mich noch mehr umtreibt: obwohl sie für die Dinge des alltäglichen Lebens zwei linke Hände haben, führen sie sofort eine Frau vor den Altar.«*

Luthers Kritik richtete sich nicht dagegen, daß man die Klöster verließ. Aber er sah, daß viele mit der neuen Freiheit gar nicht recht umgehen konnten. Doch dieses Bedenken sollte die gottgewollte Freiheit nicht beeinträchtigen. Die notwendige Lebensvollkommenheit war nicht unter dem Zwang der Ehelosigkeit für Priester oder dem Keuschheitsgelübde zu erreichen. Sie lag dort, wo im Zusammensein von Mann und Frau in der Ehe der Wille Gottes erkannt wurde – mochte das äußerlich auch noch so unvollkommen sein.

Für sich selbst sah Luther allerdings die Ehe zunächst verstellt. *»Ich will diese scheinheilige Lebensweise beibehalten. Es sei denn, die Welt ändert sich«*, schrieb er im Dezember 1521 von der Wartburg. Als geistiger Führer dieser Bewegung wollte er nach zwei Seiten hin bezeugen, daß die christliche Freiheit nicht zur Schau gestellt werden muß: Diejenigen, die in ihrem Glaubensleben noch fest an den Äußerlichkeiten der Papstkirche hingen, durften nicht vor den Kopf gestoßen werden, wenn man sie für die Wahrheit der Christusbotschaft gewinnen wollte. Und den Gegnern sollte gezeigt werden, daß Luther im Kampf für die Geltung des Christusglaubens gerade keine aufsehenerregenden Veränderungen anstrebte. Mit einem bloßen Abschneiden alter Zöpfe war es nicht getan!

»Ich bin auch nicht aus Holz oder Stein«

In christlicher Freiheit konnte Luther das sichtbare Zeichen des »gottgeweihten Lebens«, die Mönchskutte, weiterhin tragen. Erst im Oktober 1524 ist er öffentlich zur Predigt ohne Kutte erschienen. Aber an eine Heirat dachte er auch jetzt noch nicht. *»Wenn ich mein Leben weiterhin so einschätze wie bisher, dann werde ich kaum heiraten. Nicht, daß mir das Verlangen eines Mannes fremd ist – ich bin auch nicht aus Holz oder Stein! Der Gedanke an eine Ehe verbietet sich mir aus einem anderen Grund: ich muß ja jeden Tag damit rechnen, daß ich als verurteilter Ketzer hingerichtet werde. So will ich offen sein für das, was Gott mit mir vorhat. Gewiß: meine Lebenseinschätzung darf dem auch nicht vorgreifen. Aber ich rechne doch damit, daß mir kein langes Leben vergönnt ist.«* Luther wollte eine Heirat damals nicht prinzipiell ablehnen. Aber er nahm die Lage ernst, in die ihn der Kampf für die Wahrheit des Christusglaubens hineingeführt hatte. Wenn er das im Blick behielt und danach fragte, welchen Weg Gott ihn weiter führen wollte, dann erwartete er eher die Todesstrafe für den Ketzer als den Schritt in die Ehe.

Die Diskussionen und Überlegungen, die Luther im Kreis der

Freunde über die Heiratsfrage anstellte, kamen allerdings nicht zum Stillstand. Dabei lagen Ernst und Humor ineinander. *»Du brauchst dich gar nicht wundern, daß ich nicht heirate. Was gibt's denn schon über mich als Liebhaber zu sagen!«*, so schrieb er im April 1525 an den Freund Spalatin. *»Ich habe drei Frauen auf einmal gehabt und sie so überzeugend geliebt, daß zwei weg sind, um einen anderen zu heiraten. Und auch auf die dritte brauche ich mir keine Hoffnung machen – sie wird auch bald weg sein.«* Luthers Freunde bedrängten ihn. Man spekulierte über Bräute aus dem Kreis entflohener Nonnen, die damals in Wittenberg waren. Im Frühjahr 1525 schloß Luther eine Heirat zwar nicht mehr ganz aus, aber er zögerte doch noch. Im Mai besprach er die Sache auch mit seinem Vater. Im Abwägen, Überlegen und Zögern erkannte er zugleich eine Gefahr. Wenn die Ehe Gottes gutem Willen entsprach, durfte sie nicht dem Kopf des Menschen entspringen. Sie wollte ergriffen werden. *»Die Heilige Schrift, die Schöpfung, die Erfahrung – alles lehrt, daß die Wohltaten Gottes in dieser vergänglichen Welt wirklich vergehen. Deshalb muß man zugreifen, worum es auch geht, wann und wo man kann, sonst ist es vorbei.«*

Am 13. Juni 1525 verheiratete sich Martin Luther mit der sechzehn Jahre jüngeren Katharina von Bora. Sein enger Freund Johannes Bugenhagen, der seit 1523 Pfarrer an der Wittenberger Stadtkirche war, nahm die Trauung im Wittenberger Augustinerkloster vor. Als Zeugen hatte Luther weitere Freunde dazugebeten: Justus Jonas, den Maler Lucas Cranach mit seiner Frau und den Juristen Johann Apel. Für alle kam dieser Schritt überraschend. Luther wollte

Katharina von Bora, Holzschnitt von Hans Brosamer.
Katharina von Bora (1499–1552) stammte aus einer verarmten sächsischen Adelsfamilie. Es erging ihr wie vielen Adelstöchtern damals: schon im Kindesalter wurde sie in ein Kloster gebracht. Hier hatte sie Ausbildung und Versorgung, aber war dem Zwang des Klosterlebens unterworfen. Nach Flucht und Heirat mit Luther sah sie sich harten Vorwürfen ausgesetzt: »Du hast die Ehe, die du deinem Bräutigam Christus im Gelübde versprochen hast, meineidig gebrochen!«

es so.» *Wenn ich nicht in aller Heimlichkeit die Heirat vollzogen hätte,
hätte mich jeder davon abgehalten. ›Nur nicht die, sondern eine an-
dere‹, so hätten die besten Freunde geraten.*« Daß Katharina von Bora seine Frau wurde, war für Luther selbst
eine Überraschung. Sie gehörte zu jenen neun Nonnen, die im April
1523 aus dem Kloster Nimbschen nach Wittenberg geflohen waren.
Luther hatte sich damals für die Verwirklichung des Fluchtplanes
eingesetzt und anschließend die Aktion in einer kleinen Schrift verantwortet:»Daß Jungfrauen in Übereinstimmung mit dem Willen
Gottes das Kloster verlassen können«. Und er kümmerte sich auch
darum, daß die geflohenen Nonnen Unterstützung und Versorgung
fanden, auch bei ihren Angehörigen.

Drei von ihnen war der Weg in die Heimat allerdings versperrt.
Sie stammten aus dem Herrschaftsgebiet des Herzogs Georg von
Sachsen, der weder die»lutherische Ketzerei«, geschweige denn
entflohene Nonnen duldete. Katharina von Bora war eine von ihnen. Luther brachte sie im Haus des Lucas Cranach unter. Er dachte
auch an ihre Heirat, aber nicht mit ihm! Der Nürnberger Hieronymus Baumgartner und der Wittenberger Theologe Kaspar Glatz waren als Kandidaten ins Auge gefaßt. Aber diese Pläne zerschlugen
sich. So wurde Katharina von Bora die»*Übriggebliebene*«. Im Rückblick auf den Gang der Ereignisse konnte Luther später feststellen:
»*Meine Käthe hatte ich anfangs gar nicht gern. Ich hatte sie im Verdacht, stolz und hochmütig zu sein. Aber Gott wollte es, daß ich mich
der Übriggebliebenen erbarmte. Es ist mir gut dabei gegangen. Ich
habe eine treue und zuverlässige Frau.*«

Die Heirat als Signal:»Ich weiche nicht«

Zwei Wochen nach der Trauung fand die Hochzeitsfeier statt. Luther lud seine Eltern und die überraschten Freunde ein. An Nikolaus
von Amsdorf, der damals Pfarrer in Magdeburg war, schrieb er:
»*Was du gerüchteweise gehört hast, ist wahr. Ich habe mich ganz
schnell mit Katharina verheiratet. Ich hoffe auch, noch ein wenig leben
zu dürfen, und wollte mich, in der Zuversicht auf Nachkommenschaft,
endlich dem letzten Wunsch meines Vaters nicht widersetzen. Auch
mußte ich meine Lehre jetzt durch die Tat bekräftigen, wo ich mitten
im hellsten Aufleuchten des Evangeliums überall nur Kleingläubige
entdecke.*« Luther konnte mehr als einen Grund für seine Heirat nennen, und auch der Zeitpunkt war nicht zufällig. In den blutigsten Tagen des Bauernaufstandes hat er geheiratet. Er wollte damit ein Zei-

chen setzen für Gottes guten Willen mit dem Menschen, für das
Evangelium und den Christusglauben, wie er ihn seit Jahren verkündet hatte. Überall schien in jenen Tagen seine Botschaft bedroht, widerlegt und gefährdet – bei Bauern und Fürsten, bei Freunden und
Feinden. Jetzt war er zur Tat herausgefordert!
Für Luthers Gegner war der Bauernaufstand der schlagende Be-
weis dafür, welch ketzerische Verirrung und teuflische Vernichtung
in dem Evangelium steckte, das er »unter der Bank hervorgeholt«
hatte. Und für die Bauern und weite Kreise derer, die in ihm den
Vorkämpfer für Freiheit und Gerechtigkeit gesehen hatten, war er
durch den Bauernaufstand zum Knecht der blutdürstigen Fürsten
geworden. »Sein Evangelium« war scheinbar sowohl gefährlich als
auch nutzlos. Nur Luther selbst konnte sagen, daß es jetzt gerade am
hellsten aufleuchtete: als die Wahrheit, die dem Ich-Menschen widerspricht, der das Leben und die Welt beherrschen will, die ihm
aber im Glauben an Christus, den Gott-Menschen, das Leben
schenkt und eröffnet. Während sogar Luthers Freund Melanchthon
den »unglücklichen Zeitpunkt« beklagte, den Luther sich für seine
Heirat gewählt habe, konnte es für Luther keinen besseren geben.
*»Müntzer und die Bauern haben das Evangelium so verwüstet und die
Papisten in ihrer Geisteshaltung so bestärkt, daß man offensichtlich
wieder von vorne anfangen muß. Darum bin ich jetzt nicht nur mit dem
Wort, sondern auch mit der Tat zum Boten des Evangeliums geworden: ich habe eine Nonne geheiratet! Die Gegner, die sich entweder als
Sieger fühlen oder ärgerlich jammern, müssen das verachten. Aber ich
weiche nicht!«*
Mit seiner Heirat hat Luther nach außen hin Zeugnis gegeben für
den Gottesglauben, der sich durch Christus für ihn eröffnet hatte.
Aber auch in seiner ganz persönlichen Lebenswelt war die Heirat
Glaubenstat. Sie war eine Tat des Gehorsams: gegen Gott und seinen Vater. Sie war die letzte Einwilligung in das Geschenk des Lebens, das er durch seinen Klostereintritt einst so gründlich mißachtet hatte. Über seiner vermeintlich lebensrettenden Flucht ins Kloster war der junge Luther einst in Konflikt mit dem Vater geraten.
Johannes Luther hatte seinen Sohn damals nachhaltig darauf hingewiesen, in welchen Gotteskonflikt er sich mit dem Schritt ins Kloster
begab. Mit der Erkenntnis Christi wurde dieser doppelseitige Konflikt für Martin Luther der Lösung zugeführt. Und mit der Heirat hat
sich die Konfliktlösung auch in seiner Lebensgestaltung eingestellt.
Das vollkommene Leben, das Gott im Christusglauben schenkt, will
in der Welt bewahrt sein. In diese Aufgabe der Lebensbewahrung,
das erkannte Luther zunehmend, gehörte auch das Vater-Sohn-Ver-

hältnis hinein. Wenn er mit seiner Heirat noch *»den letzten Wunsch des Vaters«* erfüllte, dann war sie einmal mehr die Tat, die den Grund seines Lebens im Christusglauben bekräftigen sollte.

Neues Leben in alten Klostermauern

Im Sommer 1525, im Alter von knapp 42 Jahren, hat für Martin Luther ein neuer Lebensabschnitt begonnen. Das war sichtbar und spürbar. *»Bevor ich heiratete, war mein Bett wohl ein ganzes Jahr lang nicht mehr richtig gemacht – verschwitzt und schimmelig. Ich kümmerte mich nicht darum. Nachdem ich mich tagsüber abgearbeitet hatte, fiel ich abends müde ins Bett!«* Luthers äußere Lebensverhältnisse waren in den Jahren vor seiner Heirat nicht mehr bestens geordnet. Seit 1521/22 hatte sich das Wittenberger Augustinerkloster geleert. Luther war schließlich mit dem Klostervorsteher Eberhard Brisger allein. Nicht nur die religiöse Ordnung des Klosterlebens war verfallen, auch die geordnete Regelung der alltäglichen Dinge war zusammengebrochen. Erst mit Luthers Heirat änderte sich das grundlegend.

Das Lutherhaus in Wittenberg.
»Gnädigster Herr! Weil ich nun allein in diesem Kloster bin mit dem Prior und es mir lästig ist, tagtäglich die ausstehenden Klostereinnahmen anzumahnen, wollen wir das Kloster mit allem, was dazugehört, an Euer Kurfürstliche Gnaden übergeben.« Im Spätherbst 1523 hatte sich Luther mit dieser Mitteilung an Kurfürst Friedrich den Weisen gewandt. Er trug sich damals auch mit dem Gedanken, aus dem Kloster auszuziehen. Aber er konnte und sollte weiterhin im Kloster wohnen. Erst recht nach seiner Heirat. 1532 hat dann Kurfürst Johann von Sachsen in aller Form das Kloster, Grundstück und Gebäude, als Erbbesitz an Luther überschrieben. Aus dem Wittenberger Augustinerkloster wurde das Lutherhaus.

Nun verließ auch Eberhard Brisger das ehemalige Kloster. Er wurde im Herbst 1525 Pfarrer in Altenburg. In Haus und Klostergarten fand die junge Frau Luther ein reiches Betätigungsfeld für ihren geschäftigen Haushaltssinn. Ihr Ehemann nahm mit Interesse vor allem an der Gartenarbeit Anteil. Bei Wenzeslaus Linck in Nürnberg, dem früheren Klosterbruder, bestellte er Samen. Auch um andere Besorgungen kümmerte er sich. Aber das Haushalten sollte doch nicht zu seiner neuen Aufgabe werden. Dankbar hat er nach einigen Ehejahren gesagt: *»Gott hat es gut mit mir gemeint. Er hat mir eine Frau gegeben, die so für den Haushalt sorgt, daß ich mich da um nichts kümmern muß.«*

Die materielle Voraussetzung für den neuen Hausstand war allerdings denkbar schlecht: es gab sie einfach nicht! Erst mit der Heirat selbst änderte sich das. Jetzt bekam Luther vom Kurfürsten ein regelmäßiges Gehalt, nachdem er bisher seinen Professorendienst im Rahmen der Klosterverpflichtung geleistet hatte. Zu den Hochzeitsgeschenken gehörten auch einige Silberbecher; sie bildeten den Grundstock für das kleine Vermögen, das sich im Lauf der Jahre durch Käthe Luthers Sorgfalt bilden sollte. Gerade für diese haushalterischen Bemühungen seiner Frau hatte Luther aber wenig Sinn. Er sah sich dabei in seiner Freigebigkeit eingeengt. Doch er wußte sich durchaus zu helfen. Eine kleine Begebenheit zeigt das schlaglichtartig.

Dem Freund Johann Agricola hatte er in einem Brief angekündigt, daß er einen hübschen Becher aus Zinn und Glas mitschicken werde. Aber er mußte dem Brief eine Nachschrift anhängen: *»Als ich den Brief schon dem Boten übergeben wollte und nach dem Becher fragte, da hatte ihn meine Käthe bereits weggeschnappt. Ich hätte ihn herausbekommen, wenn nicht Jonas und Bugenhagen sich mit ihr verschworen hätten. Aber warte! Wenn sie im Kindbett liegt, werde ich ihn schon wieder in die Finger bekommen.«*

Beiläufig hat Luther in dieser Briefnotiz vom 11. Mai 1526 auf ein freudiges Ereignis hingewiesen: die Schwangerschaft Käthes und die baldige Geburt. Aber so beiläufig war das ausstehende Ereignis für ihn keineswegs. Schon im April hatte er den befreundeten Nikolaus Gerbel und seine Frau in Straßburg gebeten, die Patenschaft beim erwarteten Kind zu übernehmen. Am 7. Juni 1526 war es dann soweit. Freude und Dankbarkeit über die Geburt waren groß: *»Ich bin ein glücklicher Ehemann. Die beste und liebste Frau hat mir ein Söhnchen geschenkt, Johannes Lutherlein. Gott sei Dank! Ich bin Vater geworden durch die wunderbare Gnade Gottes.«*

Leben in Gottes Ordnung

Wie soll der Mensch mit seiner Sexualität leben und woran kann und soll er sich orientieren? Auch auf der Suche nach beglückender Erfahrung in der Sexualität braucht er Gewißheit. Wo dem Menschen mit Anspruch auf unerschütterliche Autorität Grenzen gezogen und gar Verleugnung und Überwindung der Sexualität als erstrebenswert gepriesen werden, da scheint das Problem ebenso radikal und grundlegend gelöst wie dort, wo erst gar keine Grenzen anerkannt werden. In beiden Fällen wird allerdings das Leben leiden und der Mensch in Mitleidenschaft gezogen. Luther hat jene unerschütterliche Grenzziehung erlebt – und in der Suche nach Wahrheit überwunden. Ihm zeigte sich ein Weg, auf dem einerseits die religiös begründete Verleugnung der Sexualität keinen Platz hat und auf dem andrerseits dem Menschen in seinem Drang nach Grenzenlosigkeit ein begrenzter Lebensraum eröffnet ist: das Miteinander von Mann und Frau in der Ehe.

»Es graut mir zwar davor und ich predige nicht gern von der Ehe. Ich fürchte nämlich, wo ich es einmal recht anpacke, wird es mir und anderen noch viel zu schaffen geben. Aber die Not wird durch Scheu nicht überwunden. Ich muß dran, um die bedrückten und verwirrten Gewissen zu unterrichten.« Luther zögert. Nicht weil das Thema heikel wäre, sondern weil er es aus einer Tiefe angehen muß, die die oberflächlichen Verkrustungen aufbricht. Aber seine theologische Verantwortung nötigt ihn, das Zögern aufzugeben.

Er beklagt die religiöse Gesetzlichkeit und die Vorherrschaft rechtlicher Bestimmungen, aber auch die orientierungslose Nachlässigkeit und die verwirrenden Meinungen, die doch alle die Einsicht verstellen in das, was Ehe aus der Sicht Gottes meint. Im Verhältnis von Mann und Frau geht es für Luther um nicht weniger als um Lebenswahrheit. Die Gewißheit, die der Mensch auch im Umgang mit seiner Sexualität haben muß, findet Luther im Wort Gottes. Doch daraus lassen sich weder unerschütterliche Rechtsbestimmungen noch unveränderliche Lebensgesetze ableiten. Wenn Luther zum Verhältnis von Mann und Frau aus dem Wort Gottes heraus Stellung nimmt, dann will er nur den Anspruch des Lebens in dieser Frage zu Gehör bringen. Aber das ist ja schon alles.

»Gott befiehlt niemandem, ein Mann oder eine Frau zu sein. Er schafft sie so. Genausowenig befiehlt er, daß sie zusammenkommen und Kinder zeugen. Er schafft das. Wo man das verbieten will, da geschieht es verbotenerweise.« Das Zusammensein von Mann und Frau ist die von Gott gewollte und gewirkte Lebenswirklichkeit. Es beruht nicht auf dem freien Entschluß des Menschen, sondern in Gottes Wirken. Diese Schöpfungswirklichkeit will erkannt und anerkannt sein. Luther hat die Verleugnung und Unterdrückung des sexuellen Begehrens, erst recht wenn sie sich religiös schmückt, als widergöttlich verworfen. Nur um den Peis der sündhaften Lebensschädigung läßt sich Gottes Schöpferwirken beschränken. Gottes Schöpferwirken ist gerade kein allgemeingültiges Lebensgesetz. Wenn Luther darauf hinweist, daß Gott auch Menschen vereinzelt aus seinem Schöpferwirken im Zusammensein von Mann und Frau herausnimmt, dann bestätigt das nur die unumschränkte Macht des Schöpfers im Einzelfall. Luther ruft dazu auf, das Schöpferwirken Gottes anzuerkennen. *»Gott weiß eher, was gut ist und dir nützt, als du selbst.«* Weil Mann und Frau füreinander geschaffen sind, müssen sie auch zusammensein.

»Ganz oder gar nicht«

Sowenig sich das Schöpferwirken Gottes im Zusammensein von Mann und Frau verhindern lassen will, so stark ist es zugleich gefährdet. Es ist der Willkür und Eigenmächtigkeit des Menschen ausgeliefert. Er beansprucht gerade seine Sexualität als ureigenstes Lebenselement und unterwirft das Verhältnis von Mann und Frau der lustvollen Beliebigkeit. Aber das gottgewollte Zusammensein von Mann und Frau sträubt sich im innersten Kern dagegen, daß es vom Ich-Menschen ausgebeutet und ruiniert wird. Es ist nicht nur eine Angelegenheit, um sich sexuell zu erfreuen und vom anderen »etwas« zu haben. Es geht in diesem Zusammensein ums Ganze – um den ganzen Menschen und den wirklichen Gott. Ausschließlichkeit und uneingeschränkte Hingabe, Treue und Liebe wollen dieses Zusammensein prägen. Das zeigt sich nicht zuletzt in der gottgewollten Unwiderstehlichkeit. *»Ich will nichts von dir, ich will dich selbst – ganz oder gar nicht!«* Das Zusammensein von Mann und Frau ist einzigartig und will sich durch nichts beeinträchtigen lassen. Auch nicht durch den zerstörerischen Drang des Ich-Menschen. *»Es ist eine untrennbare Verbindung, nicht nur aufgrund des natürlichen Rechts, sondern auch aufgrund des Willens und Wollens Gottes.«*

Der Ich-Mensch stimmt auf der Ebene sexuellen Begehrens in diese Verbindung ein. Aber er muß ihr in ihrer Ausschließlichkeit und Unverbrüchlichkeit doch fremd bleiben. Er hat ja nur sich selbst zum Gott. Dieser Verfremdung seines Werkes will der Gott der Liebe wehren. Er will von Mann und Frau das Wort, das ihr Zusammensein bestätigt. Er will die hörbare Zustimmung des Menschen zu seinem Werk. *»Die Ehe besteht im Grunde darin, daß man sich verspricht.«* Indem sich Mann und Frau versprechen, begehen sie als Ich-Menschen den todbringenden Fehler. Aber indem sie sich dem Wort der Liebe nicht verschließen, lassen sie sich hineinnehmen in das Liebeswerk Gottes durch die Schöpfung. Im Versprechen der Liebe wird der Ich-Mensch hinters Licht geführt. Es ist Verrat an ihm. Doch so stimmt der liebende Mensch in Gottes Schöpferwirken und sein Liebeswerk ein. Das gottgewollte Zusammensein von Mann und Frau äußert sich im Wort der Liebe. Es bestätigt sich im »Ehe-Versprechen«.

Das Wort der Liebe – *»Ich bin dein, du bist mein«* – will und muß über der Willkür des Ich-Menschen stehen. Sonst geht die Liebe zugrunde. Die Verbindung von Mann und Frau ist brüchig und verfehlt, wo sie nur auf einer befriedigenden Übereinkunft zweier Ich-Menschen beruht. Gott will das Zusammensein von Mann und Frau ins Wort der Liebe gründen: in die bedingungslose Ansprache des andern und in die uneingeschränkte Beanspruchung durch den andern! Für Luther ist es selbstverständlich, daß dort, wo Mann und Frau sich versprechen, auch das heimliche Dunkel durchbrochen werden muß, in das der Ich-Mensch sich hüllt. *»Wo zwei sich heimlich einander versprechen, kann niemand gewiß sein, ob es wahr ist oder nicht.«* Das Sich-Versprechen von Mann und Frau kann nicht heimlich sein. Es braucht offene Gewißheit. Das gottgewollte Zusammensein von Mann und Frau ist eine un-heimliche Sache. Das Wort der Liebe, das dieses Zusammensein gründet, will und muß auch offen gesprochen werden. *»Die Ehe ist als Lebensform keine Privatangelegenheit. Wo Mann und Frau zusammenleben wollen, soll das öffentlich angefangen werden. Mit Zeugen, die es beweisen können.«* Auf das Wort der Liebe, das den Ich-Menschen überwindet, müssen Mann und Frau sich in aller Offenheit verlassen können.

Gott schützt sein Werk vor dem vernichtenden Zugriff des Ich-Menschen, indem er es durch das Wort der Liebe in die Ehe faßt. Das ist der Lebensraum, der nach Gottes Willen dem sexuellen Begehren des Menschen zukommt. Wie der Eheschluß durchgeführt wird, in welchen Rechtsbestimmungen das gründende und bindende Eheversprechen ausgelegt und gesichert wird, wie für die

Die Schöpfung, Holzschnitt aus der Luther-Bibel 1534.
In der Erschaffung von Mann und Frau bricht sich Gottes Lebenswerk mit dem
Menschen Bahn. Im Wort des Schöpfers »Seid fruchtbar und mehret euch« er-
kennt Luther Grund und Ziel des Zusammenseins von Mann und Frau.

Achtung und Einhaltung der Ehe Sorge getragen wird und nicht zuletzt wie die vielschichtige Problematik der Ehescheidung zu regeln
ist – all das bewertet Luther als ethische und juristische Fragen, für
deren Regelung die politisch Verantwortlichen Sorge tragen müssen.
Denn: *»Die Ehe ist eine Angelegenheit der weltlichen Lebensordnung.
Sie untersteht der weltlichen Regierung.«* Damit ist sie freilich so wenig wie die weltliche Regierung selbst aus dem Herrschaftsanspruch
Gottes entlassen. Aber sie ist der gesetzlichen Regelung und Gestaltung des Menschen überantwortet. Luther will mit seinen Aussagen
über die Ehe nicht im geringsten in diesen Problemkreis eingreifen.
Er handelt von der Ehe, *»sofern sie das Gewissen betrifft«*. Er gibt
Antwort auf die bedrängende Frage nach der Lebenswahrheit, die
sich im Umgang des Menschen mit seiner Sexualität stellt. Auf dieser Ebene nimmt er, auch über den Bereich der Sexualität hinaus,
zum Eheleben Stellung.

Zwei völlig verschiedene Dinge

*»Der Mensch in seiner Eigenmächtigkeit sagt über die Ehe: ›Eine
kurze Freude und eine lange Unlust!‹ Aber laß ihn sagen, was er will.
Was Gott schafft und haben will, darüber muß er spotten. Ich glaube,
ihm wird das, was er außerhalb der Ehe an Lust und Freude hat, schon
im eigenen Gewissen klar. Es sind zwei völlig verschiedene Dinge: in
der Ehe sein und erkennen, was es mit dem Eheleben auf sich hat. Wer
in der Ehe ist und das Eheleben nicht erkennt, der wird immer voller
Unlust, Mühe und Jammer darin leben.«*

Luther ist sich gewiß, daß der Ich-Mensch die Ehe als Lebensform für minderwertig und lästig erklärt. Er kann zwar das Zusammensein von Mann und Frau nicht hindern. Wo er es nicht verleugnen will, da nimmt er es als seine ureigenste Sache in Anspruch.
Aber er verfehlt und verfälscht auf jeden Fall die gottgewollte Verbindung zwischen Sexualität und Ehe. Luther ist sich auch gewiß,
daß der Ich-Mensch um seine Verirrung weiß. Und zwar dort, wo
die Wahrheitsfrage im Gewissen aufbricht. Auch wenn er das weder
sich selbst, geschweige denn anderen eingestehen will. Wenn der
Ich-Mensch sich selbst treu bleiben will, muß er die Ehe verspotten.
Denn im Zusammensein von Mann und Frau begegnet ihm ein anderer, der Treue fordert. Vom sexuellen Begehren gedrängt, wird er
auf die Unausweichlichkeit des Miteinander gestoßen. Doch er
kann den Willen nicht gelten lassen, der hier am Werk ist. Der Ich-
Mensch kann die Ehe nicht erkennen.

»Diejenigen sind es, die die Ehe erkennen: die fest daran glauben, daß Gott selbst die Ehe in die Welt gesetzt, Mann und Frau einander gegeben und sie beauftragt hat, Kinder zu zeugen und zu erziehen.« So setzt die Glaubenserkenntnis der Ehe alles Lebensglück in Einstimmung mit Gottes Willen frei. Erkenntnis der Ehe ist keine Frage des Wissens, sondern eine Sache des Glaubens. Wo die Glaubenswahrheit am Wort Gottes orientiert ist, kommt die Lebenswahrheit auch im Verhältnis von Mann und Frau befreiend zum Durchbruch.

»Das allerbeste aber im Eheleben besteht darin, daß Gott Kinder schenkt und die Aufgabe stellt, sie zu Dienst für Gott zu erziehen.« Wo

Luthers Trauung, Stahlstich von Georg E. Opitz (1775–1841).
Luthers Trauung, der Eheschluß zwischen dem verurteilten Mönch und der geflohenen Nonne, war eine kirchenrechtliche Unmöglichkeit. Luther hat das nicht nur mißachtet, sondern bewußt durchbrochen. Die Kirche soll die Ehe nicht unter juristischen Fragen angehen. Der Sinn kirchlicher Trauung liegt auf einer anderen Ebene. »Wer zum Eheschluß von einem Pfarrer Gebet und Segen begehrt, der zeigt damit deutlich an – auch wenn er es nicht ausspricht –, in welch gefahrvolle Lage er sich begibt und wie sehr er den göttlichen Segen und das allgemeine Gebet nötig hat für die Lebensform, auf die er sich einläßt. Das kann man ja auch Tag für Tag finden, was Irreführung und Eigenmächtigkeit der Ehe zufügen: Ehebruch, Treulosigkeit, Uneinigkeit und alles mögliche Elend.«

Kinder zur Einstimmung in das Wort Gottes erzogen werden, da schließt sich für Luther der Kreis der Lebensbewahrung, den Gott vom Menschen bewußt durchschritten wissen will. Und das wird für den Menschen, der im Glauben in der Ehe lebt, nicht ohne Umwälzung abgehen.

»Sag mir! Wenn ein Mann die Windeln wäscht oder sonst etwas wenig Geachtetes seinem Kind zuliebe tut, und jeder spottet über ihn und hält ihn für einen Narren und Weichling, und er tut es trotzdem im Christusglauben – sag mir: wer hat hier den Spott auf seiner Seite? Gott freut sich mit allen Engeln und der ganzen Schöpfung – nicht weil er die Windeln wäscht, sondern weil er's im Glauben tut. Für jene Spötter aber, die nur das Werk sehen und nicht den Glauben, hat Gott nur Spott übrig. Sie sind die größten Narren auf Erden und verspotten sich nur selbst.«

Herausragende Zeichen

Luther und die Kirchenreform

Das ereignisreiche Jahr 1525 war für Luther ein Einschnitt, aber keine Wende. Es veranlaßte ihn zu einem gewaltigen Schritt voran auf dem eingeschlagenen Weg. Während Gegner ebenso wie Anhänger und Freunde in seiner aufsehenerregenden Heirat und seiner Position im Bauernaufstand Verrat witterten, war sich Luther klar, daß die Christusbotschaft jetzt durch die Tat bekräftigt werden mußte. Als er im Sommer 1525 davon sprach, daß er mit seiner Heirat ein Zeichen gesetzt habe mitten im scheinbaren Untergang des Evangeliums, fügte er noch hinzu. *»Und wenn ich kann, werde ich noch mehr tun. Das wird die anderen schmerzen, aber das Wort Gottes stark machen.«* Dieses *»Noch-Mehr«* hat eine Vorgeschichte.

Als Luther im Frühjahr 1522 von der Wartburg zurückkam, hat er den Reformeifer in Wittenberg gebremst. Nicht aufsehenerregende Reformmaßnahmen durften das erste sein. Die Verkündigung des Evangeliums mußte allem voran betrieben werden. Wo sie Gehör finden konnte, sollten die Mißbräuche der Papstkirche auf breiter Front in sich zusammenbrechen. Dann konnte man leicht darangehen, die Formen des kirchlichen Lebens neu zu gestalten. Keine Reform von oben, aber auch keine Massenbewegung von unten, sondern Erneuerung von innen durch das Wort Gottes – das war Luthers Programm für die evangelische Kirchenreform. Am Ende des Jahres 1521 hatte er bemerkt: *»Schau an! Was ist in einem Jahr schon alles geschehen, in dem wir die evangelische Wahrheit ausgebreitet und von ihr geschrieben haben! Wie ist den Papisten die Decke so kurz geworden. Was wird erst sein, wenn der Mund Christi noch zwei Jahre mit seinem Geist dreinschlagen wird?«* In der Predigt des Evangeliums kam Christus selbst zu Wort und setzte die Kirchenreform in Gang.

Luther hat in Wittenberg unablässig gepredigt. Und seine Predigten wurden gedruckt und nachgedruckt. Den religiösen Zwängen der Papstkirche und dem erzwungenen Heiligkeits- und Vollkommenheitsstreben, dem Irrglauben in Marien- und Heiligenverehrung, in Ablaß und Wallfahrten hat er das eine entgegengehalten: *»Glaube an Gott und hilf deinem Nächsten; das lehrt das ganze Evan-»gelium.«* So hat er Gemeinde und Leser angeleitet, aus Gottes Gabe in der Christusbotschaft zu leben und die göttliche Hilfe in Taufe, Beichte und Abendmahl zu erkennen und zu gebrauchen.

Worauf es ankommt

Den Meßgottesdienst als Mittelpunkt des kirchlichen Lebens hat er in der Wittenberger Stadtkirche im theologischen Zentrum entscheidend erneuert, aber in seiner äußeren Form nur allmählich verändert. Auf der Beseitigung von Kerzen und prächtigen Meßgewändern, auf der Neugestaltung der Gesänge und der Abschaffung der lateinischen Sprache im liturgischen Geschehen lag für ihn nicht das Hauptgewicht. Aber es kam alles darauf an, daß die Verkündigung des Wortes Gottes in der Predigt im Mittelpunkt stand und das Abendmahl nicht länger vom Priester als geheimnisvolles Christusopfer ins Werk gesetzt wurde. Die Abendmahlsworte mußten hörbar gesprochen werden. Brot und Wein, in denen Christus gegenwärtig ist, waren nur dazu da, um von den Gläubigen genossen zu werden. Freunde, Kollegen und der Wittenberger Stadtrat unterstützten Luther. Aber neben der Stadtkirche gab es in Wittenberg noch einen *»Götzentempel«*: das Allerheiligenstift mit seiner Reliquiensammlung und seinen vielen Opfermessen in der Schloßkirche. Nicht nur die hier beschäftigten Priester, auch Kurfürst Friedrich zeigte wenig Bereitschaft zur Reform. Aber Luther hat nicht lockergelassen. Er predigte gegen den *»Götzendienst«* in der Schloßkirche und wurde über Spalatin immer wieder beim Kurfürsten vorstellig. Anfang Dezember 1524 konnte er schließlich die Nachricht weitergeben: *»Endlich haben wir die Herren vom Allerheiligenstift dazu gebracht, die Opfermessen aufzugeben.«* Die Reform der Kirche durch das Wort Gottes ging voran: Unerbittlich und klar, wenn es darum ging, die Verkündigung des »reinen Gotteswortes« und den Christusglauben ins Zentrum zu stellen; nicht überstürzt und umsichtig dagegen, was die äußere Gestaltung anbetraf. Erst am 29. Oktober 1525 hat Luther in der Wittenberger Stadtkirche zum erstenmal eine von ihm ausgearbeitete »Deutsche Messe« gehalten.

Im Januar 1523 erhielt Luther einen Brief aus dem Städtchen Leisnig. Die Vertreter der Gemeinde wandten sich an ihn »als einen Vater und Wiederbringer göttlicher evangelischer Wahrheit«. Schon im vorangegangenen Herbst war Luther in Leisnig gewesen, um die Gemeinde bei der Neugestaltung der kirchlichen Verhältnisse zu beraten. Jetzt suchten die Leisniger erneut Luthers Unterstützung. Er sollte ihre Maßnahmen begutachten. Luther ergriff die Gelegenheit und nahm zu den drei Hauptfragen Stellung, die hier aufgeworfen waren: Ordnung des Gottesdienstes, Regelung der kirchlichen Finanzen und Einsetzung von Pfarrern. Luther hat diese drei Fragenkreise in drei Schriften behandelt. Er erkannte im Fall Leisnig ein *»Beispiel von allgemeinem Wert, dem andere Gemeinden nachfolgen könnten«.*

Die Verwirklichung seiner Ratschläge ging in Leisnig zwar nicht reibungslos und vollkommen vor sich. Wirtschaftliche Interessen, juristische Verwicklungen und das politische Kräftespiel taten das Ihre. Aber diese drei Schriften Luthers vom Frühjahr 1523 dokumentieren wesentliche Züge seiner Position zur Durchführung der evangelischen Kirchenreform.

In dem Maße, in dem das Evangelium in Städten und Dörfern sich ausbreitete und Anhänger fand, entbrannte der Streit mit der Papstkirche um die Besetzung von Pfarreien und Predigtstellen. In Leisnig war die evangelische Gemeinde zur Tat geschritten. Und Luther bekräftigte das in seiner Schrift »Daß eine christliche Gemeinde Recht und Macht hat, alle Lehre zu beurteilen und die Theologen zu berufen, ein- und abzusetzen; aus der Heiligen Schrift begründet«. Daß die Gemeinde dieses Recht ausüben durfte, war für Luther im offensichtlichen Notstand und im Widerstand der Bischöfe gegen das Evangelium begründet. Im Prinzip hat er jedoch Aufgabe und Stellung der Bischöfe nicht bestritten.

Die Orientierung am Evangelium machte auch eine Neuordnung des kirchlichen Vermögens nötig. Wo Klöster sich auflösten und Opfermessen, von denen ein großer Teil für die Rettung Verstorbener gestiftet war, nicht mehr gelesen wurden, kam Besitz und Stiftungsvermögen frei. In Leisnig richtete man, wie zuvor schon in Wittenberg, eine Gemeindekasse ein: den »Gemeinen Kasten«. Der kirchliche Besitz war ja das Vermögen der Gemeinde. Deshalb sollte es ihr auch zugutekommen. Neben der Finanzierung der Pfarrer und Küster und den Aufwendungen für die kirchlichen Gebäude wurde eine Gemeindeschule finanziert; Alte, Waisen und Arme sollten versorgt werden. *»So werden auch die Stiftungen erfüllt, die zu Ehre und Dienst Gottes gegeben wurden. Denn es gibt keinen größeren Gottes-*

dienst als christliche Liebe«, gab Luther in der Einleitung zu verstehen, die er der »Leisniger Kastenordnung« voranstellte.

In seiner Schrift »Von der Ordnung des Gottesdienstes in der Gemeinde« hat Luther Rahmenbedingungen für die Werktags- und Sonntagsgottesdienste abgesteckt. Die Opfermessen mußten unterbleiben, das Abendmahl sollte nach Bedarf gefeiert werden. Das Wort Gottes mußte im Zentrum stehen. *»Eine christliche Gemeinde soll nicht zusammenkommen, wenn nicht das Wort Gottes gepredigt und gebetet wird. Sei es auch noch so kurz.«* Gleich am Anfang seiner Schrift hat Luther herausgestellt, worum es bei der Gottesdienstreform ging: nicht um Abschaffung, sondern um Erneuerung. *»Wie wir das Predigtamt nicht abschaffen, sondern ihm wieder zur rechten Wahrnehmung verhelfen wollen, so denken wir nicht daran, den Gottesdienst zu beseitigen. Wir wollen ihn dahin bringen, daß er wieder richtig gefeiert wird.«*

Die Verkündigung der Christusbotschaft sollte dafür sorgen, daß der Gottesdienst innerhalb und außerhalb der Kirchenmauern – Gebet, Predigt und Gesang ebenso wie die Nächstenliebe – so gehalten wurde, wie es Gottes Willen aus der Heiligen Schrift entsprach. Aber dieses Zentrum der evangelischen Kirchenreform sah Luther nach den einschneidenden Ereignissen des Bauernaufstandes grundlegend gefährdet. Deshalb kam nun in seinem Eintreten für das Wort Gottes *»noch mehr«* auf ihn zu als bisher.

Dem völligen Verfall entgegentreten

Die Herausforderung im Kampf für das Wort Gottes zeigte sich für Luther im Sommer 1525 von zwei Seiten. Die Gefahr der gewaltsamen Ausrottung der »lutherischen Ketzerei« wuchs mit dem Bauernaufstand bedrohlich. Im Juli 1525 verbündeten sich Herzog Georg von Sachsen, Kurfürst Joachim I. von Brandenburg, Erzbischof Albrecht und die Herzöge von Braunschweig-Wolfenbüttel. Der Bauernaufstand hatte doch gezeigt, worauf das »Evangelium Luthers« hinauslief! Sollte man nun nicht auf breiter Front für die Wiederherstellung der alten religiös-kirchlichen Ordnung sorgen? Im November wurde auf einer Versammlung von Geistlichen aus dem gößten deutschen Bistum Mainz ein »Ratschlag« verabschiedet, daß man gegen die lutherischen Prediger vorgehen und wie man die religiöse Priesterherrschaft der Papstkirche grundlegend wieder aufrichten müsse. Luther hat diese Dinge mit Gelassenheit und Spott, aber auch mit kritischem Ernst und tiefer Sorge verfolgt.

Doch der Herausforderung von anderer Seite maß er weit mehr Bedeutung zu.

Am 31. Oktober 1525 schrieb er an Kurfürst Johann von Sachsen, der nach dem Tod seines Bruders Friedrich am 5. Mai die Regierung über das gesamte Kurfürstentum übernommen hatte. *»Überall sind die Pfarreien verkommen. Nachdem die religiösen Zahlungsverpflichtungen der Papstkirche verfallen sind, werden keine Abgaben mehr geleistet. Die vorhandenen Finanzen reichen nirgends. Die einfachen Leute geben nichts auf Pfarrer und Prediger. Wenn Euer Kurfürstliche Gnaden sich jetzt nicht mutig und nachhaltig darum kümmert, daß die Verhältnisse der Pfarreien und Predigtstellen geordnet werden, wird es in Kürze keine Pfarrei, keine Schule, keine Kanzel mehr geben. Das Wort Gottes und der Gottesdienst werden verschwinden.«*

Die Wirrungen des Bauernaufstandes haben die Probleme verschärft, die sich aus dem Verfall der alten Kirchen- und Gesellschaftsstruktur ergaben. Aber der Bauernaufstand hat zum großen Teil auch die Erwartungen untergraben, die Luther bisher an die Durchführung der evangelischen Kirchenreform durch die Verkündigung des Evangeliums und daraus erwachsende Reformmaßnahmen gerichtet hatte. Jetzt mußten um des Wortes Gottes willen die Akzente anders gesetzt werden. Es gab *»noch mehr«* zu tun.

Es war freilich nicht neu, daß Luther einen Inhaber weltlicher Herrschaft aufforderte, für die Regelung der kirchlichen Verhältnisse zu sorgen. 1520 hatte er sich insgesamt »an den christlichen

Kurfürst Johann von Sachsen, Holzschnitt von Lucas Cranach d. Ä.
Kurfürst Johann von Sachsen (1468–1532) war von Anfang an für Luthers Botschaft aufgeschlossen. So bestand nach dem Tod seines Bruders Friedrich die Hoffnung, daß unter Johanns Herrschaft die Kirchenreform durchgeführt würde. 1530 konnte Luther dem Kurfürsten mitteilen: »Der barmherzige Gott zeigt seine volle Gnade, indem er in Eurem Land sein Wort so mächtig und fruchtbar macht.«

Adel deutscher Nation« gewandt: weil die kirchlichen Autoritäten ihre Aufgabe vernachlässigten, sollten die weltlichen Herrscher für die Kirchenreform sorgen. Die Fürsten ihrerseits beanspruchten allerdings nicht ungern Recht und Macht, wenn es um kirchliche Belange in ihren Herrschaftsgebieten ging. Aber die Regelung kirchlicher Fragen im jeweiligen Herrschaftsgebiet war für die Herrscher nicht nur eine Gelegenheit, ihre politische Macht auszubauen. Gottgefällige Lebensgestaltung und wahrer Gottesdienst waren Angelegenheiten von öffentlichem Rang. Religion war keine Privatsache. Einem verantwortungsbewußten Herrscher konnten die religiöskirchlichen Belange nicht gleichgültig sein.

So hatte der Sohn des jetzigen Kurfürsten Johann, Herzog Johann Friedrich, schon im Sommer 1524 Luther eine Bitte vorgetragen: er solle doch einmal die Prediger im thüringischen Gebiet überprüfen. Andrerseits hatte Luthers enger Freund, der Zwickauer Pfarrer Nikolaus Hausmann, Kurfürst Johann schon länger darauf hingewiesen, wie notwendig es sei, daß er sich landesweit um die Regelung der kirchlichen Verhältnisse kümmere. Von der offensichtlichen Notsituation gedrängt, hat sich Luther im Herbst 1525 mit jener dringenden Bitte an den Kurfürsten gewandt. Aber das war nicht ganz unproblematisch. Die Regelung der organisatorischen Verhältnisse der Kirche war zwar eng verbunden mit der Gestaltung des öffentlichen Lebens überhaupt, und auch die Sorge um die rechte Verkündigung des Wortes Gottes konnte nicht ausgeblendet werden. Aber man durfte bei alledem nicht übersehen, daß das »Reich der Welt« und das »Reich Gottes« nicht verwirrt wurden. Die Aufforderung an den Kurfürsten konnte keine fürstliche Kirchenherrschaft begründen. War es überhaupt gerechtfertigt, den Kurfürsten so gezielt auf die Fürsorge für kirchliche Belange anzusprechen?

Luther hat 1528 das Vorgehen des Kurfürsten bei der »Sächsischen Kirchen- und Schulvisitation« begründet. Er hat sich dabei bemüht, die Notwendigkeit der Aufgabe, die Vielschichtigkeit des Problems und die eingeschlagene Lösung zu beachten. Geleitet von der Heiligen Schrift wies er darauf hin, daß keine Gemeinde für sich allein bestehen kann. Schon die Propheten, Christus und die Apostel sind von Ort zu Ort gezogen im Dienst am Wort Gottes. *»Wie man lehren, glauben, lieben und christlich leben soll; wie die Armen versorgt, die Schwachen getröstet und die Eigenmächtigen bestraft werden«* – das nannte Luther als Sinn und Zweck des christlichen *»Besuchsdienstes«*, der Visitation, den jetzt der sächsische Kurfürst durchführen ließ. Damit wurde das verwirklicht, was Pflicht und Aufgabe des Bischofs ist. Daß das Bischofsamt in der Papstkirche

durch politische und finanzielle Interessen, von der theologischen
Frage ganz abgesehen, verfallen war, stand für Luther fest. Aber der
Kurfürst sollte durch die Wahrnehmung dieser Aufgabe nicht zum
Bischof werden! *»Weil wir nun in dieser Sache nichts Ungewisses unternehmen wollten, haben wir auf die Aufgabe der Liebe zurückgegriffen, zu der alle Christen verpflichtet sind. So haben wir Kurfürst Johann von Sachsen, unsern gnädigen Herrn, als Landesfürsten und Inhaber der von Gott gewollten weltlichen Herrschaft gebeten: obwohl er
als weltlicher Herrscher nicht dazu verpflichtet ist, möchte er aus christlicher Liebe und um Gottes willen im Interesse des Evangeliums und
zum ewigen Nutzen der alleingelassenen Christen in seinem Land einige geeignete Personen beauftragen, den bischöflichen Besuchsdienst
durchzuführen.«*

Bis es endlich dazu kam

Kurfürst Johann war Luthers Bitte um den Liebesdienst eines christlichen Fürsten nachgekommen. Allerdings nicht gleich im Herbst
1525. Er blieb zwar mit Luther in dieser Sache in Verbindung, hatte
aber auch das Problem der Kirchenreform auf reichspolitischer
Ebene im Auge zu behalten. Im Sommer 1526 fand in Speyer ein
Reichstag statt. Die Frage der »lutherischen Ketzerei« und der Kirchenreform sollte hier wieder behandelt werden. Während der ab-
wesende Kaiser Karl V. durch seinen Bruder Erzherzog Ferdinand
sich dagegen sperrte, daß neue Beschlüsse gefaßt wurden, kam es
auf dem Reichstag zu einer folgenreichen Entscheidung: man beschloß, daß die einzelnen politischen Machthaber in der Sache des
Wormser Edikts bis zur umfassenden Regelung durch ein Konzil in
eigener Verantwortung vor Gott und dem Kaiser handeln sollten!
Darin konnten die Mächte, die der evangelischen Kirchenreform zu-
neigten, die rechtliche Voraussetzung erkennen, um Reformmaßnahmen durchzuführen.
    Am 22. November 1526 wandte sich Luther in der Frage der Kir-
chenreform erneut an Kurfürst Johann. Schärfer und dringlicher als
im Jahr zuvor. Auch mit einem neuen Akzent in der Sache. Hatte er
im Herbst 1525 den Verfall der organisatorischen Verhältnisse des
kirchlich-öffentlichen Lebens aufgezeigt, so beklagte er jetzt die Folgen: *»Es gibt keine Gottesfurcht mehr und kein Mühen um ein ordentliches Leben. Jeder tut, was er will.«*
    In den beklagenswerten Zuständen erkannte Luther geradezu ei-
nen Zwang zum Eingreifen für den Kurfürsten. Allerdings nicht, um

eine religiöse Tyrannei aufzurichten, sondern um das Wohlergehen des gesamten Landes zu sichern. Wenn die Alten mit ihrem *»säuischen Leben«* schon nicht aufhören wollten, sollten sie damit *»zum Teufel fahren«. »Aber wo man die Erziehung der Jugend vernachlässigt, da macht sich die weltliche Regierung schuldig. Da wird das ganze Land voll wilder, rücksichtsloser Leute.«* Luther beließ es nicht beim Klagen. Er unterbreitete dem Kurfürsten jetzt einen gezielten Vorschlag. Er sollte vier Personen bestellen für die »Visitation«, den bischöflichen Besuchsdienst. Die »Visitatoren« sollten eine kritische Bestandsaufnahme der Verhältnisse des kirchlich-öffentlichen Lebens als Grundlage für die Reformmaßnahmen vornehmen. Zwei davon sollten finanziellen und organisatorischen, die beiden anderen juristischen und theologischen Sachverstand mitbringen.

Im Februar 1527 nahmen zwei kursächsische Räte zusammen mit dem Juristen Hieronymus Schurf und mit Philipp Melanchthon die Visitation im »Kurkreis«, dem kursächsischen Kerngebiet, auf. Erst im Vollzug zeigte sich, wie groß und schwer die Aufgabe war. Es mußten gezielte Überlegungen angestellt und Programme aufgestellt werden. Im Spätsommer wurde auch Luther zum Beratungsprozeß hinzugezogen. Neben der Regelung der finanziellen und organisatorischen Fragen wollte man vor allem für die Gestaltung des kirchlich-öffentlichen Lebens eine Richtschnur geben. Aus den Beratungen zwischen dem kurfürstlichen Hof und den Wittenberger Theologen erwuchs der »Unterricht der Visitatoren an die Pfarrherrn im Kurfürstentum Sachsen«. Er lag im Frühjahr 1528 gedruckt vor. Die Hauptarbeit hatte Melanchthon geleistet. Dem gesamten Unternehmen entsprechend sind darin Fragen der theologischen Lehre und des Glaubens eng verbunden mit Anweisungen zur kirchlichen Praxis. Der Visitatorenunterricht sollte die vielfach recht ungebildeten, zum Teil noch der Tradition der Papstkirche verhafteten Pfarrer zur rechten Predigt des Evangeliums und der christlichen Gestaltung des Gemeindelebens anleiten. Mit diesem Dokument war erst die Grundlage für die Weiterarbeit geschaffen. Im Sommer 1528 bis in den Winter hinein wurde auch Luther zur Visitation herangezogen.

Mit der Visitation war zunächst organisatorisch die Gefahr abgewendet, daß das Wort Gottes wieder verstummen konnte. Luther wußte, daß ein äußerer Rahmen auch mit Leben gefüllt werden mußte: *»Denn Ordnungen aufstellen und die aufgestellten Ordnungen halten sind zwei verschiedene Dinge.«* Als 1530 die Frage der Kirchenreform beim Reichstag in Augsburg wieder zur Verhandlung stand, konnte Luther die »papistischen Gegner« immerhin wissen

Luther im Kreis reformatorischer Theologen, Ausschnitt vom Epitaph des Bürger-
meisters Meienburg in der Blasiikirche Nordhausen, von Lucas Cranach d. J.

Unter denen, die die evangelische Kirchenreform vorantrieben und trugen, stand
Luther im Mittelpunkt. Aber neben ihm haben andere ihren bedeutenden Beitrag
geleistet. Philipp Melanchthon (ganz rechts) hat als Professor an der Wittenberger Universität und durch Schriften die wissenschaftliche Ausbildung evangelischer Theologie geprägt. Seit 1530 hat er in vielen reichspolitischen Verhandlungen die evangelische Kirchenreform verantwortet. Neben ihm Caspar Cruciger
und Justus Jonas. Cruciger war seit 1528 Prediger an der Schloßkirche und Professor in Wittenberg. Jonas war 1521 Propst am Allerheiligenstift geworden; in
diesem Amt hatte er auch Aufgaben an der Universität; mit Luther setzte er sich
für die Stiftsreform ein. Als Jurist und Theologe war er auch außerhalb Wittenbergs an der evangelischen Kirchenreform beteiligt, in leitender Stellung seit
1541 in Halle. Es erstaunt, daß hier neben Jonas Erasmus von Rotterdam zu stehen kommt. Er war zwar der führende Kopf derer, die von der Seite der Bildungsreform her an Glaubenserneuerung und Kirchenreform interessiert waren; aber
Erasmus hat die evangelische Kirchenreform im Sinne Luthers nie befürwortet,
und 1524/25 ist es zum offenen Bruch zwischen den beiden gekommen. Neben
Erasmus schließlich Johannes Bugenhagen, der Wittenberger Stadtpfarrer. Er
hat von 1528 an in weiten Gebieten Norddeutschlands und in Dänemark die
Durchführung der evangelischen Kirchenreform geleitet und geprägt.

lassen: *»Über mich und die Meinen braucht ihr nicht verhandeln. Der rechte Helfer und Ratgeber hat uns und unsere Sache soweit gebracht, daß sie bleiben kann. Wir wollen sie auch lassen. Für uns braucht man keinen Reichstag und keinen Rat. Wir wissen, wie wir glauben und leben, lehren und tun, leiden und beten, und wo wir endlich bleiben sollen.«*

Kirche in der Welt

Die Kirche ist eine umstrittene Größe. Luther hat zu diesem Streit nicht wenig beigetragen. Dabei ist es ihm durchaus darum gegangen, die Kirche in Frage zu stellen. Und zwar radikal, das heißt: an die Wurzel gehend. Luthers Kampf gegen die Kirche ist allerdings ein Kampf für die Kirche. Er streitet dagegen, daß Institutionen, Menschen und Menschengruppen unter dem Namen Kirche ihre eigenmächtigen Programme vertreten und durchsetzen; er tritt dafür ein, daß Kirche als Einrichtung Gottes in der Welt erkannt und geglaubt wird.

Weil das Wort »Kirche« unklar und vielfältig verwendet wird, nennt Luther die Sache, um die es geht, beim Namen: *»das heilige christliche Volk Gottes«.* Kirche ist also die Gesamtheit der Menschen, die an Christus glauben. Sie geht nicht aus den Bemühungen des Menschen hervor und läßt sich durch menschliche Anstrengungen nicht zur Geltung bringen. Sie ist einfach da und lebt – wie ein Volk. Kirche existiert überall dort, wo an Christus geglaubt wird. Der Glaube an Christus aber erwächst aus derselben Wurzel wie die Kirche. *»Aus dem Wort Gottes wird die Kirche geboren und genährt, gehegt und gepflegt.«* Das Volk Gottes stammt aus Gottes Wort. Das Wort Gottes ist die Wurzel der Kirche. Luther will alles, was sich an der Oberfläche als Kirche ausgibt, nur gelten lassen, wenn es aus dieser Wurzel hervorgeht.

Die unauflösliche Verbindung, die zwischen dem Wort Gottes und der Kirche besteht, wird von Luther auf die Formel gebracht: *»Gottes Wort kann nicht ohne Gottes Volk sein. Und umgekehrt: Gottes Volk kann nicht ohne Gottes Wort sein.«* Das Wort Gottes ist keine stumme Theorie. Es spricht die Menschen an. Wo sich seine Überzeugungskraft durchsetzt, ist Kirche. Weil Gottes Wort und Gottes Volk immer nur zugleich da sind, ist das Wort Gottes das elementare Erkennungszeichen der Kirche: *»Wo du hörst und siehst, daß man*

*dieses Wort predigt, glaubt, bekennt und daraus lebt, da kannst du
vollkommen sicher sein, daß hier das christliche heilige Volk ist. Auch
wenn ihm noch so wenig Menschen angehören.«*
Was für ein Erkennungszeichen ist das! Es ist mindestens ebenso
umstritten wie die Kirche. Aber darum gerade geht es ja: über die
Kirche, Gottes Wort und Volk, läßt sich weder in einer ablehnenden
noch in einer begeisterten und am allerwenigsten in einer neutralen
Zuschauerhaltung urteilen. Man steht bei diesem Urteil selbst mit
auf dem Spiel. Das Wort Gottes spricht an. Wo es Gehör findet, ist
Kirche. Wo nicht, da wird man weder diese Ansprache als Wort Gottes erkennen noch die Existenz eines »heiligen Volkes« für möglich
halten. Es ist ja nichts zu erkennen.

Der Einwand, daß nichts vom heiligen Volk zu sehen ist, ist für
die Kirche eine stete Verlockung. Sie soll und will ihre Heiligkeit zur
Schau stellen! Aber die Kirche lebt nicht von der Selbstdarstellung
ihrer Heiligen, seien sie alt oder modern. Sie lebt allein aus dem
Wort Gottes. Diese umstrittene Größe macht das heilige Volk. Da
gibt es nichts zu sehen, aber alles zu glauben. *»Die Vernunft kann die
Kirche nicht erkennen, auch wenn sie alle möglichen Brillen aufsetzt.
Durch Irreführung kann die Kirche hinter Streitereien und Spaltungen
verschwinden. Und Gott kann sie hinter Fehlern und allen möglichen
Unvollkommenheiten verstecken. Wenn du sie sehen willst, mußt du
zum Narren darüber werden und zu einem völlig falschen Urteil kommen.«* Weil die Kirche mit dem Wort Gottes als ihrem grundlegenden Erkennungszeichen verbunden ist, ist sie eine Sache des Glaubens. Sie entschwindet damit nicht aus Raum und Zeit. Im Gegenteil! Dadurch schützt Gott sein Volk in dieser Welt vor dem vernichtenden Zugriff des Menschen, der nach Sichtbarem urteilt und nach
Greifbarem drängt. Das umstrittene Wort Gottes ist das gültige Erkennungszeichen der Kirche. Es ist zugleich ihr Lebenselement.

Gemeinschaft ohne Rangunterschiede

Luther kann noch weitere Erkennungszeichen angeben. Sie stehen
jedoch nicht neben dem Wort Gottes, sondern sind seine Gestalten
und gehen aus ihm hervor. Allen voran nennt Luther Taufe und
Abendmahl. Dabei ist die Taufe das Ursprungsgeschehen. Durch sie
kommt der Mensch in die Kirche. Wie er durch die Geburt in die
Welt gesetzt wird, so versetzt ihn das Geschehen der Taufe in das
heilige Volk Gottes. Der Glaube, den das Wort Gottes wirkt, wird
ihm hier höchstpersönlich zugesprochen. Die Taufe schenkt Glau-

ben. Ohne Taufe bleibt der Glaube und damit die Zugehörigkeit zum Volk Gottes ungewiß. Die Taufe verleiht dem Menschen das »Bürgerrecht«, das im Volk Gottes gilt: *»Wir werden durch die Taufe ohne Ausnahme zu Priestern geweiht.«* Und Priester sind die zum Dienst Gottes erwählten und beauftragten Menschen. Es gibt im Volk Gottes keine Rangunterschiede, wenn auch aufgrund unterschiedlicher Begabungen die Rollen verschieden wahrgenommen werden. Aber im priesterlichen Rang sind alle Angehörigen des Volkes Gottes gleich: im Dienst Gottes füreinander einzutreten. Das Geschenk der Taufe gilt dem Menschen ganz persönlich, aber es ist keine Privatsache, sondern eröffnet Gottesgemeinschaft.

Diese Gemeinschaft wird bestätigt, gefördert und am Leben erhalten durch das Abendmahl. Hier nimmt der Mensch das Mittel zu sich, das die Gemeinschaft des Volkes Gottes begründet: Christus. Die Christusgemeinschaft, die im Abendmahl gestiftet wird, umschließt ein Doppeltes: *»Die Lebensspeise macht mich selbst so vollkommen satt, daß alles, was ich lebe und habe, den anderen nützen kann.«* Im Abendmahl teilt sich Christus, die Lebensspeise, dem Menschen mit. So kann sich der Mensch den anderen in allen Dingen mitteilen und mit ihnen teilen. Hier muß man allerdings *»zum Narren werden«*, wenn man die Wirklichkeit der Kirche mit dem Auge der Vernunft wahrnehmen will. Gegen diese »Narretei« hilft nur das Mittel, das diese Wirklichkeit schafft: Christus.

Wie wenig die Menschen, die zum »heiligen christlichen Volk« gehören, von dieser Heiligkeit sichtbar an sich tragen, unterstreicht gerade das vierte Erkennungszeichen der Kirche, das Luther nennt: der Umgang mit dem Ich-Menschen, die Bewältigung der Sünde, im Volk Gottes. Der Ich-Mensch ist in den Gliedern des Gottesvolkes nicht ausgerottet. Sie müssen die Wirklichkeit der Taufe im Wort Gottes immer neu ergreifen und im Abendmahl die kräftigende Christusgemeinschaft suchen. Das vierte Erkennungszeichen der Kirche ist die Aufgabe, den Ich-Menschen im Volk Gottes nicht zu verstecken. Die Sünde soll öffentlich und privat zur Sprache kommen. Die Widersprüche des Ich-Menschen gegen das gottgewollte Leben, die Störung der Christusgemeinschaft und das eigenmächtige Leben ohne Glauben muß beklagt, unter das Wort der Strafe gestellt – und vergeben werden, in der unbedingten Autorität Gottes. Diese Aufgabe ist das »Amt der Schlüssel«: die Verfügungsgewalt über den Zugang des Ich-Menschen zur Gemeinschaft des Volkes Gottes. Nach Christi Willen soll sie das Volk Gottes wahrnehmen: »Welchen ihr die Sünden erlasset, denen sind sie erlassen; und welchen ihr sie behaltet, denen sind sie behalten.« (Johannes 20, 23)

Wie das letztgenannte Erkennungszeichen der Kirche sind alle vorher genannten keine eigenständigen Größen. Sie gehören hinein in den unauflöslichen Zusammenhang von Gottes Wort und Volk. Predigt des Wortes Gottes, Taufe, Abendmahl und Schlüsselamt sind Erkennungszeichen der Kirche, in denen sie zugleich lebt. Hier schließt das fünfte Erkennungszeichen an. Es sind die »Ämter der Kirche«. »Man muß Bischöfe, Pfarrer oder Prediger haben, die öffentlich und dazu beauftragt die genannten vier Heiligungswerke praktizieren.« Auch die Ämter der Kirche sind nichts an sich. Sie bestehen allein in ihrer Aufgabe: die Wirklichkeit der Kirche zu schaffen, in der sie stehen. Sie sind keine »Institutionen«, die der Kirche vorgeordnet oder übergeordnet wären. Aber sie sind lebensnotwendige Einrichtungen im Volk Gottes. So notwendig wie das Wort Gottes, ohne das es keine Kirche gibt. Gott sorgt für sein Volk, indem er einzelne mit der Wahrnehmung der »Ämter« beauftragen läßt. Das geschieht durch die Kirche. »Weil wir alle Priester sind, darf sich keiner eigenmächtig hervortun und sich unterstehen, ohne unsere Zustimmung und Wahl das zu tun, wozu wir alle das Recht haben.« Die Ämter der Kirche bleiben an die Kirche gebunden. Was beide verbindet, ist das Wort Gottes.

Wo das Wort Gottes in seinem Element ist, finden sich noch zwei weitere Erkennungszeichen. Weil das Volk Gottes nicht aus sich selbst heilig ist und seine Heiligkeit nicht in Selbstdarstellung zur Schau trägt, kommt es öffentlich zusammen zu Gebet, Lob und Dank gegenüber Gott. Im gottesdienstlichen Zusammenkommen tritt hervor, woraus die Kirche lebt, wessen Heiligkeit sie zur Darstellung bringt und auf wen sie ausgerichtet sein muß.

Keine Kirche ohne Kreuz

Als letztes Erkennungszeichen der Kirche nennt Luther das Kreuz. Das Volk Gottes ist ein Fremdkörper in der Welt. Wo es ist, stellt es die Welt in Frage. In ihm wird die Eigenmächtigkeit des Ich-Menschen überwunden, die in der Welt herrscht. Wo die Christusgemeinschaft wirklich ist, ist der vernichtende Zugriff des Ich-Menschen nach dem Leben abgewehrt. Sosehr Christus für Welt und Ich-Menschen ein Fremder ist, so fremdartig ist die Christusgemeinschaft der Kirche. Sie erregt den Widerstand der Welt. Sie sucht keinen Widerspruch, aber findet ihn: allein durch ihr Leben aus dem Wort Gottes. Das Volk Gottes erfreut sich im Glauben an der Einheit mit dem Leben. Deshalb wird es bedrückt und bedrängt von de-

nen, die Herren über das Leben sein wollen. Das letzte Erkennungszeichen der Kirche ist das *»heilige Kreuz«*. Die Glieder des Gottesvolkes hängen daran: nicht weil sie für Verbrechen gegen die Ordnung im »Reich der Welt« bestraft werden, sondern weil sie im
Glauben die Macht dieses Reiches nur als begrenzt respektieren.
»Sie wollen Christus allein und keinen anderen Gott haben.«

Das Volk Gottes existiert in der Welt. Aber es sprengt ihre Grenzen. Diese Sprengkraft der Kirche ist zwar tödlich für die Lebensgesetze des Ich-Menschen in der Welt, aber nicht für das Leben in der
Welt. Die Kirche bringt gerade das Leben als Gottes gute Schöpfung
zur Geltung. Die Glieder des Volkes Gottes schenken dem Anspruch des Lebens Gehör und stimmen in christlicher Freiheit in
Gottes Lebensordnung ein. Die Kirche dient nicht der Weltverbesserung, sie ist der Ort der Weltüberwindung. Sie wirkt nicht durch
Macht und Gewalt, sondern ist durch das Wort Gottes wirklich.

Die geistlichen Wölfe, Holzschnitt des 16. Jahrhunderts.
Der gesicherte Lebensraum für das Volk Gottes, die bedrohte Herde Christi, ist
allein unter dem Kreuz. Abseits des Kreuzes lauert die Bedrohung. Daß sie sich
sogar unter dem Deckmantel der Kirche verbergen kann, wollte der Künstler darstellen durch die Wölfe, die Papstkrone und Kardinalshut tragen. So muß sich
das Volk Gottes ans Kreuz zurückweisen lassen.

Verlorene Einsicht

Luthers Katechismus

Die Kirchen- und Schulvisitation in Kursachsen hat es an den Tag gebracht: Es stand schlecht um das Volk Gottes! Als Luther im November 1526 Kurfürst Johann auf die dringende Notwendigkeit der Visitation hingewiesen hatte, lag ihm eine Sache besonders am Herzen: die Erziehung der Jugend und der Unterricht im Wort Gottes. Dazu mußten nicht nur die organisatorischen Dinge geregelt werden. Hausväter, Lehrer und Pfarrer, denen die Verantwortung für diese Aufgabe zukam, mußten selbst erst eine Hilfestellung erhalten. Luther hat sie schließlich in zwei epochemachenden Schriften gegeben: dem Kleinen und dem Großen Katechismus.

Wie notwendig diese Schriften waren, hat er bedrängend erfahren, als er im Sommer und Herbst 1528 selbst an der Visitation beteiligt war. *»Hilf, lieber Gott! Was mußte ich sehen! Die Leute wissen nichts von der Lebenswahrheit durch Christus. Und viele Pfarrer sind äußerst ungeschickt und ungeeignet, um es ihnen beizubringen. Alle sollen zwar Christen heißen, getauft sein und die Mitteilung der Gnade Gottes genießen. Doch sie können weder das Vaterunser, noch das Glaubensbekenntnis oder die Zehn Gebote. Sie leben dahin wie das liebe Vieh und unvernünftige Säue. Und vollends: nachdem sie durch das Evangelium von der religiösen Zwangsherrschaft des Papstes freigeworden sind, mißbrauchen sie diese Freiheit vollkommen.«* Mit seinen Katechismusschriften wollte Luther diesem Notstand der Kirche abhelfen. Die Lebensfreiheit, die das Evangelium eröffnet hatte, konnte nur erhalten und vor der Zerrüttung durch die menschliche Willkür beschützt werden, wenn ihr Ursprung und ihre Wirklichkeit bekannt waren. Die Einsicht in die Zusammenhänge des Lebens durch den Christusglauben ging jeden an. Die grundlegenden Aussagen des Glaubens kennenzulernen, zu verstehen und damit auch zu leben – das war eine große Erziehungsaufgabe, an den Erwachsenen ebenso wie an den Kindern. Mit seinen Katechismusschriften hat Luther im Vollzug der evangelischen Kirchenreform die Grundlage dafür gelegt.

Erziehung und Bildung hingen für Luther aufs engste mit dem Christusglauben zusammen, der aus dem Evangelium erwächst. Das Evangelium ist in Worte gekleidet, und das Wort Gottes ist wirklich Wort. Es wird gesprochen und will gehört und verstanden werden. Luther wußte das in eigener Erfahrung begründet. Indem er sich darum bemüht hatte, das Wort der Heiligen Schrift zu verstehen, hat sich ihm der Christusglaube erschlossen. Persönliche Erfahrung und theologische Einsicht haben ihn gewiß gemacht, wie Gott sich mitteilt: *»Obwohl das Evangelium allein durch den Geist Gottes gekommen ist und noch jeden Tag kommt, hat es sich doch des Mittels der Sprache bedient, ist dadurch gewachsen und muß dadurch erhalten werden.«* Aus diesem Grund hat Luther nie einen Zweifel daran gelassen, wie notwendig gerade sprachliche Bildung für Erkenntnis und Ausbreitung des Evangeliums ist. Aber diese Notwendigkeit steht in einem größeren Zusammenhang.

In Erziehung und Ausbildung überhaupt erkannte Luther eine Aufgabe, die Gott dem Menschen stellt. Und zwar keine geringe: *»Ich schätze, daß die Welt sich bei Gott, was die greifbaren und sichtbaren Sünden anbetrifft, mit nichts anderem so hoch verschuldet und eine so harte Strafe verdient als durch das, was wir den Kindern antun, wenn wir sie nicht erziehen.«* Für die Erziehung sollten Eltern, Stadträte und Fürsten sorgen. Denn es steht dabei die Gerechtigkeit auf dem Spiel, die Gott im Reich der Welt der Herrschaft des Menschen anvertraut hat. Die Kinder zu erziehen hieß für Luther: sie dazu befähigen, daß jeder als Erwachsener an der Bewahrung dieser Gerechtigkeit mitwirken kann. Diese Gerechtigkeit ist die machtvolle Begrenzung des Ich-Menschen. Sie wird deshalb dort am besten bewahrt, wo Kinder nicht dem Ziel der unbegrenzten Selbstbehauptung und Lebensausbeutung zuwachsen, sondern wo ihnen der Anspruch des Lebens vermittelt wird. Hier zeigt sich für Luther Grund und Ziel der Erziehung im Wort Gottes. Die Aufgabe der Erziehung hängt zutiefst mit dem Erkennen, Verstehen und Geltenlassen des Wortes Gottes zusammen.

Daß dieses Wort, verfinstert und verschüttet, in seinem Kampf gegen die Papstkirche ins helle Licht gerückt war, das war für Luther eine unbestreitbare Tatsache. Und daß das Leben davon abhing, den Zugang zu diesem Wort durch Erziehung und Bildung im Licht zu belassen, das mußte deutlich herausgestrichen werden. Zu Beginn des Jahres 1524 erschien eine Schrift Luthers:»An die Ratsherren aller Städte des deutschen Landes, daß sie christliche Schulen einrichten und unterhalten sollen.« Darin sprach Luther die entscheidende Mahnung aus:»*Ihr sollt wissen, daß Gottes Wort und Gnade ein fahrender Platzregen ist. Er kommt nicht wieder dahin, wo er einmal war. Ihr Deutschen braucht nicht denken, daß ihr ihn ewig haben werdet. Undank und Verachtung werden ihn nicht bleiben lassen. Drum greif zu und halte fest, wer greifen und halten kann.*« Als dann vier Jahre später im Herrschaftsgebiet von Kurfürst Johann von Sachsen die Kirchen- und Schulvisitation durchgeführt wurde, hat Luther mitgeholfen, daß das Wort Gottes eine Gestalt bekam, die begriffen und behalten werden konnte. Der Platzregen sollte nicht in Sturzbächen fortreißen, sondern aufgefangen werden, um zum Gedeihen des Lebens beizutragen.

Theologie für die einfachen Leute

Im Kleinen und Großen Katechismus hat Luther zusammengestellt, erklärt und ausgelegt,»*was jeder Christ unbedingt wissen muß, so daß man den, der es nicht weiß, nicht zu den Christen zählen kann. Wie man einen Handwerker, der von seinem Handwerk nichts weiß und versteht, vom Gewerbe ausschließt.*« Diese Forderung war zwar nicht neu. Und auch der Unterricht in den grundlegenden Aussagen des christlichen Glaubens hatte schon seit Jahrhunderten Tradition. Das Vaterunser und das Apostolische Glaubensbekenntnis gehörten zu den grundlegenden Glaubensaussagen. Und die Zehn Gebote hatten in Zusammenhang mit der Beichtpraxis in der Papstkirche Bedeutung gewonnen. Aber die Wirklichkeit im Volk Gottes war offensichtlich so, daß nur die wenigsten ihr Christsein in die Worte fassen konnten, die die Glaubensüberlieferung der Kirche dafür bereithielt; geschweige denn, daß sie mit diesen Glaubensaussagen lebten. Die grundlegenden Glaubensaussagen standen in gebrochenem Verhältnis zur Existenz der Glaubenden.

Die evangelische Kirchenreform war der Veräußerlichung des Glaubens, die in der Papstkirche in religiösen Zwängen und Zeremonien in den Vordergrund gerückt war, mit der Predigt des Evangeliums entgegengetreten. Aber Luther erkannte, daß für die innere Erneuerung der Kirche noch ein anderer Weg eingeschlagen werden mußte.»*Ich erlebe es täglich, daß mancher, der drei oder vier Jahre lang den Predigten zugehört hat, dennoch nicht antworten kann, wenn man ihn nach dem Glauben fragt.«* Als Luther das im Herbst 1525 niederschrieb, hat er gleichzeitig darauf hingewiesen, wie notwendig ein »Katechismus« ist. *»Katechismus heißt ein Unterricht, in dem man die Heiden, die Christen werden wollen, lehrt und anleitet, was sie glauben, tun, lassen und wissen sollen im Christentum.«* Mit dieser Erklärung des Wortes »Katechismus« bezog sich Luther auf die Anfangszeit der Kirche, die offensichtlich noch nicht zu Ende war. Unterricht der »Heiden« im Christentum war eine immer noch unbewältigte Aufgabe. Die beiden Schriften, die Luther für die Durchführung dieses Unterrichts abgefaßt hat, waren 1529 fertig. Sie trugen selbst den Titel »Katechismus«. Wie sind sie entstanden?

Im Mai, September und nochmals vom 30. November 1528 ab hat Luther in der Wittenberger Stadtkirche über die »fünf Hauptstücke« gepredigt, die er im Katechismus zusammenstellte: Zehn Gebote, Glaubensbekenntnis, Vaterunser, Taufe und Abendmahl. Aus diesen Predigten sind die beiden Katechismusschriften erwachsen. Aber sie haben eine längere Vorgeschichte.

In Predigten und kleinen Schriften hat Luther schon seit Jahren die einzelnen Teile des Katechismus behandelt. Weit über ein halbes Jahr, vom Sommer 1516 bis Fastnacht 1517, hat er über die Zehn Gebote gepredigt. Katechismuspredigten waren nichts Ungewohntes. Besonders in der vorösterlichen Fastenzeit wurden sie gehalten, wenn die Gläubigen auf die Pflichtbeichte und den jährlichen Abendmahlsempfang vorbereitet wurden. Luther aber trat mit dem, was er zur Auslegung der Katechismusstücke zu sagen hatte, in Gegensatz zur kirchlichen Gewohnheit: *»Merke! Es ist ein großer Irrtum, wenn jemand zum Abendmahl geht und sich darauf verläßt, daß er die Beicht- und Gebetspflicht erfüllt hat. Nur wer glaubt und darauf vertraut, daß er im Abendmahl selbst Gottes Gnade empfängt, der empfängt es würdig. Nicht auf seine religiösen Leistungen, sondern nur auf das reine, treue und gütige Verheißungswort Christi soll man sich verlassen.«* Schon früh wollte Luther mit seinem »Katechismusunterricht« zum eigenständigen Umgang des Glaubenden mit Gott, seinem Wort und seinen Gaben anleiten.

Titelblatt der Schrift Martin Luthers »Deudsch Catechismus« (1529).
Im April 1529 war das lange geplante, vielfältig vorbereitete Werk fertig: »Martin Luther – Deutscher Katechismus«. Erst später wurde diese Schrift als »Großer Katechismus« bezeichnet, zur Unterscheidung vom »Kleinen Katechismus«, der im Mai 1529 als Büchlein erschienen war. Seine einzelnen Stücke waren allerdings schon seit Januar des Jahres als Plakate gedruckt worden, die in Kirchen,

Schulen und Häusern aufgehängt werden konnten. Luther hat beide Schriften nebeneinander und miteinander ausgearbeitet. So sind zwei eigenständige Werke
entstanden, die – das eine ausführlicher, das andere in einprägsamer Konzentra-
tion – die Sache des Glaubens im Anschluß an die zentralen Stücke der kirchlichen Glaubensüberlieferung zu Wort brachten: Zehn Gebote, Glaubensbekenntnis, Vaterunser, Taufe und Abendmahl.

Wem Luther mit solchen Auslegungen der zentralen Glaubensaussagen dienen wollte, hat er deutlich hervorgehoben. Als er 1519
Predigten über das Vaterunser drucken ließ, setzte er in den Titel:
»Für die einfachen Leute«, und fügte noch hinzu: *»Nicht für die Gelehrten.«* Diese Auslegungen gehörten hinein in seinen Kampf gegen
die religiöse Irreführung der Menschen in der Papstkirche. Sie waren Bausteine für die Errichtung der Christuswahrheit im Volk Gottes. 1520 erschien die Schrift »Eine kurze Auslegung der Zehn Gebote, des Glaubens, des Vaterunsers« und seit 1522 in immer neuen
Bearbeitungen Luthers »Betbüchlein«. Die wichtige Aufgabe der
Katechismuspredigten wurde an der Wittenberger Stadtkirche von
dem neuen Pfarrer Johannes Bugenhagen weitergeführt. Auch außerhalb Wittenbergs bemühten sich evangelische Prediger und
Theologen um den Glaubensunterricht, der für das Christsein von
jung und alt so entscheidend wichtig war.

Gegen die ruinöse Informationsflut

Wenn sich Luther im Herbst und Winter 1528/29 daranmachte, aus
den Katechismuspredigten, die er damals in Vertretung für Bugenhagen gehalten hatte, eine feste schriftliche Form zu erstellen, dann
erfüllte er einen Plan, von dem er schon 1525 gesprochen hatte. Inzwischen hatte ihm die Kirchen- und Schulvisitation vollends gezeigt, wie wichtig es war, den Pfarrern, außer dem »Visitatorenunterricht«, und den Hausvätern etwas an die Hand zu geben, was der
Sprachlosigkeit des Glaubens abhelfen konnte. Denn davon hing
doch der Christusglaube ab: daß er sich ins Wort fassen und aus-
sprechen ließ.

*»Ich merke wohl, worauf es die Kräfte, die in der Welt den Tonange-
ben wollen, abgesehen haben. Sie drängen darauf, daß man nur davon
schreibt und liest, wie gut oder schlecht wir Menschen sind. Damit soll
die Hauptsache, Christus, verschwiegen werden. Die Leute sollen vor
lauter Neuigkeiten nur noch das Maul aufsperren.«* Mit seinen Katechismusschriften wollte Luther über Wittenberg hinaus dem Leben
jedes einzelnen dienen. Pfarrer und Hausväter sollten in ihrer Erziehungsaufgabe unterstützt werden. Kinder und Ungebildete sollten
die Sprache des Glaubens lernen.

Luther hat seinem Katechismus eine genaue »Lernanleitung«
mitgegeben. Der Zweck des Katechismus sollte ja sein, daß man die
Sprache des Glaubens nicht nur hörte, sondern selbst beherrschte.
Luther nannte drei Lernschritte:

1. Die »fünf Hauptstücke« müssen im Wortlaut durch Auswendiglernen eingeprägt werden.

2. Der Sinn der einzelnen Glaubensaussagen muß erklärt werden. Luther betonte, daß auch dazu ein knapper, feststehender Text eingeprägt werden sollte. In seinem Kleinen Katechismus hat er in den gebündelten Erklärungstexten ein prägnantes Beispiel gegeben.

3. Wenn der Katechismus in der nötigen und unerläßlichen Kürze bekannt ist, können und sollen die Schritte folgen, die in das »reiche und weite Verständnis« der Glaubensaussagen einführen. Das lebendige Verstehen und Umgehen mit der Glaubenssprache setzt die Kenntnis der Grundbegriffe voraus. Mit seinem Großen Katechismus wollte Luther zu solchen weiteren Schritten anleiten.

Dieser dritte Lernschritt zeigt, wie eng alle drei miteinander verflochten sind. Sosehr Luther Wert darauf legte, daß im Katechismusunterricht in Kirche, Schule und Familie die drei Schritte gründlich und ohne Eile nacheinander getan werden, so gewiß war er, daß das Lernen im Katechismus einen Christen lebenslang beschäftigt. Gerade wer im dritten Schritt angelangt ist, wird immer wieder auf den ersten zurückkommen müssen: die grundlegenden Worte des Glaubens kennenzulernen. In den Zehn Geboten, dem Glaubensbekenntnis und dem Vaterunser sah Luther einen »kurzen Auszug und eine knappe Zusammenfassung der ganzen Heiligen Schrift«. Die wenigen Worte der Katechismusstücke bergen also alles in sich. Denen, die den Katechismus als primitive Kinderangelegenheit verachteten und nach höheren Erkenntnissen strebten, hielt Luther entgegen: »Gott selbst schämt sich nicht, den Katechismus täglich zu lehren, weil er nichts Besseres weiß. Er lehrt immer nur dieses Eine und nimmt sich nichts Neues oder anderes vor.« Luther selbst war sich deshalb, wie er oft hervorhob, als »gelehrter und erfahrener Doktor und Prediger« nicht zu schade, den Unterricht Gottes mitzumachen: sich die Worte der Katechismusstücke vorzunehmen und sich, die Glaubenssprache lernend, in sie zu vertiefen.

Luthers langjähriger Lernprozeß in der Sache und Sprache des Glaubens hat sich in seinen beiden Katechismen niedergeschlagen. In ihrer plastischen Sprache, ihrer zupackenden Art und in ihrer geistlichen Tiefe gehören sie zu seinen herausragendsten Werken. Die Fülle seines theologischen Schaffens ist in ihnen gebündelt. In ihnen verdichtet sich die Wahrnehmung seiner Aufgabe als Theologe: dem Volk Gottes zur Einsicht in den lebensentscheidenden Glauben zu verhelfen.

Glaube

Kann man Glauben lernen? Diese Frage drängt sich auf, wenn man wahrnimmt und ernst nimmt, welche Bedeutung Luther dem Katechismus zuerkennt. Die Antwort: ja – und nein. So widersprüchlich das klingt, so einheitlich ist es. Man muß nur sehen, worum es beim Glauben geht. Es gilt als selbstverständlich, daß Glaube und Gott etwas miteinander zu tun haben. Luther hat diese Selbstverständlichkeit auf eine bündige Formel gebracht: *»Die zwei gehören zusammen, Glaube und Gott.«* Das aber ist nicht so einfach, wie es klingt.

Wo etwas zusammengehört, kann es auch auseinanderbrechen. Glaube und Gott stehen stets in der Gefahr zu zerbrechen. Was der Mensch sich unter Gott vorstellt, was er als Gott verehrt und ablehnt, das bedroht den Glauben. Und was er als »seinen Glauben« betrachtet, das ruiniert Gott. Die selbstverständliche Zusammengehörigkeit von Glaube und Gott will erst erkannt werden, wenn sie dem Menschen zum Leben verhelfen soll. Luther bestreitet nicht, daß der Mensch manches über Glaube und Gott weiß. Aber er ist sich sicher, daß das meiste davon ein großer Irrtum ist. *»Es fehlt uns einzig und allein daran, daß wir das Wesen des Glaubens nicht recht verstehen.«* Man muß nach Luthers Meinung anscheinend etwas über den Glauben lernen. Dabei wird man dann auch Gott kennenlernen. Und vielleicht bekommt man dabei auch etwas mit von dem Glauben, den man nicht lernen kann.

Die zerbrechliche Verbindung von Glaube und Gott gehört nicht in einen belanglosen Bereich religiöser Phantasie abseits der Lebenswirklichkeit. Glaube und Gott entscheiden über das Leben. Wo sie vom Leben abgetrennt werden sollen, müssen sie auseinanderbrechen – und mit ihnen zerbricht das Leben. Im Wissen um diesen tiefen Zusammenhang unterstreicht Luther, daß über Gott mitten im Leben des Menschen entschieden wird. Auch und erst recht dann, wenn die Meinung herrscht, daß mit dem Wort von Gott auch die Wirklichkeit Gottes beiseite geschoben werden kann. Wo von Gott nicht mehr gesprochen wird, da macht er sich schweigend bemerkbar. Wo nicht mehr geglaubt wird, da zeitigt der Unglaube seine Früchte. Das Leben geht nicht ohne Gott. Deshalb kommt es darauf an, wie es mit Gott geht.

Luther hält die unumgängliche Gottesbeziehung des Menschen fest: *»Das woran du dein Herz hängst und worauf du dich mit deinem Leben verläßt, das ist eigentlich dein Gott. So daß einen Gott haben nichts anderes ist als das, worauf du vollkommen vertraust.«* Auf seiner Suche nach Lebenssicherung und Lebensgewißheit kommt der Mensch an Gott nicht vorbei. Aber was er dabei als Gott aufstöbert und worauf er sein Leben baut, das sind recht fragwürdige Götter. Luther nennt: Besitz und Reichtum, Intelligenz und Schläue, Durchsetzungsvermögen und Macht, Ansehen und Aussehen. Wie fragwürdig diese Götter sind, das zeigt sich, wo mit ihrem Verschwinden oder ihrer Ohnmacht das Leben ungewiß wird. Das Gottesproblem ist dem Menschen mit dem Leben mitgegeben.

Ins Licht tritt es, wo die Frage nach dem wahren Gott aufbricht. Das ist zugleich die Frage nach dem Glauben, der des Lebens vollkommen gewiß macht. Sie bricht auf in der Situation, in der dem Menschen das Leben zusammenzubrechen droht oder tatsächlich zusammenbricht. Bedrohlich ist diese Situation, weil in ihr die fragwürdigen Götter schweigen, der Mensch aber ohne einen Gott nicht leben kann. Hilfreich ernst aber ist sie, wenn der Anspruch des wahren Gottes in sie hineinführt: »Ich bin der Herr, dein Gott. Du sollst keine anderen Götter neben mir haben.« (2. Mose 20, 2f.)

Mit diesem Anspruch entzieht Gott dem Menschen die Möglichkeit, sich seine Götter selbst zu wählen, und entreißt ihm die Verfügungsgewalt über das Leben. Gott schafft selbst die lebensbedrohliche Situation für den vergötterten Menschen. Er tut das im Interesse des Lebens, dessen der Mensch gewiß sein muß. Wo das erkannt und geglaubt wird, ist die Ausgangslage geschaffen für *»den rechten Glauben und die Zuversicht des Herzens, die sich auf den rechten, einzigen Gott gründet und an ihm allein hängt.«* Der *»rechte, einzige Gott«* ist so unsichtbar wirklich, wie das Leben geheimnisvoll und ungreifbar da ist. Er will sich nur hören lassen – in seinem Wort. Diese scheinbare Schwäche ist gerade seine Stärke. Der Glaube läßt sich darauf ein, weil der wahre Gott Gehorsam fordert und Glauben schenkt.

Das alte Wort neu geglaubt

Glaube heißt für Luther: das Leben auf den unsichtbaren Gott gründen. Der Glaube ist deshalb zugleich gewagt und gewiß. Er läßt dem Sichtbaren und Greifbaren sein Recht. Aber er vergöttert es nicht. Er drängt darüber hinaus und dringt hindurch: zu Gott! Darin ist er gewagt. Aber zu diesem Wagnis kommt der Mensch nicht von sich aus. Auf sich allein gestellt, hängt er sich ja gerade an das Greifbare und Sichtbare. Der Durchbruch des Glaubens kommt von außen auf ihn zu. Es ist das Wort Gottes, das den Menschen zum Wagnis des Glaubens an den unsichtbaren Gott verlockt. Glaube ist die Antwort, die der Mensch auf die Anrede Gottes gibt. Deshalb ist der Glaube nicht in sich selbst, sondern im Wort Gottes gewiß. Während der Mensch das Leben sucht und sichern will, sagt es ihm das Wort Gottes zu. So empfängt der Mensch im Glauben das Leben gewiß.

»Glaube ist nichts anderes als sich auf das verlassen, was Gott verspricht. Deshalb sind Wort und Glaube gleichzeitig. Ohne Wort kann es keinen Glauben geben.« Und man muß hinzufügen: und ohne Glauben bleibt das Wort Gottes für den Menschen stumm. Was Gott verspricht, ist das Leben, das der Mensch im Glauben ergreift. Luther entfaltet dieses Versprechen im Anschluß an das Apostolische Glaubensbekenntnis auf drei Ebenen. Er tut das angesichts der Lebenswirklichkeit des Menschen und aufgrund des Handelns Gottes. Luther unterstreicht ausdrücklich, daß es hier nichts Neues zu sagen gibt, und er warnt: *»Diejenigen, die so vorwitzig sind und etwas Neues hören wollen, die haben das Alte nie recht verstanden.«* Gottes Versprechen bleibt sich gleich. Je mehr der Mensch auf dieses Versprechen hört, desto mehr verspricht es ihm. *»Denn daran haben wir, solange wir hier sind, täglich zu predigen und zu lernen.«* So schließen die alten Worte des Glaubensbekenntnisses einen Inhalt in sich, der unaussprechlich bleibt, aber doch immer neu dem Glauben etwas zu sagen hat.

Aus der Holzschnittillustration zum Vaterunser von Lucas Cranach d. Ä. Der Glaube entsteht im Hören auf das Wort Gottes. Das ist die einzige Möglichkeit. »Zum Glauben und allem, was damit verbunden ist, kann keiner gezwungen werden. Aber jeder soll durchs Wort so angezogen werden, daß er gern zum Glauben kommt.«

1.»Ich glaube an Gott, den Vater, den Allmächtigen, Schöpfer Himmels und der Erden.« – »*Das sieht nicht aus wie ein schlauer Gedanke. Es ist eine einfache Predigt. Aber kein Mensch, wie schlau er auch sein mag, ist jemals darauf gekommen.*« Der Glaube an Gott, den Schöpfer, ist keine Sache der vernünftigen Einsicht in den Ursprung des Lebens. Er erwächst nicht aus Beobachtung der Natur und Erforschung der Lebenszusammenhänge. Er ist ganz allein Antwort auf den einzigartigen Anspruch: »Ich bin der Herr dein Gott. Du sollst keine anderen Götter neben mir haben.« Diesen Anspruch kann der Mensch nur ernst nehmen, wenn er sich selbst mit seinem Leben Gott verdanken kann. Deshalb bewährt sich der Glaube an den unsichtbaren Gott als Schöpfer auch nicht in einer Weltentstehungstheorie, sondern im Leben – wo es als Sache Gottes ernst genommen wird. Wie es damit allerdings steht, hat Luther scharf beobachtet: »*Das Wort vom Schöpfer ist uns gleichgültig. Wenn wir es von Herzen glauben würden, dann würden wir uns auch danach richten. Wir würden nicht so selbstgewiß daherkommen, uns behaupten und aufblasen, als hätten wir uns das Leben, Wohlstand, Macht und Ansehen selbst verschafft.*« Im Glauben an den Schöpfer will Gott im sichtbaren Leben durchbrechen als »*freundlicher Vater, der für uns sorgt*«. Aber der Mensch läßt ihn nicht. So geht Gott einen anderen Weg zum Menschen.

2.»Ich glaube an Jesus Christus, Gottes eingeborenen Sohn, unseren Herrn.« – Das ist der Weg, auf dem sich der in all seinen Vergötterungen gottlose Mensch und der wahre Gott treffen. In seiner Unfähigkeit zum Glauben an den unsichtbaren Gott, den Schöpfer, reißt der Mensch das Leben vernichtend an sich. Im Glauben an Jesus Christus darf er es neu und unversehrt nach Gottes Willen empfangen. Luther sieht das eingeschlossen in dem Wort »Herr«: »*Dieses Wörtchen heißt ganz schlicht ›Erlöser‹.*« Jesus Christus, der Herr, schafft Entspannung im angespannten Verhältnis zwischen Gott und Mensch. Und er tut damit alles für das Leben. Er durchbricht die verhärteten Fronten und entschärft das zwanghaft unerbittliche Gegenüber von Gott und Mensch. Das ist eine erlösende Wohltat. Als herrenloser Vagabund gerät der Mensch in alle möglichen Abhängigkeiten und macht sich den unsichtbaren Gott zum Feind. Wo Jesus Christus der Herr des Menschen wird, muß Gott sein väterlicher Freund werden. Wenn Gott und Glaube zusammengehören, dann hat Jesus Christus offensichtlich eine Schlüsselstellung in der Frage nach dem rechten Glauben. In ihm kommt das Problem zur Lösung, das der Mensch nicht lösen kann: die Forderung nach Glauben an den *einen,* unsichtbaren Gott. In Jesus Christus eröffnet sich für den Menschen das Leben: als Gottes gute Schöpfung. Aber wie kann der Mensch das fassen? *»Gott läßt uns verkündigen und predigen, daß er seinen Sohn Jesus Christus hat kommen lassen, um die Gottesferne des Menschen und alles Unglück, das daraus erwächst, zu beseitigen. Zu dieser Predigt gehört nur, daß ich es glaube. Anders kann ich es nicht fassen.«*

3. »Ich glaube an den Heiligen Geist.« – In Jesus Christus ist die einzigartige Möglichkeit geschaffen, durch den von Gott geforderten Glauben vollkommen zur Gewißheit des Lebens zu gelangen. Es bedarf einer gewaltigen Leistung, daß diese Möglichkeit Wirklichkeit wird. Sosehr der Mensch das auch versucht, er schafft es nicht. Der Ich-Mensch muß seiner lebenszerstörenden Abgötterei überführt, von der Liebe Gottes überwunden und von Gottes lebenspendendem Wort überzeugt werden. Das schafft allein Gottes Geist. Er ist die leistungsstarke Kraft der Lebenserneuerung. Seinen Namen »Heiliger Geist« hat er von dem, was er tut: er bringt den unheiligen Menschen auf den Weg Gottes. *»Das Heiligmachen ist nichts anderes als zu dem Herrn Christus bringen, um Gottes Geschenk zu empfangen.«* Deshalb ist der Heilige Geist nicht in einem rätselhaften, unbestimmten Niemandsland zu suchen. Er ist dort anzutreffen, wo diese gewaltige Leistung vollbracht wird: in der Predigt von Christus, in der Taufe, im Abendmahl, in der Buße. Der Heilige Geist hat seinen Platz im Volk Gottes. Denn das setzt sich aus den Menschen zusammen, die seine Leistung nicht nur anerkennen, sondern sich ihr verdanken. *»Alles, was der Heilige Geist tut, besagt nur dies eine: der Mensch soll wissen, daß er Gottes Geschöpf ist und daß er trotz Widerspruch und Widerstand gegen den Schöpfer leben darf – durch Jesus Christus.«* Das ist der rechte Glaube, der dem wahren Gott entspricht. Denn Glaube und Gott gehören zusammen.

Glaube und Erfahrung: Fühlen, wo es fehlt

Kann man den Glauben erfahren? Wenn der rechte Glaube dem unsichtbaren Gott gilt, wird er kaum aus dem herauswachsen, was der Mensch im sichtbaren und greifbaren Leben an ungebrochener Erfahrung sammelt. Diese Erfahrung bringt den Menschen kaum zur Einsicht, daß er dem Leben widerspricht. Sie lehrt ihn eher das Gegenteil: der Mensch erfährt das Leben in herausfordernden Widersprüchen, denen er sich stellen und die er beherrschen muß. Im Kampf gegen den Widerspruch des Lebens entstehen deshalb auch die irreführenden Götter – jene beeindruckend ohnmächtigen Größen, denen der Mensch seine Stärke zur Lebensbewältigung zu verdanken meint. Der Glaube, der das Leben als Geschenk Gottes annimmt, steht in eigenartiger Spannung zur landläufigen Lebenserfahrung und ihrer gängigen Lehre. Er bricht dort durch, wo der Mensch nicht leugnet, daß er mitten im Widerspruch des Lebens als Hauptverantwortlicher und Mitschuldiger drinsteckt. *»Das ist die Art des Glaubens: daß der Mensch fühlt, wo es ihm fehlt, und von dieser Krankheit gern geheilt wäre.«* So hart der Glaube der gängigen Lebenserfahrung widerspricht, so sehr setzt er selbst Erfahrungsmaßstäbe.

Entscheidendes Merkmal der Glaubenserfahrung ist nicht Selbstsicherheit oder selbstgefällige Lebensbeherrschung. Die Glaubenserfahrung zeigt sich im Fühlen der Verschuldung am Leben und im Wunsch, davon befreit zu werden. Die Glaubenserfahrung hat zwei Seiten: sie umschließt ein erschütterndes Tief und bricht durch zu einer hohen Hoffnung. Beide Ebenen haben ihren Grund im Wort Gottes: in seiner unbedingten Glaubensforderung, die die Gottes-

Titelblatt und erste Seite des ersten »evangelischen« Gesangbuches (1523/24)
Um den Christusglauben zur Sprache zu bringen, hat Luther auch Lieder gedichtet. Zu den ersten und bedeutendsten gehört das Lied »Nun freut euch, lieben Christen gmein«. Im ersten Gesangbuch, das im Winter 1523/24 aus der evangelischen Kirchenreform hervorging, stand es vornean.

ferne des Menschen aufdeckt, und in seiner unverbrüchlichen Zusage des vollkommenen Lebens. So macht das Wort Gottes geradezu immer neue Erfahrung möglich: es stürzt den Menschen, der sich im Sammeln von Lebenserfahrungen sichern und durch solche Erfahrungslehre des Lebens vergewissern will, in die Glaubenserfahrung. Der Glaube ist deshalb nicht als religiöse Schlußfolgerung der menschlichen Lebenserfahrung aufgesetzt und übergestülpt. Er ist vielmehr der Ansatz zu immer neuem Leben. Er bringt dem Menschen das Leben in seiner ganzen Fülle und Tiefe erfahrbar nahe.

»Der Glaube ist eine lebendige und mächtige Wirklichkeit. Er ist keine Sache des selbstgefälligen Denkens. Er gehört ins Herz des Menschen. Aber er schwimmt dort nicht so geruhsam wie eine Gans auf dem Wasser. Sondern wie das Wasser, wenn es erhitzt wird, zwar Wasser bleibt, aber doch ganz anders wird, so macht der Glaube, das Werk des Heiligen Geistes, den Menschen neu. Wenn man ihn beurteilen will, so muß man sagen: er versetzt den Menschen mehr in die Passivität als in die Aktivität. Denn er verwandelt Herz und Sinn. Wo der Mensch gewohnt ist, mit seiner Vernunft nach dem Sichtbaren zu urteilen, da ergreift der Glaube das Unsichtbare und behauptet, daß gerade das, gegen alle Vernunft, wirklich ist.«

Daß der Funke des Heiligen Geistes im Herzen des Menschen den Glauben zündet, das ist gewiß nicht erlernbar. Aber weil der Heilige Geist durchs Wort ins Herz des Menschen kommen will, läßt er den Menschen um des Glaubens willen dieses Wort hören und lernen.

Unüberbrückbarer Graben

Luther in Marburg

Am 2. Oktober 1529 saßen sich Martin Luther aus Wittenberg und Ulrich Zwingli aus Zürich im Marburger Schloß gegenüber. Sie sollten sich darüber verständigen, wie das Abendmahl zu verstehen sei. Seit fünf Jahren hatte es darüber unter evangelischen Theologen erbitterte Auseinandersetzungen gegeben. Luther und Zwingli waren in diesem Streit die Hauptgegner. Nun waren sie zu einem Gespräch zusammengeführt worden. Der hessische Kanzler Johann Feige eröffnete das Gespräch. Vor einem stattlichen Kreis von Zuhörern und Mitdebattierenden wies er auf die Tragweite der Begegnung hin: Man sollte rechthaberischen Eifer hintanstellen, dagegen sich um Gottes Ehre, das der Christenheit insgesamt Dienliche und um brüderliche Einigkeit bemühen!

An der brüderlichen Einigkeit war vor allem Landgraf Philipp von Hessen interessiert, der das Gespräch organisiert hatte. Angesichts der politischen, rechtlichen und militärischen Bedrohung der Mächte, die die evangelische Kirchenreform förderten, strebte er ein großes politisches Bündnis aller Evangelischen an. Der Streit ums Abendmahl war dabei ein enormes Hindernis. Der Landgraf hoffte, die zerstrittenen Theologen durch ein Gespräch zu einem Ausgleich zu bringen, der dann auch politischen Nutzen haben konnte. Als Luther im Juni 1529 zum erstenmal vom Landgrafen wegen der Teilnahme an einem solchen Gespräch angefragt wurde, reagierte er nicht ablehnend, aber skeptisch. *»Fürwahr, ich glaube es rundweg, daß Euer Fürstliche Gnaden mit Ernst und Zuversicht an die Sache herangeht. Darum bin ich auch gern bereit, Eurem Vorhaben einen, wie mir scheinen will, nutzlosen Dienst zu erweisen.«* Landgraf Philipp ließ sich in seinen Bemühungen nicht beirren. Er hatte als evangelischer Bündnispolitiker bereits einen Namen.

Herzog Georg von Sachsen, der Schwiegervater des Landgrafen, drängte seit den Tagen des Bauernaufstandes verstärkt auf Unterdrückung und Ausrottung der »lutherischen Ketzerei«. Im Sommer 1525 hatte er sich dazu mit gleichgesonnenen Fürsten verbündet. Er wollte auch seinen Schwiegersohn hierfür gewinnen. Aber Landgraf Philipp setzte seine politische Kraft zugunsten der evangelischen Kirchenreform ein. 1524 hatte der junge Fürst die hessischen Pfarrer zur Predigt des Evangeliums aufgefordert. Und er drängte auf politische Stärkung der »Sache des Evangeliums«. In der ersten Hälfte des Jahres 1526 wurde zwischen ihm und Kurfürst Johann von Sachsen in Gotha und Torgau ein Beistandspakt ausgehandelt für den Fall, daß sie um des Wortes Gottes willen angegriffen würden. Die Stadt Magdeburg und andere mittel- und norddeutsche Gebiete schlossen sich an. Dieser erste Bundesschluß zur Verteidigung des Evangeliums und der evangelischen Kirchenreform kam zustande, ohne daß Luther darüber informiert oder um Rat gefragt wurde. Dagegen wollte Kurfürst Johann bald in einer spannenden Polit-Affäre das Urteil des Wittenberger Theologen nicht missen. Um Rat gefragt, teilte Luther seinem Kurfürsten Ende März 1528 mit: *»Angreifen und mit Krieg den feindseligen Absichten dieser Fürsten zuvorkommen, das ist auf jeden Fall abzulehnen.«* Worum ging es?

Am Rande eines Glaubenskrieges

Otto von Pack, Vizekanzler des Herzogs Georg von Sachsen, hatte sich mit diesem überworfen und im Winter 1528 Landgraf Philipp informiert: Antilutherische Fürsten und Bischöfe hätten sich zur gewaltsamen Ausrottung der »Ketzerei«, auch mit Krieg gegen die »lutherischen Herrscher« gezielt verabredet! Daraufhin entschlossen sich Landgraf Philipp und Kurfürst Johann zu eigener militärischer Rüstung und schmiedeten Kriegspläne. Ohne Luthers Warnung hätte sich der Kurfürst wohl in einen Krieg hineinziehen lassen. Denn der Landgraf wollte lieber »dem Feuer wehren, als das brennende Haus löschen«. Aber zum Krieg gab es keinen Anlaß! Die Befürchtungen, die die Informationen des Otto von Pack auslösten, erwiesen sich bald als überspitzt. Luther hat sich von der Gegenstandslosigkeit der Befürchtungen allerdings nie überzeugen lassen. Er traute Herzog Georg, dem erklärten Feind »seines Evangeliums«, solche Absichten durchaus zu.

Vor dem Horizont derartiger Spannungen trat im März 1529 der Reichstag in Speyer zusammen. Hier mußten die Evangelischen erleben, daß die religionspolitischen Gegner einen harten Kurs einschlugen. Dabei spielte der Bruder des Kaisers, Erzherzog Ferdinand, seit 1526 auch König von Böhmen und Ungarn, eine maßgebliche Rolle. Er setzte einen Reichstagsbeschluß durch, der die günstige Rechtslage für die evangelische Kirchenreform aufhob, die seit dem Speyrer Reichstag von 1526 bestand: Dem Fortgang der evangelischen Kirchenreform wurde Einhalt geboten, und zur endgültigen Regelung des Problems sollte der Kaiser innerhalb eines Jahres ein Konzil oder eine Nationalversammlung berufen. Noch während der Reichstagsverhandlungen hatte die evangelische Gruppierung, fünf Fürsten und vierzehn Reichsstädte, am 19. April gegen den sich abzeichnenden Beschluß unter Berufung auf die einmütig getroffene Bestimmung von 1526 Protest eingelegt. Auch Luther hörte von den Vorgängen in Speyer. *»Wenn der Reichstag überhaupt ein Ergebnis erbrachte, dann dies, daß die Christusgeißler und Seelentyrannen ihrer Wut nicht freien Lauf lassen konnten.«*

Aber hinter dem gemeinsamen Auftreten der *»Protestanten«* gegenüber den *»Christusgeißlern und Seelentyrannen«* herrschte wenig Gemeinsamkeit. Der seit Jahren ausgetragene Abendmahlsstreit hatte tiefe Gräben gezogen. Ende 1525 zählte Luther im *»Irrtum über das Sakrament«* drei *»Sekten«*, und in den kommenden Monaten mußte er deren Zahl auf fünf, ja sechs erhöhen. In all diesen Gruppierungen sah er jedoch von Anfang an nur *einen* Geist am Werk: den verführerischen *»Tausendkünstler«*, der Gottes Wort nicht gelten läßt. Demgemäß hob Luther die große Bedeutung dieser theologischen Auseinandersetzung hervor: die bisherigen Streitereien mit der Papstkirche beurteilte er im Vergleich zum Abendmahlsstreit als Spielerei; jetzt erst wird es ernst, weil nun Themen der Heiligen Schrift selbst zur Debatte stehen! Wie hat sich Luther in dieser zentralen Auseinandersetzung verhalten?

Anfang Dezember 1524 hatte er einen Brief aus Straßburg erhalten. Er sollte den Straßburger evangelischen Theologen und vor allem der verunsicherten Gemeinde in der Abendmahlslehre und anderen theologischen Fragen Rat und Hilfestellung geben. Andreas Bodenstein-Karlstadt, Luthers einstiger Wittenberger Kollege, war nach seiner Ausweisung aus Kursachsen im Herbst 1524 im oberdeutschen Raum mit mehreren Schriften in scharfem Widerspruch zu Luther, besonders in der Abendmahlslehre, hervorgetreten. Wie die Straßburger berichteten, hat er in offensichtlich überzeugenden Argumenten dargelegt, daß das bei der Einsetzung des Abendmahls gesprochene Wort Christi »Das ist mein Leib, der für euch gegeben wird« nicht wortwörtlich verstanden werden dürfe. Deshalb würde im Abendmahl unter Brot und Wein keinesfalls Leib und Blut Christi ausgeteilt und verzehrt. Luther kam der an ihn gerichteten Bitte der Straßburger sofort nach. In seinem »Brief an die Christen zu Straßburg wider den Schwärmergeist« bekannte er: Noch fünf Jahre zuvor hätte er selbst in der Beschäftigung mit der Abendmahlslehre zu gern eine Argumentation aufgebaut, die nachweist, daß in den Abendmahlselementen nicht Christus, sondern nur Brot und Wein da ist. *»Aber ich bin gefangen und kann nicht heraus – der Text behauptet sich selbst so stark, daß er sich mit noch so vielen Worten seines Sinnes nicht berauben läßt.«* Weil Luther selbst das drängende Verlangen des »alten Adam« nicht unbekannt war, sich die Worte Christi nach eigenem Gutdünken zurechtzulegen, deshalb wies er die Straßburger mit um so größerem Nachdruck auf die Geltung der Worte »Das ist mein Leib« hin.

Klares Wort, umstrittener Sinn

Gleich im Winter 1524/25 trat Luther der theologischen Position Karlstadts mit seiner Schrift »Wider die himmlischen Propheten« entgegen. Doch der Kampf ums Abendmahl war damit nicht beendet – er fing erst richtig an. Aus Schlesien meldeten sich Kaspar von Schwenckfeld und Valentin Krautwald mit neuen Argumenten gegen die Präsenz Christi in Brot und Wein zu Wort. Der Höhepunkt der Auseinandersetzung stand aber erst bevor.

Johannes Oekolampad, der seit 1522 in Basel maßgeblich für die Verbreitung und Durchsetzung evangelischen Gedankengutes tätig war, und Ulrich Zwingli, der als Pfarrer in Zürich vor allem seit 1522/23 in Zusammenarbeit mit dem Stadtrat die Kirchenreform in die Wege leitete und prägte, traten mit Erklärungen der Abendmahlsworte hervor, die auch im südwestdeutschen Raum viele Anhänger fanden. Sie stellten sich damit zugleich in scharfen Widerspruch zu Luther, der unbeirrt den Sinn des Abendmahls im Wortlaut selbst beschlossen sah: »Das ist mein Leib, der für euch gegeben wird.«

Dagegen bestand Zwingli darauf, daß das »ist« in den Abendmahlsworten als »bedeutet« zu verstehen sei. Wenn also Christus sagt: »Das ist mein Leib«, dann macht er nicht das Brot zu seinem Leib, sondern will sagen: »Das bedeutet meinen Leib.« Für Zwingli ergab sich das rechte Verständnis des Abendmahls aus dem Sinn, der dem Wortlaut beigelegt werden muß. Und dieser Sinn folgte aus dem Glauben an Christus. Hier zeigt sich, daß im Streit der evangeli-

schen Theologen um die rechte Abendmahlslehre zugleich zentrale
theologischen Themen mit auf dem Spiel standen: das Verhältnis
von Glaube und Wort Gottes ebenso wie die Lehre von der Person
Christi. Vor diesem Horizont muß Luthers Schärfe in der Auseinandersetzung gesehen werden. Es ging ihm nicht um belanglose Wort-
klauberei! Die Wahrheit des Christusglaubens stand auf dem Spiel.
   Wie hart sich Luther und Zwingli gegenüberstanden, zeigen die
Titel zweier Schriften. Luther war schon lange von vielen Seiten aufgefordert worden, den gegnerischen Theologen öffentlich entgegen-
zutreten. Er selbst bedauerte noch im April 1526, daß er aus Mangel
an Zeit und Kraft diese wichtige Aufgabe nicht anpacken könne.
Und kurz vor Erscheinen seiner Schrift im Frühjahr 1527 sah er sich
angesichts der Überfülle von Schriften der »*Abendmahlsschwärmer*«
auf einsamem Posten. »Daß diese Worte Christi ›Das ist mein Leib‹
noch feststehen wider die Schwärmgeister«, so betitelte Luther sein
Werk. Er wollte der glaubensvernichtenden Verdrehung der Abendmahlsworte widersprechen und setzte sich mit den Argumenten der
»Schwärmer« auseinander. Aus biblischen Zusammenhängen heraus eröffnete er, was die Gegenwart Christi im Abendmahl besagen
will, und zog dabei eine deutliche Grenze: »*Was die Schwärmer von
mir wollen, das kann ich wahrhaftig nicht. Es läßt sich nicht demon-
strieren, daß der Leib Christi zugleich im Himmel und auf dem Abend-
mahlstisch ist. Wer Gottes Worten nicht glauben will, der braucht von*

*Ulrich (Huldrych) Zwingli, Holz-
schnitt des 16. Jahrhunderts.*
Ulrich Zwingli (1884-1531) war Pfarrer in Glarus und Einsiedeln, 1515
nahm er als Feldprediger an Kämpfen der Eidgenossen in Oberitalien
teil. 1519 übernahm er ein Priester-
amt am Großmünster in Zürich. Im
Kampf gegen die Papstkirche hat er
sich vor allem seit 1522 hervorgetan.
Seine theologische Prägung hatte
Zwingli aus der reformerischen Geisteshaltung des Erasmus und im Studium des Neuen Testaments erhalten. Maßgeblich gestaltete er die Kirchenreform in Zürich. Er kam 1531
als Feldprediger ums Leben.

mir überhaupt nichts fordern. Ich tue mehr als genug, wenn ich beweise, daß meine Lehre nicht im Widerspruch zu Gottes Wort steht, sondern der Heiligen Schrift entspricht.« Zwingli ließ diese Schrift Luthers nicht unbeantwortet. Er hielt ihm entgegen: »Daß diese Worte Jesu Christi ›Das ist mein Leib‹ ewiglich den alten, einen Sinn haben werden.« Die »Schwärmer« warfen Luther vor, daß er den »papistischen Sakramentsaberglauben«, die Wandlungslehre, unterstütze. Luther warf ihnen vor, daß sie eine unbiblische Lehre vertreten, die den christlichen Glauben ruiniert. Unerbittlicher konnte man sich kaum gegenüberstehen.

Was hat Landgraf Philipp veranlaßt, die so hoffnungslos zerstrittenen Theologen an einen Tisch zu bringen? Beim Speyrer Reichstag 1529 hatten sich die religionspolitischen Gegner der evangelischen Kirchenreform auch den innerevangelischen Gegensatz zunutze gemacht. Im Reichstagsbeschluß wurden die »Sakramentssekten«, also die theologischen Gegner Luthers und ihre Anhänger, noch gesondert unter Verbot und Strafe gestellt. Dadurch sahen sich auch die südwestdeutschen Reichsstädte bedroht, an ihrer Spitze Straßburg. Landgraf Philipp hatte noch während des Reichstages die Verbindung zu den Städten in die Wege geleitet. So ging er seinem Plan eines umfassenden politischen Bündnisses der Evangelischen nach. Er fand dabei in Martin Butzer, dem führenden Straßburger Theologen, einen Mitstreiter, über den auch die Verbindung nach Zürich und Basel lief.

Als Luther von diesen Vorgängen hörte, hat er Kurfürst Johann nachdrücklich gewarnt. Sollte man sich nicht in Erinnerung an die »Packschen Händel« wie ein gebranntes Kind vor dem Feuer scheuen? *»Wenn auch der Landgraf mit seiner Bündnispolitik weitermachen will, so soll sich Euer Kurfürstlichen Gnaden doch nicht hineinflechten und verwickeln lassen. Solche Bündnisse erwachsen nicht aus Gott, sondern aus menschlicher Machtanmaßung.«* Ein politisches Bündnis zum Schutz des Evangeliums konnte es für Luther nicht geben. Aber er hat dem drängenden Landgrafen nicht abgeschlagen, an einem Gespräch zur Beilegung des Abendmahlsstreites teilzunehmen. Daß man dabei einen Kompromiß aushandeln könnte, hat Luther von vornherein abgelehnt. Verständigung war nur möglich, wenn die »Schwärmer« erkannten, daß sie im Irrtum waren. Am Vorabend des Marburger Gesprächs gab es wenig Hoffnung auf theologische Verständigung und damit auch keinen Grund zur Annahme, daß ein umfassendes »evangelisches Bündnis« zustande kommen könnte.

Am ersten Marburger Verhandlungstag, dem 1. Oktober 1529, besprachen sich nach dem Willen des Landgrafen Luther und Oekolampad sowie Melanchthon und Zwingli. Der 2. und 3. Oktober galt dann der großen Debatte vor zahlreichen Zuhörern. Während von Schweizer Seite Zwingli und Oekolampad nachdrücklich ihre Position vertraten, kämpfte auf der anderen Seite Luther so gut wie allein. Von lutherischer Seite waren noch die Theologen Osiander aus Nürnberg, Stephan Agricola aus Augsburg, Brenz aus Schwäbisch Hall und aus Wittenberg Justus Jonas und Melanchthon in Marburg. Über der Begegnung der zerstrittenen Theologen lag erwartungsvolle Spannung. Das direkte Gegenüber förderte zwar die pesönliche Verständigung, aber es milderte nicht den Gegensatz in der Sache.

Die Schweizer legten ihre Position dar: Wenn man davon ausgeht, daß ein Leib immer nur begrenzt an einem Ort sein kann, dann kann Christus leiblich nicht zugleich im Himmel und im Abendmahl sein. Er ist im Abendmahl nur geistig gegenwärtig. Die geistige Gegenwart entspricht ja auch dem Glauben, der nicht von irdischen Dingen, sondern aus dem Geist lebt! Das klang zu vernünftig. Luther bemühte sich, die Argumente der Gegner zu widerlegen. Aber er beabsichtigte damit nicht, seine Position von einem vernunftgegründeten Fundament aus zu verteidigen. Er hatte ein anderes Fundament. *»Das Wort der Heiligen Schrift sagt zum ersten: Christus hat einen Leib – das glaube ich. Sodann: dieser Leib ist in den Himmel aufge-*

Johannes Brenz, Holzschnitt des Monogrammisten BVD (um 1570).
»Die in Hessen stattfindende Theologenrunde, zu der du ja auch geladen bist, hast du ganz recht eingeordnet: solch tückische Zusammenkünfte haben der Kirche Gottes noch selten genützt.« So antwortete Luther Ende August 1529 dem Prediger von Schwäbisch-Hall, Johannes Brenz (1499–1570), der in der negativen Beurteilung des Marburger Gespräches mit Luther übereinstimmte. Brenz hatte Luther bei der Heidelberger Disputation 1518 kennengelernt. Er wurde ein bedeutender Vertreter lutherischer Theologie in Südwestdeutschland und Reformator Württembergs.

fahren und sitzt zur Rechten Gottes – das glaube ich auch. Weiter: ein und derselbe Leib Christi ist im Abendmahl, wird uns zu essen gegeben – das glaube ich auch, weil Jesus Christus, mein Herr, das ohne weiteres tun kann, wenn er will. Daß er es will, gibt er in seinen Worten zu verstehen, an die ich mich beharrlich klammern will, bis er selbst durch sein höchsteigenes Wort das Gegenteil sagt.«

»Kosten und Mühe, Zeit und Arbeit vergeudet«

Das Wort Gottes läßt sich nicht in die Verstehensgrenzen der menschlichen Vernunft einsperren. Im Gegenteil: der verstehensbegierige Mensch kann dem Wort Gottes allenfalls verständnisvoll nachfolgen! Das wollte Luther den »Schwärmern« deutlich machen. Aber der Gegensatz war unüberbrückbar. Auf Vorschlag Oekolampads wurde die Abendmahlsdebatte abgebrochen. Doch so konnte man nicht auseinandergehen. Außer Landgraf Philipp lag besonders auch der Straßburger Gesandtschaft, dem Stettmeister Jakob Sturm und den Theologen Butzer und Hedio, an einer Verständigung. So unterzeichneten die in Marburg versammelten Theologen am 4. Oktober die »Marburger Artikel«. Luther hatte darin in vierzehn Punkten Lehraussagen zusammengestellt, die die evangelischen Theologen gemeinsam anerkennen konnten. Über das Abendmahl wurde im fünfzehnten Artikel die gemeinsame Position der Evangelischen gegenüber der römischen Position, daneben aber auch die umstrittene Frage der Gegenwart Christi festgehalten. Die »Marburger Artikel« sollten nicht als Dokument theologischer Vereinigung, sondern als Ergebnis eines offenen theologischen Gesprächs verstanden werden.

Die bestehende Grenze hat Luther nicht verleugnet. Die Bitte der anderen Seite, als Glaubensbrüder anerkannt zu werden, konnte er nicht erfüllen. *»Das konnte ihnen nicht gewährt werden. Aber immerhin haben wir uns die Hand zu Liebe und Friede gereicht. Der scharfe Umgangston sollte der Vergangenheit angehören.«* Doch auch diese Hoffnung war trügerisch.

Bald schon mußte sich Luther dagegen wehren, wie der Ausgang des Marburger Gesprächs von der andern Seite bewertet wurde. Im Sommer 1530 setzte er sich mit der Behauptung der »Sakramentierer« auseinander, sie hätten in Marburg den Sieg davongetragen. Schonungslos sprach er jetzt davon, daß die, die *»nicht nur Lügner, sondern die Lüge in Person«* sind, beim Marburger Gespräch Verhandlungsbereitschaft vorgetäuscht hätten. So wollten sie die lutherische Seite, um des politischen Interesses willen, in ihren theologischen Irrtum hineinziehen. Wenn man im Blick auf Marburg von Sieg oder Niederlage sprechen wolle, dann müsse man von den »Artikeln« ausgehen. Vergleicht man diese mit dem, was die »Sakramentierer« vorher gelehrt haben, so bleibt festzustellen: durch ihre Unterschrift unter die Artikel haben sie in vielen Lehraussagen ihre eigene Position widerrufen! Nur in der Abendmahlsfrage haben sie das *»aus Angst vor ihren Gemeinden«* nicht gewagt, obwohl sie inhaltlich widerlegt worden seien.

Das religionspolitische Ziel, das der Landgraf mit dem Marburger Gespräch verfolgte, wurde nicht erreicht. Das tatsächliche Ergebnis ist wohl treffend ausgedrückt in dem, was Luther schon drei Monate vor dem Gespräch dem Landgrafen zu bedenken gab: eine Zusammenkunft ist sinnlos, wenn keine Seite zur Aufgabe ihrer Position bereit ist. *»So gewiß ich weiß, daß ich meine Position nicht verlassen kann, so gewiß weiß ich, daß die andern im Irrtum sind, besonders nachdem ich ihren Grund kennengelernt habe. Sollten wir uneinig auseinandergehen, so wären nicht nur Euer Fürstlichen Gnaden Kosten und Mühe, sondern auch unsere Zeit und Arbeit vergeudet. Ja: die Gegner würden auch ihre gelehrte Angeberei nicht bleiben lassen und uns erneut zum Widerspruch herausfordern.«*

Abendmahl

Luther ist sich gewiß: das Abendmahl ist ein einzigartiger und unvergleichlicher Schatz. Deshalb ist auch sein Geheimnis so unergründlich tief und so unfaßbar groß. Nicht daß das Geheimnis des Abendmahlsschatzes unentwirrbar verschlüsselt wäre. Es gibt vielmehr ein klares Wort, das dieses Geheimnis entschlüsselt. Aber weil es so einfach und klar ist, gibt es dem Menschen Rätsel auf. Er kann dieses einfache Wort nicht als Schlüssel zum Geheimnis des Abendmahls gelten lassen. Er sucht nach anderen Mitteln, um hinter das Abendmahlsgeheimnis zu kommen. Doch damit geht der Schlüssel verloren und das Schloß, das den Schatz öffnet, wird verdorben. Wenn Luther so hartnäckig für die einfache Geltung der Abendmahlsworte streitet, dann will er dieser Verirrung wehren. Der Schlüssel zum Abendmahl ist für Luther das Wort, das dieses Mahl mit Brot und Wein zu dem macht, was es ist:

»Nehmet hin und esset. Das ist mein Leib, der für euch gegeben wird. Nehmet hin und trinket alle daraus. Dieser Kelch ist das Neue Testament in meinem Blut, das für euch vergossen wird zur Vergebung der Sünde.« (vgl. 1. Korinther 11,24f.)

Das Abendmahl steht und fällt damit, daß Brot und Wein, die dabei gegessen und getrunken werden, mit dem Wort Christi versehen sind. Auf dieses Wort kommt es an, denn in ihm ist und bleibt das Abendmahl begründet. *»Es ist von keinem Menschen erdacht oder angestiftet. Ohne daß es jemand geraten hätte, ist es von Christus eingesetzt.«* Der geschichtliche Grund und der bleibende Anlaß zum Abendmahl liegen für Luther darin, daß Christus es haben will. Das Abendmahl ist das Vermächtnis Christi: sein Testament. Wo das Abendmahl gefeiert wird, wird der letzte Wille Christi erfüllt. Und der besteht darin, in Brot und Wein durch das Hören auf das Abendmahlswort ihn selbst zu genießen.

Luther lehnt es als Verfälschung des Abendmahls ab, wenn bei seiner Feier andere Akzente gesetzt werden. Das Testament Christi ist für ihn verbindlich. *»Wie man sich verhalten soll, wenn einem ein guter Freund testamentarisch 10000 Gulden vermacht, genauso und noch viel mehr soll man sich zum Abendmahl einstellen. Denn es ist das allerwertvollste und ewig-gute Testament.«* In der Feier des Abendmahls soll der Mensch den einmaligen Schatz empfangen, den Chri-

Die Messe des Hl. Gregor, Holzschnitt von Albrecht Dürer.
In der Tradition des Meßgottesdienstes der römischen Kirche kommt Papst Gregor I. (590-604) große Bedeutung zu. Luther hat in Auseinandersetzung mit dem Verständnis und der Praxis des Abendmahls in der römischen Messe vor allem zwei Dinge bekämpft: daß die testamentarische Mitteilung Christi zu einer kirchlichen Opferhandlung verfälscht wurde und daß die Gegenwart Christi in Brot und Wein durch die Lehre von der Verwandlung der Elemente als Glaubensnotwendigkeit abgesichert sein sollte.

stus ihm vermachen will. Dieser Schatz ist er selbst. Was im Leben und Sterben Christi da war und geschah, das soll im Abendmahl ebenso wirklich ausgeteilt und mitgeteilt werden: die Befreiung des Menschen von seiner lebensvernichtenden Verlorenheit an sich selbst zum vollkommenen Leben. Der Mensch kann und soll das Abendmahl nur dankbar empfangen. Wie jedes andere Testament ist auch das Testament Christi anzunehmen und einzuhalten.

Durch die Worte, die Christus bei der Einsetzung des Abendmahls über Brot und Wein gesprochen hat, gibt er zu verstehen:»Ich will im Abendmahl in Brot und Wein da sein.« Wie geschieht das? Nicht sichtbar und greifbar für die vernünftige Wahrnehmung, sondern allein durchs Wort:»Das ist mein Leib, das ist mein Blut.« Durch dieses Wort werden Brot und Wein bewertet. Sie sind und bleiben Brot und Wein, aber werden doch zugleich Leib und Blut Christi. Das macht das Wort. Und es ist allein der Glaube, der dieses Geschehen annimmt und ernst nimmt. Wo die vernünftige Wahrnehmung hier etwas ergreifen will, muß sie alles ruinieren.

»Das Wort steht da und besagt klar und deutlich, daß Christus seinen Leib zu essen gibt, wenn er das Brot reicht. Darauf bestehen wir und deshalb glauben und lehren wir, daß man im Abendmahl wahrhaftig und leiblich Christi Leib ißt und zu sich nimmt. Wie das aber zugeht oder wie er im Brot ist, das wissen wir nicht und brauchen es nicht wissen. Gottes Wort sollen wir glauben und ihm nicht vorschreiben, auf welche Weise und nach welchen Maßstäben er handeln soll. Mit den Augen sehen wir Brot, aber mit den Ohren hören wir, daß der Leib Christi da ist.« Hierin liegt das Geheimnis des Abendmahls. Unergründlich. Aber doch vollkommen gelüftet durchs Wort. Wer dem Wort glaubt, der hat den Schatz.

Christus doppelt genießen

Wie kann der Leib Christi gegessen werden? Luther hat sich diese Frage stellen lassen, und er gibt zur Antwort: der Genuß des Abendmahls ist ein doppelter. Das Abendmahl wird mit »Mund und Herzen« genossen. *»Der Mund ißt den Leib Christi leiblich, denn er kann die Worte weder fassen noch essen. Er weiß auch nicht, was er ißt. Aber das Herz faßt die Worte im Glauben und ißt geistlich, was der Mund leiblich ißt. Denn das Herz erkennt wohl, was der unverständige Mund ißt.«* Wenn Christus im Abendmahl unter Brot und Wein durchs Wort da ist, dann muß er auch genossen werden. Das ist für Luther nicht fraglich.

Darin liegt ja auch der Sinn des Abendmahls nach dem Willen Christi. Was die Christusbotschaft sagt, das wird im Abendmahl sichtbar und genießbar für Auge und Mund, für Ohr und Herz des Glaubenden: Gott schenkt sich dem verlorenen Ich-Menschen in Christus. Er kommt damit *»uns armen Menschen, die wir das Leben mit fünf Sinnen begreifen«* entgegen. Er gibt *»ein äußerliches Zeichen neben den Worten«.* Aber dieses Zeichen hat einen geistlichen Wert. Der kann nur im Glauben erkannt werden. Wo das nicht geschieht, verliert das Abendmahl zwar nicht seinen Wert an sich. Der ist im Wort Christi begründet und besteht mit diesem Wort. Aber der Mensch, der das Abendmahl nicht im Glauben genießt, schädigt sich selbst, indem er den angebotenen Christus mißbraucht. Es kommt also darauf an, daß der Mensch das rechte Verhältnis zum Abendmahl gewinnt.

Vom Abendmahlsschatz kann der Mensch nur wissen, wenn ihm davon gesagt wird. Und was ihm dieser Schatz bringen kann, erfährt er nur dann, wenn er wahrnimmt, was ihm fehlt. Luther zeichnet geradezu ein *»Krankheitsbild«* des Menschen und empfiehlt das Abendmahl als *»ausgezeichnetes Medikament gegen die Krankheitserreger«.* Aufklärung über die Krankheit des Menschen ist allerdings das Entscheidende. Denn das geschätzte Medikament des Abendmahls kann und darf niemandem aufgezwungen werden. Luther ist sich sicher, daß jeder an dieser Krankheit leidet, auch wenn viele sie nicht wahrhaben wollen. Es ist die Krankheit zum Tode: die Sucht zur eigenmächtigen Lebensbeherrschung und unbegrenzten Lebensausbeutung, die mit der Existenz des Menschen unweigerlich gegeben ist.

Auf drei Ebenen sieht Luther Krankheitserreger am Werk. Sie sitzen im Menschen selbst: seiner vernichtenden Gier nach Beherrschung und Ausbeutung des Lebens. Aber sie kommen auch von außen: es gibt die verführerische Macht, die dem kranken Menschen Gesundheit einredet. Aber wo ein Kranker sich wie ein Gesunder verhält, kann es nur schlimmer werden! Wer diese Einsicht gelten läßt, wird an seiner Gesundung interessiert sein. Aber da tauchen erneut Krankheitserreger auf: Verlockungen ringsum durch die scheinbar Gesunden und Anfeindungen von allen Seiten, die den Wunsch nach Gesundung nicht gelten lassen wollen. Gegen all das hilft die krankhaft-ängstliche Absage an das Leben am allerwenigsten. Das einzig Richtige ist das rechte Medikament.

»Weil du dieses Leiden hast und wenn du deine Schwäche fühlst, dann gehe zuversichtlich hin zum Abendmahl und laß dich erquicken, trösten und stärken.«

Die Heilkraft des Abendmahls liegt ebenfalls auf drei Ebenen. Das Abendmahl hilft dem verführten Menschen, den gesunden Augenschein zu durchdringen. Es gibt ihm die Kraft, die verzweifelnde Aussichtslosigkeit nicht gelten zu lassen. Und es befreit den Kranken vom verzagten Rückzug in sich selbst zur Gemeinschaft der Mitleidenden. Luther hat das klassisch zusammengefaßt: *»Durch das Abendmahl werden wir im Glauben gestärkt, in der Hoffnung befestigt und in der Liebe angefeuert.«* Diese dreifach-heilsame Wirkung des Abendmahls hat einen einfachen Grund: Christus. In ihm empfängt der Mensch, der in Unglaube, Hoffnungslosigkeit und Lieblosigkeit krankhaft verloren ist, die Rettung. Christus will sich zur Rettung des Menschen in Brot und Wein durchs Wort genießen lassen. Diese enge Verflechtung von Geistlichem und Leiblichem, von unsichtbarer und sichtbarer Wirklichkeit hat ihre Entsprechung in der Wirkung des Abendmahls: *»Du sollst das Abendmahl betrachten als eine Arznei, die dir das Leben gibt. Und zwar an Seele und Leib. Denn wo die Seele genesen ist, ist dem Leib auch geholfen.«*

Die Mitteilung Christi im Abendmahl geht die Krankheit des Menschen an ihrer Wurzel an: seiner eigenmächtigen Lebenssucht. Sie verschafft ihm ein gesundes Verhältnis zum Leben, das sich ins Leibliche hinein auswirkt. Deshalb bringt ihm das Abendmahl auch ein anderes Verhältnis zu seinen Mitmenschen. Das Abendmahl schließt Menschen in der Christusgemeinschaft zusammen. Hier gibt nicht der beherrschende Geist der Lebensausbeutung den Ton

Titelblatt der Schrift Martin Luthers »Vom Abendmahl Christi« (1528).
In seiner Schrift »Vom Abendmahl Christi« setzt sich Luther ausführlich mit den Vernunft-Argumenten auseinander, die die Gegenwart Christi in Brot und Wein widerlegen sollen. Er legt dar, wie das Wort »Das ist mein Leib« zu verstehen ist. Er erläutert das am Beispiel. Wenn man sagt: »Christus ist eine Blume«, dann wird das Wort »Blume« zu einem »neuen Wort«. Es bekommt eine andere neue Bedeutung. Es wäre falsch zu sagen: »Christus bedeutet eine Blume«. Das »ist« hat seinen vollen Sinn im Abendmahlswort!

Vom abendmal Christi/Bekendnis Mart. Luther.

Wittemberg.

1 5 2 8.

M L

Schlecht vnd recht behuete mich.
psalm. 25.

an. In der Christusgemeinschaft herrscht der lebensfreundliche Geist Christi. Christus verbindet jeden mit sich und alle in gleicher Weise – als krankhaft-gefährdete Ich-Menschen, denen durch ihn das Leben geschenkt ist. Christusgemeinschaft ist deshalb eine »geistliche« Größe. Aber wo der Geist Christi ist, zeigt er sich: *»Wo die Liebe nicht täglich wächst und den Menschen verwandelt, da ist das Abendmahl ohne fruchtbare Wirkung.«* Die Christusgemeinschaft des Abendmahls wird in der Liebe fruchtbar. Diese Frucht wächst in dem Maße, in dem die uneingeschränkte Mitteilung Christi im Abendmahl uneingeschränkten Glauben findet. Der Glaube überwindet die krankhafte Selbstbehauptung des Menschen und befähigt ihn zur Liebe.

Als Frucht des Abendmahls ist die Liebe ein Kennzeichen der Christusgemeinschaft. Aber sie ist gefährdet und begrenzt durch die Selbstbehauptung des Ich-Menschen. Wo die uneingeschränkte Mitteilung Christi im Abendmahl nicht als entscheidendes Mittel zur Rettung des Lebens anerkannt wird, kann es keine Christusgemeinschaft und keine unbegrenzte Liebe geben. Hier tut sich ein unüberbrückbarer Graben auf. Um der Wahrheit der Christusgemeinschaft und ihrer Fruchtbarkeit in der Liebe willen darf er nicht verschwiegen werden.

Die im Abendmahl gestiftete Christusgemeinschaft hat ihren Grund darin, daß Christus sich in Brot und Wein durchs Wort mitteilt. Wo das bezweifelt wird, ist die Grundlage der Christusgemeinschaft in Frage gestellt. Der geheimnisvolle Schatz muß dann verschlossen und das einzigartige Medikament ohne positive Wirkung bleiben. Luther hat diese Entwertung des Abendmahls nicht hingenommen. Die Quelle der Christusgemeinschaft im Abendmahl darf weder getrübt noch verschüttet werden. Die Worte Christi müssen einfach gelten. *»Denn in diesen Worten ist alles begründet, was wir gegen jeden Irrtum und alle Verführung vorbringen können, die es jemals gegeben hat und noch geben wird.«*

Entscheidender Hintergrund

Luther auf der Coburg

Neun Jahre waren vergangen, seitdem Luther im Frühjahr 1521 zum Reichstag nach Worms gefahren war. Auch jetzt, im April 1530, ging es wieder zu einem Reichstag. Aber diesmal reiste Luther mit der offiziellen Gesandtschaft des Kurfürsten Johann von Sachsen. Auch sonst gab es Unterschiede. Seit neun Jahren war Luther vom Papst gebannt und vom Kaiser verurteilt. Hatte man ihn nach dem Wormser Reichstag ins schützende Versteck der Wartburg gebracht, so kam er diesmal erst gar nicht bis zum Reichstag nach Augsburg. Der verurteilte Ketzer mußte auf der Coburg, ganz im Süden des kursächsischen Gebietes, zurückbleiben. Und auf dem Reichstag selbst sollte auch nicht mehr allein ein einzelner Mönch verhört werden. Fürsten und Städte, die in den vorangegangenen Jahren die evangelische Kirchenreform gefördert hatten, sollten sich vor Kaiser Karl V. verantworten.

Auch für Karl V. waren neun Jahre vergangen, seitdem er zum letztenmal an einem Reichstag teilgenommen hatte. Seit 1521 war er im Süden seines Herrschaftsgebietes, in Italien und Spanien, machtpolitisch in Schach gehalten worden. Der französische König Franz I. versuchte die Stärkung und den Ausbau der habsburgisch-kaiserlichen Macht zu verhindern. Er fand beim Papst Unterstützung. Der Papst allerdings suchte gleichzeitig die Unterstützung des Kaisers als Schirmherr der Kirche im Kampf gegen die »lutherische Ketzerei«. So waren Papst und Kaiser voll Widerspruch aneinander gefesselt. Nachdem sich Papst Clemens VII. mit Franz I. verbündet hatte, zog der Kaiser gegen Rom und eroberte es im Mai 1527. *»So regiert Christus: während der Kaiser im Auftrag des Papstes Luther verfolgen soll, ist er gezwungen, zugunsten Luthers den Papst zu schlagen. Alles* *nützt Christus und den Seinen und schadet seinen Feinden.*« Luther sah im widerspruchsvollen Verhältnis von Papst und Kaiser die Herrschaft Christi am Werk, die das Evangelium begünstigt. 1529 kam es dann zu Friedensschlüssen zwischen Karl V., Franz I. und Clemens VII. Im Februar 1530 konnte sich Karl V. endlich vom Papst zum Kaiser krönen lassen. Nun sollte auch das Problem der Kirchenreform und der »lutherischen Ketzerei« in Deutschland gelöst werden. Der Kaiser gab zu verstehen, daß er beim Reichstag in Augsburg die zerfahrene Lage auf den Nenner der »einmütigen christlichen Wahrheit« bringen wolle. Was konnten die Protestanten von diesem Reichstag erwarten?

Getrennte Wege

Schon der Speyrer Reichstag 1529 hatte den politischen Kräften, die die evangelische Kirchenreform unterstützten, die bedrohliche Lage deutlich gemacht. Landgraf Philipp hatte sich um ein starkes Bündnis der Protestanten bemüht. Aber daneben gab es auch Bemühungen, die darauf zielten, die evangelische Glaubenswahrheit nicht zu einem Mittel antikaiserlicher Politik zu machen. Der eigenständige Geltungsbereich des Evangeliums gegenüber den politischen Auseinandersetzungen und die Frage des einmütigen evangelischen Glaubensbekenntnisses, einschließlich des Abendmahls, sollte nicht vordergründigen politischen Interessen geopfert werden. Außer Kurfürst Johann wirkte auch Markgraf Georg von Brandenburg-Ansbach in diesem Sinn. So zerbrachen die weitgespannten Pläne eines Bündnisses der Protestanten, die im Sommer und Herbst 1529 auf dem Verhandlungsweg verfolgt worden waren, bei einer Tagung in Schmalkalden Ende November endgültig. Der Gegensatz zwischen der »lutherischen Seite« und den »Sakramentierern« ließ sich auch politisch nicht verwischen. Die Wittenberger Theologen hatten daran auch nie einen Zweifel gelassen. In einem Gutachten, das sie zusammen mit dem kursächsischen Kanzler Gregor Brück erstellten, hieß es im Blick auf die »Sakramentierer«: »Wenn wir sie in unsre Gemeinschaft aufnehmen, dann ist das nichts anderes, als wenn wir uns eine Maus in die Tasche setzen.«

Ganz im Sinne Luthers zog Kurfürst Johann Ende April 1530 nach Augsburg: ohne den Rückhalt eines politischen Bündnisses, ganz im Vertrauen darauf, daß gegen den *»Haufen der Papisten Gott uns mit der guten Schutzmauer seiner Macht verwahrt«.* Luther dagegen bezog, wenn auch widerwillig, sein Quartier auf der Coburg.

Hier sollte auch er auf vielfältige Weise in seinem Vertrauen auf Gottes Macht herausgefordert werden.

Luther mußte sich auf der Coburg nicht mehr, wie einst auf der Wartburg im Kostüm des Junker Jörg, verstecken. Der größte Teil der kurfürstlichen Burg und eine stattliche Anzahl von Bediensteten stand ihm zur Verfügung. Sein Neffe Cyriak Kaufmann und Veit Dietrich, sein enger persönlicher Mitarbeiter, haben ihn auf die Coburg begleitet. Zu tun gab es genug: Luther verfaßte Auslegungen zu mehreren Psalmen; er arbeitete an den alttestamentlichen Prophetenbüchern, um die Bibelübersetzung zu Ende zu bringen; er übersetzte und erklärte Fabeln und äußerte sich in einigen Schriften zu aktuellen kirchlichen Fragen.

Anders als in der Abgeschiedenheit der Wartburg erhielt Luther auf der Veste auch zahlreichen Besuch. Anfang Juni schrieb er seiner Frau, daß eine »allgemeine Wallfahrt hierher« drohe. Einige Tage vor dieser Briefnotiz hatte er Besuch von Argula von Grumbach, einer »Jüngerin Christi«, wie Luther die Adelsdame schon 1524 wegen ihres unerschrockenen Eintretens für das Evangelium genannt hatte. Nun gab er Erziehungsratschläge für sein einjähriges Töchterchen Magdalene, die er von Argula erhalten hatte, an seine Frau weiter. Die erhaltenen Briefe zeigen, wie lebendig er aus der Ferne am alltäglichen Leben in Wittenberg teilnahm. Seinem Söhnchen Johannes schrieb er von einem verlockenden Paradiesgarten

Gregor Brück, Kupferstich von Bodenehr in »Vita Gregorii Pontani« (1730).
Unter den von Luther so oft mit scharfer Kritik bedachten Juristen bildet Gregor Brück (1485–1557) eine rühmliche Ausnahme. Seine juristischen Fähigkeiten wurden von Luther ebenso gelobt wie sein unerschütterlicher evangelischer Glaube. Als Kanzler im Dienst der Kurfürsten Friedrich, Johann und Johann Friedrich hat er in persönlicher Beziehung zu Luther die evangelische Kirchenreform von den ersten Jahren an auf der politisch-juristischen Ebene zu vertreten und zu verteidigen gewußt.

für Kinder: *»Darum, mein liebes Hänschen, lerne und bete getrost, sag's auch Deinen Freunden, dann werdet ihr alle miteinander in diesen Garten kommen.«* Aber aus der Heimat erhielt Luther am 5. Juni eine traurige Nachricht. Sein Schulfreund Hans Reineck schrieb ihm, daß sein Vater gestorben sei. »Wie der Herr Doktor den Brief von Hans Reineck las, sagte er zu mir: ›Nun ist mein Vater auch tot‹, nahm sein Psalmenbuch, ging in seine Kammer und weinte so heftig, daß er am nächsten Tag unter Kopfschmerzen litt. Seitdem hat er sich nichts mehr anmerken lassen.« So informierte Veit Dietrich die besorgte Frau Luther. Doch nicht nur diese Trauerbotschaft brachte Luther auf der Coburg in persönliche Bedrängnis. Immer wieder hatte er über körperliche Leiden zu klagen, vor allem über *»Sausen und Klingen in den Ohren«*. Und wie schon auf der Wartburg sah er sich, angeregt durch merkwürdige Beobachtungen, den zermürbenden Kräften der Gottes- und Glaubensverunsicherung ausgesetzt. Daß Luther die vielfältige persönliche Bedrängnis überwinden konnte, war nicht nur für ihn von großer Bedeutung. In seinen Briefen nach Augsburg mußte er Rat und Urteil zu verschiedenen Fragen abgeben. Aber noch mehr war sein Wort gefragt, das die Freunde in Augsburg zur Glaubenszuversicht ermunterte. Was lief in Augsburg ab?

»Heim, nichts wie heim«

Kaiser Karl V. war am 15. Juni feierlich in Augsburg eingezogen. Am 20. Juni eröffnete er den Reichstag. Trotz mancher Bedenken sah die kursächsische Gesandtschaft nicht völlig hoffnungslos den anstehenden Entscheidungen entgegen. Man hatte aus dem Schreiben, mit dem der Kaiser den Reichstag einberufen hatte, die Erwartung geschöpft, als sollte das Problem der Kirchenreform in offener Verhandlung gelöst werden. Das war ja seit 1523 auf den Reichstagen auch immer wieder gefordert worden. Noch am 1. Juni konnte Luther nach Bremen schreiben: *»Die Hoffnung ist stark, daß der Kaiser die Sache wohlwollend behandeln wird.«*
Die kursächsische Gesandschaft war auf die Verhandlungen vorbereitet. Die Wittenberger Theologen hatten in einer Reihe von Punkten die anstehenden Fragen der Glaubenslehre und Kirchenreform aus ihrer Sicht beantwortet. In Augsburg arbeitete Malanchthon an dieser Vorlage weiter. Der Kurfürst schickte am 11. Mai ein Exemplar auf die Coburg. Luther sollte seine Meinung abgeben

über die Artikel, die dem Kaiser vorgelegt werden sollten, notfalls verbessern. Vier Tage später schrieb er zurück: *»Ich habe die Verantwortungsschrift von Magister Philipp gelesen. Sie gefällt mir ausgezeichnet. Ich weiß nichts daran zu verbessern oder zu ändern. Das wäre auch gar nicht ratsam, denn ich kann nicht so sanft und leise treten. Christus, unser Herr, helfe, daß sie viel Frucht bringe, wie wir hoffen und bitten.«*

Luther hat den ihm vorgelegten Entwurf nicht zuletzt deshalb gelobt, weil er in der Sprache Melanchthons für die Verhandlungsatmosphäre des Reichstages paßte. Indessen wurde in Augsburg Anfang Juni der Verkauf einer aufsehenerregenden Schrift verboten: »Eine Ermahnung an die kirchlichen Würdenträger, die jetzt zum Reichstag in Augsburg versammelt sind«. In dieser Schrift wurden all die Mißstände aufgeführt, um deren Abschaffung sich die evangelische Kirchenreform in den vergangenen Jahren bemüht hatte. Unverblümt hat der Verfasser den Bischöfen vorgeworfen, daß sie nicht fähig seien, ihre kirchliche Aufgabe der Wahrheit der Heiligen Schrift gemäß auszuüben. Sie sollten die Chance des Reichstages nützen! In dieser »Ermahnung« hat sich der auf der Coburg zurückgehaltene »Oberketzer« am Ort des Geschehens zu Wort gemeldet. Gleich in den ersten Tagen auf der Coburg hatte Luther diese Schrift abgefaßt. Umgehend wurde sie gedruckt. Man sollte wissen, wer in Augsburg wirklich zur Verantwortung gezogen werden müßte!

Was im einzelnen auf der hohen Verhandlungsebene in Augsburg

Die Veste Coburg.
Auf der Veste Coburg war Luther in Gedanken oft genug in Augsburg. Wenige Stunden nach seiner Ankunft auf der Veste schrieb er an Spalatin: »Glaubt ja nicht, daß bloß ihr zum Reichstag aufgebrochen seid.« Und dann beschrieb er »seinen Reichstag« – Gedanken, die er sich beim Anblick des Gezeters der Dohlenscharen vor seinem Burgfenster machte! Wochen später aber auch ganz ernstgemeinte Ankündigungen: »Sollte ich hören, daß es bei euch schlecht und bedrohlich um die Sache steht, so werde ich mich ohne langes Zögern in die Höhle des Löwen begeben.«

geschah, erfuhr Luther durch die Briefe der dort anwesenden Freunde Jonas, Melanchthon, Spalatin und Agricola nur unzureichend. Schon vor der Eröffnung des Reichstages klagte er über die *»Schweiglinge«* in Augsburg. Sie bemühten sich daraufhin, den verärgerten Luther zu besänftigen. Melanchthon schaltete dazu auch Veit Dietrich ein. Das große, mit Spannung erwartetete Ereignis in Augsburg wurde ihm dann auch umgehend mitgeteilt: am 29. Juni hatte er die offizielle Fassung von Melanchthons Verantwortungsschrift in Händen, die vier Tage zuvor vor Kaiser und Reichstag verlesen worden war. Luther sah in diesem Ereignis einen einmaligen Bekenntnisakt, dem von protestantischer Seite nichs mehr hinzuzufügen war. Aber in Augsburg begannen nun lange und zähe Verhandlungswochen. Als Melanchthon Luther um Rat bat, worüber man noch mit sich verhandeln lassen könne, gab Luther eine klare Antwort: *»Wenn Du mein Urteil hören willst! In der Verantwortungsschrift ist man so weit auf einen gemeinsamen Nenner zurückgegangen, wie es weiter nicht geht. Wenn die Gegner das ablehnen, weiß ich nicht, was man ihnen noch zugestehen könnte, es sei denn, ich bekomme von ihnen stichhaltigere Argumente und Beweise aus der Heiligen Schrift zu sehen als bisher.«* Und Mitte Juli teilte er den vier Freunden in Augsburg mit: *»Ich entbinde euch im Namen des Herrn von diesem Reichstag. Heim, nichts wie heim!«*

Ein Hut für zwei?

Der erste, der den Reichstag verließ, gehörte allerdings nicht der kursächsischen Gesandschaft an. Es war Landgraf Philipp von Hessen. Er sah sich mit seiner antikaiserlich-protestantischen Politik geradezu bedroht. Am 3. August wurde eine »Widerlegung« der evangelischen Verteidigungsschrift ebenfalls vor dem Reichstag verlesen. Sie war im Auftrag des Kaisers ausgearbeitet worden, und Karl V. ließ nach der Verlesung über ihre Gültigkeit nicht diskutieren. Daß die Protestanten ihre Position zu Glaube und Kirchenreform möglichst geschlossen vor dem Kaiser vertreten hatten, war vor allem den Bemühungen des Landgrafen zu verdanken. Als die von Melanchthon ausgearbeitete Verteidigungsschrift am 25. Juni verlesen worden war, hatten sich Kursachsen, Hessen, Brandenburg-Ansbach, Lüneburg, Anhalt und die Städte Nürnberg und Reutlingen dazu bekannt. Vier oberdeutsche Städte dagegen, führend unter ihnen Straßburg, übergaben wegen der Uneinigkeit in der Abendmahlslehre dem Kaiser ihr eigenes Bekenntnis.

Auch wenn sich die Protestanten mit der »katholischen Widerlegung« dem vollen religionspolitischen Druck des Kaisers und der Papstkirche ausgesetzt sehen mußten, fanden weitere Ausgleichsverhandlungen statt. Dabei übernahm Melanchthon die schwere Aufgabe des Vermittlers. In tiefer Unruhe und Sorge wandte er sich auch an Luther, der ihm jedoch den Grund seiner Unruhe aufdeckte: *»Die Sache spannt dich deshalb auf die Folter, weil du ihren*

Die Verlesung des Augsburger Bekenntnisses, Kupferstich von Georg Köler (1630/31).

»Ist hier nicht eine bemerkenswerte Schläue und Gewitztheit am Werk! Die evangelischen Prediger müssen in Augsburg schweigen. Dafür aber tritt der Kurfürst von Sachsen zusammen mit anderen Fürsten und Herren mit dem schriftlichen Bekenntnis hervor, halten dem Kaiser und dem ganzen Reich ihre Predigt freiweg unter die Nase, daß die es ohne Widerspruch anhören müssen.« In der Verlesung des »Augsburger Bekenntnisses« sah Luther den Erweis dafür, daß Gottes Wort nicht zum Verstummen gebracht werden kann, auch nicht durch ein kaiserliches Predigtverbot. Am 25. Juni 1530 fand die dem Kaiser abgerungene Verlesung statt. Eine lateinische Fassung des Bekenntnisses wurde dem Kaiser übergeben. Melanchthon hat in diesem Dokument die Übereinstimmung der evangelischen Lehre mit dem kirchlichen Bekenntnis der ersten Jahrhunderte dargelegt, sich zur Frage nach der wahren Kirche geäußert und die von den Protestanten beklagten Mißstände in der römischen Kirche zusammengefaßt. In Formulierung und inhaltlicher Darlegung ist das »Augsburger Bekenntnis« auf Verständigung angelegt. Es wurde zu einem grundlegenden Dokument für die Kirchen, die sich im Anschluß an die evangelische Kirchenreform im Sinne Luthers der Wahrheit des Evangeliums verpflichtet wissen.

Ausgang nicht fassen kannst. Aber wenn Du ihn fassen könntest, wollte ich mit der Sache nichts zu tun haben. Geschweige denn, sie angestoßen haben. Gott hat sie einfach dort hingestellt, wo du weder mit deiner Beredsamkeit noch durch deine Gelehrtheit hinkommst: in den Glauben! In ihm ist alles aufgehoben, was man nicht sieht oder mit Händen greifen kann. Wer das sichtbar, greifbar, verstehbar machen will, wie du, der erntet für seine ganze Mühe nur Sorgen und Tränen, wie du.«

Luther lag sehr daran, dem Freund, der mit dem päpstlichen Gesandten Campeggio, dem hartnäckigen Herzog Georg von Sachsen und den altgedienten »papistischen« Theologen Fabri und Eck verhandeln mußte, die ungläubige Unruhe und Sorge zu nehmen. Als man von protestantischer Seite mit Klagen über Melanchthon an Luther herantrat – Melanchthon sei in den Verhandlungen zu ungeheuren Zugeständnissen bereit! –, nahm Luther ihn in Schutz. Aber er teilte ihm und der gesamten kursächsischen Gesandschaft mit, was er von diesem *» Wunderwerk«* der Verhandlungen hielt: *»Ihr sollt den Papst und Luther unter einen Hut bringen. Aber der Papst will nicht, und Luther verbittet sich das. Wenn ihr es aber gegen den Willen beider Seiten fertigbringt, dann will ich sofort eurem Beispiel folgen und Christus und den machtgierigen Geist der Weltherrschaft versöhnen.«*

Die Verhandlungen führten zu keinem Ergebnis. Nicht zuletzt Kurfürst Johann und sein Kanzler Brück wirkten darauf hin, daß man sich nicht auf zweideutige Kompromisse einließ, die die erkannte Wahrheit des Evangeliums beeinträchtigt und den erreichten Stand der evangelischen Kirchenreform gefährdet hätten. Damit setzten sich die Protestanten natürlich der politischen Bedrohung aus, denn auch ein anderer Lösungsweg, den Luther befürwortete, ließ sich nicht einschlagen: trotz Uneinigkeit in der Frage des Glaubens und der Kirchenreform eine politische Verständigung herbeizuführen.

Am 1. Oktober 1530 kam Kurfürst Johann mit seinem Gefolge auf der Rückreise von Augsburg in Coburg an. Er hatte den Reichstag noch vor dessen offiziellem Ende verlassen, nachdem sich abgezeichnet hatte, daß sich der Kaiser auf den Weg der kompromißlosen Härte gegenüber den Protestanten einließ. Was der Kaiser als Reichstagsbeschluß in Sachen Kirchenreform am 22. September vorgelegt hatte, erfuhr Luther aus erster Hand von Herzog Ernst von Lüneburg: die evangelische Verteidigungs- und Bekenntnisschrift galt als widerlegt, bis zum 15. April des kommenden Jahres sollten die protestantischen Mächte die Unterstützung der »ketzerischen Glaubenslehre« und ihr eigenmächtiges Vorgehen bei der Durchführung kirchlicher Reformen aufgeben! Am 19. November 1530 wurden diese Bestimmungen dann offiziell zum Reichstagsbeschluß erhoben.

Man muß Gott mehr gehorchen

Der Ausgang des Augsburger Reichstages konnte unter den Protestanten keine Hoffnung wecken. Sosehr sich Luther bisher über den guten Fortgang der evangelischen Kirchenreform freuen konnte, so wenig ließ er sich jetzt einschüchtern: *»Wenn auch die Ungnade von Menschen mitsamt dem Gott, den sie anbeten – dem verführerischen Geist der Weltherrschaft –, allen Grund zu Angst und Schrecken bietet, so hoffen wir dennoch, daß die Gnade des wahren Gottes auch in Zukunft bei uns sein wird. Die anderen sind ebenso wie wir in seiner Hand. Daran gibt es keinen Zweifel. Sie werden nichts unternehmen,*

Kaiser Karl V. beim Einzug zum Augsburger Reichstag mit zwei Fürsten und Kardinal Campeggio, Holzschnitt von Jörg Breu.

Mit einer »Anmerkung auf das angeblich vom Kaiser stammende Edikt« nahm Luther schließlich auch öffentlich zum Ergebnis des Augsburger Reichstages Stellung. Wie in vielen anderen Fällen konnte er darin nicht die Absicht des »frommen Kaisers« erkennen, sondern sah antiprotestantische Fürsten, Bischöfe und den Papst am Werk, der auf dem Reichstag durch seinen Gesandten Campeggio vertreten war.

was er nicht will.« Im Gegensatz zu Melanchthon, der auf der Heimreise voll geschäftiger Sorge an einer Schrift zur Verteidigung des »Augsburger Bekenntnisses« arbeitete, strahlte Luther Ruhe und Zuversicht aus. Er wußte: Gottes Gnade ist nicht darin begründet, daß der geschichtlich-politische Verlauf der Dinge mit den Hoffnungen, Wünschen und Interessen der Protestanten übereinstimmt, sondern sie liegt allein in Christus. Deshalb trotzte er der ungünstigen Lage voll Hoffnung.

Nach dem Augsburger Reichstag sahen sich die protestantischen Mächte allerdings bedrängender als bisher vor die Frage eines Bündnisses gestellt. Schon früher hatten sich Luther und die Wittenberger Theologen mit dem Problem beschäftigt, ob man dem Kaiser Widerstand leisten dürfe, wenn er gegen die Protestanten mit Krieg vorginge. Bisher hatten sie das durchweg abgelehnt: ein Christ ist zum Gehorsam gegenüber der weltlichen Herrschaft verpflichtet, auch wenn diese im Unrecht ist. Einen Kampf für den Christusglauben kann es nicht geben! Jetzt ließen sie sich von neuen Argumenten der fürstlichen Juristen zu einem schärfer gegliederten Urteil bringen: Wenn der Kaiser die Protestanten angriff, dann ging es gar nicht um einen Glaubenskrieg, für den es keine theologische Rechtfertigung gibt; im Falle eines kaiserlichen Angriffes hatten die protestantischen Fürsten allerdings Recht und Pflicht, ihre Untertanen gegen die ungerechtfertigten Gewaltmaßnahmen des Kaisers zu beschützen und zu verteidigen. Solche juristischen Überlegungen und weitere Bemühungen um theologische Verständigung unter den Protestanten bahnten ein militärisch-politisches Verteidigungsbündnis an.

Ende Dezember 1530 trafen sich Vertreter der protestantischen Mächte in Schmalkalden. Es sollte über ein Verteidigungsbündnis verhandelt werden. Am 27. Februar 1531 wurde es abgeschlossen. Auch die oberdeutschen Städte, die auf dem Reichstag noch ihr eigenes Bekenntis vorgelegt hatten, erkannten jetzt das »Augsburger Bekenntnis« an und traten dem »Schmalkaldener Bund« bei.

Luther meldete sich in der bedrohlichen Lage zu Wort. Im April 1531 erschien seine Schrift »Warnung Doktor Martin Luthers an seine lieben Deutschen«. Angesichts der drohenden Kriegsgefahr hob er hervor: Nicht erst beim Augsburger Reichstag, aber hier zuletzt, haben die »Lutherischen« auf ihre Absicht, die Glaubensfrage zu erörtern, und auf ihr politisches Friedensangebot das *»Drohen und Trotzen«* der Gegenseite zur Antwort bekommen. Als *»Prediger im geistlichen Amt«* sah er sich nicht dazu berufen, zum Krieg anzustacheln. Er hatte eine andere Aufgabe:

» Weil ich der Prophet der Deutschen bin – diesen hochtrabenden Titel muß ich mir in Zukunft selbst beilegen, meinen Papisten und Eseln zu Lust und Gefallen –, steht es mir wohl an, meine lieben Deutschen vor Schaden und Gefahr zu warnen und sie nach Maßgabe des christlichen Glaubens zu belehren, was sie tun sollen, wenn der Kaiser, aufgehetzt durch seine Teufel und Papisten, zum Krieg gegen die Evangelischen aufrufen sollte.«

Und Luthers Rat lautete: man soll dem Kaiser den Gehorsam verweigern, denn Gott ist mehr zu gehorchen als den Menschen.

Der Augsburger Reichstag hat die Hoffnungen nicht erfüllt, die Luther zum Teil an ihn gerichtet hatte. Aber er war deshalb nicht hoffnungslos. Zwar schien die für die Protestanten günstige politische Lage endgültig vorüber zu sein. Aber Luther war sich trotzdem Gottes Gnade gewiß. Die religionspolitische Spaltung, die sich seit Jahren abzeichnete, wurde vertieft. Doch Luther hielt daran fest, daß Christus seine Kirche nicht zerschlagen läßt.

Die eine Kirche

Wer mit der Frage nach der Einheit der Kirche an Luthers Auseinandersetzung mit der Papstkirche herangeht und dabei die breite geschichtliche Entwicklung und ihre Ergebnisse ins Auge faßt, der wird zu dem Urteil kommen: Die umfassende Einheit der abendländischen Kirche, wie sie mit der Herrschaft des Papstes gegeben war, wurde zerstört oder doch zumindest radikal in Frage gestellt.

Luther sah sich schon bald dem Vorwurf ausgesetzt, er untergrabe die Einheit der Kirche, ja er sei sogar von ihr abgefallen. Demgegenüber behauptet er die Position: die Papstkirche verfälscht die Einheit der Kirche, indem sie den ausschließenden Anspruch erhebt, die allein wahre Kirche zu sein. Es ging Luther gerade darum, die Einheit der Kirche ohne die Verfälschung durch geschichtliche Entwicklungen wie das Papsttum herauszuheben und zu erhalten.

» Ich glaube, daß hier auf der Erde ein heiliges Grüppchen, eine Gemeinde aus lauter Heiligen ist. Die hat einen Glauben, Sinn und Verstand, mit vielen verschiedenen Begabungen, aber einer einzigartigen Liebe, ohne verschiedene Gruppierungen. Als einer unter anderen gehöre ich dazu. Was alle ausmacht, kommt auch mir zu. Der Heilige Geist hat mich hineingebracht: dadurch daß ich Gottes Wort gehört habe und höre.«

Es gibt *eine* Kirche. Luther spricht das Bekenntnis zu ihr. Vorbehaltlos, ohne Wenn und Aber. Das Dasein dieser Kirche wird darin bestätigt, daß Menschen sich zu ihr bekennen. Die eine Kirche steht im Glauben. Auch wenn sie untrennbar mit der Existenz der Glaubenden in der Welt verbunden bleibt, wird sie keinesfalls von ihnen geschaffen. In der einen Kirche kann sich der Mensch immer nur durch den Glauben vorfinden.

Die Glaubenden erfinden die Kirche nicht. Aber sie läßt sich nur im Glauben finden. Deshalb steht die Einheit der Kirche für den Glauben unerschütterlich fest. Und der Unglaube muß an dieser Einheit zweifeln, weil er von der sichtbaren Zertrennung der Glaubenden ausgeht und die Vielfalt ihres Lebens und Handelns ihn verwirrt. Er muß vollends verzweifeln, wo er die Einheit der Kirche sichtbar herstellen will. Weil das ihrem Wesen widerspricht. Deshalb gibt Luther die Mahnung aus: *»Wer nicht in die Irre laufen will, der soll das festhalten: die Kirche ist eine geistliche Versammlung der Seelen in einem Glauben. Die wahre Kirche steht im Geist.«*

Luther warnt davor, die Einheit der Kirche da zu suchen, wo es sie nicht gibt. Nämlich im Sichtbaren. Die Einheit der Kirche übergreift alle sichtbare Zergliederung dadurch, daß sie *einen* unsichtbaren, ungreifbaren Grund hat: Christus. Zu ihm kann der Mensch nur in ein Glaubensverhältnis treten. Aus diesem Grund ist die Einheit der Kirche ins Unsichtbare gestellt. Die Kirche umfaßt alle Menschen, deren Leben im Glauben an Christus gegründet ist. Deshalb ist Kirche die »Versammlung der Glaubenden«. So gewiß die Glau-

Aus der Holzschnittillustration zum Vaterunser von Lucas Cranach d. Ä. »Der Heilige Geist kommt herab und erfüllt die Jünger, die vorher in Trauer und Furcht dasaßen. Hier siehst du klar, was der Heilige Geist tut. Er ist ein solcher Geist, der ins Herz schreibt und einen neuen Mut schafft, daß der Mensch vor Gott fröhlich wird, Liebe zu ihm gewinnt und anderen Menschen mit fröhlichem Gemüt dient.« In der Kraft des Heiligen Geistes, der zu Glaube, Hoffnung, und Liebe befreit, erkennt Luther die Gewähr für die unsichtbare, aber nichtsdestoweniger wirkliche Einheit der Kirche.

benden Menschen aus Fleisch und Blut sind, so unbedingt bleibt ihr Glaube, unsichtbar, an Christus gebunden. Das macht die »Versammlung der Glaubenden« zu *einer* unsichtbaren Sache, auch wenn sich die Glaubenden da und dort mehr oder weniger zahlreich versammeln. Der Christusglaube ist das einigende Band, das Menschen zur Kirche verbindet. Dieses Einheitsband der Kirche ist keine organisatorische Verknüpfung. Es wird geknüpft, wo Menschen in das Glaubensverhältnis zu Christus treten. Das geschieht durch die Christusbotschaft, durch Taufe und Abendmahl. So sieht Luther die Einheit der Kirche durch Christus selbst bewirkt und gewährleistet. Er begegnet Menschen so, daß Glaube möglich und wirklich wird. *»Ein Mensch kann weder in anderen noch bei sich selbst den Glauben und alles, was Christus denkt, will und tut, bewirken. Das kann allein Christus.«* Deshalb steht er für die Einheit der Kirche.

Bei der rechten alten Kirche bleiben

Christus stiftet durch die geistliche Überzeugungskraft seines Wortes den Glauben. Und wer glaubt, gehört zu der sichtbar zerstreuten, aber unsichtbar in Christus einheitlichen »Versammlung der Glaubenden«. Weil die Einheit der Kirche so durch und durch mit dem Glauben verwachsen ist, gibt es für Luther in der Frage nach Kircheneinheit nichts Wichtigeres als Glaubensübereinstimmung. Die Gaben und Begabungen der einzelnen Glaubenden mögen noch so verschieden sein – zur Kirche werden sie nur durch den *einen* Glauben verbunden. Hier wirft Luther die entscheidende Ursprungsfrage auf. Der Christusglaube ist nämlich keine geschichtslose Angelegenheit. Er ist in der Geschichte entstanden und bleibt

Der Schafstall Christi, Holzschnitt von Sebald Beham (1500–1550).
Christus spricht:
»Wer nicht durch die Tür in den Schafstall hineingeht, sondern auf einem anderen Weg einsteigt, ist ein Dieb und Räuber. Ich bin die Tür zu den Schafen« (Johannes 10, 1+7). Luther bemerkt dazu: »Dieses Evangelium zeigt uns durch ein Bild, was an anderen Stellen vom Reich Christi und vom Predigtamt in der Kirche gelehrt wird.«

daran gebunden. Für den Glauben, der die Einheit der Kirche ausmacht, stellt sich deshalb die Frage: Ist man *»bei der rechten alten Kirche geblieben«* oder hat man *»eine neue Kirche angerichtet«*. Die Einheit der Kirche will im Rückbezug auf ihren unverfälschten Ursprung bewahrt bleiben. Luther erkennt diesen Ursprung in der Christusbotschaft der Heiligen Schrift, wie sie sich in der Anfangszeit der Kirche ausgeprägt hat. Wo diese Linie überschritten wird, wird die Einheit der »rechten alten« Kirche verlassen. Es entsteht dann eine »neue Kirche«, die sich ihren eigenen Einheitsmaßstab setzt. Mit der ursprünglichen, *einen* Kirche Christi, der »Versammlung der Glaubenden«, hat das dann wenig oder nichts mehr zu tun.

Luther hat diese unerläßliche Forderung nach Glaubensübereinstimmung in der Auseinandersetzung mit den »Sakramentierern« ebenso zur Geltung gebracht wie im Streit mit der Papstkirche. Auf beiden Seiten sieht er die Einheit der Kirche durch Verfälschung gefährdet, weil die Glaubensübereinstimmung mit der »rechten alten Kirche« aufgegeben wird. Luther bezweifelt allerdings nicht, daß auch in solchen »neuen Kirchen« Menschen sind, die zur »Versammlung der Glaubenden« gehören. Aber gegenüber denen, die den Wahrheitsanspruch der »neuen Kirche« vertreten, betont er nachhaltig, daß sie die Einheit der Kirche verlassen haben.

Wo es keine ursprüngliche Glaubensübereinstimmung gibt, sieht Luther auch keine Möglichkeit zur Kirchengemeinschaft. Ein echtes Miteinander von Kirchenorganisationen ist nur gegeben, wenn der Wahrheitsanspruch einer Kirchenorganisation die Einheit der Kirche in Christus durch den Glauben weder verstellt noch verfälscht.

In der Auseinandersetzung mit der römischen Kirche bricht für Luther die Frage auf: Wie verhält sich die Einheit der Kirche durch Geist und Glauben zum Anspruch, daß die Einheit der Kirche unter der Herrschaft des Papstes ursprünglich gewahrt sei? Liegt nicht schon in diesem Anspruch der greifbare Irrtum, der die geistliche Einheit der Kirche nicht mehr zur Geltung kommen läßt? Aus dem Widerspruch der Papstkirche gegen die glaubenstiftende Christusbotschaft hat Luther erfahren: Die Herrschaftsstellung des Papstes und die geistliche Glaubenseinheit der Kirche schließen sich aus! Aber wenn er die Spitzenstellung des Papstes schließlich überhaupt ablehnt, dann begründet er das nicht in der Erfahrung dieses Widerspruches. Denn der bestätigt nur, was aus der geistlichen Glaubensverbindung von Christus und Kirche grundlegend folgt: *»Das Haupt ist das Lebenszentrum. Deshalb ist klar, daß die geistliche Kirche auf der Erde nur Christus als führendes Haupt haben kann.«*

203   Die eine Kirche

Luther setzt sich auch damit auseinander, daß der Herrschaftsanspruch des Papstes in der Würdestellung des Apostels Petrus begründet wird. Er legt dar, daß Christus dem Petrus keine Herrschaftsstellung in der Kirche verliehen hat, die im Sinne einer Regierungsgewalt die Einheit der Kirche machtvoll verwaltet. Christus hat Petrus die »Schlüsselgewalt« verliehen: die Macht und Würde zur Sündenvergebung. Aber: *»Petrus hat nicht als Petrus, sondern als Repräsentant aller Glaubenden die Schlüssel empfangen.«* Petrus hat also keine Sonderstellung. Die einzigartige Macht zur Sündenvergebung steht nicht einer Herrschaftsperson allein zu.

Die beste Kirchenregierung

Und noch in einem zweiten Punkt erkennt Luther eine Unstimmigkeit in der Begründung des Papsttums auf der Petruswürde. Die Schlüsselgewalt, die der Kirche in der Person des Petrus verliehen ist, ist keine Regierungsgewalt, wie sie der Papst beansprucht und ausübt. Vollmacht zur Sündenvergebung und Kirchenherrschaft

Der Apostel Petrus, Holzschnitt von Hans Baldung-Grien.
Das entscheidende Wort für die Begründung der Machtstellung des Papstes, die vom Apostel Petrus hergeleitet wird, steht im Matthäusevangelium (16,18f.): »Du bist Petrus, und auf diesen Felsen will ich meine Gemeinde bauen, und die Pforten der Hölle sollen sie nicht überwältigen. Und ich will dir die Schlüssel des Himmelreichs geben. Alles, was du auf Erden binden wirst, soll auch im Himmel gebunden sein. Und alles, was du auf Erden lösen wirst, soll auch im Himmel los sein.«

sind zwei verschiedene Dinge. Auf die Frage, welche Stellung der Papst für die geistliche Einheit der Kirche in Christus einnimmt, lautet deshalb die Antwort: Die Erkenntnis dieser Einheit wird durch die Spitzenstellung des Papstes verhindert und ihre Gültigkeit wird verfälscht.

Die Einheit der Kirche ist Sache des Glaubens. Dahinter geht Luther nicht zurück. Und was sich davor aufbaut, läßt er nicht gelten. Die Einheit der Kirche ist in Christus begründet und umfaßt alle Glaubenden. Sie kann deshalb durch den Herrschaftsanspruch einer einheitlichen »Kirchenregierung« nur begrenzt und verfälscht werden. Nachdem Luther die »göttliche Begründung« des Papsttums widerlegt hat, warnt er noch zusätzlich davor, eine »Einheitsbehörde« wie das Papsttum aus anderem Grund für sinnvoll und nützlich zu halten. Man kann ja fragen, ob es nicht geradezu notwendig ist, die unsichtbare geistliche Einheit der Kirche vor Verfälschung und Entstellung zu bewahren, indem man eine kirchliche Spitzenstellung schafft, die die bleibende Wahrheit der *einen* Kirche darstellen und verteidigen soll! Luther ist überzeugt, daß das gerade ins Gegenteil umschlagen muß. Eine solche »Einheitsbehörde« schafft selbst Grenzziehung und fordert Widerspruch und immer weitergehende Zerspaltung heraus.

Kann man dann die Einheit der Kirche nur sich selbst überlassen? Luther sieht die wichtige Aufgabe, daß die zerstreut lebende »Versammlung der Glaubenden« bewahrt werden muß. Und er läßt keinen Zweifel daran, daß und wie diese wichtige Aufgabe anzupacken ist. Sie wird dort am besten wahrgenommen, wo der Grund der Einheit nicht verstellt, sondern hervorgehoben wird. Dort muß dann zwangsläufig das Einheitsband geknüpft werden. Wenn das Wort von Christus verkündigt wird, entsteht und wächst der Glaube, in dem die eine Kirche besteht. *»Darum kann die Kirche überhaupt nie besser regiert und erhalten werden, als daß wir alle unter einem Haupt, Christus, leben. Und daß die Bischöfe, die trotz unterschiedlicher Begabungen alle die gleiche Aufgabe haben, fleißig zusammenhalten: in einträchtiger Lehre, Glauben, Sakramenten und Werken der Liebe.«*

Verstellter Durchblick

Luther in Schmalkalden

Im thüringischen Städtchen Schmalkalden hatten sich im Winter 1530/31 die protestantischen Mächte gegen die Bedrohung durch Kaiser und Papstkirche zusammengeschlossen. Luther hatte mit den Bündnisverhandlungen und dem Bundesschluß nichts zu tun. Im Winter 1537 fand in Schmalkalden wieder eine Versammlung der Verbündeten statt. An dieser Versammlung sollte auch Luther teilnehmen. Wieder ging es um wichtige Entscheidungen. Aber die bedrohliche Lage von 1531 lag schon lange zurück.

»Voll Dankbarkeit bestaune ich Gottes Wundertaten. Die Schrekkensdrohungen, die vom Augsburger Reichstag ausgingen, hat er auffliegen lassen. Wider alles Erwarten erfreuen wir uns am Friedenszustand.« Überrascht und dankbar hat Luther im Sommer 1531 die unverhoffte Wende nach dem Augsburger Reichstag festgestellt. Während die Protestanten sich im »Schmalkaldischen Bund« für den Fall des Krieges rüsteten, kamen im Auftrag des Kaisers religionspolitische Ausgleichsverhandlungen in Gang. Kurfürst Ludwig von der Pfalz und Erzbischof Albrecht von Brandenburg, die eine religionspolitische Mittellinie verfolgten, trieben die Verständigungsbemühungen entscheidend voran. Die Verhandlungen erbrachten ein weitreichendes Ergebnis. Am 27. Juni 1532 wurde in Nürnberg ein »Religionsfriede« abgeschlossen, den der Kaiser Anfang August bestätigte. Den politischen Kräften, die die »lutherische Ketzerei« begünstigten, wurde bis zur Regelung der Glaubens- und Kirchenfrage durch ein Konzil reichsrechtlich Frieden gewährt. Was hat den Kaiser veranlaßt, den Protestanten so überraschend ein so enormes Zugeständnis zu machen?

Schon seit dem Wormser Reichstag von 1521 hatte sich der außen- und machtpolitische Druck auf den Kaiser für die »lutherische Ket-

zerei« günstig ausgewirkt. Auch 1531 standen der Kaiser und sein
Bruder, König Ferdinand, unter massivem außenpolitischem Druck.
Im Südosten des Reiches lauerte schon seit Jahren eine große Gefahr. Unter Sultan Suleiman II. stießen türkische Heere immer wieder und immer weiter nach Europa vor. Jetzt gerade waren die Türken erneut im Anmarsch. König Ferdinand, der in seinem Herrschaftsgebiet direkt bedroht war, hatte schon mehrmals vergeblich
versucht, die Unterstützung des gesamten Reiches für den Kampf
gegen die Türken zu erhalten. Die Sorge um ein Überhandnehmen
der kaiserlich-habsburgischen Macht hatte bisher auch nicht-pro-
testantische Mächte von dieser Unterstützung abgehalten. Im Rahmen der Ausgleichsverhandlungen nach dem Augsburger Reichstag
ergriffen die Protestanten die Gelegenheit, sich gegen die Zusage zur
Teilnahme am Türkenkrieg den Religionsfrieden gewähren zu lassen.

Mit rechtem Gewissen in den Krieg

Die alte Frage des Türkenkrieges war auch für Luther nicht neu. Es
handelte sich um ein religiöses und politisches Problem, das in Anknüpfung an die Kreuzzugstradition Papst und Kaiser gleichermaßen beschäftigte. Schon am Anfang seines Kampfes mit der
Papstkirche, 1518, hatte sich Luther sehr kritisch zu diesem Problem
geäußert: Man solle zum Türkenkrieg nicht in religiös-christlicher
Selbstgefälligkeit aufrufen und den Kämpfenden den Himmel versprechen – die Bedrohung durch die Türken müsse vielmehr als
Ausdruck von Gottes Zorn gegen die Sündhaftigkeit und Unbußfer-
tigkeit des christlichen Abendlandes erkannt werden! Solche Kritik
erregte nicht nur den verurteilenden Widerspruch des Papstes. Sie
zeitigte auch nachhaltige Verunsicherung zur Frage des Türkenkrieges in protestantischen Kreisen.
   Bereits 1529 hatte sich Luther deshalb in Schriften ausführlicher
zum Problem geäußert. Er unterstrich seine theologische Kritik:
Wenn der Türkenkrieg im Namen Christi geführt werden soll, dann
versündigt man sich an Christus. Der Christ führt den Türkenkrieg,
indem er sich durch die Bedrohung zur Buße treiben läßt und gegen
den Türken, den Feind Christi, betet. Daneben aber nahm Luther
jetzt auch zur politischen Frage des Krieges Stellung: Gott gebietet
dem Kaiser und den deutschen Fürsten, ihre Aufgabe wahrzunehmen; sie sollen Land und Leute gegen die Türken verteidigen, der
schon lange genug seine brutalen Angriffskriege führt. Luther wollte

aufzeigen, wie man »*mit rechtem Gewissen*« den Krieg führen konnte und sollte. Im Sommer 1532 erteilte er auf Anfrage einen entsprechenden »Kriegsrat« an Kurprinz Joachim von Brandenburg, der als Feldhauptmann zum Türkenkrieg aufbrach. Luther ließ seinen »Kriegsrat« in einer deutlichen Aussage zum Kriegszweck gipfeln: »*In diesem Kampf soll man unsrerseits weder Ehre noch Ruhm oder gar Land und Besitz zu gewinnen suchen. Allein Gottes und seines Namens Ehre, der Schutz der armen Christen und der Bevölkerung sollen Kriegsgegenstand sein.*«

Die Türken haben sich 1532 ohne Kampf vor dem gewaltigen Reichsheer von annähernd 100 000 Mann zurückgezogen. Aber die Türkengefahr war damit nicht gebannt. Auch Luther äußerte sich in den kommenden Jahren immer wieder in Schriften und Ermahnungen. Als er im Sommer 1545 hörte, daß die seit Jahren in Spannung und Streit befindlichen Mächte Papst, König Franz I., der Kaiser und sein Bruder gemeinsam einen Friedensschluß mit den Türken herbeiführten, blieb ihm nur die Feststellung: jetzt erkennt man die eigennützigen Absichten derjenigen, die jahrelang zum vermeintlich heiligen Krieg gegen die Türken aufgerufen haben, unter denen besonders der Papst sich immer neu mit dem Hinweis auf den Türken-

Türken mit einer gefangenen Christenfamilie, Holzschnitt von Niklas Stoer.

Mit dem Sieg über König Ludwig II. von Ungarn in der Schlacht bei Mohacs 1526 waren die Türken dem habsburgischen Machtbereich unmittelbar auf den Leib gerückt. Die Belagerung von Wien im Herbst 1529 machte die massive Bedrohung vollends deutlich. In kleinen Schriften und auf Flugblättern wurden Informationen über die »Greueltaten« der Türken im ganzen Reich verbreitet.

krieg die Kassen hat füllen lassen. *»Während sie den Türken anbeten, wollen wir den wahren Gott um Beistand bitten. Der wird sie ebenso wie den Türken vom hohen Roß stoßen, wenn er aus seiner Verborgenheit heraustritt.«*

Kampf gegen den gefährlicheren Gegner

So nachhaltig Luther zum Verteidigungskrieg gegen die Türken aufgerufen hat, so deutlich hat er die Grenze gezogen zwischen Glaube und Politik, zwischen Kampf fürs Evangelium und machtpolitischer Durchsetzung. Im Kampf fürs Evangelium nützen politische Schlagkraft und militärische Stärke nichts. Denn der Gegner *»ist eine Geistesmacht; er fragt nicht nach Roß und Reiter«*. Luther wußte sich in unablässiger Auseinandersetzung mit dieser Geistesmacht. Sie trat 1534 in der westfälischen Stadt Münster aufsehenerregend hervor, ohne daß Luther direkt mit dem Geschehen zu tun hatte. Was geschah?

Die »Wiedertäufer« errichteten hier im Lauf des Jahres 1534 das »Gottesreich«. Unter »Wiedertäufer« verstand man eine Glaubensrichtung, die aus dem vielschichtigen Prozeß der Ausbreitung des Evangeliums und des Kampfes gegen die Papstkirche hervorging und in erklärtem Gegensatz stand zu allem, was als »offizielle Kirche« bezeichnet werden kann. Luther nannte sie auch *»Schleicher und Winkelprediger«*. Im Beschluß des Reichstages von Speyer 1529 wurde über sie, wegen ihrer schon seit Jahrhunderten verurteilten »Ketzerei«, die Todesstrafe verhängt. Herausragendes Kennzeichen dieser Glaubensrichtung ist die Ablehnung der Kindertaufe: Im bewußt vollzogenen Schritt soll der Erwachsene durch die Taufe in die Gemeinde der Auserwählten aufgenommen werden, die in strengem Gehorsam gegen biblische Gebote ein heilig-gesetzliches Leben führen wollen. Diese Glaubensrichtung war uneinheitlich und weit verzweigt. Aber Luther erkannte in all ihren Vertretern – besonders nannte er Ludwig Hätzer, Melchior Hoffmann, Balthasar Hubmaier, Hans Hut und Hans Denck – den *einen* Verführungsgeist am Werk, der Gottes Ordnung für das bedrohte Leben in der Welt und Gottes Wort an den durch die Sünde vollkommen ruinierten Menschen verfälscht und mißachtet.

Als in Münster die evangelische Kirchenreform sich durchzusetzen begann, schrieb Luther im Dezember 1532 an den Prediger Bernhard Rothmann und den Rat der Stadt. Er warnte vor dem *»betrügerischen Geist«*, der sich breitmachen wollte. Aber Luthers Mahnung konnte sich in Münster nicht behaupten. Die »Wiedertäufer« gewannen die Oberhand. Als schließlich gegen das »Täuferreich zu Münster« politisch und militärisch vorgegangen wurde, hat Luther das nicht verurteilt. Er wollte damit allerdings nicht dem militärischen Kampf gegen den Verführungsgeist das Wort reden. Er blieb dabei, daß dieser Kampf allein mit der Macht des Wortes geführt werden mußte. Aber weil die »Wiedertäufer« in religiöser Eigennützigkeit die göttliche Begründung und Aufgabe der weltlichen Herrschaft verkannten, sah Luther im politischen Einschreiten gegen die »Wiedertäufer«, entsprechend seiner Haltung im Bauernaufstand, eine unbedingte Notwendigkeit, um nach Gottes Willen das Leben in der Welt vor dem vernichtenden Zorn Gottes zu bewahren.

Gerade wo dieser Verführungsgeist den Namen Christi für sich in Anspruch nahm, hat Luther hart widersprochen. Auch in seiner alten Auseinandersetzung mit den »Sakramentierern«, in der das Abendmahl im Mittelpunkt stand, erkannte Luther dieselbe Heraus-

Belagerung von Münster, Holzschnitt von Erhard Schoen.
Nachdem sich in Münster seit einigen Jahren der Durchbruch der evangelischen Kirchenreform abzeichnete, traten im Winter 1534 aus den Niederlanden kommende »Propheten« auf: Jan Matthijsz und Jan Bokelson. Sie fanden in der Stadt alsbald breite Zustimmung. Der Stadtrat unterstützte schließlich den Aufbau ihres »göttlichen Königreiches«. Bischof Franz von Waldeck, zu dessen Machtbereich Münster gehörte, sah sich endlich zum Einschreiten gegen die »Wiedertäufer« gedrängt: mit Unterstützung durch Landgraf Philipp von Hessen begann er im Februar 1535 mit der Belagerung der Stadt. Im Juni wurde Münster eingenommen.

forderung. Aber hier bahnte sich eine Wende an. »*Der Versuch einer Verständigung zwischen uns und dem Sakramentierergeist ist nun von großem Hoffen und Verlangen begleitet. Hoffentlich bringt Christus das ganze zu einem Ende in unzweideutiger Klarheit. Dann wäre dieser ungeheure Stein des Anstoßes gütlich beseitigt. Gewaltsames Vorgehen wie in Münster wäre überflüssig.*« Diese Zuversicht hat Luther im August 1535 geäußert. Derjenige, der sich unermüdlich für die Verständigung einsetzte, war der Straßburger Theologe Martin Butzer. Nach dem Mißerfolg des Marburger Religionsgesprächs und der politisch nachteiligen Uneinigkeit der Protestanten beim Augsburger Reichstag hat er sich mit langem Atem um die Verständigung unter den protestantischen Theologen bemüht.

Erkämpfte Einheit – fragliche Eintracht

Am 25. September 1530 hatte er von Augsburg aus Luther auf der Coburg besucht, um die Lage zur Verständigung in der Abendmahlsfrage zu erkunden. Doch was er damals von Luther zu hören bekam, konnte ihn in seinen Einigungsbestrebungen kaum beflügeln: Butzer und seine Gesinnungsgenossen sollten ihren Irrtum in der Abendmahlslehre einsehen und aufgeben, zweideutige Kompromißformeln führten nicht weiter! Aber Butzer ließ sich nicht entmutigen. Er mühte sich weiterhin, Luther verständnisvoll entgegenzukommen. Fast sechs Jahre später, im Mai 1536, trafen sich die beiden wieder in Wittenberg. Zusammen mit anderen Theologen setzten sie ihre Unterschrift unter eine »Konkordie«: in diesem Dokument erklärten sich die lutherischen Theologen mit der nun von Butzer und zehn weiteren süddeutschen Theologen vorgetragenen Abendmahlslehre einverstanden.

Der Weg zur »Wittenberger Konkordie« war lang und nicht geradlinig. Er verlief vor dem politischen Horizont des »Schmalkaldischen Bundes«. Der Versuch, auch die Baseler und Zürcher Theologen in den Verständigungsprozeß miteinzubeziehen, schlug fehl. Zwischen den Wittenbergern und Straßburgern erfolgte der Durchbruch bei einer Verhandlung zwischen Butzer und Melanchthon in Kassel Ende 1534. Für ihr Zustandekommen hatte sich auch Landgraf Philipp von Hessen stark gemacht. Luther, der Melanchthon ein Schriftstück zur Abendmahlsfrage für die Verhandlung mitgegeben hatte, wurde anschließend über den Verlauf des Gespräches informiert. Er teilte daraufhin dem Landgrafen mit: »*Weil ich nun hoffen kann, daß es unter den Süddeutschen viele aufrichtig und ernst meinen, bin ich aufgeschlossen für eine Vereinigung, die festgegründet und beständig sein soll.«* Luther legte allerdings Wert darauf, die Sache nicht zu überstürzen und das tatsächliche Einverständnis der betreffenden süddeutschen Theologen und Stadträte zu erkunden. Im Herbst 1535 schlug er dann vor, daß die Verständigung der protestantischen Theologen über das Abendmahl und andere umstrittene Fragen der theologischen Lehre bei einer persönlichen Zusammenkunft abgemacht werden solle.

Am 21. Mai 1536 kamen Theologen aus Straßburg, Ulm, Eßlingen, Augsburg, Memmingen, Frankfurt, Fürfeld, Reutlingen und Konstanz in Wittenberg an. Acht Tage später wurden die Verhandlungen mit der Unterzeichnung der »Wittenberger Konkordie« beendet. Das Verständigungsdokument sollte nun noch durch Fürsten und Stadträte offiziell anerkannt werden. Wenn die süddeutschen Theologen anschließend betonten, daß sie von ihren bisherigen Positionen nichts aufgegeben hätten, zeigte sich für Luther ein anderes Bild: *»Unablässig habe ich während der Verhandlungen deutlich genug darauf hingewiesen: wenn sie nicht vorbehaltlos und unverblümt die umstrittene Abendmahlssache annehmen könnten, sollte man von einer Einheitsbekundung absehen. Die Anerkenntnis der Verschiedenheit im Verständnis des Abendmahls würde nicht so viele Gefahren in sich bergen wie eine vorgetäuschte Eintracht. Aber sie haben*

MIHI PATRIA   COELVM ·

MARTINVS · BVCERVS ·
ANNO · ÆTATIS · 53 ·
· B. ·

Martin Butzer, Kupferstich.
»Wenn man dem Klang der Worte trauen darf, dann will er wirklich mit uns theologisch übereinstimmen«, so urteilte Luther 1531 über Butzer, den er noch in den vorangegangenen Jahren des Abendmahlsstreites als Gegner auf Zwinglis Seite einordnen mußte. Der Dominikanermönch Martin Butzer (1491–1551) war schon früh für evangelische Verkündigung und Kirchenreform gewonnen. 1518 hatte er Luther in Heidelberg, 1521 vor Worms getroffen. Seit 1523 prägte er entscheidend die evangelische Kirchenreform in Straßburg. Als Kirchenreformer wirkte er auch in Süddeutschland, Hessen und England, wo er starb.

mit heiligem Ernst in die Formulierungen gewilligt, auch unser Bekenntnis von Augsburg anerkannt, so daß es unverschämt gewesen wäre, sie abzuweisen.«

Die theologischen Spannungen unter den Protestanten waren mit der »Wittenberger Konkordie« auf dem Papier beendet. Aber offensichtlich nicht aus der Welt geschafft. Für den Einigungsprozeß der protestantischen Mächte war die »Konkordie« nicht ohne Bedeutung. Aber bei der Schmalkaldener Bundesversammlung im Winter 1537 konnte sie sich religionspolitisch nicht durchsetzen. Das »Augsburger Bekenntnis«, das in der Abendmahlsfrage ein vielgestaltigeres Verständnis zuließ, blieb das entscheidende religionspolitische Einheitsdokument. Im Mittelpunkt der Beratungen auf der Schmalkaldener Versammlung stand jedoch eine andere Frage. Mit dem Einverständnis des Kaisers hatte Papst Paul III., der seit 1534 an der Spitze der römischen Kirche stand, für Mai 1537 ein Konzil in die italienische Stadt Mantua einberufen. Nun standen die protestantischen Mächte vor der Frage, wie sie sich dazu verhalten sollten.

Luther hatte sich 1518 zum erstenmal zur Verhandlung seiner Sache auf ein Konzil berufen. Seitdem 1523 beim ersten Nürnberger Reichstag zur Klärung der Kirchenreformfrage ein Konzil gefordert worden war, hatte die Konzilforderung auch reichspolitische Bedeutung gewonnen. Der »Nürnberger Religionsfriede« von 1532 sollte bis zur Regelung der Kirchenreformfrage durch ein Konzil innerhalb eines Jahres gelten. Aber das Jahr 1533 war ohne Konzil vergangen. Erst unter dem neuen Papst Paul III. nahm die Konzilsvorbereitung Gestalt an. Die Protestanten sahen aber, daß es dabei nicht um das anfangs erhoffte »freie, allgemeine, christliche Konzil« ging, das die Kirchenreform umfassend und nach evangelischen Grundsätzen in die Wege hätte leiten können. Vom »papistischen Konzil« konnte man nur Verurteilung der evangelischen Lehre und der vorgenommenen Reformmaßnahmen erwarten.

Zur Konzilsvorbereitung reiste der päpstliche Gesandte Pietro Vergerio 1535 zu den politisch entscheidenden Kräften nach Deutschland. Auf der Reise traf er gar in Wittenberg mit dem »Anführer der Ketzerei« höchstpersönlich zusammen. Lange nicht mehr so furchtsam wie noch 1518 vor Kardinal Cajetan in Augsburg, ließ Luther den päpstlichen Gesandten wissen, daß er zur Verantwortung vor dem Konzil unter Lebensgefahr bereit sei. Als dann im Sommer 1536 die Ausschreibung des Konzils bekannt wurde, war darin von der »vollkommenen Ausrottung der giftigen, pestilenzischen lutherischen Ketzerei« als einem Zweck des Konzils die Rede.

Aber Luther schenkte diesen drohenden Worten wenig Glauben.
*» Wie mir scheint, wird das Konzil eher vorgetäuscht, als tatsächlich
geplant.«* Kurfürst Johann Friedrich von Sachsen, der nach dem Tod seines
Vaters am 16. August 1532 die Regierung übernommen hatte, wollte
sich auf solche Vermutungen nicht einlassen. Er ließ juristische und
theologische Gutachten zur Problematik erstellen. Der junge Kurfürst stand schon seit 1520 in engerem Kontakt zu Luther und er
wollte den evangelischen Glauben auch politisch durchsetzen und
beschützen. Als er beabsichtigte, an dem angekündigten Konzil gar
nicht teilzunehmen und ein Gegenkonzil zu veranstalten, mußten
ihn seine Wittenberger Theologen eines Besseren belehren: man
dürfe dem Papst das Feld nicht kampflos überlassen, das Evangelium müsse auf dem Konzil behauptet und vertreten werden.

»Was soll erst nach meinem Tod geschehen?«

Der Kurfürst bat Luther, den evangelischen Standpunkt in der theologischen Lehre und zur Kirchenreform in einigen »Artikeln« zu-
sammenzufassen. Es lag ihm an einem von Luther persönlich ausge-
arbeiteten Dokument. Luther erfüllte den Auftrag des Kurfürsten.
Nach Weihnachten 1536 beriet er seine »Artikel« noch mit Freunden und Kollegen und übergab sie dann dem Kurfürsten. Johann
Friedrich wollte die »Artikel« bei der bevorstehenden Schmalkaldener Bundesversammlung vorlegen und offiziell als Stellungnahme
der Protestanten verabschieden lassen. Aber die »Schmalkaldischen
Artikel« haben über den religionspolitischen Zweck ihrer Abfas-
sung hinaus eine herausragende Bedeutung in der Frage nach Luthers Glaubenslehre. Als Luther die »Artikel« 1538 veröffentlichte,
wies er selbst darauf hin: *»Diejenigen, die nach mir leben werden, sollen hiermit mein Zeugnis und Bekenntnis vortragen können. Was soll
ich sagen! Noch lebe, schreibe, predige und lehre ich täglich, und dennoch gibt es giftige Leute, die sich unterstehen, nicht nur als Gegner,
sondern auch als falsche Brüder, meine Schriften und meine Lehre geradewegs auf den Kopf zu stellen. Sie wollen ihr Gift mit meiner Arbeit
schmücken und die armen Leute unter meinem Namen verführen. Was
soll erst nach meinem Tod geschehen?«*
Was enthält dieses theologische Testament Luthers? Am Anfang
bekennt er sich kurz und bündig zu den in der Frühzeit der Kirche
festgelegten *»hohen Artikeln der göttlichen Majestät.«* In den Mittelpunkt stellt er dann das Bekenntnis zu Jesus Christus, der allein

das Gottesverhältnis des Menschen in Ordnung bringt und damit den Zugang zum Leben ermöglicht. Neben dem Christusbekenntnis steht deshalb im Mittelpunkt die Ablehnung der von der römischen Kirche eingeschlagenen Wege zu Gott und Leben: die Opfermesse und was sich um sie herumlagert, die Heiligenanrufung, das Klosterleben und das Papsttum. Im dritten Teil geht Luther noch auf weitere theologische und kirchliche Fragen auf der Grundlage des Christusbekenntnisses ein. In den »Schmalkaldischen Artikeln« fließen die Themen und Gegenstände, denen sich Luther in den langen Jahren seines theologischen Kämpfens stellte, zusammen. Die Voraussetzungen seiner Lehre kommen hier zur Sprache, und die Grundlage seines Kämpfens, Lehrens und Glaubens rückt ins Zentrum: Christus.

In der Folgezeit haben Luthers »Schmalkaldische Artikel« einen bedeutenderen Rang gewonnen, als man ihnen bei der Schmalkaldener Bundesversammlung 1537 zubilligte. Zu dieser Versammlung kam Luther am 7. Februar 1537 mit Bugenhagen, Melanchthon und Spalatin, von Kurfürst Johann Friedrich hierzu beordert, in Schmalkalden an. Fürsten und Stadtratsgesandte, Juristen und Theologen waren beisammen, um die Problemlage aus der Sicht der Protestanten zu erörtern und Beschlüsse zu fassen. Der »Schmalkaldische Bund« hatte sich in den vorangegangenen sechs Jahren zu einem gewichtigen politischen Machtfaktor entfaltet. Er gewann neue Mitglieder und bildete den Rückhalt für die Ausbreitung der evangelischen Kirchenreform in Deutschland. Daß 1534 Herzog Ulrich von

Die Schlußsätze von Luthers Schmalkaldischen Artikeln (1536/37).
Mit diesen Worten hat Luther die Schmalkaldischen Artikel abgeschlossen: »Dies sind die Artikel, darauf ich stehen muß und stehen will, bis in meinen Tod, so Gott will. Und weiß daran nichts zu ändern noch nachzugeben. Will aber jemand etwas nachgeben, das tue er auf sein Gewissen.«

Württemberg, unterstützt von Landgraf Philipp, sein Herrschaftsgebiet von den Habsburgern zurückerorberte und die evangelische Kirchenreform durchführte, nahm Luther nach anfänglicher Ablehnung des Unternehmens schließlich doch erfreut und dankbar zur Kenntnis. Als in Anhalt und Pommern die Kirchenreform in Angriff genommen wurde, wirkte Luther beratend mit. Als politischer Machtfaktor gegen Kaiser und Papst wirkte der »Schmalkaldische Bund« auch auf König Franz I. und König Heinrich VIII. von England anziehend. Daß ihre Bemühungen um engere Kontakte mit den deutschen Protestanten im Sande verliefen, ist nicht zuletzt auf den Einfluß der Wittenberger Theologen und die ablehnende Haltung von Kurfürst Johann Friedrich zurückzuführen. Der »Schmalkaldische Bund«, zur Abwehr eines Angriffs auf die Protestanten geschlossen, sollte keine offensiven machtpolitischen Zwecke verfolgen. Die Frage nach der Haltung der Protestanten zum angekündigten Konzil lag dagegen ganz im Zweckbereich des Bundes.

»Gott tut noch Wunder«

In den ersten Tagen der Bundesversammlung waren die Theologen noch nicht ins Verhandlungsgeschehen einbezogen. *»Schon acht Tage sitzen wir hier fest. Nein. Wir hängen herum, träge und des Aufenthaltes überdrüssig, voll Verlangen nach Heimkehr. Die Fürsten und Stadtratsgesandten verhandeln ohne uns anderes, als wir dachten«*, schrieb Luther nach Wittenberg. Die ersehnte Heimkehr sollte er schon knapp zwei Wochen später antreten – allerdings sterbenskrank! Seit Beginn seines Aufenthaltes in Schmalkalden wurde Luther von Nierensteinen gequält. Reise, Unterbringung und ungewohntes Essen haben hier mitgespielt. Am 18. Februar konnte Luther noch predigen. Aber von diesem Sonntag an, dem ersten der Passionszeit, ist *»kein Tröpflein Wasser mehr von mir gegangen«*. Dieser Zustand brachte ihn dem Tode nahe. Am 26. brachen Bugenhagen, Spalatin, der Gothaer Pfarrer Mykonius und der kurfürstliche Arzt Sturz mit Luther aus Schmalkalden auf.

Schon im ersten Aufenthaltsort, dem Dorf Tambach, wurde Luther wenige Stunden nach der verzweifelnd-ungewissen Abreise die nötige Erleichterung zuteil. *»Gott hat Wunder an mir getan diese Nacht und tut's noch durch die Fürbitte frommer Menschen«*, ließ er am 27. Februar seine Frau wissen. Aber das war keineswegs die endgültige Besserung. Erst nach der Heimkehr am 14. März erholte sich Luther wieder langsam. Auf der Reise hatte ihn das Leiden nochmals so heimgesucht, daß er sich unter Bugenhagens seelsorgerlichem Beistand aufs Sterben vorbereitete.

In Schmalkalden, wo Luthers Krankheit neben den dringlichen Verhandlungen zu gespannter Atmosphäre beitrug, wurde die Nachricht aus Tambach mit großer Erleichterung aufgenommen. Besonders Melanchthon sah sich von drückender Sorge befreit. Eine andere Sorge blieb ihm allerdings: Wie 1530 in Augsburg bemühte er sich auch jetzt, den Standpunkt der evangelischen Lehre vermittelnd in die politische Lage einzubringen. Er arbeitete dabei mit Landgraf Philipp und den süddeutschen Theologen zusammen. Luthers »Schmalkaldische Artikel« kamen religionspolitisch überhaupt nicht zur Geltung. Auf Betreiben Bugenhagens hatten immerhin noch die meisten der anwesenden Theologen ihre Unterschrift dazu gegeben. Die protestantischen Politiker beschlossen, nicht am Kon-

Das Konzil von Trient, Kupferstich (1585).
Luthers Mutmaßung, daß er noch vorher sterben werde, bevor das Konzil zustande käme, ging nicht ganz in Erfüllung. Aber 1537 fand es nicht statt. Erst 1545 ist in Trient ein Konzil zusammengekommen und wurde nach wechselvoller Geschichte 1563 abgeschlossen. In anderer Hinsicht allerdings hat das Konzil in Trient Luthers Erwartung an ein »papistisches Konzil« erfüllt: »Sie werden uns nicht das kleinste Stückchen von unseren Glaubensartikeln zugestehen können und auch nicht wollen.«

zil teilzunehmen, das von vornherein zur Verurteilung der »lutherischen Ketzerei« bestimmt sei.

Sowenig die Schmalkaldischen Verbündeten sich uneingeschränkt an Luthers »Bekenntnis« anschlossen, so wenig folgten sie seinem Rat in der Konzilsfrage. Luther kritisierte den Beschluß von Schmalkalden. Die Protestanten haben damit dem »papistischen Scheinkonzil« einen widerspruchslosen Freiraum gewährt. Aber sie haben sich auch selbst zu einer »Papstautorität« verstiegen, die die Glaubenswahrheit nicht allein im freien Bekenntnis des Wortes vertritt, sondern politisch bevormunden, absichern und verwalten will. Das aber paßt nicht zum Evangelium. Luther unterstellte den protestantischen Politikern und politisierenden Theologen keine böse Absicht gegenüber dem Evangelium. Seine Kritik richtete sich gerade gegen die gutgemeinte Absicht der Protestanten, mit der sie das Evangelium politisch vereinnahmten, anstatt sich vom Evangelium vereinnahmen zu lassen. *»Sie waren da ein wenig zu klug!«*

Evangelium und Geschichte

Seltsam! Hätte Luther nicht auch Grund gehabt, sich über die Entscheidung der Schmalkaldener Bundesversammlung zufrieden, anerkennend und lobend zu äußern? Wenn im Kampf für das Evangelium und in der Frage nach seiner Durchsetzung in der Geschichte eine politisch klare und mutige Entscheidung getroffen wird, dann sollte das doch nicht zu abschätziger Kritik Anlaß geben! Diese Einwände scheinen allzu berechtigt. Sie gehen von der offensichtlichen Einsicht aus, daß der Mensch durch seine Entscheidungen den Lauf der Dinge in der Geschichte bestimmt. Warum sollte das Evangelium, die lebensentscheidende Christusbotschaft, davon ausgenommen sein? Warum sollten Menschen, die von der Wahrheit des Evangeliums überzeugt sind und sich zu dessen Geltung in der Geschichte bekennen, sich nicht unbedingt dafür stark machen? Es erscheint als berechtigtes Anliegen, dem Evangelium einen gesicherten Raum in Leben und Geschichte einzurichten. Man muß die Evangeliumsfeinde ausschließen und sich von den Gegnern abgrenzen! Dadurch daß Menschen sich für das Evangelium entscheiden, wird es doch wohl zugunsten des Lebens bewahrt und in der Geschichte erhalten bleiben!

Luther bestreitet nicht, daß der Mensch mit seinen Entscheidungen prägend in den Gang der Geschichte eingebettet ist. Und er hat mit seinem lebenslangen Kampf für das Evangelium bestätigt, daß die Christusbotschaft nicht zeitlos über der Geschichte schwebt. Das Evanglium steht mitten in der Geschichte. Hier will es vom Menschen bekannt und behauptet werden. Aber es steht anders da als alle sonstigen Gedanken und Überlegungen, mit denen der Mensch die Geschichte entscheidend bestimmt. Es ist keine Theorie, mit der der Mensch seine Stellung in der Geschichte behaupten und geschichtliche Vorgänge in seinem Interesse rechtfertigen kann. Das Evangelium will den Menschen rechtfertigen. Deshalb darf es durch die geschichtliche Selbstbehauptung des Menschen nicht vereinnahmt und aus Sorge oder Übereifer tatsächlich anderen Zielen untergeordnet werden. Weil es den Menschen in den Anspruch und die Einheit des Lebens hineinnimmt, kann ihm der Mensch nur auf *eine* Weise entsprechen: das Wort von Christus will grenzenlos vom Menschen in der Geschichte bekannt und geglaubt werden. Der Mensch kann es nicht für sich in der Geschichte ausgrenzen.

Luthers Kritik an der Entscheidung der Protestanten in Schmalkalden richtet sich gegen deren unevangelische Begrenztheit. Und die ist nur die positive Kehrseite von Mißbrauch und Entstellung des Evangeliums bei Wiedertäufern und Sakramentierern, bei den aufständischen Bauern und in der Papstkirche. Immer soll dem Evangelium vom eigenmächtigen Menschen ein Ort in der Geschichte zugewiesen werden, der es vernichtend begrenzt. Das paßt nicht zum Evangelium. *»Das Evangelium ist eine öffentliche Lehre, die durch die ganze Welt frei dahinläuft. Es ist an keinen Ort gebunden. Wie der Stern, der den Weisen aus dem Morgenland die Geburt Christi anzeigte. Es braucht keinen abgegrenzten Raum und keinen Ort, an dem es bleiben könnte. Es will und muß im Herzen bleiben.«* Der Ort des Evangeliums in der Geschichte ist ungreifbar. Er liegt in seiner Überzeugungskraft. Das Evangelium ist dort, wo der Ich-Mensch überwunden und als Gottes Geschöpf fürs Leben gewonnen wird. Das geschieht durch das »frei daherkommende Wort«.

Wo das Evangelium auf seinem Weg durch die Geschichte Station macht, wo es »im Herzen bleibt«, da fällt ein neues Licht auf die Geschichte, so daß der Mensch sie in erstaunlich ungewohnter Weise zu sehen bekommt. Im Licht des Evangeliums zeigt sich die Geschichte nicht als Summe menschlicher Taten und Untaten, geschweige denn als ein Prozeß, in dem der Mensch durch angestrengtes Mühen zu hochgesteckten Lebenszielen fortschreitet. Das Handeln des Menschen, das scheinbar die Geschichte ausmacht, und seine Entscheidungen, die offensichtlich den Lauf der Geschichte prägen, gewinnen im Licht des Evangeliums ein neues, ganz anderes Gesicht. Das Evangelium läßt das Handeln Gottes in der Geschichte aufleuchten. Damit werden Handeln und Entscheiden des Menschen nicht außer Kraft gesetzt, aber sie zeigen sich von einer anderen Seite und werden so erst in ihrer ganzen Tragweite erkannt.

Der Blick des Menschen, der an der sichtbaren und erforschbaren Oberfläche bleibt, wird in die Tiefe gelenkt. Das Evangelium durchbricht die Oberfläche des Geschichtsbildes, das der Mensch sich macht, und stellt die geschichtsbestimmenden Letztgültigkeiten des Menschen als vordergründig heraus. *»Was Gott tut und zeigt, geschieht in der Tiefe. Was der Mensch sieht und tut, liegt an der Oberfläche.«* Nur wo das Evangelium nicht in die Letztgültigkeiten der vom Menschen gefällten Geschichtsentscheidungen hineingezogen wird, tut sich dieser durchdringende Blick auf. Wenn das Wort Gottes das letzte Wort hat, kann Gottes Handeln in der Geschichte erkannt werden.

Der Prophet Micha, Holzschnitt aus der Luther-Bibel 1534.
Den Menschen, die sich hinter sicheren Mauern mit ihrem Leben und »ihrem Gott« verschanzen wollen, tritt die Verkündigung des wahren Gotteswortes entgegen. »Der Prophet fordert Umbesinnung. Das ereignet sich durch die Erkenntnis Christi, des menschgewordenen Gottes.«

Wenn Gott das letzte Wort hat

Gottes Handeln und des Menschen Entscheiden liegen in der Geschichte ineinander. Was der Mensch als gut und notwendig erkennt und deshalb mit leidenschaftlichem Nachdruck verwirklicht, das läßt Gott über kurz oder lang im Sande verlaufen, wenn nicht gar in einer Katastrophe enden. Was dagegen dem Menschen in der Geschichte als unabdingbare Notwendigkeit entgegentritt und ihn zu Widerspruch und Widerstand herausfordert oder ins Leiden versetzt, das muß er als unverständliche Böswilligkeit des schicksalhaften Gottes ablehnen und hinter sich lassen. Die Geschichte zeigt den heillosen Gegensatz von Gott und Mensch, dem sie sich verdankt. Das Handeln und Entscheiden des Menschen soll dem Kampf für sein Leben dienen. Aber eben für das Leben kämpft auch Gott. Wo der Mensch meint, er habe den entscheidenden Schritt zur Lebenssicherung hinter sich und sei auf dem fortschrittlichen Weg zur Lebensvollkommenheit, da fährt Gott dazwischen, untergräbt den menschlichen Lebensfortschritt und behauptet das Leben für sich. So sind Gott und Mensch in der Geschichte zerstritten – um des Lebens willen.

Der Mensch kann diesen Gegensatz nicht aufheben. Aber er setzt sich mit allen Mitteln gegen die Konsequenzen zur Wehr, die ihm aus diesem Streit leidvoll erwachsen. Er geht dem Widerspruch Gottes in der Geschichte aus dem Weg und verleugnet ihn vollends, indem er sich selbst als Herrn der Geschichte behauptet. Durch richtiges Entscheiden und überzeugtes Handeln soll ein abgesicherter, widerspruchsloser und friedvoller Lebensbereich geschaffen werden. Und je mehr der Mensch solch hohen Lebenszielen nachjagt, desto mehr verschließt sich ihm in der Tat Gottes Wirken in der Tiefe. *»Gott wirkt in den Niederungen. Deshalb wird sein Handeln von denen nicht erkannt, die mit hochfahrenden Plänen umgehen. Sie können seine Spuren nicht lesen. Der weltbeherrschende Geist erkennt Gottes Wirken nicht.«*

Aber Gottes Widerspruch in der Geschichte, der an sich schon in der Erniedrigung verborgen ist, wird dadurch nicht außer Kraft gesetzt, daß ihn der hochtrabende Geist des Menschen nicht wahrhaben kann. Das heillose Ineinander von Gott und Mensch bleibt bestehen. Auch wenn der Mensch es nicht wahrhaben will. Er sieht sich doch unablässig vor dessen erschreckende Konsequenzen gestellt.

Christus am Kreuz, aus der Predella des Cranach-Altars, Stadtkirche Wittenberg.
»Das Wort vom Kreuz ist denen, die verlorengehen, eine Torheit; uns aber, die
wir gerettet werden, ist es Gottes Kraft.« (1. Korinther 1,18)

Dieses heillose Ineinander ist ein unaufhebbares Merkmal der Geschichte. Es wird deshalb erst mit ihrem Ende aufgehoben. Aber es gibt mitten in der Geschichte einen Ort, an dem dieses Ende durchbricht: das Kreuz Jesu Christi. Deshalb ist die Christusbotschaft das entscheidende Wort, das das heillose Ineinander von Gott und Mensch in der Geschichte heilbringend auflöst. Vom Kreuz her eröffnet sich dem Menschen ein wohltuend aufschlußreicher Blick. Vom Ausgang der Geschichte zwischen Gott und Mensch her kann er das fortbestehende Ineinander und Gegeneinander von Gott und Mensch in der Geschichte durchschauen. Es verliert seinen bedrükkenden Zwang. Das Evangelium befreit zum Leben in der widerspruchsvollen Geschichte.

Gott ist nicht das alles überragende Mittel der menschlichen Selbstverherrlichung in der Geschichte. Er läßt sich nicht als letztgültige Autorität in die tatkräftigen Entscheidungen des Ich-Menschen einflechten, mit denen die Geschichte gemeistert und das Leben widerspruchslos beherrscht werden soll. Gott ist vielmehr die Macht, die die Selbstherrlichkeit des Menschen in der Geschichte zu Fall bringt. Er verbirgt seine Meisterschaft über die Geschichte und seine Herrschaft über das Leben in widerspruchsvoller Tatkraft. Nur das Evangelium eröffnet den endgültigen Blick in die Tiefe. *»Gottes Wille ist gut. Aber diese Güte ist so versteckt, daß es, nach Gefühl und Wahrnehmung geurteilt, nichts Grausameres gibt.«*

Kein Wunder, das das Evangelium gegen alle scheinbar letzten Notwendigkeiten der menschlichen Geschichtseinsicht das letzte Wort behalten muß! Wo es das nicht hat, reibt sich der Mensch an dem Ineinander von Gott und Mensch in der Geschichte auf.

Das Spiel Gottes ist entschieden

Aber was passiert, wenn der Mensch dem Evangelium das letzte Wort läßt? Wird er dann nicht in eine endgültige Scheinwelt aus der Geschichte hinausversetzt? Muß er nicht leidenschaftslos und teilnahmslos über der Geschichte schweben, weil er mit ihrem widerspruchsvollen göttlichen Ende übereinstimmt? Es sieht in der Tat so aus: Wem sich aus der Kraft des Evangeliums der »Durchblick« durch die Geschichte auftut, der erkennt, daß hier nur das *»Spiel Gottes«* abläuft, in dem der eigenmächtige Mensch von vornherein kein ebenbürtiger Partner, sondern nur »Spielmaterial« ist, und der Ausgang schon längst feststeht. Sollte man da nicht die Teilnahme aufkündigen?

So sieht es in der Tat aus! Aber doch nur für das Distanz wahrende Auge der eigenmächtig-vernünftigen Geschichtsbetrachtung.
Auch die Konsequenz, aus dem *»Spiel Gottes«* in der Geschichte
auszusteigen, kann der Mensch ja nur ziehen, wenn er sich selbst das
letzte Wort in der Geschichte anmaßt. Daß ihm das nicht zusteht,
sagt gerade das Wort von Christus. Wo der Mensch dem Evangelium das letzte Wort läßt, sieht er ein, daß er aus dem *»Spiel Gottes«*
gar nicht aussteigen kann: weder durch eigenmächtigen Aktivismus
noch durch Verweigerung. Er läßt sich im Christusglauben seine
Rolle in diesem Spiel allererst zuweisen: als einer, der den Widerspruch Gottes, nicht zuletzt für sich selbst, gelten läßt und für grenzenlose Gültigkeit des Evangeliums mit dem Wort Partei ergreift.
Wenn man dem Evangelium den grenzenlosen Raum, den es haben

Das Gleichnis vom vierfachen Ackerfeld. Holzschnitt von Erhard Schoen.
Das eindeutige Evangelium geht in die Zweideutigkeiten der Geschichte ein.
Frucht bringt es nur, wo es seine Eindeutigkeit behält. Wie der ausgestreute Same
nur dort zur fruchtbringenden Pflanze heranwächst, wo er auf guten Ackerboden
fällt (vgl. Matthäus 13, 3-23). »Da sehen wir: es ist nicht verwunderlich, daß es so
wenig wahre Christen gibt. Denn der Same fällt nicht allein auf den guten Ackerboden. Nur der geringere Teil tut das. Es ist also denen nicht zu trauen, die sich
als Christen rühmen und die Lehre des Evangeliums hochhalten. Christus selbst
sagt: ›Wer Ohren hat zu hören, der höre!‹ Als wollte er sagen: Oh, wie wenig
wahre Christen gibt es. Ja, man soll nicht allen glauben, die Christen heißen und
das Evangelium hören. Es gehört mehr dazu.«

muß, tatsächlich einräumt, dann ist mitten in der heillosen Bedrohlichkeit der Geschichte das heilvolle Leben gewiß da.

Der Mensch wird zum »Mitspieler Gottes«, indem er in dessen
Widerspruch als Heilsweg einstimmt. Der Gang der Geschichte ist
dann nicht mehr in der Ungewißheit der vermeintlichen Letztgültigkeiten aufgehoben, die das Entscheiden und Handeln des Menschen
bestimmen. Er bleibt im heilbringenden Widerspruch Gottes bewahrt.

*»Gott will dem vorwitzigen Menschen grundlegend zuvorkommen.
Was er will und beabsichtigt, hat er ihn wissen lassen: ›Ich werde dir
zeigen, wie es um den Lauf der Geschichte und die Gewißheit des Lebens bestellt ist. Aber nicht, wie du denkst, für die vernünftige Wahrnehmung und die weltbeherrschende Schläue begreifbar. So will ich es
machen: ich werde mein Versteck als Gott aufgeben und trotzdem uneingeschränkt Gott bleiben. Ich trete auf als Mensch, indem ich meinen
Sohn schicke. Der wird für deine eigenmächtige Gottlosigkeit sterben,
aber nicht in der geschichtlichen Versenkung verschwinden. Gerade so
will ich deinem sehnlichsten Wunsch entgegenkommen, daß du wissen
kannst, ob dir das Leben gewiß ist oder nicht‹.«*

Gott hat in Christus den Kampf um das Leben, der sich in der Geschichte abspielt, zugunsten des Lebens entschieden, im Widerspruch zum Ich-Menschen, der das letzte Wort in der Geschichte beansprucht. Weil das Evangelium diese Entscheidung Gottes mitteilt,
darf es vom Menschen nicht vereinnahmt werden. Nicht einmal in
der Absicht, es zu beschützen! Es will und muß frei daherkommen.
Ganz in der widersprüchlichen Überzeugungskraft seines Wortes
aufgehoben.

Der bemerkenswerte Unterschied

Luther als Professor und Prediger

Außerhalb Wittenbergs spielten sich bedeutende Ereignisse im Leben Martin Luthers ab. In Augsburg und Worms, in Marburg und Schmalkalden fielen Entscheidungen von geschichtlicher Tragweite. Aber unter diesen herausragenden Punkten verläuft die bleibende und nicht weniger entscheidende Grundlinie in Luthers Leben: seine Tätigkeit in Wittenberg.

Von 1512 bis drei Monate vor seinem Tod lehrte Luther als Theologieprofessor in Wittenberg. Luther als Professor – das umschreibt allerdings mehr als nur einen festen äußeren Lebensrahmen. Wer sich Luther, dem Professor, nähert, der trifft ihn da in der Mitte seiner Lebensarbeit: in der Auslegung der Heiligen Schrift dem Wort Gottes Gehör zu verschaffen. Daß er sich in diese Aufgabe nicht hineingedrängt hatte, sondern daß sie ihm aufgetragen worden war, das machte ihm immer wieder Mut, wenn er sich für seine Person in seinem Wort und Handeln verunsichert sah. Daß aber gerade ihm diese Aufgabe gestellt war, das beflügelte ihn zu aufopferungsvollem Dienst. Man begegnet in »Professor Luther« weniger dem Akademiker, der als leuchtender Stern am Gelehrtenhimmel stehen wollte, sondern viel mehr dem Bekenner, der alle seine geistigen Fähigkeiten diesem Wort Gottes zuliebe einsetzte. *»Wo ein theologischer Lehrer zu seinem Auftrag nicht auch Freude mitbekommt, da bleibt ihm nur mühevolle Arbeit.«*

Als junger Professor stand Luther in einer breiten Erneuerungsbewegung, die auch die Verhältnisse an der Wittenberger Universität nachhaltig prägte. Und Luthers »neue Lehre« hat die Universitätsreform mitgestaltet. Mit der Ausbreitung des Evangeliums wurde die Wittenberger Universität zu einem vielbesuchten Zentrum. Aber die Jahre des Aufbruchs und Umbruchs gingen dann auch nicht spurlos an ihr vorüber. Die Studentenzahlen nahmen ab, die organisatorischen Verhältnisse zerfielen. Luther hatte Kurfürst Johann 1525/26 nicht nur auf die Notwendigkeit der Kirchenreform hingewiesen. Er legte ihm auch die Sorge für die Wittenberger Universität nahe. Aber die kirchlich, juristisch und politisch offene und ungewisse Lage während der Regierungszeit von Kurfürst Johann hinderte eine durchgreifende Neugestaltung der Universitätsverhältnisse. Erst unter Kurfürst Johann Friedrich wurde die Wittenberger Universität neu organisiert. Gleich nach seinem Regierungsantritt 1532 bekräftigte der junge Fürst seine Bereitschaft hierzu.

Im Mai 1536 wurde dann die neue Ordnung für die gesamte Universität erlassen. Melanchthon hatte schon drei Jahre zuvor entsprechende Statuten für die theologische Fakultät zusammengestellt. Dem organisatorischen Umbruch und der Festlegung zur »evangelischen Theologie« wurde jetzt dadurch Rechnung getragen, daß die

Wittenberg um 1546, Holzschnitt von Lucas Cranach d. Ä.
Wittenberg, mit damals ungefähr zweieinhalbtausend Einwohnern ein Städtchen mittlerer Größe, war von 1511 an der Ort, an dem Luther lebte und arbeitete: als Theologieprofessor im Augustinerkloster, in dem außer im Kolleggebäude der Universität auch Vorlesungen gehalten wurden; als Prediger im Kloster, in der Schloßkirche und der Stadtpfarrkirche. An der Stadtkirche übernahm Luther über den Predigtdienst hinaus in vielen Jahren stellvertretend die Aufgaben des Pfarrers, wenn Johannes Bugenhagen, meist als Berater in Kirchenreformangele-

verpflichtende Rolle des »Augsburger Bekenntnisses« für die theologische Lehre festgeschrieben und die Auslegung bestimmter biblischer Schriften in den Vorlesungen geregelt wurde. Auch theologische Doktorprüfungen, die in den vergangenen Jahren nicht mehr abgehalten worden waren, fanden wieder statt. Luthers vertrauter Freund, der Wittenberger Stadtpfarrer Johannes Bugenhagen, und sein persönlicher Mitarbeiter Caspar Cruciger, der 1528 als Theologe nach Wittenberg berufen worden war, waren 1533 unter den ersten Prüflingen. Zur Förderung der Lehre und Ausbildung sollten auch wieder regelmäßig »Disputationen« durchgeführt werden. Für solche offiziellen Streitgespräche an der Universität hatte ja Luther 1517 seine bahnbrechenden Thesen abgefaßt. In einem Erlaß an die Universität vom Oktober 1538 hob Kurfürst Johann Friedrich hervor, daß Luther in den Disputationen schon wieder mit gutem Beispiel für die anderen Theologen vorangehe.

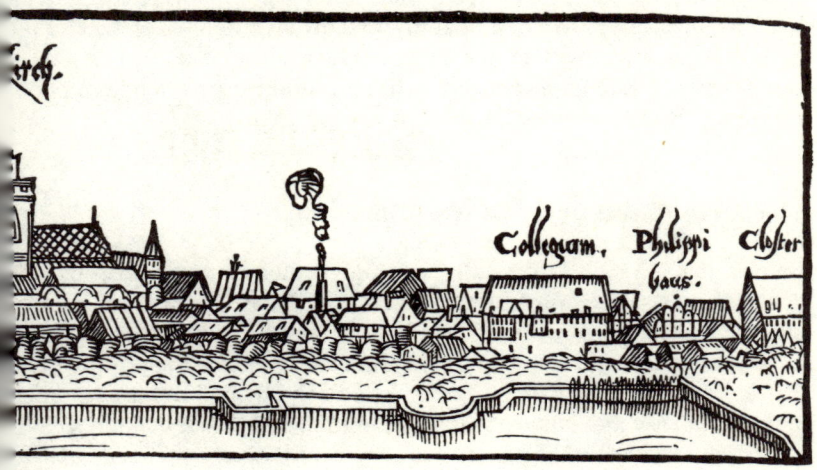

genheiten, außerhalb Wittenbergs war.

Zur Wittenberger Gemeinde hatte Luther ein gespaltenes Verhältnis. Er beklagte oft die Undankbarkeit für das Wort Gottes im Wittenberger Lebensalltag; und er meinte, daß die Wittenberger doch zu besonderem Dank verpflichtet seien, da in ihrer Gemeinde durch ihn das Evangelium zuerst wieder recht ans Tageslicht getreten sei. Als er 1545 auf einer Reise war, wollte er schon gar nicht mehr nach Wittenberg zurückkehren. »Mein Herz ist erkaltet. Ich bin da nicht mehr gern.«

Disputationsthesen rückten in diesen Jahren durch eine entscheidende theologische Auseinandersetzung wieder in den Mittelpunkt des Geschehens. Wenn dieser Streit auch nicht mehr so einschneidende Konsequenzen wie die Ablaß-Auseinandersetzung brachte, so war er nicht weniger wichtig. *»Meine besten Freunde wollen mich mit Füßen treten und das Evangelium ruinieren!«,* hatte Luther zu klagen. Was und wer hat ihn so stark herausgefordert?

Im Dezember 1536 hatte Luther den alten Freund Johann Agricola bei sich aufgenommen, nachdem dieser seine Stellung in Eisleben wegen Unstimmigkeiten verlassen hatte. Auch in Wittenberg vertrat Agricola nun öffentlich seine theologische Position, die die Unstimmigkeiten in Eisleben bedingt hatte: In der wahren Kirche, die aus der Gnade lebt, habe die Forderung von Gottes Gebot kein Existenzrecht mehr; ein evangelischer Prediger solle keine gesetzlichen Forderungen verkündigen, vielmehr zwinge die Botschaft des Evangeliums den Menschen zur Umkehr und Erneuerung des Lebens.

Sowenig Luther zwanzig Jahre zuvor das Ablaßgeschäft hingehen ließ, so wenig konnte er jetzt diese theologische Verirrung des Freundes unwidersprochen lassen. Er stellte sich den »Gesetzesfeinden« entgegen, indem er wiederholt Disputationsthesen verfaßte. Der Streit zog sich über mehrere Jahre hin und führte auch zum persönlichen Bruch zwischen Luther und Agricola.

Streiflichter aus dem Professorenalltag

Immer neu sah sich Luther als Theologieprofessor zur Klarstellung der Wahrheit der Heiligen Schrift gerufen. Dabei ging es ihm nicht um die Verteidigung seiner persönlichen Autorität. Aber gerade durch sein theologisches Kämpfen hat er sich eine einzigartige Autorität erworben. Kurfürst Johann Friedrich hat das dokumentiert, als er im Erlaß zur Neuordnung der Wittenberger Universität 1536 ausdrücklich hervorhob: Gott hat an dieser Universität »sein heiliges Wort durch die Lehre Martin Luthers, Doktor der Heiligen Schrift, erscheinen lassen«. Die Hochschätzung des Kurfürsten für Luther hat sich aber auch anders geäußert. Im Zuge der Universitätsneuordnung erkannte er ihm eine stattliche Gehaltserhöhung zu und befreite ihn von der Vorlesungspflicht. Aber Luther ging, soweit es sein angespannter Gesundheitszustand zuließ, seiner Professorenpflicht nach. Die Auslegung der Heiligen Schrift war ja seine Lebensaufgabe. Auf Wunsch und Drängen der Kollegen stand er von

1535 bis zu seinem Lebensende als Dekan an der Spitze der theologischen Fakultät. Zur Autorität, die er sich durch sein vorbehaltloses Eintreten für die Christusbotschaft erwarb, kam vielfältige Hochachtung und Verehrung hinzu.

Professor Luther war als theologischer Lehrer weit über Wittenberg hinaus geschätzt. Im Mittelpunkt seiner Lehrtätigkeit stand das Bemühen, die Verpflichtung gegenüber der Heiligen Schrift, die ihn selbst in Dienst genommen hatte, weiterzugeben. Auf selbstgefälliges theologisches Wissen gab er wenig: »*Wenn einer ein paar griechische Wörter schreiben und einen Psalm erklären kann, dann hält er sich gleich für den geborenen wissenschaftlichen Theologen, der in akademischer Würde weit über allen anderen steht.*« Die Selbstgefälligkeit akademisch-theologischer Bildung mußte verschwinden vor der großen Aufgabe, in die er die angehenden Theologen einweisen wollte.

Wenn Luther den gebildeten Hochmut scharf kritisierte, dann lehnte er damit keineswegs die Verpflichtung zum gründlichen Studieren ab. Sein Rat lautete: Weniges intensiv! »*Wenn ein Student sich nicht umsonst anstrengen will, dann soll er ein gutes Buch mehrmals lesen, bis er sozusagen mit dem Verfasser eins wird. Viel lesen macht nur verwirrt, nicht gelehrt.*«

Über die geistige Beschäftigung mit der Sache der Theologie hinaus lag Luther auch der Lebensalltag der Studenten am Herz. Er scheute sich nicht vor scharfer, unzweideutiger Ermahnung. Gegenüber »*Sauferei und Hurerei*« hat er sich deutlich geäußert. Aber sein Verhältnis zu den Studenten war deshalb nicht gleich durch autoritäre Verkrampfung bestimmt. Als im Sommer 1535 das Gerede von einer Pestepidemie in Wittenberg die Runde machte, die Universität nach Jena ausgelagert wurde und Kurfürst Johann Friedrich sich besorgt an Luther wandte, schrieb er dem Kurfürsten zurück: »*Ich merke, daß die Jugend das Geschrei von der Pestilenz gern hört. Denn etliche haben den Ausschlag auf der Schultasche, etliche die Kolik in den Büchern, etliche die Gicht am Papier bekommen. Und sonst haben sich viele an Mutterbriefen verdorben, was ihnen Herzeweh und Sehnsucht nach Hause einbrachte. Vielleicht gibt es noch mehr Kränklichkeit, als ich weiß.*« Weil er den erzieherischen Auftrag gegenüber der Jugend ernst nahm, ließ Luther auch die Freude an Fest und Feier nicht verkümmern. In seinem Haus gab es gesellige Runden mit den Studenten, die hier wohnten oder aßen.

In seinen Vorlesungen hat sich Luther nur mit der Auslegung des einen Buches beschäftigt, das die Aussage der Lebenswahrheit in sich schloß. Aber er hat in den langen Jahren seiner Vorlesungstätigkeit bei weitem nicht alle biblischen Bücher behandelt. Weil es in der Bibel insgesamt um das Christuszeugnis geht, lag ihm besonders an den Schriften, die stark zur Christuserkenntnis beitragen. Vor seiner letzten, großen Vorlesung über das 1. Buch Mose, die ihn von 1535–45 beschäftigte, ragt seine Vorlesung über den Galaterbrief des Paulus heraus, die er 1531 gehalten hat. 1516/17 hatte er den Galaterbrief schon einmal behandelt. Wenn er ihn jetzt erneut in der Vorlesung auslegte, dann nicht, um grundlegend neue Erkenntnisse mitzuteilen, sondern um *»der allergrößten, auf der Lauer liegenden Gefahr«* zu wehren: daß die Wahrheit des Christusglaubens verloren und vergessen wird und so der Mensch das Leben, das sich am rechten Gottesverhältnis entscheidet, ohne Christus eigenmächtig zerstört. Gerade zur Erkenntnis der christlichen Glaubenswahrheit erkannte Luther im Galaterbrief eine grundlegende Hilfestellung, über den er deshalb sagen konnte: *»Er ist mir so lieb wie meine Käthe«.*

Nicht in wissenschaftlicher Distanz, mit der der Gelehrte über der Sache steht, sondern in persönlicher Anteilnahme, die aus der Sache erwächst, hat Professor Luther die Heilige Schrift ausgelegt. Er hat stets betont, daß dazu auch eine entsprechende Bildung wichtig ist. In der *»gründlichen Kenntnis«* der biblischen Sprachen, Griechisch und Hebräisch, erkannte er die Voraussetzung für die *»rechte Theologie«.* Wie unvollkommen seine eigenen Kenntnisse und Fähigkeiten auf dem Gebiet der Sprachen waren, hat er nicht verschwiegen. Vor allem wenn er sich mit dem Freund und Kollegen Philipp Melanchthon verglich. In diesem Vergleich trat auch der persönliche Unterschied in der sprachlichen Darlegung und der Art des theologischen Denkens und Arbeitens hervor. *»Ich lege die Axt an die Bäume. Philipp hobelt.«*

Das unschuldige Wort

Melanchthons grundlegende Schrift »Loci communes theologici«, 1521 zum erstenmal erschienen, wurde von Luther als hilfreich und notwendig für das Theologiestudium empfohlen. In Luthers eigener theologischer Arbeit stand die ausgefeilte Sprache detaillierter Verstandesarbeit zurück hinter dem überzeugenden und kämpferischen Wort, das die Christusbotschaft der Heiligen Schrift verteidigen und gewinnend darlegen will. Seine imposante letzte Vorlesung über das 1. Buch Mose zeigt, wie wenig er Bibelauslegung in einem vom Leben abgesonderten Problembezirk betrieb. Er griff die vielfältigen

Themen und Fragen auf, die durch das Bibelwort angesprochen waren.

Noch länger als das Katheder des Professors hat Luther die Kanzel bestiegen, zum letztenmal noch vier Tage vor seinem Tod. Er predigte in den Wittenberger Kirchen, aber auch an den vielen Orten, an denen er sich im Lauf seines Lebens zu Verhandlungen, Gesprächen und Beratungen befand. Schon der junge Professor hatte seine bahnbrechende Erkenntnis nicht nur im akademischen Raum abgehandelt. Weil das theologische Bemühen um die Christusbotschaft seinen Ort in der Kirche hat, bildete die Christuserkenntnis für Luther von Anfang an die Brücke zwischen Kanzel und Katheder. Als der alte, hochverehrte Professor 1544 die neue Schloßkirche in Torgau einweihte, hat er in der Predigt betont, was den Theologen an die Gemeinde bindet und worin beide verbunden bleiben: im Auftrag Christi und im Glauben an ihn. Trotz der starken Sachbeziehung zwischen Professur und Predigeramt hat Luther der – »rechten« – Predigt einen einmaligen Stellenwert gegenüber der theologischen Geistesarbeit zuerkannt.

»Ein Prediger muß nach der Predigt kein Vaterunser beten und um Sündenvergebung bitten, sofern er recht gepredigt hat. Nein! Mit dem

Titelblatt des ersten Bandes der Deutschen Schriften Martin Luthers (1539).
Seit 1533 wurde Luther mit einem Wunsch bedrängt: Er solle die Erlaubnis zu einer Gesamtausgabe seiner Schriften geben. Luther hat sich diesem Wunsch lange versagt. Er wollte seine Schriften, die in Kämpfen und Auseinandersetzungen fast durchweg mit aktueller Zuspitzung und nicht in wissenschaftlich-gelehrter Vollkommenheit abgefaßt waren, nicht auf die Ebene eines »Gesamtwerkes« von überzeitlicher Geltung gehoben wissen. Schließlich gab er dem Wunsch doch nach. Er erlebte noch das Erscheinen eines ersten Bandes mit deutschen Schriften 1539 und eines Bandes mit lateinischen Schriften 1545.

*Propheten Jeremia muß er rühmend sagen: ›Herr, du weißt, daß das,
was aus meinem Munde gegangen ist, recht und dir gefällig ist‹.«* Es
ging Luther nicht um eine persönliche Sonderstellung des Predigers.
Aber es kam ihm auf die Sonderstellung der Predigt gegenüber allem
sonstigen, auch »theologischen« Reden an. Die Predigt ist Wort
Gottes. Sie soll den Hörer in den gewissen Anspruch des Lebens hineinnehmen und vom Prediger in der unverbrüchlichen Gewißheit
des Wortes Gottes getan werden. Die Kanzel soll nicht Tummelplatz
des eigenmächtigen menschlichen Geistes sein. Der Prediger spricht
nicht im eigenen Namen. Er erfüllt »nur« einen Auftrag. Und einzig
das soll auf der Kanzel geschehen.

Anders als im Hörsaal, wo Luther die künftigen Prediger für die
Erfüllung ihrer Aufgabe rüsten wollte, sprach er in der Predigt den
Menschen in seinem Gewissen an, dem persönlichen Ort der Wahrheitsentscheidung vor Gott. Schonungslos hat Luther deshalb in seinen Predigten den hartnäckigen Widerspruch aufgedeckt, in dem
sich der Mensch mit seinem Leben Gott gegenüber befindet. Und
ebenso unablässig hat er Christus zur Sprache gebracht, der allein
diesen Widerspruch löst und damit das Leben vor Verlust und Vernichtung rettet. Nicht religiöse Selbstbestätigung, sondern göttliche
Lebensvergewisserung ist Sache der Predigt.

Es ist deshalb eine Selbstverständlichkeit, daß sich die Predigt am
Hörer orientieren muß. Luther mühte sich, die Sprech- und Denk-
ebene der Gemeinde anzupassen. Er brachte nie ein fertiges, hoch-
gestochenes Manuskript zum Vortrag. Er predigte immer frei. Auch
wenn oft und häufig genug Fürsten und Adlige, Gebildete und Gelehrte bei Luther unter der Kanzel saßen, hat er seinen Predigtmaß-
stab nicht aufgegeben, den er allen »gelehrten Predigern« ohnehin
stets kritisch entgegenhielt: das Gegenüber, das der Prediger ansehen soll, muß der einfache Mann, der *»arme Laie«,* müssen die sächsischen Bauern, die Knechte und Mägde sein. Luther war kein So-
zialrevolutionär. Er hat die fortbestehende Ungleichheit der Menschen im Leben der Welt geradezu bekräftigt. Aber weil im Reich
Christi diese Ungleichheit aufgehoben ist, muß das dort ersichtlich
werden, wo das Reich Christi in der Welt durchbricht: im Wort der
Predigt. Die heillose Gottesferne jedes Menschen und das rettende
Angewiesensein auf Christus muß gleichermaßen zur Sprache kommen. Und Christus selbst hat das Wort des Gottesreiches nicht an
das obere Ende der geistigen Rangskala in der Welt gestellt. *»Als unser Herr Jesus Christus sein Reich in dieser Welt anfing, zog er nicht
den Römischen Kaiser, nicht die Hohenpriester in Jerusalem, auch
nicht die besten, höchsten und mächtigsten Leute im Volk dazu heran.*

Arme, unehrenhafte Leutchen, gewöhnliche Fischer wie Petrus, Andreas, Johannes, Jakobus, Thomas und andere, die als gottlos verschrieen waren, nahm er dazu. Er legte ihnen sein Wort in den Mund und gab ihnen den Auftrag zu predigen.«

War Luther ein erfolgreicher Prediger? Unter dem Eindruck der Predigten, die Luther 1522 nach der Rückkehr von der Wartburg gehalten hatte, schrieb einer: »Wer ihn einmal gehört hat, möchte ihn, wenn er nicht gerade aus Stein ist, immer wieder hören. Einen so starken Eindruck macht er auf den Hörer!« Aber Luther selbst hat oft genug, gerade in jenen »Invocavit-Predigten«, betont, daß der Prediger so wenig wie der Hörer auf bloßen Eindruck aus sein und sich damit zufriedengeben soll. Der Erfolg eines Predigers zeigt sich allenfalls daran, wie Glaube und Liebe in der Gemeinde wachsen.

Einen umfassenden Einblick in Luthers Predigttätigkeit geben die mehr als 2000 überlieferten Predigten. Luther hat sie zum Teil selbst für den Druck bearbeitet. Vor allem aber wurden Luthers Predigten von seinen Mitarbeitern Veit Dietrich, Caspar Cruciger und Georg Rörer mitgeschrieben. Ob es sich nun um »original-lutherische« oder um nachgeschriebene Predigten handelt, überall ist das Bemühen erkennbar, das Wort Gottes, Christus, in wirklichkeitsnaher Sprache zum Klingen zu bringen. Glaube und Liebe sind das eine

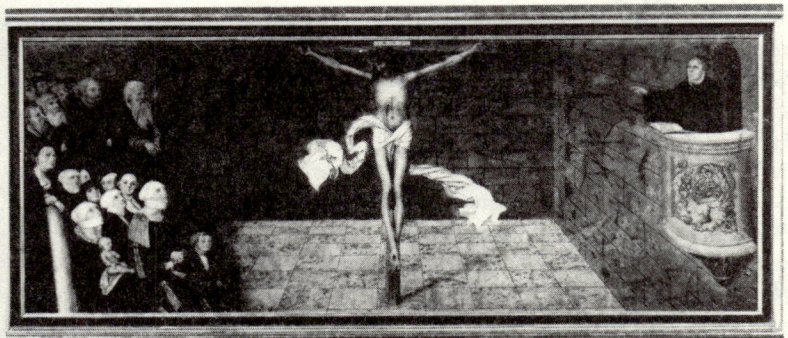

Luther als Prediger, Altargemälde von Lucas Cranach d. Ä., Stadtkirche Wittenberg.

Die Botschaft von Christus, in dessen Kreuz Gott und Mensch ins reine kommen, ist Aufgabe des Predigers. Daß er diese Aufgabe nicht ohne Bindung an den Auftraggeber erfüllen kann, bleibt für Luther bestimmend: »Stellvertretend für alle Prediger hat Christus zu Petrus gesagt: ›Siehst du, Peter, wenn du mein Wort predigen willst, steht die ganze Welt in ihrer Gottesfeindschaft gegen dich auf. Du mußt deshalb dich und alles, was du hast, daransetzen. Das aber tust du nur, wenn du mich lieb hast und fest an mir hängst.‹«

Thema in Luthers Predigten. Sie sind deshalb weder eintönig noch
langweilig. Der ganze Reichtum der biblischen Texte, die ihnen zugrunde liegen, spiegelt sich darin wider.

Im Blick auf die Zuhörer konnte sich Luther jedoch den Zweifel
am Erfolg seiner Predigten nicht verbergen. In dem Maße, in dem
die evangelische Predigt den Reiz des Neuen verlor, in dem sie dann
auch im Rahmen der Durchführung evangelischer Kirchenreform
organisatorisch abgesichert wurde, nahmen Luthers Klagen über die
»Undankbarkeit des Volkes« zu.

Der verschlafenen Gleichgültigkeit zum Trotz

*»Wenn man davon predigt, daß der Mensch allein durch den Glauben
an Christus ins rechte Verhältnis zu Gott kommt und zum wahren Leben findet, dann schläft oder hustet das Volk.«* Luther sah das feh-
lende Interesse und die mangelnde Aufmerksamkeit aber weniger
darin begründet, daß die evangelische Predigt zu bekannt und allzu
vertraut geworden war. Im Gegenteil. In der Gleichgültigkeit gegenüber der Evangeliumspredigt erkannte er den abgrundtiefen Widerspruch, den der in der Welt lebende, von ihren Gesetzen und Verlok-
kungen geprägte Mensch gegen das Wort Gottes aufbringt. Glaube
und Liebe ziehen in Konkurrenz zu wohlbegründeter Skepsis und
unüberlegter Abneigung, zu Selbstbehauptung und grenzenlosem
Lebensgenuß offenbar den kürzeren.

Luther wollte kein anfeuernder religiöser Volksredner sein. *»Es
gibt einen Mann, der heißt Jesus Christus, der sagt zu dem allem:
Nein! Daß ich ihm folge, ist ja nur billig, denn er hat mehr für mich getan als sonst jemand.«* Vom Vorbild Jesu Christi ließ sich Luther allerdings auch anleiten, gegen die undankbare Schläfrigkeit des Volkes mit fesselnden Bildern und zündenden Gleichnissen anzukämp-
fen.

So eindrucksvoll Luther aller vordergründigen Begeisterung und
allem Undank zum Trotz gepredigt hat; so unvergleichlich hoch er
den Wert der evangelischen Predigt als Verkündigung des Wortes
Gottes eingestuft hat – weil er als Professor und Prediger »nur« einen Auftrag zu erfüllen hatte, blieb ihm doch der Wunsch: *»Liebe
Christen! Laßt meine und aller Theologen Schriftauslegung nur ein
Gerüst sein. Es kann und will ja nur dem Bau des wirklichen Gebäudes
nützen – daß wir das unverhüllte, reine Gotteswort selbst fassen,
schmecken und dabei bleiben.«*

Theologie

Wenn es um Gott geht, geht es um das Leben. Theologie, das Denken und Reden von Gott, kann deshalb keine belanglose oder beliebige Sache sein. Aber wie kann man Gott erkennen und wie läßt sich angemessen von ihm reden?

»Die wahre Theologie ist eine handfeste Sache. Sie gründet in Christus, dessen Tod im Glauben ergriffen wird. Heutzutage aber machen alle, die in Erfahrung und Lehre nicht mit uns übereinstimmen, die Theologie zu einer Sache der Spekulation. Weil sie aus dem vernünftigen Zweifeln nicht herauskommen! Eine Theologie, die spekuliert, stammt aber aus der Werkstatt der Lebensvernichtung.«

Luther stellt »unsere Theologie« der Theologie »aller anderen« gegenüber. Er gibt damit zu verstehen, daß das Denken und Reden von Gott nicht allgemeingültig für jeden Menschen von vornherein feststeht. Es wird allererst von ihm erworben – durch *»Erfahrung und Lehre«*. Die vielfältigen Möglichkeiten der Gotteserkenntnis, die sich damit auftun, bündeln sich für Luther aber in zwei Grundlinien, die unvereinbar nebeneinander herlaufen. Der »wahren Theo-

Erasmus von Rotterdam, Kupferstich von Albrecht Dürer.

»Nimm das lebensbekräftigende Wort weg, und du hast das Christentum beseitigt!« Mit diesem Vorwurf tritt Luther dem gelehrten Desiderius Erasmus (1469–1536) entgegen. Mit ihm ist er in eine grundlegende Auseinandersetzung getreten über die Frage nach der Gotteserkenntnis und der »wahren Theologie«. Auf die des Erasmus »De libero arbitrio« (»Von der freien Lebensverfügung«) (1524) antwortete Luther mit »De servo arbitrio« (»Von der Unmöglichkeit der freien Lebensverfügung«) (1525).

logie« steht die »Spekulationstheologie« gegenüber. Luther kann keineswegs beiden einen gleichen Wert beimessen. Sie sind nicht nur unvereinbar, sondern vollkommen gegensätzlich. Während die »wahre Theologie« durch ein handfestes Wort das Leben bekräftigt, wirkt die »Spekulationstheologie« auf dem unendlichen Weg des vernünftigen Fragens nach Warum und Wozu an der abgründigen Lebensvernichtung mit. Dabei sieht das auf den ersten Blick – und für das Auge der Vernunft erst recht noch auf den letzten – ganz anders aus.

Verdammtes Spekulieren – beglückendes Bekennen

Die »Spekulationstheologie« will das Leben absichern, indem sie aus tiefgehenden Erkenntnissen heraus dem Menschen sagt, wie er durch gutes und rechtes Handeln das Leben retten kann und muß. Sie will ganz im Dienst des Lebens stehen. Daß sie sich aber mit ihrem Spekulieren über das Leben hinwegsetzt, die Wirklichkeit Gottes mißachtet und den Fähigkeiten des Menschen einen Stellenwert zuerkennt, den sie nicht haben können, das bleibt ihr verborgen. Die unabsichtliche, aber folgenrichtige Lebensvernichtung durch die »Spekulationstheologie« ist der vernünftigen Wahrnehmung verstellt. Denn die »Spekulationstheologie« wurzelt gerade in der zweifelhaften Macht der zweifelnden Vernunft.

Die »wahre Theologie« dagegen läßt das Leben in seiner verunsichernden Zerbrechlichkeit ungeschminkt bestehen. Sie scheint damit ohnmächtig der Übermacht des Lebens ausgeliefert. Sie weiß nichts zum durchgreifend-bessernden, fortschrittlichen Handeln zu sagen. Sie tut nur das eine: sie behauptet allem Augenschein zum Trotz den Anspruch des Lebens. Aber das ist es, was sie von allem vernünftigen Zweifeln unterscheidet und wodurch sie dem Menschen das Leben vergewissernd mitteilt. Sie erwächst nicht aus dem tiefsinnigen Grübeln oder dem denkerischen Nachforschen des Menschen. Sie findet darin ihren Grund, daß Gott sich im Leben erfahrbar behauptet – wie es in der Heiligen Schrift grundlegend beschrieben wird –, und sie bringt diese Erfahrbarkeit Gottes überzeugend und im Widerspruch zur »Spekulationstheologie« zu Wort.

Angesichts dieser Gegensätzlichkeit kommt Luther zu einer klaren Unterscheidung im Blick auf den Menschen, der über Gott nachdenkt und von ihm redet. *»Derjenige heißt zu Unrecht Theologe, der den unsichtbaren Gott begreifen will, indem er Geschehenes erkennend durchdringt. Aber der nennt sich zu Recht Theologe, der erkennt, was*

Gott sichtbar und nachvollziehbar durch Leiden und Kreuz durchdringen läßt.« Theologie läßt sich nicht auf einer neutralen Erkenntnisebene vollziehen. Sie sucht sich nicht vorwitzig ihren Erkenntnisgegenstand. Der Mensch kann Gott nicht in einem Gegenüber vernünftiger Betrachtung erkennen und begreifen. Es ist deshalb ein Irrtum, wenn die »Spekulationstheologie« diesen Weg zur Gotteserkenntnis einschlägt. Hier wird das lebensentscheidende Ineinander von Gott und Mensch verkannt. Es wird zum Zwecke der Lebensbeherrschung zu einem theoretischen Gegenüber verfälscht. Doch das hat gerade die Lebensvernichtung zur Konsequenz, weil der Anspruch des Lebens mißachtet wird.

Der »wahre Theologe« geht den entgegengesetzten Weg. Er sucht Gott nicht in erforschbarem Gegenüber. Er weiß, daß Gott ihn im Leben heimsucht. Gotteserkenntnis setzt sich durch, wo Gott im Widerspruch zur lebensbeherrschenden Erkenntnis vernommen wird: durch Leiden und Kreuz. Für die wahre Gotteserkenntnis ist der Mensch blind und taub, weil er zum »Spekulationstheologen« geboren ist. Gott muß ihn immer wieder massiv auf sich hinweisen. Aber auch in Leiden und Kreuz wird Gott nur vernommen, wenn das Wort von Christus die Situation durchdringt. Der »wahre Theologe« fällt so wenig vom Himmel wie der »Spekulationstheologe« auf dieser Erde auszurotten ist. Aber die »wahre Theologie« bricht sich Bahn, wo in Christus der Himmel auf Erden entdeckt wird *»Also: im gekreuzigten Christus liegt die wahre Theologie – die Erkenntnis Gottes.«*

Die Rollen sind klar verteilt

Während die »Spekulationstheologie« den von ihr erkannten Gott in ausufernden Programmen zu umreißen sucht, konzentriert sich die »wahre Theologie« auf das zentrale Geschehen, um das es in der Gotteserkenntnis geht. Gott läßt sich nicht in spekulativen Gedanken einfangen, aus denen der »Spekulationstheologe« mit göttlichem Anspruch seine eigenwilligen Schlußfolgerungen ziehen kann. Von dem Gott, der »sichtbar und nachvollziehbar« durchdringt, kann nur als von einem lebensentscheidend Handelnden gesprochen werden. Auch wo man das im Umkreis der »Spekulationstheologie« weder wahrhaben will noch kann, handelt Gott – lebensentscheidend, aber nicht zum Heil des Menschen. Hier verhärtet das Leben unter letztgültigen Gesetzlichkeiten. Und je mehr das Leben unter Theorien und Programmen verhärtet, desto stärker wird die

Gefahr, daß es zerbricht. Vor dieser Gefahr schützt allein die »wahre Theologie«, die Gott als den zur Sprache bringt, der zum Heil des Menschen handelt. Im Zentrum der »wahren Theologie« steht deshalb das Heilsgeschehen, das am Kreuz Christi für den Glauben sichtbar und annehmbar wird: *»der verurteilte, verlorene Mensch und der rechtfertigende, rettende Gott.«*

Die »wahre Theologie« handelt im Interesse des Lebens, für das Gott geradesteht, vom lebensentscheidenden Heilsgeschehen. Dabei sind die Rollen klar verteilt: der verlorene Mensch und der rettende Gott. Diese Rollenverteilung ist keine willkürliche und erst recht alles andere als eine beiläufige Theologenentscheidung. Dafür hat sich der handelnde Gott entschieden. Denn nur diese Rollenverteilung wird dem Leben gerecht. Auch wenn sie der handelnde Mensch als vollkommen ungerecht mißachtet und verkennt. Und obwohl die ihm entsprechende »Spekulationstheologie« unablässig dabei ist, den berechtigten Nachweis für den Rollentausch zu erbringen! Was bei diesem eigenwilligen Theater herauskommt, steht aufgrund der Christusbotschaft schon von vornherein fest. Aber es kann und muß auch erfahren werden. Während die »Spekulationstheologie« in dieser Erfahrung zusammenbricht, liegt für die »wahre Theologie« gerade hier das Lebenszentrum. Darin unterscheidet sie sich ja von der »Spekulationstheologie«: sie ist eine handfeste Sache, die das gottgewollte Rollenspiel im Leben durchs Wort bekräftigt. Sie gibt die Regieanweisung, die dem Menschen hilft, seine Rolle im Spiel des Lebens einzunehmen. Wie kommt sie zu dieser Regieanweisung?

Das Wort Gottes, das den Verlauf des lebensentscheidenden Geschehens bestimmt, gibt diese Regieanweisung: *»Was Gott zu sagen hat, das hat er in Gesetz und Evangelium unterteilt«.* Luther ist nicht müde geworden, die allesentscheidende Wichtigkeit dieser Unterteilung hervorzuheben. Nur wer sie mitvollzieht, wird im Lebensspiel den handelnden Gott erkennen. Wer dagegen das Leben in einem ungeteilten Wort für sich beansprucht, muß es durch sein eigenes Reden und Handeln rettend sichern – und wird es verlieren. Luther hat als Mönch den verlockenden und scheinbar verheißungsvollen Weg beschritten, durch ein ungeteiltes Wort zur beherrschenden Lebenssicherung zu kommen. Er verfolgte ihn bis zur letzten Konsequenz der Verzweiflung, in der das Leben unter dem Anspruch des ungeteilten Wortes zerbricht. *»Aber als ich die Unterteilung entdeckte, daß das Gesetz etwas anderes ist als das Evangelium, da war ich hindurch.«* In der Unterteilung von Gesetz und Evangelium bringt die »wahre Theologie« das lebensentscheidende Handeln

Gottes als Heilsgeschehen zum Ausdruck. Darin unterscheidet sie sich deshalb zutiefst von der »Spekulationstheologie«. Die Unterteilung von Gesetz und Evangelium ist die theologische Regieanweisung, in deren Befolgung der Mensch nach Gottes Willen das Spiel des Lebens im Interesse und mit Gewinn des Lebens besteht.

Das Gesetz, die eine Seite des Wortes Gottes, ist durch die Vielfalt seiner Formulierungen hindurch der unbedingt fordernde Anspruch des Lebens, dem der Mensch genügen muß, aber nicht genügen kann. Der Mensch hat im Spiel des Lebens kein einfaches Verhältnis zum Gesetz. Es tritt ihm entgegen, wo er das Leben durch sein Handeln in den Griff bekommen will. Es schützt das Leben vor dem handelnden Zugriff des eigenmächtigen Menschen. *»Jedes Gesetz ist erlassen, um die Sünde einzudämmen. Aber kann es das Leben vermitteln?«* Das Gesetz weist den Menschen auf die Notwendigkeit des richtigen Handelns hin, und es will dadurch die Lebenszerstörung begrenzen. Aber wenn es nicht nur als Einzelforderung betrachtet, sondern als der unbedingte Anspruch des Lebens ernst genommen wird, dann zeigt es gerade dem handelnden Menschen seine Rolle als Verurteilter und Verlorener. Es läßt den unbedingten Anspruch des Lebens laut werden, und zwar ungeteilt. Damit zerschlägt es

Johann Agricola, Kupferstich von Balthasar Jenichen (1565).
In scharfer Auseinandersetzung mit dem alten Freund Johann Agricola (1499–1566) hat Luther verteidigt, daß die »wahre Theologie« nur in der unaufhebbaren Unterteilung von Gesetz und Evangelium das Handeln Gottes als lebensrettendes Geschehen ausdrücken kann. Agricola wollte das Gesetz verwerfen, weil es nach dem Evangelium keine Gültigkeit mehr beanspruchen könne. Aber damit mußte er zugleich das Evangelium, in der Zweideutigkeit der Geschichte, aufheben. Denn es kommt nur als die andere Seite des Wortes Gottes neben dem Gesetz zur Sprache. Luther klagt: »Das ist die höchste Kunst des bezaubernden Verführungsgeistes: daß er aus dem Evangelium Gesetz machen kann.«

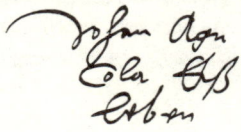

dem Menschen seinen eigenmächtig-handelnden Zugriff auf das Leben und entzieht ihm die notwendige Lebensgewißheit. Als Verurteilter und Verlorener kann er nicht leben.

Gott, der für das Leben geradesteht, greift auch für den Menschen lebensrettend ein. Er ist und bleibt selbst der Ursprung des Gesetzes, das dem Menschen das Leben entreißt. Aber auf der anderen Seite seines Wortes, im Evangelium, zeigt er dem verurteilten und verlorenen Menschen, daß und wie er das Leben gewiß haben kann: im Christusglauben. Im Glauben an das Wort des Evangeliums findet der Mensch den unbedingt fordernden Anspruch des Lebens erfüllt. Hier wird der Mensch aufs freundlichste vom Leben angesprochen. *»Das Evangelium ist eine gute Nachricht, eine Freudenbotschaft vom Sohn Gottes, der Mensch geworden ist, gelitten hat, auferweckt ist durch Gottes Geist, damit wir das Leben haben können.«* Das Evangelium gibt dem Menschen den rettenden Zugang zu dem, was Gott gegen den eigenmächtig handelnden Menschen im Interesse des Lebens tut. Wo sich dem Menschen dieser Zugang auftut, stimmt er in die Rollenverteilung des Lebensspiels freudig ein. Durch den rechtfertigenden, rettenden Gott kommt er als verurteilter, verlorener Mensch mit dem Leben davon.

Die Unterteilung von Gesetz und Evangelium ist das, was die »wahre Theologie« ausmacht und alle »Spekulationstheologie« als Irrtum entlarvt. Sie ist die wichtigste Sache theologischer Erkenntnis. Denn nur durch sie wird verhindert, daß sich der Mensch als geborener »Spekulationstheologe« mit einem ungeteilten Wort zum Herrn des Lebens aufschwingt. Wozu er doch gar nicht taugt! Nur durch diese Unterteilung kann von Gott, der im Interesse des Lebens handelt, heilsam geredet werden. Deshalb kann Luther sagen: *»Wer Gesetz und Evangelium wohl zu unterteilen weiß, der danke Gott. Er darf wissen, daß er ein Theologe ist.«* Aber er kann es nur bleiben, wenn er diese Unterteilung nicht in geruhsamem Spekulieren an die Spitze seiner theologischen Weisheit stellt, sondern sich als geborener »Spekulationstheologe« bis in den Tod von ihr zur »wahren Theologie« anstacheln läßt.

»Gott hat einen Grund gehabt, warum er sich in der vollkommenen Ohnmacht des Menschen erkennen lassen will: weil er die hochtrabende Weisheit des Menschen niederreißen will. Wenn es eine höchste Weisheit gibt, dann die: in die vollkommene Ohnmacht des gekreuzigten Christus einzustimmen – nichts anderes über Gott zu wissen und zu denken, als daß er gekreuzigt ist.«

Zerbrochenes Vorbild

Luther in Familie und Freundeskreis

Während seiner Reise zur Konzilsvorbereitung im November 1535 traf der päpstliche Gesandte Vergerio bei einem Aufenthalt in Wittenberg auch mit Martin Luther zusammen. In der Unterhaltung kam auch der Lebensalltag des schon lange verurteilten Ketzers zur Sprache. Luther erzählte dem Gesandten des Papstes von seiner Ehe mit der geflohenen Nonne und von den Kindern, die aus dieser »gotteslästerlichen Verbindung« hervorgegangen sind. Zehn Jahre nach Luthers Heirat bewohnte eine stattliche Familie das ehemalige Augustinerkloster in Wittenberg. Luthers ältester Sohn Johannes hatte jetzt zwei Schwestern, Magdalene und Margarete, und zwei Brüder, Martin und Paul. Nach den Grundsätzen eines päpstlichen Gesandten mußte dieses Familienleben als schlimmste Sündenfrucht verurteilt werden, war es doch unter Bruch des heiligen Mönchsgelübdes entstanden. Nach Luthers Urteil war dadurch allererst unverfälschter Gottesdienst in die Klostermauern eingezogen. Im Christusglauben hatte Luther erkannt, daß der Kampf gegen die Verführung durch die Sünde nicht dadurch bestanden wird, daß man sich den zweifelhaften Lasten eines Mönchslebens unterzieht. Der Wille Gottes wird vielmehr dort erfüllt, wo die wirklich von Gott gestellten Aufgaben angepackt werden. Und das ist in Ehe und Familie ganz besonders der Fall.

» Was will ich mehr! Ich bin verheiratet und habe eheliche Kinder wie kein papistischer Theologe!« Dankbar und stolz konnte sich Luther über den Gang seines Lebens äußern. Das Wort Gottes hatte ihm den Zugang zur Ehe eröffnet. In diesem Wort wollte er auch das Leben in Ehe und Familienalltag begründet und erhalten wissen. Die göttliche Gabe und Aufgabe der Ehe wollte vom Geber bestimmt

bleiben und nicht der Eigenmächtigkeit des Menschen ausgesetzt und überlassen werden. Aber Luther stand aufgrund dieses Glaubensurteils nicht über den Widersprüchen, die im Alltag auftreten und ausgetragen werden. Wenn jedoch das Wort Gottes ein Wort des Lebens ist, mußte es gerade im Lebensalltag das letzte Wort behalten.

In zwei Fällen erlebte und durchlebte Luther besonders bedrängend den harten Gegensatz von natürlicher Vaterliebe und christlichem Glaubensmut, der im Wort Gottes gründet. Was war geschehen? Im Jahre 1528 starb das zweitgeborene Kind Elisabeth, noch nicht ein Jahr alt, und die danach geborene Tochter Magdalene starb 1542 dreizehnjährig. Über Monate hinweg und noch nach Jahren gab Luther zu verstehen, wie tief der Tod des geliebten Lenchens seine Frau und ihn erschütterte. *»Ich hatte sie herzlich lieb. Nicht nur weil sie ein Stück von mir war. Sie hatte auch ein so sanftes, stilles Wesen. Sie ließ sich alles von mir sagen.«*

Luther unterdrückte seine tiefe Gefühlserschütterung nicht. Aber sie war nicht das letzte. Mitten in der Trauer hat Luther Hoffnung festgehalten: *»Das ist mir jetzt Grund zur Freude, daß sie lebt. In den Armen ihres einzigen Vaters schläft sie bis zum Tag der Auferweckung.«* Im Christusglauben fand der traurige Vater Trost. Er hat damit keineswegs die erschreckende Wirklichkeit des Sterbens seiner Tochter verleugnet oder verdrängt. Gerade aus dem Glauben setzte sich Luther mit dieser Wirklichkeit auseinander. Indem die Glaubenshoffnung in der Situation der Gefühlsbedrängnis zu Wort kam, wurde die dunkle Macht des Todes im Lebensalltag entkräftet. Die verführerische Macht, die gerade angesichts des Todes das Leben zum Selbstzweck mit grenzenlosem Genuß und rücksichtsloser Selbstbehauptung verkommen lassen will, mußte sich geschlagen geben. Indem Luther in dieser nicht alltäglichen Grenzerfahrung das Leben im Wort Gottes behauptete, bestätigte er nur, wie er sein Leben im Alltag von Ehe und Familie insgesamt nicht nur verstand, sondern auch führte: als einer, dem eine große Gabe anvertraut ist und der im Vertrauen auf das Wort des Gebers sich zum rechten Umgang mit ihr befähigen läßt.

Gott erträgt »Gejammer und Gestänke«

Zwar sind die überlieferten Begebenheiten, Aussagen und Geschichten aus Luthers Familienalltag nur Bruchstücke. Aber sie zeigen eines deutlich: Der gesamte Lebensvollzug war von einer Gottesgewißheit geprägt, die nicht erst nachträglich und verzwungen dazu konstruiert wurde. Sie war da und kam zum Vorschein. Im Gespräch und Gebet fand das Wort Gottes seinen Platz im Familienleben. Nicht nur weil er Theologe war, legte Luther auf das Gebet in der Familie und auf Glaubenserziehung anhand des Katechismus so großen Wert. Er betrachtete das als Aufgabe jedes Familienvaters. Aber nicht in steif abgezirkeltem Rahmen, sondern selbst in ganz abwegig erscheinenden Ereignissen brachte Luther zur Sprache, wie das Leben auf Gott bezogen ist. Als er einmal eines seiner Kinder auf dem Schoß hatte und das Kleine dort unangenehme Spuren hinterließ, kommentierte Luther das Malheur: »*Ach, wie muß unser Herr-Gott von uns Gejammer und Gestänke erleiden. Ganz anders als eine Mutter von ihrem Kind.*«

Luther wußte seine Stellung als Familienvater und Hausherr nicht in herrschaftlicher Autorität begründet, sondern in Gott, bei dem er selbst in Schuld und Gnade stand. Im Zusammensein mit seinen

Die Lutherstube im Lutherhaus zu Wittenberg.
Die »Lutherstube«, Wohnzimmer in Luthers Haus, wurde erst durch einen Umbau hergerichtet, den Luther 1535 im ehemaligen Augustinerkloster durchführen ließ.

Kindern erlebte er wohltuend, wie ungebrochen-natürlich sie im Umgang miteinander waren. In Streit und Versöhnung ebenso wie in ihrem ungetrübten Gottvertrauen. Wenn sein ältester Sohn Johannes dem Vater einmal vom herrlichen Leben im Paradies vorschwärmte, dann war diese realistische Glaubensfreude und Gotteszuversicht allerdings nicht Ausdruck von Natürlichkeit in dem Sinne, daß das Kind auch ohne Glaubenserziehung sich so geäußert hätte. Ungebrochene Natürlichkeit war vielmehr die Art, wie das Kind den Inhalt der Glaubenserziehung übernahm. Der Brief, den Luther während seines Aufenthaltes auf der Coburg an sein *»Hänschen«* schrieb und in dem er ihm den wunderschönen Garten für die fleißigen und frommen Kinder ausmalte, ist ein eindrückliches Dokument dieser Glaubenserziehung. Was ungebrochene kindliche Natürlichkeit gerade für einen lebendigen Glauben bedeutet, hat Luther in dem oft von ihm herausgehobenen Wort Jesu gefunden: »Wenn ihr nicht werdet wie die Kinder, werdet ihr nicht ins Himmelreich kommen.« (Matth. 18,3) So mußte Glaubenserziehung zugleich zur Lernaufgabe für die erziehenden Erwachsenen werden.

In der Erziehung erkannte Luther eine von Gott gestellte Aufgabe. Das schloß ein bloßes »Aufwachsen-Lassen« der Kinder aus. Als Vater wollte sich Luther um den Widerstand gegen den Willen des Kindes nicht drücken. *»Was richtet Nachlässigkeit in der Erziehung an? Welchen Schaden fügt man den Kindern durch rücksichtslose Freizügigkeit zu? Ich will, daß man meinem Johannes nicht alles durchläßt.«* Der Gehorsam der Kinder gegenüber den Eltern war für Luther in Gottes Gebot begründet. Aber weil die Eltern in ihrer Erziehungsaufgabe sich Gott verpflichtet wissen mußten, konnte das Gehorsamsgebot keinesfalls die Grundlage für eine eigenmächtige Erziehungstyrannei abgeben. Die Kinder sind nicht Eigentum der Eltern, an denen sie ihre Wünsche verwirklichen können. Das brachte Luther auch in die Bildung und die beruflichen Zukunftspläne seiner Kinder ein. Das mangelhafte öffentliche Schulwesen in Wittenberg veranlaßte ihn, einen Hauslehrer zu beschäftigen. Der unterschiedlichen Art und Begabung seiner Söhne wollte er durchaus Rechnung tragen. Wenn er von ihrer beruflichen Zukunft sprach, dann sind dabei doch auch seine eigenen Wünsche miteingeflossen. *»Mein einziger Wunsch ist, daß keiner meiner Söhne Jurist wird. Johannes wird Theologe. Martin ist ein Strolch, um den mache ich mir Sorge. Paul wird gegen die Türken ziehen.«* Daß es dann ganz anders kam – Johannes wurde Jurist am fürstlichen Hof, Martin Theologe und Paul Mediziner – wäre für Luther, wenn er es noch erlebt hätte, gewiß nicht verwunderlich gewesen. Hatte er doch selbst einst seinen Vater enttäuscht, der einen großen Juristen aus ihm hatte machen wollen.

Das widerspruchsvolle Ineinander von eigenen Wunschvorstellungen und dem Willen und Wesen eines anderen Menschen im wirklichen Zusammenleben erfuhr Luther auch in den Jahren des Zusammenseins mit seiner Frau. Mit seiner Heirat hatte er ein Zeichen für die unverbrüchliche Geltung des Evangeliums und des Christusglaubens setzen wollen. Dem entsprach es, wenn er sich auch in Spannungen des Ehelebens den größeren Zusammenhang

Luther im Kreis seiner Familie zu Wittenberg am Christabend 1536, Stahlstich von Carl A. Schwerdgeburth (1843).

Nicht nur für das Idealbild eines evangelischen Pfarrhauses, sondern für gottgefälliges protestantisches Familienleben überhaupt suchte man in Luthers Familienleben ein begründendes Vorbild. Auch wenn es in Luthers Haus nicht so romantisch zugegangen ist, wie diese Darstellung aus dem 19. Jahrhundert vermittelt, so hat Luther doch genügend eindeutige Aussagen über Ehe und Familie als gottgewollte und gottgefällige Lebensform gemacht. Die »christliche Weihnachtsfeier« wird bis heute durch sein »Kinderlied auf die Weihnacht Christi« mitgestaltet:

»Vom Himmel hoch, da komm ich her,
ich bring euch gute neue Mär,
der guten Mär bring ich so viel,
davon ich singen und sagen will.«

ins Bewußtsein rief, in dem er mit seiner Ehe stand. *»Ich bin noch nicht untergegangen, wenn es der Teufel, die Sünde, das Gewissen auf mich abgesehen hatten. Dann werde ich auch den Zorn der Käthe von Bora überstehen.«*

»Mein lieber Herr Käthe!«

Über die herrische Art seiner Frau klagten viele Freunde, die in Luthers Haus verkehrten. Sein enger Mitarbeiter Veit Dietrich hat nicht zuletzt ihretwegen Luthers Haus 1534 verlassen. Luther selbst allerdings konnte in dieser Eigenart seiner Käthe keine Beeinträchtigung der Ehegemeinschaft erkennen. Der liebevolle Humor, mit dem er seinem *»Herrn Käthe«* begegnete, ist in vielen Aussagen festgehalten. Das Vertrauen darauf, mit ihr nach Gottes Willen zu leben, gab seiner Ehe Bestand. Den Wunsch nach der »idealen Ehefrau« hat er vielsagend verworfen. *»Wenn ich mir noch einmal eine Frau suchen müßte, dann würde ich mir eine aus Stein hauen. Am Gehorsam der Frauen überhaupt bin ich verzweifelt.«*

Luther wußte freilich sehr zu schätzen, was er an seiner Käthe hatte. Selbst wenn er sich mit Vorliebe aus Protest gegen die unfähigen Schneider seine alten Hosen selbst flickte. Noch wenn er auf Reisen war, verfolgte ihn die geschäftige Sorge, mit der ihn seine Frau umgab. Und er berichtete ihr stets über Unterkunft, Verpflegung und seinen Gesundheitszustand. Noch acht Tage vor seinem Tod schrieb er ihr aus Eisleben: *»Ich sorge, wo du nicht aufhörst zu sorgen, es dürfte mich schließlich die Erde verschlingen und alle Ele-*

Auflistung von Luthers Besitz anläßlich einer Steuererhebung 1542.
Als Kurfürst Johann Friedrich 1542 eine Steuererhebung zum Türkenkrieg anordnete, hat auch Luther seinen Besitz in Wittenberg aufgelistet und eingeschätzt:
- 6000 Gulden: sein Haus, das ehemalige Augustinerkloster
- 420 Gulden: ein kleineres Haus
- 20 Gulden: ein Garten
- 500 Gulden: ein Garten
- 90 Gulden: ein Flurstück mit Garten
- 5 Kühe, 9 Kälber, 1 Ziege mit 2 Jungen, 8 Schweine, 2 Mutterschweine, 3 Ferkel

Da es sich bei dieser stattlichen Auflistung um liegenden Besitz und Gebrauchsgüter handelt, ist es nicht verwunderlich, daß Luther ständig über Schulden klagte. »Selbst wenn meine Käthe einmal alle Schulden bezahlen wollte – es kä-

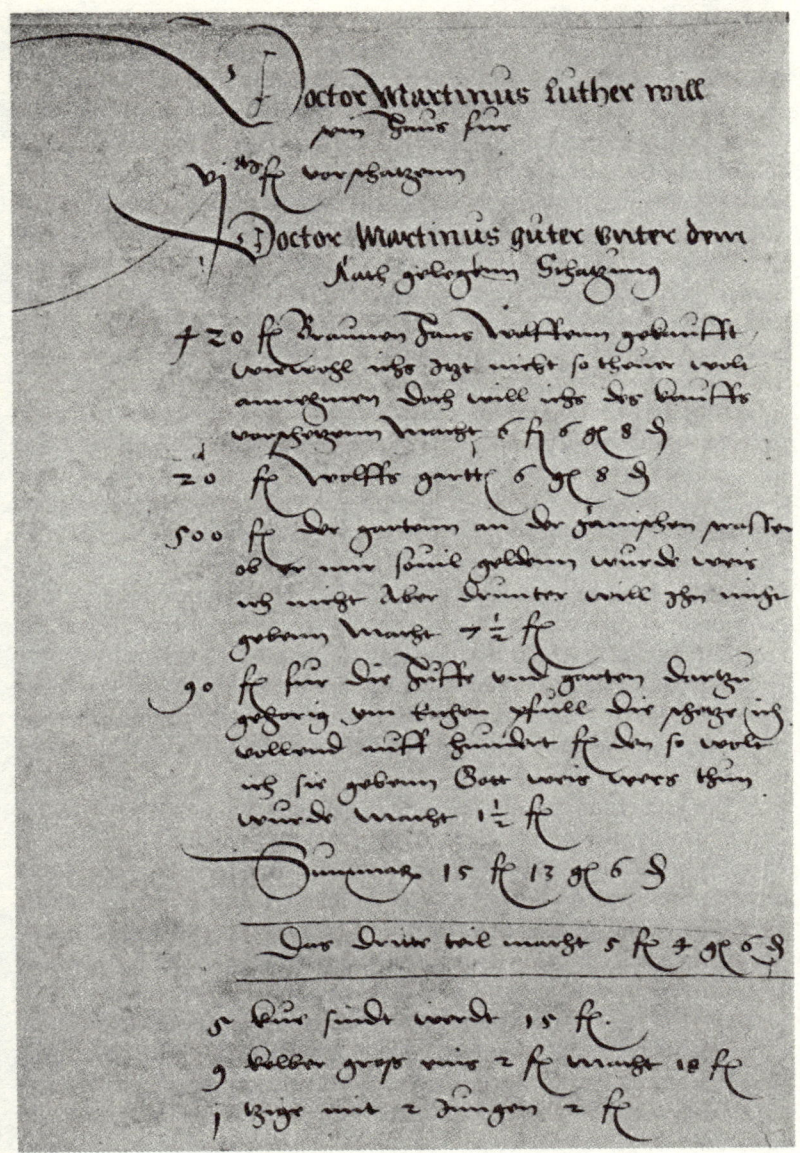

men schnell wieder neue!« Als schwere Belastung empfand er vor allem sein großes Haus, das noch gar nicht voll ausgebaut war und immer wieder Bau- und Re-
paraturkosten verursachte. Deshalb hatte er auch noch ein kleineres Haus erstanden, in das seine Familie nach seinem Tod umziehen sollte.

mente verfolgen.« Luther wollte seine Frau von angespannter innerer Belastung seinetwegen befreien, indem er sie auf den »wahren Sorger« hinwies. Aber im Wittenberger Alltag war er, der Vielbeschäftigte, über ihre geschäftige Sorgfalt nicht unglücklich. Unter Käthes Leitung wurde der Haushalt solide geführt. Im Blick auf die Haushaltung wollte Luther allerdings den Grundsatz nicht vergessen wissen: *»Als Prediger steht es mir nicht zu, im Überfluß zu leben. Und ich will es auch gar nicht.*« Er hat diesen Grundsatz in einem Dankschreiben an Kurfürst Johann von Sachsen formuliert, der ihm ebenso wie später Kurfürst Johann Friedrich und andere Fürsten und »Verehrer« immer wieder Geschenke – Kleiderstoff, Wein, Wild und andere Naturalien, auch Wertgegenstände – zukommen ließ.

Im Wissen darum, daß ihm und seiner Familie genug zum Leben gegeben wird, war Luther fast grenzenlos hilfsbereit und ging dabei auch manchem Betrüger auf den Leim. Die jährlichen Ausgaben in seinem Haushalt bezifferte er einmal auf mehr als dreimal so hoch wie den in Geld ausbezahlten Teil seines Gehaltes. Zu Luthers Freizügigkeit im Umgang mit Geld und Gaben bildete seine Frau ein unverkennbares Gegengewicht. Nicht ohne ihr Zutun hat Luther 1540 von einem ihrer Brüder das kleine, heruntergekommene Landgut Zulsdorf gekauft. Käthe kümmerte sich besonders um dessen Wiederherstellung. Als sie im Spätsommer 1541, in politisch unruhiger Zeit, sich einmal länger dort aufhielt, schrieb ihr Mann aus Wittenberg: *»Verkaufe und versorge, was du kannst. Und dann komme heim.*«

In ihrem verantwortungsbewußten Geschäftssinn mochte Käthe Luther die ungebrochene Glaubenszuversicht ihres Mannes, was die materiellen Dinge anbetrifft, nicht teilen. Zu einem seiner Kinder sagte Luther einmal: *»Geld und Gut kann ich dir nicht hinterlassen. Aber einen reichen Gott.*« Durch das Mühen und Schaffen seiner Frau kam aber doch ein kleiner Besitz zustande. Allerdings wollte ihn Luther aus Dankbarkeit und Fürsorge auch an sie allein vererbt wissen. 1542 hat er unter bewußter Mißachtung juristischer Formalitäten sein Testament gemacht, das er zwei Jahre später ergänzte. Sein Testament sollte durch die Autorität seiner Person, nicht durch korrekte juristische Form beglaubigt sein. Das Wort dessen, der für das Recht des Evangeliums in der Welt gegen alle organisatorische, politische und juristische Bevormundung des Wortes Gottes gekämpft und gelebt hatte, sollte Beglaubigung genug sein.

Zum Leben in Luthers Haus gehörten nicht nur Eltern und Kinder. Neben etlichen jüngeren Verwandten, die bei ihm wohnten,

spielte die »Muhme Lene« eine herausragende Rolle. Diese Tante
seiner Frau hat sich mit besonderer Hingabe um die Kinder gekümmert. Aber auch Studenten und Besucher, junge Gelehrte, Mitarbeiter und Freunde wohnten im ehemaligen Augustinerkloster oder
konnten hier am Essen teilnehmen. Die Bediensteten, die dieser
große Haushalt erforderte, waren für Luther nicht nur eben notwendige Arbeitskräfte. Mit persönlicher Zuwendung nahm er auch ihnen gegenüber seine Verantwortung und Aufgabe als Hausvater
wahr. Zu seinem langjährigen Diener Wolf Seberger hatte er offensichtlich noch von der Klosterzeit her ein besonderes Vertrauensver-
hältnis.

Essen und Trinken, Reden und Feiern

Ein einzigartiges Zentrum im Geschehen in Luthers Haus war das
Zusammensein bei der Hauptmahlzeit, die am späten Nachmittag
stattfand. Was hier besprochen, erzählt und diskutiert wurde, haben
Mitarbeiter und Freunde aufgeschrieben. Johannes Mathesius, der
von 1540–42 zur Vertiefung seiner Studien in Wittenberg auch bei
Luther zu Gast war, hat anhand solcher Aufzeichnungen später in
siebzehn Predigten die erste Lutherbiographie geschaffen. Er faßte
die Atmosphäre der »Tischreden« zusammen: »Selbst wenn der
Herr Doktor oftmals schwere und tiefe Gedanken mit sich an den
Tisch brachte, auch manchmal die ganze Mahlzeit über sein altge-
wohntes, klösterliches Schweigen einhielt, daß am ganzen Tisch
kein Wort fiel, so redete er mitunter doch auch sehr erheiternd und
lustig.« Gespräche über allerhand Neuigkeiten, Darlegungen zu
politischen, kirchlichen und theologischen Fragen, zur Erziehungsaufgabe und zu Lebensproblemen ebenso wie Rückblicke und Erinnerungen des »großen Mannes« gehörten zu diesen Mahlzeiten und
schlossen sich an sie an.

In Luthers Haus wurde aber nicht nur debattiert und den Worten
des »Herrn Doktor« gelauscht. Die Geselligkeit kam auch nicht zu
kurz. Luther selbst war der Musik, dem Singen und Lautespielen,
nicht abgeneigt. Und das Bier, das seine Frau nach dem einst dem
Kloster erteilten Braurecht selbst zubereitete, hat er keineswegs verachtet. *»Ihr jungen Gesellen! Unserem Kurfürsten Johann Friedrich
und mir altem Mann müßt ihr schon einen größeren Durst zugestehen.
Wir müssen unser Polster und Ruhekissen in einem Bierkrug suchen.«*
Gegenüber der wechselnden Gruppe von Menschen, die neben
dem großen Kreis der Familie in seinem Haus ein und aus gingen,

verhielt sich Luther aufgeschlossen und entgegenkommend. Darüber gerieten die »alten Freunde«, die seit der Anfangszeit an der Wittenberger Universität, seit dem Kampf und Bruch mit der Papstkirche Luthers Weg mitgegangen waren, nicht in Vergessenheit. Philipp Melanchthon und Johannes Bugenhagen, Justus Jonas noch bis 1541, lebten und arbeiteten zusammen mit ihm in Wittenberg. Die Verbindung zu den anderen – Nikolaus von Amsdorf, Wenzeslaus Linck, Georg Spalatin und Nikolaus Hausmann, dessen Tod im Jahre 1538 ihm sehr naheging – blieb außer durch gelegentliche Begegnungen, dienstlich und privat, stets durch Briefe lebendig. In den Briefen an die Freunde ließ Luther die anderen an seinem Leben teilnehmen und nahm Anteil an dem ihren; er tauschte Nachrichten aus, behandelte anstehende Fragen, ging auf Freude und Leid, Not und Glück offen ein. Im Umgang mit den Menschen, die er von Gott an seine Seite gestellt wußte, erkannte Luther ein Betätigungsfeld für ein Leben aus dem Christusglauben.

Titelblatt der Schrift von Johann Aurifaber »Colloquia oder Tischreden Doctor Martin Luthers« (1567).
Bereits 1566 erschienen »Luthers Tischreden« zum erstenmal. Johann Aurifaber (1519–1575) hat sie herausgegeben; er hatte 1537–1540 in Wittenberg studiert und war von 1545 bis zu Luthers Tod dessen Gehilfe. Aurifaber hat zur Erstellung seines Werkes auf schon vorhandene »Tischredensammlungen« zurückgegriffen und ihren Inhalt sachlich geordnet und überarbeitet. Seit 1529 wurden die »Tischreden« während der Mahlzeiten in Luthers Haus aufgezeichnet. Größere Sammlungen gehen zurück auf Veit Dietrich, Anton Lauterbach, Dietrich Medler, Johann Schlaginhaufen, Ludwig Rabe, Conrad Cordatus, Hieronymus Weller und Johannes Mathesius.

Leben als Christenmensch

Der Christ findet das Leben in Christus. Er hat es im Glauben. Aber dieser Glaube ist von der Taufe bis in den Tod bedroht und gefährdet. Und damit ist das Leben einer unendlichen Ungewißheit und Verunsicherung ausgesetzt. Wie soll der Christ damit umgehen? *»Wer recht leben will, der soll Gott fürchten und ihm vertrauen. Er soll dem Anspruch, der an ihn ergeht, genügen. Dann wird es mehr als genug für ihn zu tun geben. Er soll es Gott überlassen, wohin es mit ihm geht – von früh bis spät. Er soll im Namen Gottes schlafen, wieder aufstehen und tun, was ihm vor die Hand kommt – in der bunten Vielfalt des Lebens.«* Das Leben, das im Glauben gewiß ist, wird allein dadurch bewahrt, daß im ungebrochenen Glauben gelebt und im verunsichernd-zerbrechlichen Leben geglaubt wird. Einen anderen, besseren Weg weiß Luther nicht.

Er weiß zu genau, daß der Lebensverlust gerade im Unglauben wurzelt. Wenn der gewaltige Wunsch des Menschen nach eigenmächtiger Lebensbeherrschung in Gedanken verfolgt und in die Tat

Holzschnitt auf dem Titelblatt der Schrift von Hans Sachs »Ein Gesprech von den Scheynwercken der Gaystlichen« (1524).
Luther hat die Trennung in einen »weltlichen« und einen »geistlichen Lebensbereich«, in dem man in besonderer Weise zum vollkommen Gottesdienst streben könnte, aufgehoben. Die geistliche Herausforderung des Gottesdienstes findet für jeden Christen mitten im Lebensalltag statt. In der Elternrolle, in der Arbeit, in den weltlichen Regierungsaufgaben – überall geht es um »Gottes Geschäft«. »Deshalb ist das Mönchsleben und dergleichen Dreck gar nichts.«

Ain Gesprech von den Scheyn=
wercken der Gaystlichen/ vnd jren ge=
lübdten/ damit sy zůuerlesterung
des blůts Christi vermaynē
selig zůwerden.

Hanns Sachs Schůchmacher.

umgesetzt wird, dann wird allemal das gegenteilige Ergebnis erreicht. Vor dieser Gefahr ist auch religiöses Denken und Handeln an sich nicht geschützt. Deshalb gibt es keinen schlimmeren Lebensverlust als den, der durch eine selbstherrliche religiöse Lebensprogrammatik zum vermeintlichen Schutz des Lebens in die Welt gesetzt wird. Das geschieht, wo der Mensch unter vermeintlicher Berufung auf Gott einen Weg der Lebensgestaltung einschlägt, der doch den offensichtlichen Anspruch des Lebens mißachtet. Das Leben, das der Christ im Glauben hat, wird nicht abseits der scheinbar gottlosen Lebenswirklichkeit in einem religiösen Sonderbereich bewahrt. Selbsterwählte Heiligkeit ist Gotteslästerung.

Ein Christ kann sich für eigenwillige Wege der Lebensgestaltung nicht auf Gott berufen. Er soll vielmehr die Berufung Gottes gelten lassen, die ihm im ganz persönlichen Anspruch des Lebens begegnet. Die Lebensgewißheit, die der Christ im Glauben hat, steht nicht erst als erzwungenes Ziel am Ende eines gottgeweihten, heiligen Lebensweges. Sie ist die gottgewollte Voraussetzung des Lebens in der Welt. Sie wird deshalb dort bewahrt, wo der Christ in der Gewißheit der göttlichen Berufung vorhandenes Leben mit seinen Aufgaben ernst nimmt. *»Diese Regel muß man beachten: jeder soll in seiner Berufung bleiben und dem, was ihm gegeben wird, entsprechen. Auch wenn ihn seine Neugierde zu allem anderen drängt.«*

Auf Gotteswegen von Engeln behütet

Luther erkennt die lebensbewahrende Berufung Gottes in den Lebensbezügen, die durch Gottes Sorge um seine Schöpfung gestiftet sind. In der Familie, im Wirtschafts- und Arbeitsleben und in den politischen Aufgaben hat der Christ seinen »Beruf«. Das Leben der Christen wird nicht in außergewöhnlichen Formen gestaltet. Es bewährt sich ganz gewöhnlich und alltäglich. Aber gerade darin ist es vollkommen ungewöhnlich und einmalig. Während der Ich-Mensch das Gewöhnliche hinter sich lassen und im Alltäglichen etwas Besonderes für sich herausholen will, bleibt dem Christen der Weg der eigenwilligen Lebensübersteigerung fremd. Er ist nicht ruhelos auf der Jagd nach dem Leben, indem er das gewöhnlich Gegebene hinter sich läßt und die Wirklichkeit des Nicht-Vorhandenen erstrebt. Der Christ, dem das Leben im Glauben gewiß ist und der diese Gewißheit im »Beruf« bewahrt, bekommt ein scharfes Auge für die gewöhnlichen Notwendigkeiten und ein waches Ohr für die alltäglichen Hilferufe.

Wenn Luther von »Beruf« spricht, dann meint er eben dies: die
Glaubensbewährung des Christen geschieht, indem er in den gewöhnlichen Lebensbezügen, in die er hineingestellt ist, das Leben
bewahrt. *»Gottesdienst besteht nicht in einem oder zwei außergewöhnlichen Werken. Auch nicht in einer oder zwei besonderen Lebensstel-
lungen. Er ist auf alles, was der Mensch tut, und auf alle Bezüge, in denen er lebt, verteilt.«* Wo der »Beruf« verkannt wird, wird das Leben
auf den Kopf gestellt. *»Das hieße, auf den Ohren zu gehen, den Füßen
ein Kopftuch umzubinden und dem Kopf die Schuhe anzuziehen.«* Der
Christ, der nicht eigenmächtig über das Gewöhnliche hinausdrängt
und mit seinen Gaben den ihm gestellten »Beruf« ergreift, tritt lebensbewahrend diesem ruinös-attraktiven Verwirrspiel entgegen. In
seinem »Beruf« vollbringt der Christ den lebensbewahrenden Gottesdienst.

Luther kann dem Christen auf die besorgte Frage nach der rechten Bewahrung des Lebens im Glauben eine sichere Antwort geben.
Der Christ wird nicht auf außergewöhnliche Leistungen verpflichtet. Er soll sich gerade nicht in eine religiöse Sonderwelt zurückziehen oder das gewöhnliche Leben unter religiösem Anspruch verge-
waltigen. Er darf mitten in den gewöhnlichen Aufgaben des Alltags
die einmalige göttliche Chance ergreifen, in der Glaubensgewißheit
des Lebens zur Lebensbewahrung beizutragen. Was als Bereich der
gefährlichen Lebensverunsicherung erscheint, öffnet sich als Betätigungsfeld für die glaubende Lebensgewißheit.

Aber Luther ist nicht so realitätsfremd, daß er die ständig
lauernde Gefahr der Glaubensverunsicherung und des daraus folgenden Lebensverlustes nicht kennt. Er weiß, daß sie sich dort
durchsetzt, wo ein Mensch die Lebensgewißheit im Glauben als
selbstverständliche Voraussetzung betrachtet. Da meint der
Mensch, sich seines Glaubens und des Lebens so sicher zu sein, daß
er es mit dem Unmöglichsten wagen kann. Hier sieht Luther den eigenmächtigen Verführungsgeist am Werk, der Gottes Lebenszusage
zu einem allgemeingültigen Prinzip verdreht. So muß dann der ganz
persönlich gemeinte »Beruf« verlorengehen. Und mit ihm das Leben. Im Wahn eines selbstsicheren Glaubens stürzt sich der Mensch
in die Lebensvernichtung. Luther hält dem entgegen:
*»Gottes bewahrender Schutz erstreckt sich nur auf den Weg, den er
uns zu gehen befohlen hat. Wo wir auf solchen Gotteswegen gehen,
werden uns die Engel behüten. Aber der Verführungsgeist mißachtet
den Weg Gottes. Er deutet und bezieht die göttliche Lebenszusage auf
alles Mögliche, was Gott nicht will. Das geht schief. Denn das heißt:
Gott versuchen.«*

»Mach dich aus dem Staub, du Verführungsgeist«

Die lebensbedrohliche Gefahr der Glaubensverunsicherung lauert jedoch nicht nur auf dieser »geistlichen Ebene«. Sie tritt ganz massiv hervor in der Frage nach den materiellen Voraussetzungen und Bedingungen des Lebens. Wo es die nicht gibt oder wo sie unzureichend erscheinen, da ist das Leben offensichtlich von vornherein verloren. In den sichtbaren und erfahrbaren Notfällen des Lebens liegt ein harter Widerspruch zur Gewißheit des Lebens im Glauben. Wie kann der Christ das Leben bewahren, wenn es ganz elementar bedroht ist? Wer nichts zu essen hat, stellt die Frage nach der Lebensbewahrung anders als einer, der aus dem vollen schöpft. Mit leerem Magen und trockener Kehle an die treue Fürsorge Gottes zu glauben und unverbrüchlich auf das Lebensgeschenk in Christus zu vertrauen – das spottet offensichtlich aller Vernunft. Luther nimmt diesen vernünftigen Spott sehr ernst. Denn er erkennt in ihm die entscheidende Grundlage für die Lebenszerstörung unter dem Vorwand der Lebenssicherung. Die Abhängigkeit von materiellen Lebensbedingungen wird für den Ich-Menschen zum Ansporn, diese vollständig in den Griff zu bekommen. Es ist das vernünftige Streben des Menschen, das Leben materiell vollkommen abzusichern. Auf dieser Grundlage aber läßt sich, selbst bei noch so guten mate-

Aus der Holzschnittillustration zum Vaterunser von Lucas Cranach d. Ä. Die Geschichte von der Versuchung Christi ist erzählt, »daß wir diesem Beispiel folgend auch gerne Mangel leiden. Gott zu Dienst und dem Nächsten zugut, wie es Christus für uns getan hat. Sooft es die Not erfordert. Das wird sich auch gar nicht vermeiden lassen, wenn wir Gottes Wort lehren und bekennen sollen.«

riellen Bedingungen, das Leben gerade nicht bewahren: es wird zuletzt durch egoistische Lebenssorge und gottlose Habgier gesprengt.

Im Umgang mit den materiellen Lebensbedingungen liegt deshalb eine entscheidende Herausforderung an den Christen, der zur Lebensbewahrung im Glauben gerufen ist. Daß das Leben zwischen Geburt und Tod an »Essen und Trinken« gebunden ist, wird dem Christen zur Sache der Glaubensbewährung. Weil das Leben nicht in »Essen und Trinken« besteht und nicht in materieller Absicherung aufgeht, beschreibt Luther den Weg der Lebensbewahrung im Glauben angesichts der materiellen Herausforderung so: *»Wir sollen ganz allein vom Wort Gottes abhängen. Wenn Brot da ist, dann sollen wir um so mehr glauben. Und wenn keines da ist, dann sollen wir um nichts weniger verzagen. Wir sollen es gebrauchen, wenn es da ist, und es entbehren, wenn es nicht da ist. Gewiß, daß wir in beiden Fällen leben und ernährt sind – durch Gottes Wort! Mit solchem Glauben überwindet man so recht die Habgier, den Bauch und die Sorge um das materielle Wohlergehen.«* Daß diese Behauptung, ohnehin im gewöhnlichen Lebensalltag unablässig bedroht, auch noch durch die scharfen Einwände der kritischen Vernunft als fromme Illusion ent-

Der Schatz und das Herz, Holzschnitt von Niklas Stoer.
In der Lebensbewahrung, die der Christ aus Glauben im Umgang mit den Gütern der irdischen Existenz übt, spitzt sich alles zu auf die Lebensabhängigkeit, d.h. auf die Gottesfrage: »Wo euer Schatz ist, da ist euer Herz!« (Matthäus 6, 21)

larvt wird, ist nicht verwunderlich. Aber sie behauptet sich, allen Einwänden zum Trotz, als Weg der Lebensbewahrung, den ein Christ gehen soll.

Das Leben, dessen sich ein Christ im Glauben gewiß ist, ist mehr als die irdische Existenz. In diesem »Mehr« liegt der Grund dafür, daß der Christ-Mensch trotz aller Verirrung, Verunsicherung und Herausforderung lebensbewahrend an der Gestaltung der irdischen Existenz teilnimmt. Dieses »Mehr« ist keine Sache der Selbstdarstellung. Es steht und fällt mit dem Glauben. Deshalb will es sich gerade nicht lebensbeherrschend und attraktiv zur Schau stellen. Es bleibt freilich nicht davor bewahrt, vom Ich-Menschen, der sich in seiner Existenz lebensbeherrschend herausstellt, mißbräuchlich beansprucht zu werden. *»Das ist die Art der Irrlehrer, die Gruppen und Grüppchen im Glauben unter den Christen anrichten, daß sie hoch einherfahren vor der Welt und in Ehren schweben.«*

Das »Mehr«, in dem der Glaube über die irdische Existenz hinaus des Lebens gewiß ist, läßt sich nicht in ehrsüchtigen Patentrezepten ausdrücken, die eine Lebensbewahrung abseits des Gewöhnlichen und Alltäglichen anpreisen. Es ist vielmehr die befreiende Kraft, die die verlockenden Zwänge zu einer außergewöhnlichen Lebensbeherrschung sprengt. Sie dringt durch die scheinbar gottlose Lebenswirklichkeit zum Schöpfer durch und ermutigt zum Dienst in den gewöhnlichen Lebensbezügen. Dieses »Mehr« ist verkörpert in der Gestalt Jesu Christi. *»Er spricht: ›Mach dich aus dem Staub, du lebensvernichtender Verführungsgeist!‹ Zwar sind wir, solange wir leben, der Glaubensbedrohung ausgesetzt. Aber Gott, der sie in Christus überwunden hat, gebe uns die Kraft, daß wir sie auch überwinden.«*

Ungewohnte Bewertung

Luthers Rat und Tat

Nach der Schmalkaldener Bundesversammlung im Winter 1537 hatte es im religionspolitischen Kräftespiel bemerkenswerte Wendungen gegeben. Das Konzil, das die Schmalkaldener Verbündeten 1537 abgelehnt hatten, war gar nicht zustande gekommen. Es wurde immer neu vertagt. Kaiser Karl V. wurde durch außen- und machtpolitische Probleme bedrängt: die Türken hatten 1537 wieder einen großen Sieg in Ungarn errungen, und in den niederländischen Herrschaftsgebieten des Kaisers schien seine Macht zunehmend bedroht. Unter den Protestanten war man nach 1537 in großer Sorge, daß die »Papisten« den Kaiser zum Religionskrieg anstacheln könnten. Als im Frühjahr 1539 in Frankfurt über die Möglichkeit der Fortsetzung des Religionsfriedens verhandelt wurde, schrieb Luther an den dorthin abgesandten Melanchthon: *»Die Sache ist am kritischen Punkt angelangt. Christus und der Satan sollen verbündet werden oder der eine dem anderen Platz machen. Beides geht nicht ohne Gewalt, wovor uns doch Gott behüte!«* Was hatte zu solcher Lagebeurteilung unter den Protestanten geführt?

König Ferdinand und der kaiserliche Vizekanzler Held betrieben eine unnachgiebig-antiprotestantische Politik. Im Juni 1538 wurde als Gegengewicht gegen den Schmalkaldener Bund ein Bündnis nicht-evangelischer Mächte geschlossen. Das Reichskammergericht hatte in vielen Fällen protestantische Mächte verurteilt, weil sie Kirchenbesitz vereinnahmten und zur Durchführung evangelischer Kirchenreform verwandten. Angesichts der Rüstung zum Türkenkrieg sprach Luther deshalb den Verdacht aus: *»Was man über den Türken hört, läßt geradezu alles als vorgetäuscht erscheinen. Sollte das, was unter dem Namen ›Türkenfeldzug‹ vorbereitet wird, am Ende ge-*

gen die Lutheraner gerichtet sein?« Doch solche Mutmaßungen erwiesen sich vorerst noch als irrig. In Frankfurt wurde am 19. April
1539 der »Nürnberger Religionsfriede« erneuert, die Prozesse beim
Reichskammergericht wurden eingestellt, und es wurde abgesprochen, das Problem von Glaube und Kirchenreform durch Verhandlungen auf Reichsebene zu lösen. Unter Protest von Papst Paul III.
hat der Kaiser dieses Abkommen gebilligt.

Für die bevorstehenden Verhandlungen wollte Kurfürst Johann
Friedrich von Sachsen Luthers Rat und Mithilfe nicht missen. Auch
wenn der Fürst auf Luthers anfälligen Gesundheitszustand Rücksicht nahm. Zu einer vom Kaiser angesetzten Verhandlung in Hagenau sollte Melanchthon geschickt werden. Als er deshalb im Juni
1540 beim Kurfürsten in Weimar war, wurde Luther kurzfristig und
dringend noch herbeigerufen. Er fand in Weimar neben dem ratsuchenden Kurfürsten allerdings einen inzwischen todmatt danieder-
liegenden Melanchthon vor. Jetzt war mehr als Luthers Rat zum religionspolitischen Vorgehen gefragt. Mit persönlich-seelsorgerlicher
Zuwendung hat Luther sich intensiv um Melanchthon gekümmert.
Anfang Juli konnte er dann nach Wittenberg berichten: *»Magister
Philipp ist wahrhaft tot gewesen. Aber wie Lazarus ist er vom Tod auferstanden. Gott, der liebe Vater, hört unser Gebet. Das können wir sehen und mit Händen greifen, auch wenn wir es nicht glauben.«*

*Kurfürst Johann Friedrich von Sach-
sen, Holzschnitt von Lucas Cranach
d. Ä.*

Kurfürst Johann Friedrich
(1503–1554) und Luther standen in
vertrautem Verhältnis. Schon in seiner Jugend von Luthers Wort überzeugt verfolgte der Fürst nach Über-
nahme der Regierung 1532 gradlinig
die politische Verteidigung des
Evangeliums. Seinen Räten beim Regensburger Reichstag schrieb er:
»Solange wir leben, wollen wir dem
Wort ›Ausgleich in der Religion‹
keine Bedeutung beimessen. Wer einen Ausgleich haben will, der suche
ihn bei Gott und seinem Wort, wie
wir das getan haben.«

Jetzt wollte Luther selbst an den Hagenauer Verhandlungen teilnehmen. Aber der Kurfürst erlaubte es nicht. Er blieb mit Luther und Melanchthon in Eisenach und schickte Cruciger, Menius und Mykonius als theologische Vertreter nach Hagenau. Die dortigen Verhandlungen erbrachten kein bahnbrechendes Ergebnis. Im Herbst wurden die Gespräche in Worms wieder aufgenommen, aber im Januar 1541 auf kaiserliche Anordnung hin abgebrochen. Der Kaiser kam nun selbst nach Deutschland, um auf einem Reichstag in Regensburg, der am 5. April eröffnet wurde, die Verhandlungen einer Lösung zuzuführen.

Die Protestanten blickten mit wenig Hoffnung und großem Argwohn auf den Regensburger Reichstag. Entgegen Luthers Bitte ordnete Kurfürst Johann Friedrich als theologischen Vertreter neben Cruciger auch Melanchthon dorthin ab. Während der Fürst selbst aus Sorge um Hinterlist und Anklage nicht am Reichstag teilnahm, sollte doch nicht der Eindruck entstehen, als scheue Sachsen das offene Bekenntnis zur »christlichen wahren Religion«.

Luther blieb in Wittenberg. Von hier aus war er nach zwei Seiten hin ins Geschehen verwickelt: in Briefen von und nach Regensburg und im beratenden Kontakt mit dem Kurfürsten. Als Johann Friedrich im Mai in Wittenberg anfragte, ob er nicht doch noch nach Regensburg reisen solle, rieten ihm Luther und Bugenhagen ab: *»Die Zeit ist jetzt nicht mehr wie früher auf den Reichstagen! Nicht der Kaiser ist Kaiser, sondern der Teufel von Mainz, Erzbischof Albrecht. Was der mit seinem Anhang listig im Schilde führt, ist unergründlich und kennt keine Grenzen.«* Das religionspolitische Geschehen in Regensburg war in der Tat zweifelhaft und vieldeutig. Im Mittelpunkt stand ein Dokument, das im wesentlichen schon vorher ausgearbeitet worden war.

»Der Kaiser ist zum Spott geworden«

Im Februar hatte Luther von Kurfürst Joachim II. von Brandenburg, der sich nachhaltig für den religionspolitischen Ausgleich einsetzte, zur geheimen Stellungnahme ein Schriftstück erhalten, das als Grundlage für die Regensburger Verhandlungen bestimmt war. Es war im Anschluß an die Verhandlungen in Worms im Januar von den Straßburger Theologen Martin Butzer und Wolfgang Capito in maßgeblicher Zusammenarbeit mit Johann Gropper, dem Berater des Kölner Erzbischofs, erstellt worden. Es zielte darauf ab, zentrale Anliegen der evangelischen Lehre mit einer Erneuerung der geistigen und organisatorischen Struktur der römischen Kirche zu verbinden. Dieses »Wormser Buch« wurde getragen von politischen und kirchlichen Kräften, die die alte Kritik an den Mißständen in der Papstkirche gelten ließen und dem evangelischen Glauben nicht abgeneigt waren, ohne doch die evangelische Kirchenreform in letzter Konsequenz zu befürworten. Immerhin sollte ohne direkte Einbeziehung des Papstes die Kirchenfrage im Reich geklärt werden. Kaiser Karl V. setzte jetzt offensichtlich auf diese Richtung.

Als Luther dem Brandenburger Kurfürsten im Februar 1541 sein Urteil über das geheime »Wormser Buch« erstattete, nahm er in scharfem Weitblick schon das Ergebnis des Reichstages vorweg: der Papst in seiner einzigartigen Herrschaftsstellung und die Vertreter seiner Position können diese gutgemeinten, aber *»unmöglichen Vorschläge«* nicht annehmen; aber auch für die Protestanten enthält das Dokument genügend Stoff zum Widerspruch!

Beim Reichstag in Regensburg ließ der Kaiser das »Wormser Buch« von einer Theologenkommission überarbeiten. Melanchthon, Butzer und der hessische Theologe Pistorius hatten sich mit Gropper, Julius Pflug, einem reformfreundlichen »papistischen« Theologen, und Johann Eck, dem alten Kämpfer, zu beraten. Als päpstlicher Gesandter nahm Gasparo Contarini teil, der auch auf Kirchenreform bedacht war. Die Verhandlungen liefen sich aber bald fest. Melanchthon, über dessen Verständigungsbereitschaft und Nachgiebigkeit während des Augsburger Reichstages viele Protestanten geklagt hatten, handelte sich in Regensburg sogar eine Klage des Kaiser wegen unnachgiebiger Härte ein. Da man in Regensburg offensichtlich nicht weiterkam, verfolgte man einen anderen Plan: Luther sollte eingeschaltet werden!

Am 10. Juni 1541 traf in Wittenberg eine Reichstagsgesandtschaft ein. Die mit Luther befreundeten Fürsten Johann und Georg von Anhalt wollten im direkten Gespräch mit Luther den religionspolitischen Ausgleich vorantreiben. Auch Kurfürst Johann Friedrich eilte mit seinem Kanzler Brück dazu. Luther konnte allerdings die in ihn gesetzten Erwartungen nicht erfüllen. Er deckte Unhaltbarkeiten und innere Widersprüche des ihm jetzt als »Regensburger Buch« vorgelegten, aber nicht völlig unbekannten Verständigungsdokumentes auf. Er hätte es gern gesehen, wenn der Kaiser, anstatt sich auf den Weg des widersprüchlichen Kompromisses einzulassen, die Verkündigung der *»reinen christlichen Lehre«* für das gesamte Reichsgebiet freigegeben hätte. Dann – und das war ja die Position, die er von Anfang an vertreten hatte – fände die strittige Frage der Reform kirchlicher Mißstände auch unter der Herrschaft der »papi-

stischen Bischöfe« und der antiprotestantischen Fürsten in dem
Maße selbst zur Lösung, als das Verkündigungswort Glauben er-
weckt.

Die Gesandtschaft nach Wittenberg konnte den Verständigungsprozeß nicht voranbringen. Während der Kaiser in Regensburg
noch einen Vermittlungsversuch unternahm, lehnte man auch von
päpstlicher Seite jede Verständigung auf der Ebene des »Regensburger Buches« ab. Luther kommentierte die Lage: »*Die Papisten haben
jenes Buch, das vermeintliche Verständigungskunstwerk, vor dem Kaiser auf schärfste verurteilt. Ja, sie haben sogar den Verdacht geschöpft,
es sei von uns entworfen, wo wir es doch mehr hassen als Höllenhund
und Teufelsschlange. Der Kaiser ist mit diesem Buch allerdings zum
Spott geworden. Seine Hoffnung ist enttäuscht. Was er tun wird, bleibt
abzuwarten.*« Karl V. ließ sich schließlich vom Reichstag die Unterstützung zum Türkenkrieg zusagen und verlängerte erneut den
»Nürnberger Religionsfrieden«.

Auf der Grenze zwischen Theologie, Moral und Politik

Den Augsburger Reichstag 1530 hatte Landgraf Philipp von Hessen,
die offensive Kraft einer protestantischen Religionspolitik, in
Furcht vor dem Kaiser verlassen. 1541 in Regensburg waren dagegen seine Verbündeten besorgt, er könnte aus ihren Reihen aussche-
ren! Während Luther vom Reichstag erfuhr, wie die hessischen
Theologen und der Landgraf selbst diese Sorge zu entkräften suchten, kam es tatsächlich am 1. Juni zu einer geheimen Abmachung
zwischen Philipp und dem Kaiser. Gegen die Zusage wohlwollender
Neutralität gegenüber der kaiserlich-habsburgischen Politik ge-
währte Karl V. dem Landgrafen Straffreiheit – vor allem für eine
Tat, auf die nach kaiserlichem Recht die Todesstrafe stand. In deren
Zustandekommen waren auch Luther und Melanchthon verwickelt.
Was hatte der Landgraf sich zuschulden kommen lassen?

Anfang Dezember 1539 war Martin Butzer als Unterhändler von
Landgraf Philipp nach Wittenberg gekommen. Aber er sollte keine
religionspolitischen Angelegenheiten verhandeln. Es ging um ein
persönlich-seelsorgerliches Problem des Landgrafen.

Seit 1523 war Philipp mit der Tochter Christina des Herzogs Georg von Sachsen verheiratet. Aber er war in der Ehe unbefriedigt.
Daß er deshalb noch andere Wege beschritt, war nicht außergewöhnlich und durchaus standesgemäß. Immerhin belastete es den
Landgrafen, dem der evangelische Glaube nicht gleichgültig war, so

sehr, daß er jahrelang nicht zum Abendmahl ging. Als Butzer nach Wittenberg kam, hatte der Landgraf schon seit längerem ein Liebesverhältnis mit Margarete von der Saal. Aber er wollte dieses Verhältnis nicht, wie manches vorangegangene, auf der Ebene eines befriedigenden Seitenweges belassen. Butzer sollte mit den Wittenberger Theologen die Möglichkeit einer ehelichen Verbindung aushandeln. Hatten nicht auch ehrwürdige Gestalten des Alten Testaments oft mehrere Frauen gehabt?

Luther und Melanchthon mußten den Wunsch des Landgrafen nach einer gültigen theologischen Begründung der Viel-Ehe ablehnen. Aber sie erteilten Philipp unter dem strengen Siegel der Verschwiegenheit ihren »Beichtrat«: Wenn der Landgraf dem eindeutigen Willen Gottes nach treuem Zusammenleben mit seiner Ehefrau nicht nachkommen könne und die lasterhafte Hurerei ihn in tiefe Gewissensnöte verstricke, dann könne er insgeheim das Zusammensein mit einer zweiten Frau als dem göttlichen Ehegebot entsprechend betrachten, auch wenn das weder juristisch gültig noch öffentlich zu verantworten sei!

Am 4. März 1540 ließ sich Landgraf Philipp von seinem Hofprediger mit Margarete von der Saal trauen. Butzer und Melanchthon waren dabei Zeugen. Der Landgraf tat dies »mit gutem Gewissen und zur Besserung seines Lebens«, im Vertrauen darauf, daß es Gottes Willen nicht widerspricht. Nach fünfzehn Jahren war er jetzt auch wieder freudig zum Abendmahl gegangen.

Kurfürst Johann Friedrich, der schließlich auch eingeweiht wurde, äußerte sich gleich besorgt über die Konsequenzen »solcher Sachen«. Und das Geschehene blieb auch nicht geheim. So wollte der Landgraf, weiterhin in ratsuchendem Kontakt mit Luther, den Schritt schließlich öffentlich verantworten. Luther dagegen – nicht ohne Überraschung, daß der Landgraf seinem »Beichtrat« alsbald die Tat hatte folgen lassen – wollte dem Wesen des Problems und seinem Rat entsprechend das Ganze streng geheimhalten und in der Öffentlichkeit bestritten wissen: Philipps »zweite Frau« könne juristisch in der Öffentlichkeit nur als »Konkubine« gelten, so unerschütterlich er sie vor Gott und seinem Gewissen als Ehefrau betrachten dürfe! Auch in dieser heiklen Angelegenheit wollte Luther das »Reich Christi« und das »Reich der Welt«, den Lebensbereich der Vergebung und die Herrschaft von Recht und Ordnung, streng auseinandergehalten wissen.

Als der Landgraf Luther vorwarf, er wolle sich mit der Geheimhaltung nur selbst aus der Affäre ziehen, schrieb ihm Luther einen klärenden Brief, in dem er darlegte, daß es ihm um die Person des

Landgrafen und um die Sache ging. »*Ich weiß durch Gottes Gnade recht wohl zu unterscheiden, was in Gewissensnöten vor Gott aus Gnade zugelassen werden kann, und was abseits solcher Nöte im Bestand und den Ordnungen der Welt vor Gott nicht recht ist.*« Der zweite Eheschluß des Landgrafen mußte als Gottes Gnadengeschenk an sein bedrängtes Gewissen geheimbleiben. Für die juristische und politische Öffentlichkeit gab es ihn nicht.

Von vielen Seiten wurde dem Landgrafen allerdings vorgehalten, welcher religionspolitische Schaden für die Protestanten aus dieser Affäre erwachsen könne. Und für seine eigene politische Stellung hat sich der Landgraf schließlich auch mit Luthers »Beichtrat« nicht mehr begnügt: in Regensburg ließ er sich in einer Geheimabmachung mit Kaiser Karl V. juristisch entlasten! Die rechtliche und politische Absicherung war ihm am Ende doch bedeutsamer als die Glaubensgewißheit des Gottesgeschenkes seiner »Doppelehe«.

Nicht immer waren die Fälle, in denen Luther um seelsorgerlichen Rat angegangen wurde, so zwiespältig wie im Fall der »Doppelehe« des Landgrafen Philipp. Immer aber war es für Luther klar, daß es dabei nicht um machtvolle kirchenrechtlich-verbindliche Entscheidungen ging, wie sie der Papst und die Kurie, z. B. auch in strittigen Ehefragen gegen entsprechende Bezahlung, trafen. Luther betrachtete sein seelsorgerliches Wort als unverbrüchlichen Rat eines Mitchristen, der den Ratsuchenden nicht von seiner eigenen

Landgraf Philipp von Hessen, Holzschnitt von Hans Brosamer.
Schon beim Wormser Reichstag 1521 wurde Landgraf Philipp von Hessen (1504–1567), vom päpstlichen Gesandten als »ganz übel lutherisch« bezeichnet. Nach anfänglicher Duldung unterstützte er schließlich offen die evangelische Kirchenreform. Für seine offensive protestantische Bündnispolitik fand er im Straßburger Reformator Martin Butzer einen Mitstreiter. Luther gab 1541 zu verstehen: »Dem Landgrafen und dem Butzer traue ich nicht mehr über den Weg!«

Verantwortung vor Gott entbinden konnte. Schon 1520 hatte Luther als Grundsatz für seine theologisch-seelsorgerliche Aufgabe formuliert: *»Wenn ich auch keine Macht habe wie ein Papst, so habe ich doch die Macht eines Christen, meinem Nächsten zu helfen und zu raten von seinen Verstrickungen wider Gott und den damit gegebenen Gefahren.«*

»Hilf, du lieber Herr und Heiland«

In den unterschiedlichsten Fragen suchte man aus den Reihen der Protestanten Rat und Hilfe bei Luther, der von seinen Gegnern schon bald als »Gegenpapst« bezeichnet wurde. Große Fragen der protestantischen Religionspolitik wurden ebenso an ihn gerichtet wie Anfragen zu den kleinen, aber nicht weniger entscheidenden Problemen, die im Verhältnis von Pfarrern und Gemeinden und im Gemeindeleben auftraten. *»Ich werde täglich mit Briefen überschüttet. Mein Tisch, meine Bänke und Stühle, mein Pult, Fenster, Truhen, Ablagen – alles liegt voller Fragen und Rechtssachen, Streitfällen und Gesuchen. Die ganze Last kirchlicher und politischer Geschäfte stürzt auf mich herein.«*

Auch als Rechtsbeistand für manchen Bedrängten und Eingeschüchterten gegenüber Fürsten und Machthabern war Luther sehr gefragt. Für einen Fischer, der bestraft werden sollte, weil er in Gewässern des Kurfürsten von Sachsen gefischt hatte, setzte er sich nicht weniger nachhaltig ein als für einen Familienvater, der durch Auspfändung mit seiner Familie an den Rand des Ruins gebracht wurde. Flüchtlinge, Notleidende und Waisenkinder fanden in Luthers Haus Zuflucht und Unterstützung. Er bemühte sich, ihnen dauerhafte Bleibe und Beschäftigung zu verschaffen. In einem aufsehenerregenden Fall hat er, trotz Widerspruchs aus den eigenen Reihen, nach längerem Hin und Her 1539 in einer Schrift öffentlich Partei ergriffen: »Wider den Bischof zu Magdeburg, Albrecht Kardinal«. Was hatte der »Ablaßbischof« Albrecht von Brandenburg diesmal getan?

Die Angehörigen des Hans von Schönitz, eines langjährigen vertrauten Bediensteten des Erzbischofs, hatten sich an Luther gewandt. Der Erzbischof hatte seinen Bediensteten, nicht ganz uneigennützig, durch eine zweifelhaft inszenierte Hinrichtung aus der Welt geschafft. Es ging um Geld und Ehre! Luther ergriff schließlich die Gelegenheit, um den Erzbischof, dem er auch grausames Vorgehen gegen die Evangelischen in seinen Herrschaftsgebieten vorwarf, in aller Deutlichkeit zu beschuldigen. *»Hilf, du lieber Herr und Heiland, daß wir fromme Sünder bleiben und nicht heilige Lästerer werden!«* Mit seinem engagierten Rat und seiner offenen Hilfsbereitschaft wollte Luther dazu beitragen, daß die Lebensverzerrung durch Eigenmächtigkeit und Scheinheiligkeit überwunden wurde und die Wahrheitsfindung des Lebens im Christusglauben zum Zuge kam.

Die Liebe, in der dieser Glaube seine Lebendigkeit zeigt, war für Luther keine rücksichtsvolle Wirklichkeitsverschleierung. Die Ursachen der Probleme, die an ihn herangetragen wurden, sollten so wenig unter einem Liebesdeckmantel verschwinden wie die Anklage und Anrede der Schuldigen. Christusglaube und Wahrheit, Nächstenliebe und persönliche Einsatzbereitschaft bedingten einander. Wagemut und eine fast unbeirrbare Hartnäckigkeit flossen dabei als entscheidende Charakterzüge Luthers mit ein. Daß Luther ohne falsche Rücksichten, auch sich selbst gegenüber, mit Wort und Tat vom Christusglauben Zeugnis geben wollte, hat er auch während der drei Pestepidemien zu verstehen gegeben, die er in Wittenberg miterlebte.

Seit dem 14. Jahrhundert war Europa erfüllt von der Furcht vor dem Massensterben der Pest, dem »Schwarzen Tod«. Gerade dieser Furcht, die in den Wittenberger Pestfällen stark hervortrat, ist Luther entschieden entgegengetreten. Als sich im Sommer 1527 die Epidemie ernsthaft ausweitete, die Universität ausgelagert wurde

Holzschnitt aus Lucas Cranach d. Ä. »Passional Christi und Antichristi« (1521).

»Willst du dem Beispiel Christi folgen und deinem Nächsten die Füße waschen, dann sieh zu, daß du die rechte Einstellung gewinnst. Alles, was du bist und hast, sollst du nicht zum eigenen Nutzen und zu eigener Ehre einsetzen, sondern im Interesse deines Nächsten. Einige aber sollen ganz besonders an das Fußwaschen denken und sich darin üben: alle, denen man wegen ihrer Intelligenz und anderer Fähigkeiten ein Amt in der Kirche übertragen hat!«

und viele Freunde und Kollegen die Stadt verließen, schrieb Luther an den Freund Georg Spalatin: *»Ich bleibe! Das ist nötig wegen des Furchtmonsters, das unter den Leuten umgeht. Wenn Bugenhagen und ich mit den beiden Kaplänen hier allein sind: Christus ist auch noch da. Wir sind nicht alleingelassen.«* Wenn Luther der bedrohlichen Herausforderung im Christusglauben widerstehen wollte, dann war das alles andere als blinder Aberglaube, der Gott versuchen will. Mit Nachdruck betonte er, daß die hygienischen Vorsichtsmaßnahmen eingehalten und die medizinischen Versorgungsaufgaben erfüllt werden müßten. Er ermahnte Angehörige und Nachbarn, Herren und Knechte zur gegenseitigen, überlegten Hilfeleistung.

»Ob man vor dem Sterben fliehen möge« – diesen Titel gab Luther einer Schrift, die er 1527 zur Pestproblematik abfaßte. Er vertrat darin die Auffassung, daß diese Frage an Glaube und Nächstenliebe nicht theoretisch-abstrakt, sondern unter Berücksichtigung der jeweiligen Gegebenheiten beantwortet werden muß. Nicht zur Demonstration heldenhaften Glaubensmutes, sondern in Wahrnehmung übertragener Verantwortung muß dann vielfach die Antwort heißen: »Ich bleibe!« Weil Luther in seiner Rolle als Theologe, als Prediger und Seelsorger, immer wieder zu dieser Antwort fand, widersprach er auch jedesmal den Aufforderungen, Wittenberg ebenfalls zu verlassen, selbst wenn sie vom Kurfürsten kamen. Wenn andere besorgt waren, den »großen, bedeutenden Theologen Martin Luther« zu verlieren, dann begegnete ihnen Luther mit dem Hinweis auf seinen Ruf zur Fürsorge für die kleine, unbeachtete Herde. Nicht zuletzt hier sollte sich die »theologische Größe« des vielbewunderten Reformators als eines Werkzeugs Christi bewähren.

Das gute Werk

Wo ein Mensch aufsehenerregende Werke der Nächstenliebe tut, sich selbstlos für andere einsetzt und durch sein gutes Handeln auf sich aufmerksam macht, da findet er fast uneingeschränkt Lob, Bewunderung und Anerkennung. Überzeugendes, beeindruckendes Handeln ist ganz offensichtlich das, was den Wert eines Menschen ausmacht und ihn als gute Person qualifiziert. Luther allerdings läßt diese gängige Einschätzung nicht gelten. Und er würde sich energisch dagegen wehren, wenn man seine guten Taten zusammenrechnen und ihn so zu einem »Heiligen« machen wollte.

Ob das Handeln eines Menschen »gut« ist, das entscheidet sich für Luther gerade nicht am sichtbaren Eindruck. Und den Rückschluß von den guten Taten auf die Qualität der Person lehnt er vollends als schlimmen Irrweg ab. *»Gute, rechtschaffene Werke machen überhaupt nie einen guten, rechtschaffenen Menschen. Sondern ein guter, rechtschaffener Mensch macht gute, rechtschaffene Werke. Böse Werke machen überhaupt nie einen bösen Menschen. Sondern ein böser Mensch macht böse Werke. So muß also immer die Person zuvor gut und rechtschaffen sein vor allen guten Werken, und gute Werke müssen der rechtschaffenen, guten Person folgen und von ihr ausgehen.«* Wie kommt Luther zu dieser »seltsamen« Umkehrung, und was besagt sie?

Der Mensch steht in einem widersprüchlichen Verhältnis zum Anspruch des Lebens. Er muß sich bestmöglich damit arrangieren. Deshalb gelten eindrucksvolle gute Taten als herausragendes Mittel, um den Widerspruch zu überbrücken und das Leben für sich zu sichern, zu retten und zu bewahren. Warum eine Tat gut ist und manche noch besser als andere, das wird durch vernünftige Maßstäbe von Sitte und Moral geregelt. Mit einem guten Lebensgesetz läßt sich das Leben schon meistern! Aber es muß der *»blinden Vernunft«* verborgen bleiben, daß selbst das allerbeste Lebensgesetz das Leben übel vergewaltigt. Und sie kann noch weniger einsehen, in welch abgründigem Widerspruch zum Leben derjenige steht, der sich durch seine angestrengt guten Taten zum guten Menschen und damit zum Meister des Lebens aufwerfen will. Sie kann das deshalb nicht, weil sie gerade darauf abzielt, die Qualität des Menschen durch gutes Handeln herzustellen. Der Mensch, der durch sein Handeln qualifi-

Holzschnitt aus der Schrift von Johann von Schwarzenberg »Beschwörung der alten teuflischen Schlange mit dem göttlichen Wort« (1525).
»Es gibt keinen guten Baum, der schlechte Früchte trägt, und keinen schlechten Baum, der gute Früchte trägt. Jeder Baum wird an seiner Frucht erkannt. Was nennt ihr mich ›Herr, Herr‹ und tut nicht, was ich euch sage!« (Lukas 6,43–46)

ziert wird, soll den Widerspruch zum Leben überwinden können. Gute Lebensmeisterung gilt als eine ehrenwerte Sache.

Dann muß sogar das Faulenzen gut sein

Dafür daß Luther diesen tatkräftigen Heilsweg mit seinem Wort verstellt und keine seiner guten Taten darauf angesiedelt sehen möchte, gibt es keinen vernünftigen Grund. Aber es geschieht deshalb nicht grundlos. Luthers »seltsame« Position, die aller vernünftig-guten Lebensmeisterung als brandgefährliche Angelegenheit erscheinen muß, ist begründet in der Christusbotschaft und findet ihre Bestätigung in der Glaubenserfahrung, die sich dieser Botschaft verdankt. Das Wort von Christus will den Menschen im Glauben hineinnehmen in die ungebrochene Einheit des Lebens, die er selbst durch die allerbeste Tat nicht erreichen kann. Was »die Person rechtschaffen und gut macht«, ist also der Glaube. Wer durch den Christusglauben in der Einheit des Lebens steht, der muß geradezu zwangsläufig in Übereinstimmung mit dem Leben – und das heißt: gut – handeln. Wenn es zum guten Handeln kommen soll, dann darf gerade nicht von herausragenden Leistungen und guten Lebensgesetzen gesprochen werden. Es muß vom Glauben geredet werden!

»Es liegt mehr an der Lehre des Glaubens und guten Gewissens als an der Lehre guter Werke. Wo die Lehre des Glaubens fest und rein bleibt, da gibt es Hilfe und Rat, um den Werken, wenn sie danebengehen, aufzuhelfen. Aber wo die Lehre des Glaubens beiseitegeschoben wird und die Werke hervorgehoben werden, da kann es nichts Gutes, weder Rat noch Hilfe, geben. Hier bleibt nur das eine: die Werke bringen bloße Ehre mit sich und wollen vor den Leuten etwas Großes sein. Da geht dann Gottes Ehre unter.«

Das gute Werk, das allein im Glauben besteht, verfolgt keinen höheren Zweck und läßt sich nicht an einem guten Lebensgesetz messen. Es verdankt sich ganz der Güte Gottes, die den Menschen im Glauben in die Einheit des Lebens hineinnimmt, so daß sein ganzes Tun »vergütet« ist. Wenn durch den Glauben »die Person rechtschaffen und gut« ist, dann fällt die sittlich-moralische und ehrenrührige Unterscheidung zwischen guten und schlechten, besseren und weniger guten Taten dahin. *»Sogar das Faulenzen muß dann als Übung und Praxis des Glaubens geschehen und damit gut sein.«*

Die geglaubte Einheit mit dem Leben stellt den Menschen nicht unter den sittlichen Leistungsdruck, Gutes zu wirken. Sie äußert sich im selbstverständlichen, freiwillig-freudigen Tun dessen, was not-

wendig vorkommt. *»Das können wir an einem ganz alltäglichen Bei-*
spiel wahrnehmen: Wenn ein Mann oder eine Frau den anderen unbe-
irrt liebt, wer bringt dem Verliebten dann bei, wie er sich verhalten, was
er tun und lassen, sagen, verschweigen und denken soll? Die Liebes-
hoffnung allein bringt ihm das alles bei. Und zwar weit über das Not-
wendige hinaus. Er kennt keinen Unterschied in seinen Werken. Er tut
die großen Dinge, die ihn viel Zeit kosten und stark beanspruchen, so
gerne wie die kleinen, die schnell und leicht erledigt sind. Wo aber nur
der geringste Zweifel da ist, da fängt er an zu grübeln, was denn am
besten sei.« Der Glaube ist das einzige Werk, das den Menschen, der
auf gutes Handeln angewiesen ist, aber an seinem Tun zweifelt und
verzweifelt, zum ungebrochen Guten befähigt. Der Glaube ist in der
Liebe tätig.

Das Gesetz wird erledigt

Dann ist also mit dem Glauben die »Lehre guter Werke« aufgehoben? Muß man das Gesetz, das gutes und richtiges Handeln fordert,
um des Glaubens willen für erledigt betrachten? Die Antwort kann
nur heißen: Ja! Denn gerade im Glauben wird das vollkommen erfüllt, was das Gesetz fordert. Aber so gewiß das Gesetz in der Erfüllung durch den Christusglauben aufgehoben ist, so wenig ist es in
der Lebenswirklichkeit rings um den Glauben verschwunden. Und
diese Wirklichkeit umfaßt bekanntlich alle sichtbar-greifbaren Lebensbereiche, in denen der Mensch steht.

Der Glaube dagegen ist der unverfügbare Durchbruch des un-
sichtbar-vollkommenen Lebens, der völlig verborgen bleibt, weil er
in der Liebe das Gesetz sichtbar erfüllt. Wo der Glaube lebt, ist das
Gesetz erledigt und tot. Aber weil der lebendige Glaube unzugänglich und verborgen ist, behält die Forderung des Gesetzes ihre greifbare Gültigkeit. An erster Stelle hat das Gesetz die Aufgabe, dem
Menschen zu zeigen, daß er dem Anspruch des Lebens durch sein
Handeln nicht genügen kann. Und das nicht nur in seinen sichtbar
bösen Taten, sondern besonders in der ehrsüchtigen Demonstration
seiner großartigen Leistungen. Das Gesetz hat die Rolle dessen, der
den Menschen bleibend darauf hinweist, daß er durch den Christusglauben allererst zur »rechtschaffenen, guten Person« werden muß,
um das gute Werk zu vollbringen.

Daneben aber hat das Gesetz zur Gestaltung der sichtbar-greifbaren Lebensbereiche eine unanfechtbare Herrschaftsstellung. In der
politischen Regelung des Gemeinschaftslebens und in der Erzie-

hung gibt es den Ton an. Über alle wandelbaren Gesetzesformulie-
rungen hinweg sieht Luther das Gesetz zusammengefaßt in dem einen Satz: »Alles, was ihr wollt, daß euch die Leute tun sollen, das tut
ihr ihnen auch« (Matthäus 7, 12), bzw. jenem anderen: daß Gott zu
ehren und der Nächste zu lieben sei. Indem das Gesetz in vielfältigen, wandelbaren Formulierungen durch politische Herrschaft und
Erziehung durchgesetzt wird, wird die lebensvernichtende Eigenmächtigkeit des Menschen begrenzt und eine Anstachelung zum
Tun des Guten gegeben. Auch wenn sie angesichts des »bösen Menschen« mehr als zweifelhaft ist.

Luther spricht davon, daß *»das Gesetz ins Herz des Menschen geschrieben ist«*. Aber es muß ihm auch in Wort und Schrift vorgehalten werden, weil *»der eigenwillige Verführungsgeist die Herzen so ver-
blendet und in Besitz nimmt, daß sie die Gesetzesforderung nicht immer spüren«*. Luther bestreitet nicht im geringsten, wie wichtig es ist,
den Menschen auf dem Weg des fordernden Gesetzes zum gemein-
schaftsgemäßen Handeln anzuleiten. Er hat sich sogar nachdrücklich für die Notwendigkeit dieser Gesetzesaufgabe eingesetzt.

In derselben Deutlichkeit hat er allerdings auch der Illusion widersprochen, als sei sichtbare Erfüllung des Gesetzes schon das
greifbar gute Werk. Er weiß zu genau, *»daß ausnahmslos jeder unfähig ist, auch nur einen Buchstaben des Gesetzes wirklich zu erkennen,
sondern vollkommen der blinden Vernunft verfallen ist.«* Damit es
zum guten Werk kommen kann, muß anderes geschehen: *»Die ton-
angebenden Leute sollen sich nicht nur mit ihren erfolgreichen Taten
aufblähen. Als wäre das schon das Gute, unter völligem Verzicht auf
den Glauben! Den sollten sie immer nebenbei lehren. Wie eine Mutter
dem Kind neben der Milch auch kräftige Nahrung gibt, solange bis das
Kind allein von der kräftigen Nahrung lebt.«*

Klare Herausforderung

Luther im Kampf gegen die Feinde Christi

Ohne taktische Überlegungen, wie »ein Pferd mit Scheuklappen«, war Luther in die Auseinandersetzung mit der Papstkirche hineingeraten. Als er 1518 in Augsburg vor Kardinal Cajetan verhört wurde, war er mit seinem Einsatz für die Wahrheit des Christusglaubens und dessen Geltung in der Kirche schon mitten ins politische Kräftespiel verwickelt. Ging es damals aber noch um den politischen Schutz für den alleinstehenden Mönch und die von ihm vertretene Sache, so entwickelte sich im Lauf der Jahre durch die Ausbreitung des Evangeliums und die Durchführung der evangelischen Kirchenreform ein breites religionspolitisches Problemfeld. Mit der Gründung des »Schmalkaldischen Bundes« erlebte die »Sache des Evangeliums« eine bedeutende Wende: Fortan bestand auf breiter Front die erklärte Bereitschaft, das Evangelium und die aus ihm lebende Kirche im Notfall politisch-militärisch zu verteidigen. Aber Luthers Kampf für die »Sache des Evangeliums« war damit keineswegs beendet. Aus den eigenen Reihen und von jenseits der alten, verhärteten Kampflinien sah er sich immer neu herausgefordert. Auch wenn er mit dankbarer Freude mitverfolgte, wie sich in den Jahren seit 1531 vielerorts »evangelische Kirche« konsolidierte.

Einer der erbittertsten Gegner Luthers, Herzog Georg von Sachsen, starb im April 1539. Sein Bruder Heinrich übernahm die Herrschaft und ließ jetzt auch im Herzogtum Sachsen die evangelische Kirchenreform offiziell durchführen. Zu Pfingsten 1539 war Luther zum Regierungsantritt Heinrichs in Leipzig. Zwanzig Jahre zuvor war er hier in der Disputation mit Johann Eck dem unchristlichen Herrschaftssystem der Papstkirche öffentlich entgegengetreten. Jetzt rief er in der Predigt aus: *»Der Herr Christus und der Papst ha-*

ben jeder ihre eigene Kirche. Aber mit einem riesigen Unterschied! Die Kirche Christi ist dort, wo sein Wort lauter und rein gepredigt wird.« Schon vor der offiziellen Wende im Herzogtum Sachsen hatte sich hier der evangelische Glaube unter der Bevölkerung ausgebreitet. Wo es die politischen Verhältnisse zuließen, kam es auch in anderen Herrschaftsgebieten und Städten zur offiziellen Durchführung der evangelischen Kirchenreform.

Mit besonderem Interesse hat Luther die Wende in Halle, der Residenzstadt von Erzbischof Albrecht von Brandenburg, verfolgt. Hier wirkte seit 1541 sein Freund Justus Jonas in Zusammenarbeit mit dem Stadtrat als evangelischer Kirchenreformer. Der kirchliche Umschwung brachte es mit sich, daß der Erzbischof seine »kostbare Reliquiensammlung« von Halle nach Mainz verlegen mußte. Luther hat zu diesem Ereignis in einer »Neuen Zeitung vom Rhein« Stellung genommen. Darin fand er nur noch Spott für den Erzbischof, der in den religionspolitischen Auseinandersetzungen eine zweifelhafte Mittellinie einzuhalten suchte. *»Ein besonders guter Freund hat mir verraten, daß Seine Kurfürstlichen Gnaden testamentarisch seinem Reliquienheiligtum noch ein schönes Stück von seinem treuen, frommen Herzen und ein ganzes Stück von seiner wahrhaftigen Zunge vermachen wird!*« Das war jetzt Luthers öffentlich bekanntgemachte Einschätzung des Kirchenfürsten, mit dem er sich schon seit 1517 auseinandersetzte.

Wenn Gott siegt und Fürsten gewinnen

Im Gegensatz zu dem religionspolitisch uneindeutigen Albrecht von Brandenburg stellte sich Herzog Heinrich von Braunschweig-Wolfenbüttel mit zunehmend offensivem Widerwillen der evangelischen Kirchenreform und den Schmalkaldener Verbündeten entgegen. Die Städte Braunschweig und Goslar in seiner unmittelbaren Nachbarschaft waren protestantisch. Als Luther 1538 erfuhr, daß der Herzog dem Landgrafen Philipp und Kurfürst Johann Friedrich die Durchreise durch sein Gebiet zu einer Bundesversammlung der Schmalkaldener in Braunschweig verweigerte, befürchtete er, daß es Heinrich auf einen bewaffneten Konflikt abgesehen habe. Die Atmosphäre spitzte sich in der Folgezeit zu. Die politischen, juristischen und militärischen Bemühungen beider Seiten wurden durch einen Schriftenkrieg begleitet, der an Vorwürfen und Verleumdungen nichts zu wünschen übrigließ. 1541 meldete sich auch Luther zu Wort.

»Es hat der von Braunschweig-Wolfenbüttel wieder eine Läster-schrift herausgegeben. Für seine beunruhigende, zermürbende Plage wollte er sich Erleichterung verschaffen, indem er an der Ehre meines Gnädigsten Herrn, des Kurfürsten von Sachsen, kratzte. Auch mich hat er angegriffen und provoziert.« Luther betitelte seine Schrift »Wider den Hanswurst«. Er ließ damit den Vorwurf Heinrichs, Luther würde Johann Friedrich so bezeichnen, auf ihn zurückfallen. Aber er wollte sich in dieser Schrift nicht nur *»mit des Heinzen Teufels-dreck«* abgeben. Ausführlich setzte er sich mit dem Vorwurf auseinander, die Protestanten seien von der wahren, alten Kirche abgefallen. Er drehte den Spieß um und legte anhand der Kennzeichen für die »wahre Kirche«, die er schon seit Jahren oft genug genannt hatte, dar, *»daß wir die rechte alte Kirche sind«.*

Die ganze Auseinandersetzung endete im Sommer 1542 mit einem »Sieg« der Protestanten. Als Herzog Heinrich die vom Kaiser wieder ausgesetzte Verurteilung der Stadt Goslar durch das Reichskammergericht mit einem Straffeldzug doch vollziehen wollte, kamen Landgraf Philipp und Kurfürst Johann Friedrich in einer Blitzaktion der bedrängten Stadt zu Hilfe, eroberten auch das Herrschaftsgebiet Heinrichs und ließen hier die evangelische Kirchenreform durchführen. Luther erkannte in diesem »Sieg Gottes« die Strafe für einen ungerechten, gottlosen Fürsten.

Auch wenn Luther in diesem Fall des militärisch-religionspolitischen Erfolges der Protestanten vom »Sieg Gottes« redete, stand für ihn nicht die protestantische Religionspolitik im Vordergrund. Es ging ihm vielmehr um die Vorrangstellung des Wortes Gottes, das nicht theoretisch über der Geschichte schwebt, sondern an dem sich Geschichte scheidet und entscheidet. Deshalb hat er auch an Personen und Zuständen im »eigenen Lager« heftigste Kritik geübt. *»Auch bei uns findet man den Menschen, wie er ist: der Bauer läßt sich nichts sagen, der Bürger denkt nur an sein materielles Fortkommen und der Adel reißt sich alles unter den Nagel.«*

Luther klagte über die *»Undankbarkeit«* für das Wort Gottes, das doch in den protestantischen Gebieten lebensentscheidend den Ton angeben sollte. Er kritisierte das eigennützige Streben und die selbstgefällige Lebenssicherheit, die dem Leben aus dem Christusglauben widersprachen.

Als im Herzogtum Sachsen die evangelische Kirchenreform durchgeführt wurde, machte er besonders den Adel und die führenden Kräfte im Herzogtum zur Zielscheibe seiner Kritik. Er sah bei ihnen zu sehr politisch-taktische Überlegungen im Vordergrund und verurteilte es rundweg, daß sie sich die Kirchengüter, die im Zuge der Reform frei wurden, habgierig einverleibten, anstatt sie in kirchlicher und politischer Fürsorge zum Wohl des ganzen Landes einzusetzen. Auch am Hofe des Kurfürsten Johann Friedrich beklagte er den Einfluß, dem der Kurfürst durch gottlose Berater und seine adlige Umgebung ausgesetzt war. Johann Friedrich bemühte sich allerdings nachhaltig, auch in engem Kontakt mit Luther, dem Wort Gottes durch seine Politik Geltung zu verschaffen, indem er »evangelische Kirche« förderte. Schon ein halbes Jahr vor dem Feldzug gegen Heinrich von Braunschweig-Wolfenbüttel hatte er einen einschneidenden Vorgang inszeniert.

Ein rechter christlicher Bischof

»Wir armen Ketzer haben erneut eine große Sünde wider die höllische, unchristliche Kirche des allerhöllischsten Vaters, des Papstes, begangen! Im Stift Naumburg haben wir einen Bischof eingesetzt und geweiht, ohne heiliges Weiheöl und das andere heilige Zeug. Noch dazu wider ihren Willen, aber nicht ohne ihr Wissen.« Mit diesen Worten begann Luther seine Schrift, in der er vom Geschehen berichtete und es begründet verteidigte. Am 20. Januar 1542 war Nikolaus von Amsdorf im Naumburger Dom zum Bischof geweiht worden. Das war ein bahnbrechendes Ereignis für das Verhältnis der Protestanten zur römischen Kirche.

Das Bischofsamt war und ist eine tragende Säule in der Struktur der römischen Kirche. In seiner theoretischen Begründung an die Vorrangstellung gebunden, die Christus, nach römischem Verständnis, dem Apostel Petrus verliehen hat, behält das Bischofsamt über die Jahrhunderte hinweg dadurch seine Würde, daß allein der Papst als »Nachfolger Petri« rechtmäßig Bischöfe einsetzen kann. In dieser ungebrochenen Herleitung von Christus und den Aposteln begründet die römische Kirche ihre Autorität. Luther hat schon in den Anfängen seines Kampfes die Autorität der Papstherrschaft in Frage gestellt und verworfen. Er hat damit auch bestritten, daß die Würde und Autorität eines Bischofs von der Ernennung durch den Papst abhängt.

Als man daranging, die evangelische Kirchenreform unabhängig und gegen den Willen des Papstes und der »papistischen« Bischöfe durchzuführen, legte man eine entscheidende Voraussetzung zugrunde: man wußte sich als Kirche Jesu Christi in Bindung an die Wahrheit der Heiligen Schrift dazu berechtigt, auch ohne und gegen die Hierarchie der römischen Kirche. Die Aufgabe des Bischofsamtes – Sorge um die Wahrheit der kirchlichen Verkündigung und des kirchlichen Lebens einerseits und Unterstützung im Bereich der äußeren Organisation der Kirche andererseits – war damit nicht geleugnet. Letzteres wurde im Zuge der evangelischen Kirchenreform den Inhabern der politischen Macht als Notmaßnahme übertragen. Für die kirchlich-theologische Aufgabe wurde die neue kirchliche Instanz des »Superintendenten« ins Leben gerufen. Als die Protestanten im Jahre 1542 das Bischofsamt in Naumburg selbständig besetzten, ergriffen sie die Möglichkeit, die bleibende Aufgabe der Sorge um die Gestalt der Kirche durch die ursprünglich dazu bestimmte Instanz zur Geltung kommen zu lassen. Der Impuls zu diesem bedeutenden Schritt ging allerdings nicht von Luther aus.

Als er zusammen mit Jonas und Bugenhagen im Januar 1541 von Kurfürst Johann Friedrich zum erstenmal in dieser Sache befragt wurde, riet er noch ab. Allerdings nicht aus theologischer Ungewißheit, sondern aus religionspolitischen Erwägungen. *»Was man nicht erlaufen kann, das kann man zuletzt erschleichen. Gott wird es Euer Kurfürstlichen Gnaden doch einmal recht vollführen lassen und die teuflischen Schlaumeier in ihrer Klugheit fangen.«* Mit ziemlicher Verspätung hatte im Januar das Naumburger Domkapitel, die Versammlung der zum Dom gehörenden Geistlichen, dem Kurfürsten den Tod des Bischofs Philipp von Bayern und die Wahl des Julius Pflug zum Bischof mitgeteilt. Der Kurfürst sah sich in seinem Mitspracherecht übergangen und wollte die Wahl nicht hinnehmen.

Warhaffte Contrafactur
des Ehrwirdigen Herrn Niclas von Ambsdorff/ seines alters im Lxxviij. Jar.

Nikolaus von Amsdorf, Holzschnitt des 16. Jahrhunderts.
»Er ist ein geborener Theologe«, sagte Luther von Nikolaus von Amsdorf (1483–1565), mit dem er als Kollege seit seinen Anfängen an der Wittenberger Universität freundschaftlich verbunden blieb. Unter seiner Leitung wurde in Magdeburg die evangelische Kirchenreform durchgeführt. Noch zu Luthers Lebzeiten hat er in den theologischen Auseinandersetzungen unter den Protestanten für die »reine evangelische Lehre« gekämpft. Und nach Luthers Tod sah er sich besonders dazu gerufen, über Luthers theologischem Erbe zu wachen.

Im Bistum Naumburg war der Zerfall des *»päpstlichen Greuels«* und die Ausbreitung evangelischen Glaubens ohnehin schon seit Jahren weit fortgeschritten. Da sich Julius Pflug Bedenkzeit ausbat, hatte Johann Friedrich Zeit zum Handeln. In neuen Beratungen mit den Wittenberger Theologen lehnten diese den kurfürstlichen Plan nicht mehr völlig ab, am »papistischen« Domkapitel vorbei und vollends ohne Zustimmung des Papstes einen *»rechten christlichen Bischof«* einzusetzen. Der Kurfürst hatte dafür Nikolaus von Amsdorf vorgesehen. Seine Wahl, durch Gemeindevertreter, und feierliche Einsetzung erfolgte dann im Januar 1542. *»Wie es in der Kirche ursprünglich üblich war und die alten Bestimmungen besagen: ein Bischof soll im Beisein und durch Mitwirkung derer, die in den Nachbarstädten der Kirche vorstehen, geweiht werden. Auch Kirche und Volk, Landesfürsten und Patrone waren dabei.«*

Trotz seiner anfänglichen kirchenpolitischen Bedenken hat Luther doch die »erste evangelische Bischofswahl« unterstützt und den Einsetzungsgottesdienst für den »ersten evangelischen Bischof« gehalten. Dieser Vorgang fügte sich ein in den Prozeß, in dem das von der evangelischen Kirchenreform in den Mittelpunkt gestellte Wort Gottes im Raum der Geschichtsgestaltung Vorrang gewinnen sollte. Luther wußte, daß dieses Wort nicht nur in geradliniger Übereinstimmung mit dem Handeln des Menschen, auch nicht mit seinen kirchlichen Aktivitäten, in die Geschichte einging. Es hat seine eigene widersprüchliche Durchsetzungskraft. Die allerdings ist mitten in der Geschichte am Werk.

In dieses Durchsetzungsgeschehen tat- bzw. wortkräftig einbezogen zu sein, kann als eine entscheidende Triebkraft für Luthers kämpferisches Auftreten gelten. An welch gefährliche Abgründe das allerdings auch heranführen konnte, zeigt nicht zuletzt seine Einstellung gegenüber den Juden.

Ein hartes Kapitel

»Wer wollte ein Christ werden, wenn er sieht, daß Christen mit anderen Menschen so unchristlich umgehen?« Mit dieser kritischen Frage hat Luther 1521 den weitverbreiteten Judenhaß in die Schranken gewiesen. Verfolgung und Unterdrückung, Beschimpfung, Vertreibung und Vernichtung der Juden – das hatte in Europa und Deutschland schon Tradition. Wenn Luther nicht ebenfalls in diese Posaune stieß, dann nicht, weil er die Juden an sich begünstigen wollte. Er hatte etwas anderes im Blickfeld.

In den Jahren, als sich »das von ihm unter der Bank hervorgeholte Evangelium« ausbreitete und gegen die religiöse Zwangsherrschaft der Papstkirche durchsetzte, hatte Luther die Hoffnung, daß auch die Juden in größerer Zahl sich dem Bekenntnis zu Jesus Christus anschließen würden. Seine Kritik an Judenhaß und Mißhandlung der Juden war eingebettet in eine missionarische Hoffnung. 1523 verfaßte er seine Schrift »Das Jesus Christus ein geborener Jude sei«. Die offene Haltung gegenüber den Juden, die Luther damals einnahm, war auch in der Bildungsschicht verbreitet, die dem Evangelium aufgeschlossen gegenüberstand. Aber für Luther war diese Haltung nicht von Dauer. Wie in vielen anderen Fällen sah er sich schließlich auch von den Juden dazu herausgefordert, den Christusglauben gegen die »Feinde Christi« offensiv zu verteidigen. Zu dieser Veränderung kam es durch die Erfahrung, daß die Juden in ihrem Glauben und der Ablehnung Jesu Christi unbeirrt blieben. Das verdeutlicht eine von Luther selbst erzählte Begebenheit:

»Drei gelehrte Juden kamen zu mir in der Hoffnung, in mir einen neuen Juden zu finden, weil wir hier in Wittenberg mit dem Hebräischunterricht anfingen. Sie meinten auch, weil wir Christen uns jetzt auf die Lektüre ihrer Bücher einließen, müßten sich die Dinge bald zum Besseren wenden. Als ich ein Streitgespräch mit ihnen führte, hielten sie mir nach ihrer Art ihre Auslegungen des Alten Testaments entgegen. Als ich sie aber auf den Text festlegen wollte, wichen sie mir aus und sagten, sie müßten ihren Rabbinen glauben wie wir dem Papst und den gelehrten Theologen. Ich hatte aber Barmherzigkeit mit ihnen und gab ihnen eine Bittschrift an die Amtspersonen mit, die die Reisenden kontrollierten: man solle ihnen um Christi willen freie Durchreise gewähren. Später erfuhr ich, wie sie mir Christus einen erhängten Straßendieb nannten. Darum will ich mit keinem Juden mehr zu tun haben. Sie sind, wie Paulus sagt, dem Zorn übergeben. Je mehr man ihnen helfen will, umso verhärteter und ärger werden sie.«

In seiner früheren Einschätzung der Juden als »zukünftiger Christen« sah sich Luther getäuscht. Immer häufiger erhielt er Nachrichten, daß sich jüdische Gemeinden in ihrem Glauben, das auserwählte Gottesvolk zu sein, hartnäckig behaupteten. Er hörte auch, daß die Juden ihrerseits unter den Christen missionarisch erfolgreich waren. Als 1537 Josel von Rosheim, die herausragende Führergestalt der deutschen Juden jener Zeit, mit Luthers Hilfe Erleichterungen für die Juden in Sachsen erwirken wollte, hat ihm Luther eine scharfe Absage erteilt: er wolle die Juden nicht länger durch eine rücksichtsvolle Einstellung in ihrem Glaubensirrtum bestärken. Als »Feinde Christi« nannte Luther die Juden neben Türken und

Papisten. Als solche mußte er gegen sie sein. Zwar ließ er immer die Möglichkeit offen, daß einzelne Juden aus ihrer »Verstockung« herausfinden. Aber gerade wenn er die »Verstockung« ernst nehmen wollte, kam er zu der scharfen Mahnung: *»Du sollst zur Kenntnis nehmen, lieber Christ, und nicht im Geringsten daran zweifeln, daß es für dich neben der widergöttlichen Verführungsmacht selbst keinen schärferen, giftigeren, hartnäckigeren Feind gibt als einen rechtschaffenen Juden – einen, der mit Leib, Seele und Herz Jude ist.«* Die gefährliche Widergöttlichkeit der Juden erkannte Luther in ihrer Christusfeindschaft. Er warf ihnen vor, daß sie sich selbstgefällig ihrer Abstammung aus dem auserwählten Volk und der Auszeichnungen Gottes, wie der Beschneidung und dem alttestamentlichen Gesetz, rühmten. Er beklagte ihren religiösen Stolz gegenüber den Heiden. Und er hob hervor, daß es für einen Christen, der wußte, daß er Sünder ist, und das Leben weder seiner völkischen Abstammung noch sonstigen Auszeichnugnen, sondern allein dem Gottesgeschenk in Christus verdankte, nur schärfsten Widerspruch gegen solche religi-

Titelblätter von Luthers drei »Judenschriften« von 1543.

1543 erschienen drei Schriften Luthers, in denen er in Frontstellung gegen die Juden die Wahrheit des christlichen Glaubens an den dreieinigen Gott entfaltet: So massiv Luther in diesen drei unmittelbar zusammengehörigen Schriften gegen die Juden Stellung bezieht, so wenig verfolgt er damit eine »antisemitische« Zielsetzung. Er hat für Juden und Christen ein gemeinsames Ziel im Auge: »daß sie mit uns erkennen und loben Gott, den Vater, unseren Schöpfer, samt unserem Herrn Jesus Christus und dem Heiligen Geist in Ewigkeit.«

»Von den Juden und ihren Lügen« soll in geschichtstheologischer Argumentation darlegen, daß durch Jesus Christus nicht allein die Juden als auserwähltes Gottesvolk gelten können.

öse Selbstherrlichkeit geben konnte. Luther legte den Pfarrern nahe, sie sollten ihre Gemeinden nachdrücklich vor den Juden und dem Umgang mit ihnen warnen.

»Wenn nun Gott jetzt oder am Jüngsten Tage mit uns Christen reden wird: ›Hörst du, du bist ein Christ und hast gewußt, daß die Juden meinen Sohn und mich öffentlich gelästert und verflucht haben, du aber hast ihnen Raum und Platz dazu gegeben, sie auch beschützt und beschirmt, damit sie es ungehindert und ungestraft tun könnten in deinem Land, deiner Stadt und deinem Haus!‹ Sage mir: Was sollen wir darauf antworten?«

Luthers harte Auseinandersetzung mit den Juden hat als inhaltliches Motiv allein die theologische Kontroverse um den Christusglauben. Aber welche praktischen Konsequenzen hat er daraus gezogen? Wenn er die Pfarrer aufforderte, vor den Juden nachdrücklich zu warnen, meinte er doch nicht, daß der einzelne Christ *»ihnen viel fluchen oder persönlich Leid antun solle«;* es ging ihm dagegen um theologische Gewissensschärfung, damit der einzelne Christ

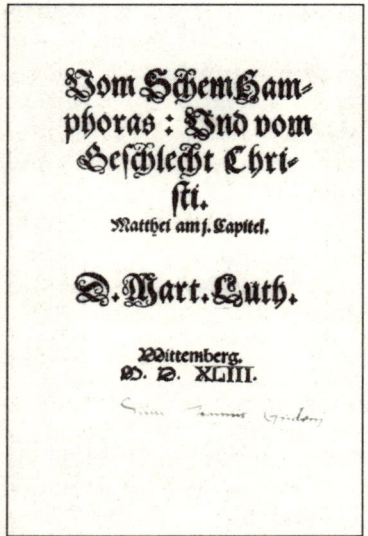

»Vom Schem Hamphoras und vom Geschlecht Christi« soll die jüdische Lästerung Christi abwehren und darlegen, daß der Jude Jesus der verheißene Messias ist.

»Von den letzten Worten Davids« soll anhand bestimmter alttestamentlicher Texte die schriftgemäße Wahrheit des christlichen Glaubens an den dreieinigen Gott aufzeigen.

nicht in ungebrochener Gemeinschaft mit den Juden diese in ihrer »Verstockung und Christusfeindschaft« bestärkte. Die *verkehrte Barmherzigkeit der Welt«* durfte die theologische Wahrheitsfrage nicht verstellen. *»Wir müssen mit Gebet und Gottesfurcht eine scharfe Barmherzigkeit üben. Vielleicht können wir manchen noch retten. Rache üben dürfen wir allerdings nicht. Sie haben die Rache ja schon am Hals. Und zwar tausendmal schlimmer, als wir ihnen wünschen könnten.«*

Aus der Forderung nach *»scharfer Barmherzigkeit«* zog Luther auch religionspolitische Konsequenzen. Er redete die Inhaber der Regierungsgewalt, die *»Fürsten und Herren«,* auf ihre politische Verantwortung als Christen an. Wie in allen anderen Fragen der öffentlich-politischen Lebensgestaltung wußte Luther Recht und Macht zur Regelung auch dieser Frage in den Händen der politisch Verantwortlichen. Dabei stand für ihn fest, was ein Regierender tun mußte, der sich seiner christlich-religionspolitischen Verantwortung bewußt war: er mußte dafür sorgen, daß sich die Christen nicht durch Duldung der jüdischen Christusfeindschaft vor Gott mitschuldig machten. Nicht um der Juden, sondern um Christi und der Wahrhaftigkeit christlichen Lebens willen sollten politische Maßnahmen gegen die Juden ergriffen werden. *»Wir haben schon genug eigene Sünde am Hals, noch vom Papsttum her, und indem wir täglich dazutun durch vielfältige Undankbarkeit und Verachtung des Wortes Gottes und seiner reichen Gnadengaben. Wir haben es nicht nötig, auch noch die fremden, schändlichen Laster der Juden auf uns zu laden und sie in alledem zu unterstützen.«* Die politischen Maßnahmen, die Luther 1543 vorschlug, waren nicht neu, ja schon oft genug praktiziert. Aber für ihn standen sie jetzt vor dem Horizont der Erfahrung und Einsicht, daß die Juden als *»verstockte Christusfeinde«* zu behandeln sind. Luther gab demgemäß seinen *»treuen Rat«:*

Ein jüdischer Geldverleiher an seinem Rechentisch, Holzschnitt des 16. Jahrhunderts.

Bis ins 11. Jahrhundert hinein konnten die Juden im Gebiet des Deutschen Reiches weitgehend ungehindert ihrem Lebensalltag nachgehen. Der einschneidende Umschwung zu brutaler Judenverfolgung geschah durch die Kreuzfahrerheere im 11./12. Jahrhundert, die mordend und plündernd über jüdische Gemeinden herfielen. Als Kaiser Heinrich IV. 1103 die Juden unter seinen persönlichen Schutz stellte, war das nicht unbedingt eine Sicherstellung der Juden: sie hatten kein Recht zur Verteidigung und mußten für den kaiserlichen Schutz gut bezahlen! Friedrich II. bekräftigte das 1235. Durch die Goldene Bulle von 1356 bekamen auch die Fürsten Rechtsanspruch auf die Juden. Seit dem 12. Jahrhundert wurden Juden vielfach beschuldigt, Christenkinder zu religiösen Zwecken zu ermorden, Hostien zu schänden und Brunnen zu vergiften. Solche Beschuldigungen schürten den Judenhaß unter dem einfachen Volk und veranlaßten manch grausame Judenverfolgung. Als in der Mitte des 14. Jahrhunderts die Pest wütete, hatten die Juden als »Schuldige« zu leiden. Die soziale und wirtschaftliche Stellung der Juden verschlechterte sich im Lauf des Mittelalters. Sie mußten in Ghettos wohnen. Die sich bildenden Zünfte und Gilden nahmen keine Juden auf, Grundbesitz durften sie nicht haben; so blieb ihnen fast nur das Geldverleihgeschäft, von dem die Christen aus kirchlich-moralischen Gründen abgehalten waren. Mancher Jude brachte es zu stattlichem Vermögen und wurde für »Fürsten und Herren« ein willkommener Geldgeber. Das bereicherte den volkstümlichen Judenhaß um das Element des Neidgefühls auf die »reichen, wucherischen Juden«. In seine theologische Auseinandersetzung mit den Juden hat Luther auch solche Elemente aufgenommen. »Ich höre sagen, daß die Juden große Summen Geldes geben und damit den Herrschaften nütze sind. Ja, wovon geben sie es? Nicht von dem Ihren, sondern von der Herrschaft und Untertanen Güter, welche sie durch Wucher stehlen und rauben. Sollten die elenden Juden sich nicht ins Fäustchen lachen, daß wir uns so schrecklich närren und äffen lassen und unser Geld geben, damit sie im Lande bleiben und alle Bosheit treiben mögen!«

– um der jüdischen Gotteslästerung Einhalt zu gebieten, solle man die Synagogen und Häuser der Juden niederbrennen, ihr Glaubensschrifttum vernichten und die Lehre der Rabbinen verbieten;
– weil sie keine nützlichen Aufgaben damit verbinden, soll ihnen der offizielle Rechtsschutz beim Reisen untersagt werden;
– man soll ihnen ihre ungerechten Geldgeschäfte mit Christen verbieten und sie zu redlicher, harter Arbeit zwingen, wie sie Gott den *»Adamskindern auferlegt«* hat.

Diese Ratschläge sind mit der Geisteshaltung moderner religiöser Toleranz völlig unvereinbar. Das zeigt vollends der Vorschlag, den Luther als den besten zur Lösung des Problems bewertet:
– man solle die Juden des Landes verweisen und ihnen nahelegen, in *»ihr eigenes Land gen Jerusalem«* zu ziehen; dort könnten sie glauben und leben, Gott lästern und Wuchergeschäfte betreiben, wie sie wollten.

Angesichts der »Endlösung« des modernen rassistischen Antisemitismus, der auch die Autorität Luthers für sich in Anspruch nehmen wollte, ist gerade dies bemerkenswert: daß bei Luther der Gedanke an Tötung der Juden nicht aufkommt. Warum? Gerade deshalb, weil er das Verhältnis zu den Juden nicht in der Selbstherrlichkeit des weltbeherrschenden Ich-Menschen anging, sondern es aus theologischer Tiefe betrachtete. Ob seine »Ratschläge« auch aus dieser Tiefe erwachsen sind, bleibt zu fragen. In einer seiner schärfsten »Judenschriften« gibt er Einblick in diese dunkel erscheinende Gedankenverbindung und kommt zu einem Ausblick, der seinen theologischen Standpunkt dokumentiert:

»Es ist der Zorn Gottes über sie gekommen, woran ich nicht gern denke. Und es war mir kein Vergnügen, dieses Buch zu schreiben, darum daß ich teils mit Zorn, teils mit Spott diesen schrecklichen Anblick habe aus meinen Augen reißen müssen. Ich verstehe wohl, was Paulus meint, wenn er sagt, daß ihm sein Herz wehtut, wenn er an sie denkt. Ich meine, so geht es auch jedem Christen, der sich das ernsthaft vor Augen hält. Nicht wegen des zeitlichen Unglücks und Elends, über das die Juden klagen, sondern weil sie dahingegeben sind, Gott selbst und alles, was Gottes ist, zu lästern, zu verfluchen und zu verspotten – zu ihrer ewigen Verdammnis. Und doch lassen sie sich nichts sagen, sondern tun das wie aus einem Eifer für Gott. Ach Gott! Himmlischer Vater! Wende dich und lasse deines Zornes über sie genug und ein Ende sein, um deines lieben Sohnes willen. Amen.«

Über Luthers ungebrochenen Eifer im Kampf gegen die Feinde Christi – »Juden, Türken und Papisten, Schwärmer und Sakramentierer« – haben sich nicht nur die Angegriffenen mißmutig gewehrt

und verärgert geäußert. Vor allem die hartnäckig-klare Sprache in
seinen Kampfschriften stieß auch viele Protestanten vor den Kopf.
Sie fanden darin »zu viel Schimpferei von einem Hauptlehrer unseres heiligen Evangeliums«.

»An mir liegt nichts«

Aber es ist schwer, Luthers kämpferische Sprache von der Sache zu
trennen, für die er kämpfte. Sie als persönlichen Mangel zu entschuldigen, um daneben Luthers neutral-sachlichen Beitrag würdigen zu
wollen, verkürzt und verzeichnet Luthers Lebenseinsatz für die
Wahrheit der Heiligen Schrift. Er will ganz gehört – und kritisiert
werden. Als Zeuge Jesu Christi und als fehlerhafter Mensch. Luther
ging davon aus, daß sich an der Gestalt Jesu Christi die Geister
scheiden. Und diese Scheidung wollte er nicht durch selbstauferle-
legte Rücksichtnahme und Mäßigung verschleiern. Falsche Kom-
promißbereitschaft oder Leisetreterei waren für ihn Ausdruck man-
gelnder Glaubensgewißheit und Zeichen dafür, daß andere Dinge –
Menschenliebe, Hoffnung auf Erfolg und Ansehen oder eine inner-
weltliche Friedenssehnsucht – der wahrhaften Beziehung zu Jesus
Christus vorangestellt wurden. Er hat 1520 beschrieben, wie mit ihm
umzugehen ist.

*»Nur zu! Beschimpfe, lästere, verurteile meine Person und mein Le-
ben, wer immer will. Es ist ihm schon vergeben. Aber niemand soll von
mir Rücksicht oder Schonung erwarten, wenn er die Wahrheit meines
Herrn Christus, der durch mich gepredigt wird, und das Zeugnis des
Geistes Gottes verleugnet oder verdreht. An mir liegt nichts. Aber für
das Wort Christi will ich mit fröhlichem Herzen und unverzagt eintreten. Ohne auf irgend jemanden Rücksicht zu nehmen. Dazu hat mir
Gott einen fröhlichen, keinen furchtsamen Geist gegeben. Ich hoffe,
den wird mir niemand betrüben.«*

Glaubensfreiheit und Toleranz

Kann man für Christus kämpfen? Wer die Worte des Neuen Testaments im Ohr hat, die zu Liebe und Barmherzigkeit, Nachsicht und
Duldung auffordern, der wird zwischen Christus und dem Kämpfen

einen ausschließenden Gegensatz behaupten. An kaum einem andern Punkt erregt Luthers Wort so viel Widerspruch, Ablehnung und Unverständnis wie dort, wo er gegen die »Feinde seines Herrn Christus« ankämpft.

Luthers Kampf für Christus fordert zur Auseinandersetzung um die lebensentscheidende Wahrheit heraus. Er läßt es nicht zu, daß der Mensch das allein mit sich und »seinem Gott« ausmacht. Weil Luther nicht für eine Haltung plädiert, die auf zufriedenstellenden Ausgleich abzielt, und weil er durchaus davon überzeugt ist, daß er zu Recht für Christus kämpft, muß danach gefragt werden, wie er das Verhältnis von befriedender Duldung und unerbittlicher Auseinandersetzung, von Liebe und Glaubenskampf beurteilt. Dabei zeigen sich zwei Ebenen: der Bereich der ans Wort gebundenen Auseinandersetzung und die politische Frage, wie mit dem Wahrheitskampf lebensgestaltend umzugehen ist.

»Man sollte die Ketzer mit theologischen Argumenten, nicht mit dem Scheiterhaufen besiegen. Wenn das eine Kunst wäre, die Ketzer mit Feuer zu überwinden, dann wären die Henker die gelehrtesten Theologen auf Erden. Dann bräuchten wir auch nicht mehr studieren. Sondern wer mehr Macht hätte als sein Gegner, der könnte ihn verbrennen lassen.« Soviel steht für Luther fest: gewaltsam durchgesetzte Lösungen sind in der Auseinandersetzung um lebensentscheidende Glaubenswahrheit keineswegs sachlich zwingende Entscheidungen. Der Wahrheitskampf kann nicht durch Gewaltanwendung entschieden, er muß durchs Wort geführt werden. Wo Gewalt als Mittel zur Durchsetzung von Glaubenswahrheit eingesetzt wird, ist die wahre Ebene des Glaubenskampfes verlassen. Luther bestreitet dabei nicht, daß im geschichtlich-politischen Umfeld des Glaubenskampfes Gewalt durchaus zur Anwendung kommt und teilweise kommen muß. Nur kann sie nicht den Rang eines gültigen Entscheidungsmittels beanspruchen. Politisch begründeter Gewalteinsatz bringt den Wahrheits- und Glaubenskampf nicht zur Entscheidung; er dient anderen Zwecken. Im Entscheidungskern des Wahrheits- und Glaubenskampfes hat Gewalt keinen Ort.

Kein Zwang zum Glauben

So gewiß die lebensentscheidende Wahrheit eine ist, so einmalig ist das Verhältnis, in dem jeder Mensch persönlich zu ihr steht. Hier tritt die Gewissensbindung hervor, die jenseits des menschlichen Machtzugriffs liegt. Luther hat sie nicht nur für sich selbst unbeirrt

verfochten. Er hat sie auch jedem anderen zugestanden. Wenn allerdings auch oft unter dem Vorbehalt des »verirrten Gewissens«. Die
Frage, ob überhaupt und wie im einzelnen das Problem der lebensentscheidenden Wahrheit für einen Menschen in Christus zur Lösung kommt, läßt sich nicht mit zwingenden Mitteln menschlicher
Macht beantworten. Was als persönliche Gewissens- und Glaubensfreiheit besteht und anerkannt sein will, ist zugleich der Bereich, in
dem der Mensch vollkommen von der Durchsetzungskraft des Gna-
den- und Gerichtshandelns Gottes abhängig ist. Aber deshalb ist
hier in Luthers Augen rücksichtsvolles Stillschweigen und Verzicht
auf Wahrheitskampf mit dem Mittel des Wortes gerade nicht geboten. *»Predigen will ich's. Sagen will ich's. Schreiben will ich's. Aber
zwingen, dringen mit der Gewalt will ich niemand. Denn der Glaube
will willig, ungenötigt angezogen werden.«*

Aus dem Tatbestand der persönlichen Gewissens- und Glaubensfreiheit hat Luther nicht die Konsequenz der »modernen Lösung«
gezogen: er konnte die Frage nach der lebensentscheidenden Wahrheit, um der Wirklichkeit Christi willen, nicht einer abstrakt-theore-
tischen Beliebigkeit überlassen. Und er wollte auch nicht verschweigen, welche Bedeutung diese Frage für die Wahrnehmung der gerechten Lebensbewahrung durch die politische Herrschaft einnehmen kann. Toleranz als offiziell anerkanntes Nebeneinander
gleich-gültiger religiöser und theoretischer Ausprägungen von Lebenswahrheit müßte auf Luther so lebensvernichtend wirken wie
Gewissens- und Glaubensfreiheit als Freigabe zur Durchsetzung ei-
genmächtig-beschränkter Überzeugungen des Ich-Menschen. Hier
sähe er seine scharfe Trennung in die Ebene gewaltlosen Wahrheits-
und Glaubenskampfes durch das Wort und den Bereich geschicht-
lich-politischer Durchsetzung verkannt und so die Problemstellung
verschoben.

Wie sieht Luther das Verhältnis von Liebe und Glaube, von Duldung und Wahrheitsbehauptung auf der »gewaltfreien Ebene des
Wortes«? *»Was die Liebe anbetrifft, da bin ich bereit, für dich zu sterben. Aber wenn man auf den Glauben kommt, berührt man meinen
Augapfel. Die Liebe liegt dir allzeit zu Füßen; sowohl zum Spott als
auch zur Ehre. Den Glauben und das Wort sollst du hoch über dir stehen lassen, als das einmalig Einzigartige. Von meiner Liebe darfst du
alles erwarten. Aber meinen Glauben kannst du allein scheuen.«* Das
schreibt Luther an einen Freund, der meint, durch Positionsver-
schleierung und liebevolles Entgegenkommen der Wahrheit des
Christusglaubens dienen zu können. Weil es Luther um das rechte,
eigenständige und lebensrettende Verhältnis von Glaube und Liebe

geht, will er beides streng unterschieden wissen. Wo beides unwahrhaftig ineinandergemengt wird, weiß er den eigenmächtigen Ich-Menschen am Werk, der in der Frage der lebensentscheidenden Wahrheit versagt und zur wahren Liebe unfähig ist. Zwar ist der Ich-Mensch in der Liebe überwunden. Aber das geschieht in bewußter Vollkommenheit nur dort, wo die Frage der lebensentscheidenden Wahrheit in Christus zur Lösung kommt. Weil aber die Christus-Wahrheit unablässig im Widerspruch steht zum Ich-Menschen, der sich anscheinend liebevoll, aber tatsächlich lebensvernichtend in seine selbstgerechte Welt-Wahrheit einnistet, will Luther die Christus-Wahrheit beharrlich behauptet wissen. Auch gegen die Letztgültigkeit vermeintlicher Liebesforderungen.

»Der Geist der Wahrheit ist ein Ankläger«

Liebe ist für Luther kein Argument gegen den Wahrheitskampf. Gerade um der vollkommenen Liebe willen betrachtet er den Wahrheitskampf als hochnotwendig. Wo dieser Kampf unter Berufung auf das Liebesgebot und scheinbarer Achtung der Gewissens- und Glaubensfreiheit des einzelnen nicht geführt werden soll, da bricht sich letztlich nur der lieblose Ich-Mensch mit seiner verschleierten Unwahrhaftigkeit Bahn. *»Wem hat sich Christus nicht kritisch entgegengestellt? Wem hat er nicht seine Verirrung aufgezeigt? Der Geist der Wahrheit ist ein Ankläger, kein Schmeichler. Er beschuldigt nicht nur einzelne Personen, sondern die Welt insgesamt.«* Luther weiß sich in seinem Kampf für die Christus-Wahrheit in bester Gesellschaft.

Der Wahrheitskampf soll nicht durch eine vermeintliche Liebesforderung unterbunden werden. Dabei geht es keineswegs darum, die Gewissens- und Glaubensfreiheit des einzelnen zu mißachten. Sie ist vielmehr eine elementare Voraussetzung des Wahrheitskampfes, in dem es darum geht, die *eine* Wahrheit herauszustellen. Die Forderung nach liebevoller Duldung und die Anerkenntnis von Gewissens- und Glaubensfreiheit dürfen nicht zum Ruin der Wahrheit führen, die allein durchs Wort entschieden wird, und die Luther für den Christusglauben unbeirrt behauptet. Vor diesem Hintergrund hat er das Problem der Toleranz im Bereich der politischen Lebensgestaltung gesehen. Hier wird unumgänglich die Ebene verlassen, auf der das Wort das allein gültige Kampfmittel ist. Politische Macht und Gewalt treten auf.

Luther trifft für diese Problemebene eine grundlegende Aussage: *»Die Inhaber der weltlichen Herrschaft sollen sich keine Autorität dar-*

*über anmaßen, was jedermann lehren und glauben will. Gleich ob es
das Evangelium oder Lüge ist. Ihre Macht reicht nur soweit, die Anstif-
tung zu Aufruhr und Unfriede zu verbieten.«* Mit dieser Aussage will
Luther weniger eine politische Forderung aufstellen als vielmehr
das Verhältnis der gottgewollten Gewissens- und Glaubensfreiheit
zur ebenfalls gottgesetzten politischen Herrschaft beschreiben.
Selbst wenn sie es wollten, können die Inhaber der weltlichen Herrschaft den Bereich der persönlichen Gewissens- und Glaubensfreiheit mit der ihnen anvertrauten Macht nicht beherrschen. Sie können ihn zwar mißachten, aber weder erobern noch zerstören. Ihre gewaltige Aufgabe erstreckt sich nicht im geringsten auf das Gebiet
von Glauben und Gewissen, den Bereich der lebensentscheidenden
Wahrheit. Sie sollen dagegen mit aller Macht für eine friedvolle Gestaltung der äußeren Lebenswelt sorgen. Deshalb sollen sie gerade
dort einschreiten, wo einzelne Gruppen unter vermeintlicher Berufung auf die Unbedingtheit von Gewissen und Glauben den äußeren
Frieden und die Ordnung des Gemeinschaftslebens durcheinan-
derbringen und ruinieren wollen. Hier hat Luther den politischen
Machthabern das volle Recht zur Strafe zugestanden. Gerade »religiöse Unruhestifter« sollen bekämpft werden. Sowenig die welt-
lich-politische Gewalt dem einzelnen »seinen Glauben« vorschreiben kann und darf, so sehr muß sie dafür sorgen, daß der unerläßliche, aber unendliche Wahrheitskampf nicht auf eine falsche Ebene
gerät und damit zu Schaden und Ruin der äußeren Lebensordnung
führt.

*Holzschnitt aus Lucas Cranach d. Ä.
»Passional Christi und Antichristi«
(1521).*
Gottes Wahrheit muß gegen den
Ich-Menschen behauptet werden. In
der Tempelaustreibung hat Christus
das auch mit Gewalt zur Geltung gebracht. Aber Luther betont: »Man
soll diese Tat Christi nicht als Beispiel anführen. Hier handelt Christus nicht als Diener des Neuen, sondern des Alten Testamentes. Seinen
Aposteln und Predigern hat Christus
rundweg verboten, das Schwert zu
führen.«

Aus diesem Grund hat Luther schließlich den Standpunkt vertreten, daß innerhalb der Grenzen *eines* politischen Herrschaftsgebietes auch nur *eine* Glaubensrichtung öffentlich in Erscheinung treten soll und offizielle Geltung beanspruchen darf. *» Wo es sich verwirklichen läßt, da soll man nicht zulassen, daß im Bereich einer weltlichen Regierung Glaubensstandpunkte öffentlich vertreten werden, die einander widersprechen. Nur so läßt sich weiterausgreifender Schaden verhindern.«* Luther hat diese religionspolitische Regelung nicht nur im Interesse der Absicherung und Behauptung des evangelischen Glaubens vertreten, der in vielen Herrschaftsgebieten die Oberhand gewonnen hatte. Er wollte sie auch dort zur Geltung gebracht wissen, wo »Unwahrheit« und »Irrglaube« offiziell herrschten. Deshalb hat er die Offensivbestrebungen protestantischer Religionspolitik weitgehend mit Ablehnung und Skepsis betrachtet. Deshalb hat er den Juden die Ausübung ihres »gotteslästerlichen Glaubens« in ihrem eigenen Land zugestanden. Und deshalb hat er endlich auch darauf hingewiesen, daß *»meine Lutherischen«* lieber schweigen und sich zurückziehen sollten, wo sie nicht offiziell mit politischem Rückhalt auftreten und reden dürften.

Durch diese religionspolitische Regelung sieht Luther die persönliche Gewissens- und Glaubensfreiheit nicht mißachtet, sondern vor ungerechtfertigter Veräußerlichung geschützt. Sie hat ihre unaufhebbare Geltung im persönlich-privaten Bereich. Der Wahrheitskampf wird zwar politisch begrenzt, aber nicht aufgehoben. Die politische Begrenzung soll vor der gewaltsamen Entstellung des Wahrheitskampfes machtvoll schützen. Das Wort Gottes achtet diese von ihm selbst geordnete Begrenzung. Aber es läßt sich dennoch von politischer Gewalt, die sich selbst absolut setzt, ebensowenig bevormunden, wie es sich durch die allgemeingültige Forderung nach liebevoller Duldung zum Schweigen bringen läßt. *»Das Wort Gottes muß in die Schlacht ziehen und kämpfen.«*

Hilfreiche Not

Luther in Krankheit und Anfechtung

Im Kampf gegen die Feinde Christi war Luther hart und unerbittlich. Es ging dabei um das Wort der Wahrheit, das ihn überzeugt hatte und das uneingeschränkt behauptet sein wollte. Nach Luthers Selbstverständnis richtete sich dieser Kampf aber nicht zuerst gegen die Personen, mit denen er sich auseinandersetzte. In seinen Gegnern bekämpfte Luther den Geist der lebensvernichtenden Irreführung und die Macht der Gottesverunsicherung. Luther kämpfte allerdings nicht aus einer unantastbaren und unhinterfragbaren Position. Er war sich dessen bewußt, selbst an Leib und Seele dem Kampf ausgesetzt zu sein, den das Wort Gottes gegen diese Geistesmacht führte. In den Kampf, den Luther nach außen hin so hartnäckig einseitig verfocht, sah er sich selbst mit seiner ganzen Person hineinverwickelt. *»Weil er bekennen muß, daß er mir im öffentlichen Streit um das Wort Gottes nichts anhaben kann, versucht es der wildgewordene Gegenspieler Gottes auf andere Weise. Mit allen Mitteln attackiert er mich in meinem Menschsein, um mir Christus wegzunehmen.«* Was meinte Luther damit?

Gegen Ende 1541 schrieb er an einen Freund: *»Allen Diagnosen der Ärzte zum Trotz lebe ich immer noch.«* In seinen körperlichen Leiden hat Luther einen entscheidenden Teil des Kampfes gegen die Gottesverunsicherung geführt. Erste ausführliche Aussagen über eigenes Leiden und seine Einstellung dazu hat er in den Briefen gegeben, die er 1521 während der Reise zum Wormser Reichstag und danach von der Wartburg an Freunde schrieb. Solche Mitteilungen verschwanden in der Folgezeit nicht mehr. Sie wurden dagegen häufiger.

Über das Nierensteinleiden, das ihn während der Schmalkaldener

Bundesversammlung 1537 an den Rand des Grabes brachte, klagte er 1526 zum erstenmal. Schon damals hat er sich zur »theologischen Bedeutung« dieser immer wiederkehrenden Qual geäußert: er wünschte »seinen Stein« auch dem Erasmus und den »Sakramentierern«, die im Kampf um die Christusbotschaft mit ihren selbstsicheren Vernunftargumenten so leicht über ihn herfielen! Im Sommer 1545 gab er nach einer in Schmerzen schlaflos verbrachten Nacht zu verstehen: »Der Stein, mein Henker und gnadenloser Glaubenszerstörer«, möchte doch auch dem selbstherrlich-unerschütterlichen Papst und seinen Kardinälen beibringen, daß sie Menschen sind!

Will man ein Krankheitsbild Luthers zeichnen, so dürfen neben dem chronischen Nierensteinleiden, Kopfschmerzen, Schwindelgefühl und Ohnmachtsanfälle, Erkältungen und Gelenkschmerzen nicht unerwähnt bleiben. Die Arbeitskraft des »alten Luther« war oft tage- und wochenlang durch Krankheitsleiden beeinträchtigt. Nicht nur einmal am Palmsonntag 1539 mußte er die Predigt wegen eines Schwindelanfalls abbrechen. Mehrmals war Luther dem Tode nahe. 1527 durchlitt er in Verbindung mit ernsthaften Herz- und Kreislaufattacken wochenlang eine niederschmetternde seelische Bedrängnis. Im Januar 1532 meinten Freunde, schon an Luthers Sterbebett stehen zu müssen. Aufsehenerregend war seine Erkrankung in Schmalkalden 1537. 1538 fühlte er selbst nach mehreren Krankheitswochen das Ende. Im Juli 1543 schrieb er an Nikolaus von Amsdorf: weil er wegen Schwäche und drohender Ohnmacht täglich mit dem Tod rechne, könne er die lange geplante Besuchsreise zu ihm nicht unternehmen. Das kennzeichnet den Alltag in Luthers letzten Lebensjahren.

Im Konflikt zwischen Leben und Tod

Durch Leiden geplagt, vom Tod bedroht – diese Erfahrung hat Luther nicht von sich geschoben. Sie hat ihn aber auch nicht in ohnmächtiges Staunen versetzt. Wunderbar und erstaunlich war ihm mitten in dieser Erfahrungswelt etwas anderes. »Der Mensch hat den Tod in sich. Wundert's dich, daß du ihn jeden Augenblick spürst? Der Tod regiert in uns. Aber das Leben ist mächtiger, durch unseren Herrn Jesus Christus, der den Tod besiegt und dem Leben zum Durchbruch verholfen hat.« Körperliche Leiden und seelische Bedrängnis lösten sich für Luther nicht darin auf, daß man ihnen mit vernünftig-distanzierten Erklärungen zu Leibe rückte. Aber er war deshalb nicht gleich ein Anwalt der Zauberei und des geheimnisvollen Aberglau-

*Hiob, Holzschnitt aus »Das dritte Teyl des Alten Testaments« von Martin Luther
(1524).*

»Mit aller Macht wütet die Gottesverunsicherung gegen mich. Ich bin ihr völlig
ausgesetzt, wie ein zweiter Hiob.« In seinem Leiden und der Not seiner Bedrängnis sah sich Luther jener Gestalt aus dem Alten Testament gleichgestellt: Hiob,
der zur Glaubensbewährung ins Leiden gestürzt wurde.

bens. Luther erlebte Krankheit als einen Konflikt. In den Kräften, die dabei leidenerzeugend aufeinandertrafen, erkannte er die Mächte des Todes und des Lebens. Und es hing alles davon ab, durch das rechte Wort am Sieg des Lebens teilzuhaben.

Luther spürte die Macht, die ihn durch quälende Schmerzen körperlichen Leidens und seelischer Bedrängnis bei der angespannten Beobachtung seines unerfreulichen Zustandes festhalten und durch zermürbendes Grübeln dahin bringen wollte, daß er angesichts aussichtsloser Trostlosigkeit am Leben zweifelte oder die Sache endlich eigenmächtig in die Hand zu bekommen suchte. Andererseits wußte Luther um die lebensüberzeugende Macht des Wortes Gottes, und er kannte Christus, seinen Erlöser. Doch dieses Wissen und die Kenntnis Christi waren gerade im Leiden der Ohnmacht ausgeliefert. Darin verdichtet sich der Konflikt der Krankheit. Luther erlebte die Anfechtung durch den Christusfeind hautnah, ja sogar unter die Haut gehend. Wie wurde er, der in der Auseinandersetzung mit Wort und Geist des Christusfeindes in der Gestalt anderer Personen so unerbittlich war, mit diesem Konflikt fertig?

Christusglaube war für Luther keine Sache der selbstgefälligen Vernunft oder der selbstherrlichen religiösen Lebensbeherrschung. Glaube an Christus brachte Luther Lebenskraft im unumgänglichen Kampf zwischen Leben und Tod. Auch aus diesem Grund hat er die medizinisch-ärztlichen Bemühungen nicht verachtet. Auch wenn er ihre Zwiespältigkeit und Begrenztheit sah. Als Luther auf die Bemühungen der Ärzte während seines Steinleidens in Schmalkalden zurückblickte, gab er einen vielsagenden Einblick in sein Verhältnis zur Kunst und Macht der Medizin: »*Mehr als genug wurde ich von den Ärzten gequält. Sie füllten mich mit Arznei, als wäre ich ein großer Ochse. Ich mußte ihnen gehorsam sein. Und ich habe es bereitwillig getan. Ich wollte nicht den Anschein erwecken, als würde ich meinen Körper verachten.*« Luther hat den Kampf der Medizin gegen die Macht der Lebensvernichtung anerkannt. Um dieser Aufgabe willen konnte er die Medizin ein »*Geschenk Gottes*« nennen. Aber er wollte sie deshalb nicht vergottet wissen. Nicht im Glauben an die gottgleiche Macht der Medizin konnte die lebensentscheidende Glaubensforderung des unsichtbaren Gottes abgegolten sein.

Die Todesmacht, die Luther in der Krankheit am Werk sah, konnte sich ja auch der Medizin bedienen, um durch das Gift von Arzneimitteln und die Schädlichkeit von Heilmethoden das Leben vollkommen zu ruinieren. Der vom Leben abhängige Mensch sollte sich deshalb nicht von der Medizin abhängig machen. Darum hat Luther auch unterstrichen, daß gerade ein Arzt sich der Unvollkom-

Warhafftige Abcontrafactur D. Martini Lutheri

seligen/Durch welchen Gott / als durch seinen sonderlichen darzu erwelten werckzeug/das lauter vnd klar Liecht seines heiligen Euangelij / wider an rechten vnd seligen tag / zu diesen letzten zeiten bracht hat / Gott gebe das wir dafür danckbar sein vnd darbey bleiben / Amen.

Martin Luther, Holzschnitt von Lucas Cranach d. J.

»Ich kann nicht mehr, ich bin zu schwach.« Mit diesen Worten hat Luther sowohl seine letzte Vorlesung am 17. November 1545 als auch seine letzte Predigt am 15. Februar 1546 beendet.

menheit seiner Künste in Demut vor Gott bewußt bleiben müsse, wenn er nicht zum *»Mörder«* werden wolle. Die Grenzen, die der medizinisch-ärztlichen Kunst gesetzt sind, erkannte Luther im Wissen: »Mitten im Leben sind wir vom Tod umgeben.« Wo man im Glauben an medizinische Macht das Leben gewinnen wollte, beklagte Luther die tödliche Verirrung. Er hat den besonderen Beitrag gelten lassen, den die Medizin zur Bewältigung des Konfliktes der Krankheit leisten konnte. Aber weil er diesen Konflikt als einen Kampf einschätzte, der dem eigenmächtigen Menschen auch bei aller medizinischen Anstrengung über den Kopf wachsen muß, erhoffte er Rettung und Hilfe vom Herrn des Lebens, der selbst in diesen Kampf hineinverwickelt war. »Mitten im Tode sind wir vom Leben umgeben.«

Wenn Christus verlorengeht

Was Luther weitaus mehr zu schaffen machte als die Qualen körperlichen Leidens, war die vollkommene Lebensverunsicherung: die Anfechtung des Christusglaubens. Er hat das körperliche Leiden keineswegs verniedlicht. Im Blick auf die wahnsinnigen Schmerzen während des Steinleidens in Schmalkalden konnte er allerdings sagen: *»Es wäre nicht verwunderlich, daß ich mich mit einem Schwert umbrächte – wenn der Glaube an Jesus Christus nicht wäre!«* Die Todesmacht, die Luther im körperlichen Leiden am Werk sah, hatte noch ganz andere Mittel und Wege, um die Lebensgewißheit im Christusglauben zu untergraben.

Die Frage nach dem Sieg im Machtkampf zwischen Leben und Tod stellte sich für Luther in ganz persönlicher Dringlichkeit, als er 1530 die Nachricht vom Tod des Vaters und ein Jahr später der Mutter zur Kenntnis nehmen mußte, als er zweimal das Sterben eigener Kinder miterlebte und als er 1538 vom überraschenden Tod des alten, vertrauten Freundes Nikolaus Hausmann erfuhr. Luther wich der massiven Lebensbedrohung in Gestalt der Sterbens- und Todeserfahrung nicht aus. Für ihn selbst wurde es besonders dann lebensgefährlich, wenn er, gottverlassen, in sich selbst hineingejagt, nach Lösung und Ausweg suchte. Das waren die Situationen der innersten Unruhe, der Verzweiflung und Lebensangst, denen er in seinen früheren Klosterjahren so häufig und intensiv ausgesetzt war. Im Christusglauben und der Christuserkenntnis war der Teufelskreis dieser Situation gesprengt worden. Aber der Christusglaube war kein fester Besitz, der ihn nun in automatischer Lebenslänglichkeit

vor diesen Situationen der Anfechtung behüten sollte. Gerade in
diesen Situationen war der Christusglaube so schwer zu ergreifen
»wie ein Aal beim Schwanz«.

»Mehr als eine Woche lang haben mich Todesängste und Schrek-
kensqualen verfolgt. Christus hatte ich so gut wie verloren. Ich wurde
von den reißenden Fluten der Verzweiflung und des Zorns auf Gott
fortgerissen.« Das war im Sommer 1527. Die Situationen der Glaubensanfechtung in den folgenden Jahren waren nie mehr so schwer.
Aber immer ging es ganz um die Frage nach Recht und Gewißheit
des Lebens. Das war für Luther die Frage nach Gott. Als Mensch
mußte er des Lebens vollkommen gewiß sein. Aber wenn er Gott
ernst nahm, war es ihm unmöglich, aus sich selbst, in seinem Fühlen,
Wollen und Tun, sicher zu sein. Was blieb, war Verzweiflung an sich
selbst, Verunsicherung des Lebens und Zorn auf Gott.

Als junger Mann hatte er den Ausweg aus dem Teufelskreis der
Selbstbespiegelung kennengelernt. *»Dagegen hat Gott uns seinen*
Sohn gegeben, Jesus Christus. An den sollen wir täglich denken, in ihm
sollen wir uns spiegeln. Da wird man äußerst angenehm das Lebens-
recht und die Lebensgewißheit in Person entdecken. Denn abseits von
Christus lauert überall Gefahr, lauern der Tod, die Verführung und
Verunsicherung. In ihm dagegen gibt es nur Friede und Freude.« Doch
mit dem bloßen Wissen um Christus war Luther in der Situation der
Anfechtung nicht geholfen. Nicht Wissen, sondern »Christus-Be-
spiegelung« konnte und mußte helfen. In einem lebenslangen Lernprozeß, in dem der Schüler nicht immer gleich erfolgreich abschnitt,
suchte Luther in den Situationen der Anfechtung und Lebensbedrohung, im Konflikt der Krankheit, den verlorengegangenen Christus
dort, wo er sich finden lassen wollte: im Wort Gottes, das ihm ganz
persönlich in Gebet, Beichte und Abendmahl begegnete.

Mut zum befreienden Schritt

Luther kannte die vernichtende Frage: Wie kann man denn gerade
in der Situation der Bedrohung und vollkommenen Verunsicherung
beten? Er wußte, daß er völlig verloren war, wenn er sich auf diese
Frage einließ. Gerade weil es ihm selbst oft nicht leichtfiel, hob er
überdeutlich hervor: *»Man muß hier kämpfen lernen. Nicht still hal-*
ten und über sich ergehen lassen, was einem die schreckliche Todes-
macht vorsetzt. Wenn man warten will, bis es von allein aufhört, zieht
es sich mit umso größerer Quälerei in die Länge. Man muß da mit Ge-
walt beten und dagegen anschreien.«

Der Schritt heraus aus dem Teufelskreis der Selbstbespiegelung und hin zum rettenden Christusglauben war die Überwindung der vernichtenden Lebenseinsamkeit. Luther vollzog das auch ganz praktisch. Als er während seines Aufenthaltes auf der Coburg 1530 einmal allein war und von Anfechtung überfallen wurde, floh er aus dem einsamen Burggemach. Und vom Wittenberger Alltag erzählte er: Wenn er merkt, daß ihn die Anfechtung heimsuchen will, dann geht er lieber zu einem Schweinehirten in den Stall, als daß er allein bleibt. Daß er den Schritt aus der verteufelten Selbstbefangenheit tun konnte, schrieb er nicht sich selbst zu. Er wollte das den treuen Fürbittegebeten der Freunde und der Kirche verdankt wissen.

Das rettende Wort Gottes lag nicht in ihm selbst. Es war »außerhalb« zu suchen und zu finden. Aus diesem Grund hat Luther die Beichte so hoch geschätzt. Gerade in der Glaubensanfechtung war ihm sein Beichtvater Johannes Bugenhagen treuer Begleiter. Von ihm ließ sich Luther die drückende Last der Todesmacht abnehmen. »Dir sind deine Sünden vergeben« – das war persönlicher Christuszuspruch. Und zur glaubensstärkenden Christusbegegnung fand Luther in Brot und Wein des Abendmahls, wo sich Christus durch sein Wort genießen lassen wollte. Wenn der Christusglaube so verunsi-

Die Beichte mit Johannes Bugenhagen als Beichtvater, Altargemälde von Lucas Cranach d. Ä., Stadtkirche Wittenberg.
Schon bevor Luther 1520/21 offensiv gegen den Beichtzwang in der Papstkirche ankämpfte, war er dafür eingetreten, die Beichte nicht als religiöse Leistung zu mißbrauchen. Er erkannte in ihr die besondere Möglichkeit, sich ganz persönlich dem Gericht Gottes zu stellen: »die Schande und Scham, daß der Mensch sich bereitwillig vor einem anderen bloßstellt.« So konnte er in der Beichte die frohe Botschaft von der Vergebung Gottes hören. Sein Freund und Beichtvater Johannes Bugenhagen (1485–1558) ist hier bei der Ausübung des »Amtes der Schlüssel« dargestellt.

chert war, daß das Leben zu zerbrechen drohte, dann konnte dem Verunsicherten nur geholfen werden, indem er zum Ursprung des Glaubens zurückfand.

Im Konflikt der Krankheit zu stehen war auch für Luther alles andere als eine erfreuliche Sache. Aber weil er das bewußte Erleben dieses Konfliktes als die Chance erkannte, in den Kampf zwischen der Macht des Todes und des Lebens hineingezogen zu sein und durch die Mittel des Wortes Gottes am Sieg des Lebens Anteil haben zu dürfen, darum hat Luther diese unerfreuliche Erfahrung als elementaren Beitrag zu seinem Christsein, als ein nötiges und nützliches Lehrstück geschätzt. In der offensichtlichen Bedrohung und Vernichtung des Lebens lag der Durchbruch zum Leben verborgen. Die Fülle Christi schließt Leiden und Todeserfahrung nicht aus. Sie sind hier sogar bestens aufgehoben. Was Luther lehrte, das hatte im Konflikt der Krankheit seinen Ort im Leben. Und was er lebte, war das, was er in der theologischen Lehre erkannt hatte. Im Zentrum von »Luthers Theologie« und von »Luthers Leben« steht kein Gedanke, sondern der wirkliche und wirkende Christus. Ihn hat er nicht nur gegen seine Feinde verteidigt, sondern ihm wollte er auch im Konflikt der Krankheit den Sieg lassen. Und das alles nicht nur um seiner selbst willen. *»Ich setze meine Hoffnung darein, daß auch andere etwas von meinem Kampf in der Anfechtung haben.«*

Gebet

Das Gebet hat seinen Ort in der Not. Der Ich-Mensch meidet allerdings diesen Ort, denn hier werden seine eigenmächtigen Pläne der Lebensbeherrschung durchkreuzt. Das Gebet ist der ins Wort gefaßte Ausdruck dafür, daß der Mensch das Leben nicht beherrschen kann, sondern auf das Lebensnotwendige angewiesen ist, das er sich nicht selbst beschaffen kann. Er muß sich bittend und hilfesuchend an einen Mächtigeren wenden: an Gott. Daß er das tut, ist nicht selbstverständlich. Und wie er das tut, ist nicht gleichgültig. Es ist der leidige und sehnliche Wunsch des Ich-Menschen, mit Welt und Leben allein fertig zu werden. Darin liegt der Grund sowohl für die Mißachtung als auch für den Mißbrauch des Gebetes.

Die Mißachtung des Gebetes versteht sich für den Ich-Menschen von selbst. Unter Mißbrauch des Gebetes versteht Luther ein Doppeltes. Wo der selbstgewisse Mensch sich im Gebet an »seinen Gott« wendet, um sich mit seiner vermeintlich gottgefälligen Lebensbewältigung vollends ins rechte Licht zu stellen, da ist das Gebet seines Sinnes entleert. Es ist aus seinem Ort in der Not herausgerissen und in einen Bereich abgesicherter Lebensvollkommenheit verpflanzt, in dem es verkümmern muß. Da erwächst dann zwangsläufig das andere: das Gebet wird zur frömmelnd-veräußerlichten Pflichtübung, zum *»langen Gewäsche«*, das nicht notwendig ist, weil es in seiner religiösen Selbstherrlichkeit gar keine Not kennt. Luther drängt darauf, das Gebet ganz einfach an seinem Ort zu belassen. Als Ausdruck für das Lebensnotwendige will es nach Gottes Willen dem Menschen allererst die Augen für seine Not öffnen und den Blick auf die hoffnungsvolle Überwindung der Not richten.

Sensibel werden für eigene und fremde Not

»Daran sollten wir uns von Kindesbeinen an gewöhnen: jeder soll für alle seine Not, wenn er nur irgendetwas fühlt, was ihn bedrückt, Tag um Tag bitten. Ebenso auch für die Not anderer Leute, mit denen er lebt – Prediger und Inhaber von Regierungsämtern, Nachbarn und Arbeitskollegen. Man soll Gott unablässig vorhalten, daß er das Gebet haben will und ihm alles verheißen hat. Man soll wissen, daß er es nicht verachtet haben will. Ich sage das aus einem bestimmten Grund: ich wollte gerne, daß man den Leuten wieder beibrächte, recht beten zu lernen. Sie sollen nicht so roh und kalt dahinleben. Dadurch werden sie mit jedem Tag zum Beten ungeschickter. Darauf arbeitet allerdings auch einer mit allen Kräften hin: der bezaubernde Geist der eigenmächtigen Lebensbeherrschung. Er spürt nämlich, was für Leid und Schaden ihm zukommt, wenn alle Welt recht betet.«

Beten will gelernt sein. Nicht in theoretischen Vorübungen, sondern im praktischen Vollzug. Das unterstreicht Luther gerade angesichts der Lebensnot, in die das Gebet hineingehört. Denn der Ich-Mensch kann und will sie nicht wahrnehmen. Er flieht vor ihr in Geschäftigkeit und Gedankenreichtum. So entgeht er seiner tatsächlichen Ohnmacht gegenüber dem Leben und bestätigt seine angemaßte Herrschaftsstellung über das Leben. Im Gebet dagegen kann der Mensch lernen, sich der Not zu stellen. Er kann sensibel werden für eigene und fremde Lebensbedrängnis. Das Gebet ist Elementarunterricht im Umgang mit dem Lebensnotwendigen.

»Die Not, die uns sowohl für uns selbst als auch für alle anderen unmittelbar betreffen soll, wirst du im Vaterunser überreichlich entdek-

ken. Darum soll das Vaterunser auch die Aufgabe erfüllen, daß man sich daraus die Not vergegenwärtige, betrachte und zu Herzen nehme, damit wir nicht lasch werden zu beten. Denn wir haben alle genug, woran es uns mangelt. Aber wir sind unfähig, es zu fühlen und wahrzunehmen. Darum will Gott auch haben, daß du über Not und Herzensanliegen klagst und es zur Sprache bringst. Nicht weil er es nicht wüßte, sondern damit du dein Herz anfeuerst, um noch nachdrücklicher und mehr zu begehren. Du sollst bloß deine Taschen weit aufmachen, damit viel hineingeht.«

Gott braucht das Gebet nicht. Es ist kein Informationsdienst, den der Mensch um Gottes willen vollbringen müßte. Der Mensch braucht das Gebet. Deshalb bietet Gott es ihm an. Deshalb drängt Luther darauf, die Kinder beten zu lehren. Es ist die einmalige Chance, angesichts der verschleierten Fülle von Lebensnot nicht ohnmächtig in Verzweiflung oder Übereifer zu flüchten, sondern der Situation der Lebensnot standzuhalten und durchs Wort die Wende der Not zur Hoffnung zu erfahren. Hierfür sieht Luther in den sieben Bitten des Vaterunsers eine Anleitung von lebenslanger Gültigkeit.

Christus am Ölberg, Holzschnitt von Lucas Cranach d. Ä.
Für den Menschen , der in schläfriger Selbstsicherheit den Blick für die notvolle Lebenswirklichkeit verliert, bleibt der sinnesschärfende Zuspruch Christi gültig: »Wachet und betet, damit ihr nicht in Anfechtung fallet. Der Geist ist willig, aber das Fleisch ist schwach.« (Matthäus 26,41)

Vergiß das Amen nicht

Geheiligt werde dein Name! – Diese Bitte deckt den notvollen Zwiespalt auf, in dem der Christ-Mensch steht. Gott hat ihm eine einmalige Lebensmöglichkeit eröffnet, indem er ihm in der Taufe seinen Namen verliehen und ihn als sein Kind anerkannt hat. Aber wie elend geht der Christ-Mensch mit dieser Auszeichnung um! Es kann jedoch keinem besorgten Vater gleichgültig sein, wenn die Untaten seiner mißratenen Kinder seinen ehrenwerten Namen ins Gerede bringen. *»Da siehst du, wie hochnotwendig diese Bitte ist. Wenn du sie von Herzen sprichst, dann kannst du gewiß sein, daß es Gott gefällt. Denn er wird nichts lieber hören, als daß seine Ehre und sein Ansehen über alles andere geht, sein Wort rein gelehrt, geachtet und gehalten wird.«*

Dein Reich komme! – Wer das betet, gesteht, daß er noch fern ist von Gottes Reich. Die Reiche, die er selbst sich baut, stehen dem Reich Gottes entgegen und hindern sein Kommen. Aber dabei soll es nicht bleiben. Das Reich Gottes, das in Christus vollkommen angebrochen ist, will kommen. *»Lieber Vater! Wir bitten: gib uns zuallererst dein Wort, damit das Evangelium überall rechtschaffen gepredigt wird. Daß es auch durch Glauben angenommen wird, in uns wirkt und lebendig ist. Durch Wort und Kraft des Heiligen Geistes soll dein Reich sich unter uns durchsetzen und das Reich der eigenmächtigen Lebensbeherrschung zerrüttet werden. Und das bis zum völligen Ruin, auf daß wir ewig leben.«*

Dein Wille geschehe, wie im Himmel so auf Erden! – Die ganze Tiefe der Lebensnot zeigt sich, wo der abgründige Widerspruch zum Leben wahrgenommen wird, in den der Mensch durch den unbändigen Willen zur Lebensbeherrschung hineingestellt ist. Willenseinheit mit dem Leben – das wäre die Wende! Wer sich dazu bekehren läßt, gerät allerdings in neue Widersprüche: mit sich und seiner Welt. Wer hat den Willen, das zu ertragen? *»Darum ist die Not so groß, daß wir unablässig bitten sollen: Lieber Vater, dein Wille geschehe.«*

Unser täglich Brot gib uns heute! – In diesem *»kurzen, einfältigen Wort«* ist alles zusammengefaßt, was der Mensch zum Lebensvollzug in der Welt braucht und dessen Fehlen Lebensnot recht spürbar macht. Das Vorhandensein materieller Lebensbedingungen, wie Nahrung, Kleidung und Wohnung, ist davon abhängig, daß der Mensch die politischen Regierungsaufgaben verantwortlich wahrnimmt. Und die Möglichkeit zum rechten Umgang mit den Gaben des Lebens ist gebunden an Frieden im Kleinen und Großen, an Gesundheit und das Ausbleiben von Katastrophen. Der Lebensvollzug insgesamt hängt davon ab, daß das Leben mitmacht. Wo Gott nicht will, geht nichts. Diesen weiten Horizont will die vierte Bitte des Vaterunsers aufzeigen. *»Darum mußt du mit deinen Gedanken hier richtig ins Weite gehen, nicht nur in den Backofen und den Mehlkasten.«*

Und vergib uns unsere Schuld, wie wir vergeben unseren Schuldigern! – Was schon längst unbezweifelt gilt, will doch vom Menschen immer wieder neu durch eine aufrichtige Bitte aufgenommen wer-

Christus lehrt das Vaterunser, Holzschnitt von Hans Brosamer.
»Wenn ihr betet, sollt ihr nicht viel plappern wie die Heiden. Denn sie meinen, sie werden erhört, wenn sie viel Worte machen. Ihr sollt euch ihnen nicht gleichstellen. Euer Vater weiß, was ihr nötig habt, schon bevor ihr ihn bittet.« (Matthäus 6,7 + 8)

den und so die notvolle Lebenswirklichkeit entlasten: Vergebung der Schuld. Gott hat sie in Christus gewirkt. Aber sie findet keinen Platz in der Welt, solange der Mensch sich in seinem Ich, von allen Seiten herausgefordert und angegriffen, zur Verteidigung gerufen sieht. Weil Schuld unablässig gewirkt wird, muß Schuldvergebung immer neu erbeten und auch wirklich werden. *»Wir könnten das Stunde um Stunde brauchen und einüben.«*

Und führe uns nicht in Versuchung! – Grenzenlose Lebensausbeutung ist für den begrenzten Menschen eine mehr als verlockende Sache. Er spürt den Drang dazu in sich selbst. Und er erfährt sich durch leuchtende Beispiele in seiner Umgebung dazu angestachelt. Daß es sogar sinnvoll und notwendig ist, dem ausbeuterischen Drängen und Fühlen nachzugeben – diese vermessene Weisheit ist der Gipfel der Versuchung. *»Die Versuchung kann niemand umgehen, solange er auf der Erde lebt und den verlockenden Mächten ausgesetzt ist. Aber darum bitten wir: daß wir nicht geradewegs hineinfallen und darin ersaufen.«*

Sondern erlöse uns von dem Bösen! – Diese Bitte geht an die Wurzel der Lebensnot. Es ist keine Bitte für etwas; sie richtet sich gegen jemanden. Gegen den, der für die widergöttliche Lebensverunsicherung und die eigenmächtige Lebensbeherrschung verantwortlich ist. Sie ersehnt Befreiung von seiner Macht und den Konsequenzen seiner bezaubernden Herrschaft. Luther nennt ihn: den Teufel. Wer gegen »den Teufel« betet, der wird empfindsam für die Bedrohung, der der Mensch durch ihn unweigerlich ausgesetzt ist, und er sagt ganz klar, daß er sich davon nicht selbst befreien kann. Die Macht des Lebens muß sich selbst ungehindert Bahn brechen. Durch die letzte Bitte des Vaterunsers darf sich der Mensch auf diesen Durchbruch einstellen.

»Zuletzt merke, daß du das Amen unentwegt stark machen mußt. Du darfst nicht zweifeln, daß Gott dir aus voller Gnade gewiß zuhört und zu deinem Gebet Ja sagt. Und denke stets, daß du nicht allein bist, wenn du da kniest oder stehst. Sondern die ganze Christenheit oder alle wahren Christen sind bei dir und du unter ihnen in einmütigem, einträchtigem Gebet. Das kann Gott nicht verachten. Und höre nicht auf mit dem Gebet, bevor du nicht gesagt oder gedacht hast: Ja, dieses Gebet ist bei Gott erhört. Das weiß ich ganz sicher. Das heißt: Amen.«

Das vollkommene Ende

Luthers Tod

Der »alte Luther« hat oft zurückgeblickt in die Zeit, *»als kaum jemand etwas vom Wort Gottes verstand«:* als sich an der Universität Wittenberg die »neue Lehre« erst durchsetzte; als er im unbeirrten Zeugnis für das Wort Gottes in Augsburg, Leipzig und Worms einstand. Bei solchen Erinnerungen konnte sich ihm sein Leben als ein wunderliches Gewirr von Entscheidungen und Zusammenhängen, Ereignissen und Folgerungen darstellen. Aber er erinnerte sich auch an die klare Linie, auf die er als junger Mann, nicht ahnend, was auf ihn zukommen wird, sein Leben gebracht wissen wollte. *»Als mich die Sache des Evangeliums überfiel und ich mich darauf einließ, da habe ich in meiner Klosterkammer mit vollem Ernst und aus ganzem Herzen zu unserem Gott gesagt: ›Wenn du mich in etwas verwickeln willst, dann behalte du die Zügel in der Hand! Halte mich ja zurück, daß ich nicht meinen Verstand und alles mögliche ins Spiel bringe.‹ Dieses Gebet hat Gott voll und ganz erhört. Er gebe weiter Gnade.«*

Die »Sache des Evangeliums«, in die Luther verwickelt worden war, hatte 1545 schon längst Geschichte gemacht. In diesem Jahr erschien der erste Band von Luthers Lateinischen Schriften. Er enthielt Werke aus jener Anfangszeit. In einer ausführlichen Einleitung nahm Luther selbst zu den Anfängen des Kampfes gegen die Papstkirche Stellung: aufgrund seiner mangelnden Kenntnisse sei er völlig ungeeignet gewesen für die gewaltige Sache. Aber noch stand er mittendrin. Und was ihm damals nach und nach an Erkenntnis über die Herrschaft der Papstkirche zugewachsen war, das faßte er jetzt in einer wuchtigen Schrift geballt zusammen: »Wider das Papsttum zu Rom, vom Teufel gestiftet«.

Die Erwartung, daß sich das Evangelium und die ihm gemäße Kirchenreform auf breiter Front durchsetzen ließe, war schon längst aufgegeben. Wenn Papst Paul III. jetzt das Konzil, das jahrelang angekündigt und aufgeschoben worden war, nach Trient einberufen hatte, dann sollten dort keine Entscheidungen im Sinne der evangelischen Kirchenreform zur Debatte stehen, geschweige denn durchgesetzt werden. Es ging um Verurteilung der Protestanten und um einen reformerischen Ausbau der Machtstellung und der theologischen Grundlage der Papstkirche. Am Vorabend des Konzils, das einen bedeutenden Schritt zur Trennung in »evangelische« und »römisch-katholische« Kirche vollzog, setzte sich Luther noch einmal mit dem Anspruch des Papsttums auseinander, das gültige Oberhaupt der ganzen Christenheit zu sein. Er konnte in der Sache nichts Neues vorbringen. Aus der Bibel und der Geschichte der Kirche hat er, wie schon oft genug, den Herrschaftsanspruch des Papstes widerlegt. Was hat Luther zu dieser erneuten Attacke veranlaßt?

Aus Verpflichtung gegenüber der Wahrheit des Christusglaubens hatte er 1517 mit seinen 95 Thesen zu einem kirchlichen Mißstand und einem praktisch-religiösen Problem Stellung bezogen. Darüber war er in die Auseinandersetzung mit der Papstkirche geraten. Sein Auftreten verwickelte sich in politische und gesellschaftliche Problemzusammenhänge. Das Ketzerurteil über Luther, von Papst und

Wider das Bapstum zu
Rom vom Teuffel gestifft/
Mart. Luther D.

Wittemberg/1545.

Titelblatt der Schrift Martin Luthers »Wider das Papsttum zu Rom vom Teufel gestifft« (1545).

Das Titelblatt zu Luthers Schrift »Wider das Papsttum zu Rom, vom Teufel gestiftet« zeigt einen von elf Holzschnitten des Lucas Cranach, die ebenfalls 1545 mit Spottversen Luthers erschienen sind. Was Luther in der Schrift ausführt – das Papsttum als Macht der Verführung und teuflischen Bedrohung der Kirche – ist hier im Bild dargestellt: der Papst thront über dem Höllenschlund, gestützt, hofiert und gekrönt von den Teufeln.

Kaiser verhängt, konnte ein breites Verlangen nach Kirchenreform nicht unterdrücken. Als religionspolitisches Problem zwischen Kaiser, Papst und den politischen Mächten im Deutschen Reich wurde es immer neu behandelt.

Im Juni 1544 war wieder ein Reichstag in Speyer zu Ende gegangen. Der Kaiser verfolgte nach außen hin weiter die politische Linie, die auch 1541 in Regensburg für ihn maßgebend war: er suchte Verständigung mit den Protestanten und gewährte ihnen Frieden, weil er politische Unterstützung brauchte. Seit 1542 hatte sich König Franz I. von Frankreich mit den Türken gegen den Kaiser zusammengetan. Luther klagte, daß auch der Papst sich in dieses machtpolitische Spiel gegen den Kaiser eingelassen habe: *»Wo die Türken vorrücken, wird mit Zustimmung des Papstes der Tempel Mohammeds errichtet. So setzt sich das Oberhaupt der Kirche für die Kirche ein!«*

Im Beschluß des Speyrer Reichstages von 1544 verfügte der Kaiser, daß das Problem der Kirchenreform auf Reichsebene, ohne direkte Hinzuziehung des Papstes, einer Lösung zugeführt werden solle. Als man unter den Protestanten erfuhr, daß der Papst dagegen beim Kaiser entschieden protestiert habe, war der Anlaß für Luthers Angriff auf den *»Papstesel mit seinem verdammten Lügenmaul«* gegeben. Anders als im Anfang seiner Auseinandersetzung mit der Papstkirche sprach Luther jetzt deutlich im Zusammenhang der religionspolitischen Verwicklungen. Aber was er wollte, war dennoch dasselbe wie damals: der Wahrheit Christi, des einzigen Herrn der Kirche, zum Sieg verhelfen.

In diesem machtpolitischen Umfeld wurde die evangelische Kirchenreform in jenen Jahren noch in manchem Gebiet durchgeführt; vor allem in fürstlichen Herrschaftsgebieten und Bistümern Nordwestdeutschlands. Hermann von Wied, der Erzbischof von Köln, zog Butzer und Melanchthon als Berater hinzu, um in seinem Bistum die kirchlichen Verhältnisse zu reformieren und die Evangeliumsverkündigung offiziell einzurichten. Luther hatte zu diesen Erfolgen ein gespaltenes Verhältnis.

Von Sorgen umzingelt

Sosehr er es begrüßte, daß die Verkündigung des Evangeliums sich weiter ausbreitete, so heftig kritisierte er die Zustände gerade in protestantischen Gebieten. Hier sollte doch das Wort Gottes Quelle des Lebens sein. Während man die Türkengefahr aus dem Osten beschwor, sah Luther mitten im Reich und unter den Protestanten die

»*türkische Vernichtung*« schon weit um sich greifen: »*Habsucht, Ausbeutung, Hochmut und Verschwendung, die Tyrannei, Unzuverlässigkeit und Raffinesse der Herrschenden – und nicht zuletzt Verachtung des Wortes Gottes, Undank und Spott gegenüber Christus.*«

Luther beklagte das Machtstreben protestantischer Herrscher ebenso unverblümt wie die Stellung des Papstes und der »papistischen Bischöfe«. Aber wo um machtpolitischer Händel willen Gefahr drohte, da sah er es auch als seine Aufgabe, zu vermitteln und Frieden zu stiften. Im Herzogtum Sachsen hatte nach dem Tod von Herzog Heinrich der junge, aktive Fürst Moritz 1541 die Regierung angetreten. Schon bald standen seine Truppen denen des Kurfürsten Johann Friedrich gegenüber. Es ging darum, wem die Macht über das Städtchen Wurzen zukam. Zusammen mit Landgraf Philipp von Hessen verhinderte Luther die militärische Auseinandersetzung. Wo es nicht um die Wahrheit des Christusglaubens ging, sah er sich nicht zum Kampf, sondern zur »Kriegsverhütung« gerufen. Auch die letzte Tat in seinem Leben war die Schlichtung eines Streites. »*Obwohl alt und schwach*«, reiste er im Herbst und Winter 1545/46 dreimal zu den Grafen von Mansfeld, um zur Schlichtung jahrelanger Erbstreitigkeiten unter den Grafen beizutragen. Mit Predigen, Ermahnen und Bitten wollte er ein friedliches Einvernehmen unter den Grafen herstellen. Er sah sehr wohl, daß es bei den Auseinandersetzungen der Fürsten um das »*Wohlergehen des ganzen Herrschaftsgebietes*« ging. Vor diesem Verantwortungshorizont wollte er seine Aufgabe wahrnehmen. Vier Tage vor seinem Tod konnte er seiner Frau schreiben, daß der erfolgreiche Abschluß der Verhandlungen unmittelbar bevorstand.

Während Luther die Bewahrung des Friedens als wichtige politische Aufgabe einstufte und das Seine dazu tun wollte, nahm die militärische Bedrohung der Protestanten durch den Kaiser immer mehr Gestalt an. Seit vielen Jahren sahen sie sich als Beschützer der »lutherischen Ketzerei« dieser Gefahr ausgesetzt. Deshalb hatten sie sich schließlich im »Schmalkaldischen Bund« zusammengeschlossen. Allerdings war der Kaiser zu immer neuen Friedenszusagen bereit. Auch noch in Speyer 1544. Für die Ausgleichsverhandlungen, die auf diesem Reichstag ebenfalls beschlossen wurden, erstellten die Wittenberger Theologen noch ein Gutachten. Aber schon im Januar 1545 sprach auch Luther von »*Hinterlist*«. Der Umschwung der kaiserlichen Politik zeichnete sich ab!

1543 hatte Karl V. zur Stabilisierung seiner Macht im niederländischen Bereich einen erfolgreichen Feldzug gegen Herzog Wilhelm von Jülich geführt, im Herbst 1544 mit Franz I. Frieden geschlossen,

und mit dem Papst arbeitete er auf das Konzil hin. Auf den Reichstagen in Worms im Frühjahr 1545 und Regensburg im Winter 1546
ließ er die Ausgleichsverhandlungen mit den Protestanten noch wei-
terführen. Luther schrieb im Juni 1545 an Nikolaus von Amsdorf:
*»Reichstag und Konzil sind mir gleichgültig. Ich setze keinen Glauben,
keine Hoffnung, keine Absicht darein.«* Den Beginn des Krieges im
Jahr darauf hat er nicht mehr erlebt. Aber in einer anderen militärischen Auseinandersetzung sah er die schon lange drohende Gefahr
heraufziehen.

Der liebe Jüngste Tag

Im Herbst 1545 schlug Herzog Heinrich von Braunschweig-Wolfenbüttel los, um sein Gebiet zurückzuerobern, das die Protestanten
1542 besetzt hatten. *»Wenn nicht der Kälteeinbruch die Sache zu*

Die Schlacht bei Mühlberg, Holzschnitt von Virgil Solis (1514–1562).
Der von Karl V. im Sommer 1546 gegen die »rechtsbrecherischen« Schmalkaldener Verbündeten eröffnete Krieg hatte sich zunächst in Süddeutschland festge-
fahren. Die Wende zugunsten des Kaisers ereignete sich in Sachsen: Herzog Moritz, dem der Kaiser schon länger angeboten hatte, die Kurfürstenwürde von Johann Friedrich auf ihn zu übertragen, verbündete sich mit König Ferdinand und
griff im Herbst 1546 das kursächsische Gebiet an. Johann Friedrich, der, aus dem
Süden heimgezogen, sich zunächst erfolgreich verteidigen konnte, wurde am 24.
April 1547 in der Schlacht bei Mühlberg vom herangerückten Heer des Kaisers
besiegt. Der anschließende Versuch von Karl V., die evangelische Kirchenreform
rechtlich und mit politischem Druck wieder rückgängig zu machen, scheiterte
schließlich 1551, als der inzwischen zum Kurfürsten aufgerückte Moritz von
Sachsen erneut die Front wechselte. Der reichspolitische Kampf um Glaube und
Kirchenreform fand dann 1555 im »Augsburger Religionsfrieden« einen ersten
Abschluß.

Ende bringt, wird dies offensichtlich der Pfaffenkrieg, mit dem sie schon seit mehr als zwanzig Jahren schwanger gehen.« Luther dachte beim Angriff des Braunschweiger Herzogs an die Pläne, Bemühungen und Bündnisse der antiprotestantischen Mächte, die schon seit den Zwanziger Jahren auf gewaltsame Ausrottung der »Ketzerei« gerichtet waren. Die von ihm oft genug angekündigte und jetzt direkt befürchtete Katastrophe blieb aber zunächst noch aus. Herzog Heinrich wurde besiegt und gefangengenommen.

In diesen politischen Wirren und der Zuspitzung der politischen Lage war es für Luther mehr als nur eine Floskel, wenn er einerseits hervorhob, daß Gott für seine Kirche sorgen wird, andrerseits die vollkommene Klärung herbeisehnte, die nur der *»liebe Jüngste Tag«* bringen konnte. Das Ineinander von geschichtlichen Abläufen und letztgültiger Gottesgewißheit, von Durchbruch des Wortes Gottes in der Welt und seiner Bedrohung und Verachtung war in Luthers Augen kein unendliches Wechselspiel. Es drängte auf Entscheidung. Auf die Herrschaft Christi war ja sein Glaube ausgerichtet. Der vollkommene Durchbruch des Gottesreiches war das Ziel des Hoffens. *»Unser lieber Gott gebe, daß ich es noch erleben darf.«*

Neben dieser geschichtlichen Erwartung wurde für ihn persönlich der Tod immer mehr zum Gegenstand von Wunsch und Sehnsucht. Krankheit und Altersschwäche spielten bei dieser Hoffnung auf das Ende mit. *»Alt, schwach, abgekämpft, matt und schlaff und jetzt auch noch auf einem Auge erblindet schreibe ich. Ich hatte gehofft, daß mir endlich die wohlverdiente Ruhe geschenkt wird, da werde ich nochmals mit Schreiben, Reden, Handeln und Verhandeln überschüttet, als hätte ich überhaupt noch nichts geleistet.«* Zu dieser Aussage sah sich Luther vier Wochen vor seinem Tod veranlaßt. In diesen Tagen stand die dritte Vermittlungsreise zu den Grafen von Mansfeld unmittelbar bevor.

Zweimal schon hatte ihn Melanchthon begleitet. Aber der Freund sollte diesmal aus gesundheitlichen Gründen zu Hause bleiben. Am 23. Januar 1546 brach Luther mit seinen drei Söhnen, die in der Heimat des Vaters Verwandtenbesuche machten, von Wittenberg auf. In Halle wurde er durch Hochwasser und Eistreiben auf der Saale drei Tage festgehalten. Von hier an begleitete ihn sein alter Freund Justus Jonas. Kurz vor Eisleben, wo die Verhandlungen mit den Grafen stattfinden sollten, erlitt Luther noch einen Ohnmachtsanfall, von dem er sich aber bald erholte.

In den drei Wochen seines Aufenthalts in Eisleben freute er sich, daß er, anders als sonst auf Reisen, nicht über körperliche Leiden zu klagen hatte. Er genoß das Essen und Trinken. Obwohl er sich schon

lange *»täglich am Grabesrand entlanggehen sah«,* lähmte der Gedanke an den Tod doch den Blick auf die Aufgaben des Tages nicht.
Dem befreundeten Fürsten Georg von Anhalt, der seit 1544 »evangelischer Bischof« von Merseburg war, teilte er aus Eisleben mit: er
werde hoffentlich im Frühjahr den lang versprochenen Besuch bei
ihm durchführen können.

Die Tage in Eisleben verliefen nicht hektisch. Man wollte Luther
auch schonen. Viermal hat er hier noch gepredigt und zwei Pfarrer
ordiniert. Die Vermittlungsverhandlungen unter den Mansfelder
Grafen Albrecht und Gebhard machten ihm aber sehr zu schaffen.
*»Ich muß mich auf den hartnäckigen Streit einlassen, der meinem
Können und Wollen ganz fernliegt und mir altem Mann lästig ist.«* Die
juristischen Spitzfindigkeiten, die mit Rechtsanspruch vorgetragenen Angriffe und Verteidigungen haben Luther in seiner alten Abneigung gegen die Juristen bestärkt: die *»Schönredner und Wortver-
dreher, die sich nicht um Frieden, allgemeines Wohl, Glauben und Gottesfurcht kümmern«.* Nach anfänglichem Erfolg zogen sich die Verhandlungen schleppend hin, so daß Luther als Druckmittel seinen
Kurfürsten bat, er möge ihn nach Hause beordern. Das geschah umgehend. Schließlich kam es dann mit Hilfe von Luther, Jonas, Fürst
Wolfgang von Anhalt und Heinrich von Schwarzburg zu einem
Rechtsvergleich zwischen den Mansfelder Grafen.

Am 17. Februar drängten die Verhandlungsteilnehmer den ge-
schwächten Luther, doch in seiner Unterkunft zu bleiben und sich

*Justus Jonas, Holzschnitt des 16.
Jahrhunderts.*
Luthers Freundschaft mit Justus Jo-
nas (1493–1555) reichte in die An-
fänge der theologischen und kirchli-
chen Auseinandersetzungen zurück.
In seiner Leichenpredigt auf Luther
hob Jonas hervor: »Wir sind voll
Sorge, das Wort Gottes zu verlieren.
Deshalb wollen wir unser Leben auf
Gott ausrichten und darum bitten, er
möge sein Wort auch nach dem Tod
Martin Luthers nicht verstummen
lassen.«

zu schonen. In Wittenberg machte man sich seit seiner Abreise Sorge um ihn. Luther informierte den unruhigen Melanchthon und beruhigte seine Frau in einer ganzen Reihen von Briefen. *»Du willst an Gottes Stelle sorgen. Als könnte er nicht zehn Doktor Martinus schaffen, wo dieser alte in der Saale ersaufen oder sonstwie umkommen würde. Laß mich in Ruhe mit deiner Sorge. Ich habe einen besseren Sorger. Der liegt in der Krippe und hängt an der Brust einer Jungfrau und sitzt doch ebenso zur Rechten Gottes, des allmächtigen Vaters. Darum gib du dich zufrieden.«* Am 14. Februar hatte er seine baldige Heimkunft angekündigt und gebeten, man möge ihm ein dringend benötigtes Arzneimittel entgegenschicken. Er brauchte dies, um eine künstliche Wunde am Bein offenzuhalten, die ihm der kurfürstliche Leibarzt Ratzeberger vor Jahren gegen seine Kopfschmerzen verordnet hatte. In Ermangelung des Mittels war sie jetzt zugeheilt. Am 18. Februar schickte Melanchthon das Arzneimittel mit einem Brief ab: »Jetzt bitten wir Gott, daß er euch alle wohlbehalten wieder nach Hause bringt.« Aber Martin Luther war schon in der zurückliegenden Nacht gestorben.

Um vier Uhr früh am 18. Februar 1546 ließ Justus Jonas an Kurfürst Johann Friedrich die Nachricht abgehen, daß Martin Luther »zwischen zwei und drei Uhr in der Nacht in Christo entschlafen« ist. Am vorangegangenen Abend hatte Luther über Druck auf der Brust geklagt, sich mit warmen Tüchern reiben lassen, mehrmals kurz geschlafen. Um ein Uhr rief er seinen Diener. Sein Zustand verschlimmerte sich. Man holte die beiden Eislebener Ärzte herbei. Die anwesenden Fürsten eilten in Luthers Unterkunft. Man verabreichte ihm Medikamente.

Im Tod das Ja zu Christus

Als letzte Worte Luthers sind ein Psalmvers – »In deine Hände befehle ich meinen Geist. Treuer Gott, du hast mich erlöst« (Psalm 31, 6) – und auf die Frage des Jonas, ob er auf das von ihm gepredigte Christusbekenntnis sterben wolle, die Antwort »Ja« überliefert.

In Wittenberg traf die Nachricht von Luthers Tod am 19. Februar ein. Drei Tage später wurde er hier in der Schloßkirche beigesetzt. Kurfürst Johann Friedrich hatte die Mansfelder Grafen ersucht, die Leiche auf dem Weg nach Wittenberg zu geleiten. In Eisleben war Luther zunächst im Sterbehaus, dann in der Andreaskirche aufgebahrt. Justus Jonas und der Eislebener Pfarrer Michael Coelius hielten hier eine Trauerpredigt. Als der Trauerzug aus Eisleben in Wit-

Luthers Grabstätte in der Wittenberger Schloßkirche.
Luther wurde in der Wittenberger Schloßkirche beigesetzt. Sein Grab wurde zur
»Gedenkstätte«. Auf dem später angebrachten Steinsockel liegt die Grabplatte
aus dem 16. Jahrhundert. Die gegossene Platte an der Wand wurde erst am Ende
des vergangenen Jahrhunderts angebracht – ein Nachguß des Originals, das in-
folge der politischen Wirren des »Schmalkaldischen Krieges« in Jena blieb.

tenberg eintraf, wurde er von Vertretern des Kurfürsten, der Universität und dem Rat der Stadt Wittenberg, Luthers Familie und einer großen Trauergemeinde aufgenommen.

In der Schloßkirche predigte Bugenhagen. Melanchthon hielt eine lateinische Ansprache. Er reihte Luther ein unter die Propheten, Apostel und herausragenden Männer in der Geschichte der christlichen Kirche, unter die von Gott zur Leitung seines Volkes und zur Verkündigung seines Wortes Auserwählten; er wollte Luther als »Werkzeug Gottes« betrachtet wissen, mit allem, was er war. Melanchthon fiel das Reden ebenso schwer wie Bugenhagen, der sich und die Trauergemeinde zu trösten suchte. »Unser lieber Doktor Martin Luther hat jetzt erreicht, wonach er sich so oft sehnte. Wenn er jetzt unter uns wäre, würde er uns in Trauer und Verzagtheit strafen mit den Worten Christi: ›Wenn ihr mich lieb hättet, würdet ihr euch freuen, denn ich gehe zum Vater.‹ Christus hat den Tod für uns überwunden. Warum verzagen wir? Das Ende des irdischen Lebens wird uns zum Anfang des ewigen Lebens durch Jesus Christus.«

Hoffnung

Was berechtigt dazu, in Verbindung mit Luthers Tod von Hoffnung zu sprechen? Sein Lebensweg liegt abgeschlossen vor uns und seine äußeren Lebensmöglichkeiten und die Formen seiner Lebensgestaltung liegen weit hinter uns. Finden sich über diese unerhörte Distanz hinweg in Luthers Denken und Reden wegweisende Anstöße und Anregungen für fortschrittliche, hoffnungschenkende Lebenserneuerung? Das sind Fragen, die sich der geschichtsbetrachtenden, weltverantwortenden und lebensgestaltenden Vernunft stellen. Sie haben ihr Recht. Aber sie finden ihre Grenze: eben im Tod. Darauf hat Luther oft genug und deutlich genug hingewiesen. Dafür, daß Tod und Hoffnung miteinander verbunden sind, hat die Vernunft des Ich-Menschen kein Verständnis. Aber Luther rückt gerade diese Verbindung ins Zentrum des Lebens. Will man sich, durchaus auf dem einsichtigen Weg der Sprache und vernünftiger Wahrnehmung, auf das einlassen, was Luther gelebt hat und woraufhin er gestorben ist, so stößt man zuletzt auf den völlig uneinsichtigen, geheimnisvollen Umbruch des Lebens, der durch den lebendigen Christus wirklich wird. Darin liegt die ganze Berechtigung für die Verbindung von

Tod und Hoffnung. Luther kann das im Anschluß an Worte des Apostels Paulus kennzeichnen:

»Wenn die Toten nicht auferstehen, so ist Christus auch nicht auferstanden, so ist euer Glaube umsonst, so seid ihr noch in euren Sünden. So sind auch diejenigen, die in Christus entschlafen sind, verloren. Hoffen wir allein in diesem Leben auf Christus, so sind wir die elendsten unter allen Menschen.« (1. Korinther 15, 16–19)

Wenn das wahr wäre, daß mit dem Tod das Leben zu Ende ist, dann wollte ich lieber heute als morgen die Taufe, die Kanzel und das ganze Christentum auf sich beruhen lassen. Denn schau dir einen Christen an und vergleiche ihn mit anderen Leuten, die nicht glauben, in Saus und Braus leben, haben und tun, was sie wollen. Und wenn sie ausgelebt haben, dann sind sie im Nu weg und merken es nicht. Sie erfahren nie, was Leiden und Betrübnis wirklich ist. Jammer und Herzeleid sind für sie Fremdworte.

Im Vergleich mit ihnen müssen wir, die wir Christen sein wollen, jede Plage und alles Unglück haben: man verachtet und mißachtet uns; man schimpft und lästert; man ist so feindselig und gönnt uns nicht, daß wir auf der Erde leben. Wir müssen täglich mit dem Schlimmsten rechnen, das uns der mächtige Geist der Lebensbeherrschung durch seine Handlanger und die bezaubernde Freude am Sichtbaren durch ihre Fanatiker antun kann. Wer wollte so töricht sein und ein Christ werden, wenn das zukünftige Leben nichts wäre? Wer würde da nicht sagen: weil jene so gute Tage haben und in Saus und Braus leben, will ich nicht anders sein als sie. Was gibt es für einen Grund, daß ich mich so plagen lasse, Leid, Tücke, Haß und Neid ertrage von den Mächten der selbstgefälligen Lebensausbeutung? Ganz abgesehen davon, daß ein Christ noch unendliche Betrübnis und Herzeleid in sich selbst haben und vor dem Tod, der Sünde und Gottes Zorn in Furcht und Schrecken geraten muß. Wer wollte das ertragen, ein solches Leben mit Jammer und Herzleid durchzustehen und dafür nichts anderes als eben dieses Leben zu bekommen?«

»Nun aber ist Christus auferstanden und der Erstling geworden unter denen, die da schlafen. Es kommt ja durch *einen* Menschen der Tod und durch *einen* Menschen die Auferstehung der Toten.« (1. Korinther 15, 20 + 21)

Hier zieht Paulus die Konsequenz aus allem Vorangegangenen: es ist nicht so, wie man der Vernunft nach denken möchte, daß der Glaube und die Predigt der Christen nichts sind und wir die allerelendesten Leute auf der Erde. Er gibt damit den einzig wahren Trost gegen den sichtbaren Schein und das spürbare Gefühl. Ich habe ja gesagt: Christen müssen einen anderen Trost haben als Gold und Silber

*oder Singen und Tanzen und alles, was die Welt bieten kann. Einen
Geizhals kann man mit Geld trösten, einen Kranken mit Arznei, einen
Hungrigen mit einem Stück Brot. Aber einem Christen kann nichts von
alledem helfen. Weil er glaubt und weiß, daß Gott sowohl einen Himmel wie eine Hölle hat, darum erschrickt er vor Gottes Zorn und wird
ein widervernünftiger, betroffener Mensch. Aus diesem Grund findet er
Freude und Trost einzig und allein an der Zukunft des Lebens, wenn er
die Glaubensaussage hört, daß Christus von den Toten auferstanden
ist, daß er ihn auch auferwecken und aus dem Tod und allem Unglück
zur beständigen Freude bringen wird.*

*Man sieht, daß es Paulus ernst gewesen ist und er mit besonderem
Nachdruck diese Aussage predigt. Er ist durch eigene Erfahrung dahin
gekommen, daß man sich einzig und allein an diese Aussage mit Glauben halten muß. Die Vernunft und alle fünf Sinne müssen schweigen.
Man darf weder sehen noch fühlen wollen, was man sieht und fühlt.
Sonst gibt es für einen Christen nichts als Jammer, Klagen und Wei-
nen und ein Unglück nach dem andern. Darum müssen wir etwas anderes haben, das unser Herz stärkt und erquickt. Es muß anderswohin
sehen als auf den elenden, bejammernswerten Zustand. Das wird allein durch diese Predigt ermöglicht. Warum werden wir denn getauft
und berufen und hören das Evangelium? Doch nicht dazu, wie wir reich
werden, zu Wohlstand und Ansehen kommen. Dafür sind diejenigen
verantwortlich, die sich um Recht und Sitte kümmern sollen. Aber auch
nicht dazu, wie wir uns im Alltag verhalten. Das ist Sache der Erziehung. Auch nicht dazu, wie man Land und Leute regieren und beschützen soll. Das gehört in den Aufgabenbereich der Politik. Es geschieht
allein dazu, daß wir unser Herz auf ein anderes Leben und Sein richten, das noch nicht vorhanden ist, aber ganz gewiß kommen soll.«*

»Wie in Adam alle sterben, so werden in Christus alle lebendig gemacht werden. Aber jeder nach seiner Ordnung. Als Erstling Christus, danach diejenigen, die zu ihm gehören, wenn er kommen wird.
Danach das Ende, wenn er das Reich Gott, dem Vater, anvertrauen
wird. Wenn er alle Herrschaft, Regierung und Macht aufheben wird.
Er muß jedoch so lange herrschen, bis ihm alle Feinde zu Füßen liegen. Der letzte Feind, der überwunden wird, ist der Tod. Denn alles
wird ihm zu Füßen gelegt. Wenn er aber sagt, daß ihm alles unterworfen ist, dann ist deutlich, daß der ausgenommen ist, der ihm alles
unterworfen hat. Wenn ihm alles unterworfen sein wird, dann wird
auch der Sohn selbst sich dem unterwerfen, der ihm alles unterworfen hat: auf daß Gott sei alles in allem.« (1. Korinther 15, 22–28)

*»Schau an: das ist die tröstliche Zuversicht, die wir auf jenes Leben
haben, daß Gott selbst unser und alles in allen sein soll. Halte dir doch*

*einmal alles vor Augen, was du gern hättest, dann wirst du entdecken,
daß du dir nichts mehr und lieber wünschst, als Gott selbst zu haben,
der das Leben ist und eine unerschöpfliche Quelle alles Guten und aller
beständigen Freude. Nichts ist kostbarer als das Leben. Die ganze
Welt fürchtet ja nichts mehr als den Tod und sehnt sich nach nichts in-
niger als nach dem Leben. Diesen Schatz sollen wir grenzenlos und unendlich in ihm haben.«*

Der dreieinige Gott, Holzschnitt von Sebald Beham.

Personenregister

(Kursive Zahlen verweisen auf Bildlegenden)

Sachregister

Für freundliche Unterstützung bei der Bildbeschaffung und für
Abdruckgenehmigungen danken wir:
Stadt Augsburg, Stadtbildstelle: S. 195. *Burkhard Bartel, Balingen:* S. 11, 25, 57, 61,
103, 137. *Bildarchiv Preußischer Kulturbesitz, Berlin:* S. 160, 250, 251, 267, 275.
Coburger Landesstiftung, Coburg: S. 93, 145, 245. *Germanisches Nationalmuseum
Nürnberg:* S. 216. *Niedersächsische Staats- und Universitätsbibliothek Göttingen:*
S. 187. *Herzog August Bibliothek Wolfenbüttel:* S. 41. *Bildarchiv Historia-Foto:* S. 281.
Bildarchiv Jürgens, Köln: S. 247, 311. *Hans Lachmann, Düsseldorf:* S. 2, 12, 39, 85,
90, 113, 115, 119, rechts, 121, 129, 239, 265, 287. *Foto Marburg:* S. 67, 155, 243.
Universitätsbibliothek Marburg: S. 231. *Stadtarchiv Stuttgart:* S. 181. *Universitätsbibliothek Tübingen:* S. 31, 36, 43, 45, 50, 51, 53, 59, 63, 69, 73, 74, 77, 79, 95, 99,
105, 106, 119, links, 123, 124, 131, 135, 143, 151, 165, 170, 173, 179, 184, 191, 193,
197, 200, 201, 203, 207, 209, 211, 214, 219, 223, 226/227, 235, 254, 255, 258, 263,
291, 297, 299, 301, 304, 307, 309, 315. *Ullstein Bilderdienst:* S. 29. *Staatliche
Lutherhalle Wittenberg:* S. 17, 221, 233, 295.

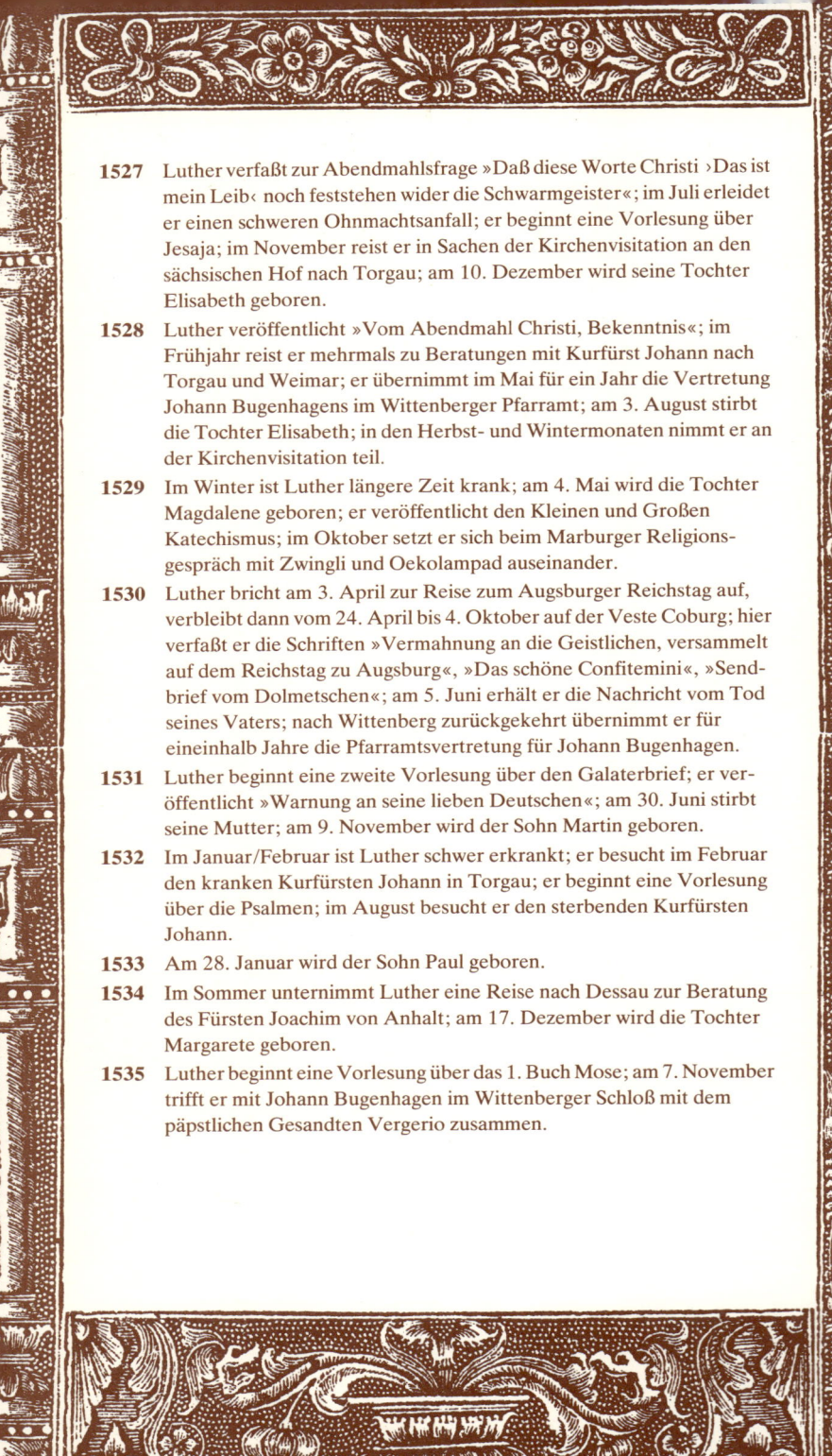

1527 Luther verfaßt zur Abendmahlsfrage »Daß diese Worte Christi ›Das ist mein Leib‹ noch feststehen wider die Schwarmgeister«; im Juli erleidet er einen schweren Ohnmachtsanfall; er beginnt eine Vorlesung über Jesaja; im November reist er in Sachen der Kirchenvisitation an den sächsischen Hof nach Torgau; am 10. Dezember wird seine Tochter Elisabeth geboren.

1528 Luther veröffentlicht »Vom Abendmahl Christi, Bekenntnis«; im Frühjahr reist er mehrmals zu Beratungen mit Kurfürst Johann nach Torgau und Weimar; er übernimmt im Mai für ein Jahr die Vertretung Johann Bugenhagens im Wittenberger Pfarramt; am 3. August stirbt die Tochter Elisabeth; in den Herbst- und Wintermonaten nimmt er an der Kirchenvisitation teil.

1529 Im Winter ist Luther längere Zeit krank; am 4. Mai wird die Tochter Magdalene geboren; er veröffentlicht den Kleinen und Großen Katechismus; im Oktober setzt er sich beim Marburger Religionsgespräch mit Zwingli und Oekolampad auseinander.

1530 Luther bricht am 3. April zur Reise zum Augsburger Reichstag auf, verbleibt dann vom 24. April bis 4. Oktober auf der Veste Coburg; hier verfaßt er die Schriften »Vermahnung an die Geistlichen, versammelt auf dem Reichstag zu Augsburg«, »Das schöne Confitemini«, »Sendbrief vom Dolmetschen«; am 5. Juni erhält er die Nachricht vom Tod seines Vaters; nach Wittenberg zurückgekehrt übernimmt er für eineinhalb Jahre die Pfarramtsvertretung für Johann Bugenhagen.

1531 Luther beginnt eine zweite Vorlesung über den Galaterbrief; er veröffentlicht »Warnung an seine lieben Deutschen«; am 30. Juni stirbt seine Mutter; am 9. November wird der Sohn Martin geboren.

1532 Im Januar/Februar ist Luther schwer erkrankt; er besucht im Februar den kranken Kurfürsten Johann in Torgau; er beginnt eine Vorlesung über die Psalmen; im August besucht er den sterbenden Kurfürsten Johann.

1533 Am 28. Januar wird der Sohn Paul geboren.

1534 Im Sommer unternimmt Luther eine Reise nach Dessau zur Beratung des Fürsten Joachim von Anhalt; am 17. Dezember wird die Tochter Margarete geboren.

1535 Luther beginnt eine Vorlesung über das 1. Buch Mose; am 7. November trifft er mit Johann Bugenhagen im Wittenberger Schloß mit dem päpstlichen Gesandten Vergerio zusammen.